AF650176

পশ্চিমবঙ্গ

ভূমি ও ভূমি সংস্কার

নির্দেশিকা, ১৯৯১

কলকাতা

ইস্টার্ন ল' হাউস প্রাইভেট লিমিটেড

৫৪ গনেশ চন্দ্র এ্যাভিনিউ

কলকাতা ৭০০ ০১৩

নিউ দিল্লী

ইস্টার্ন ল' হাউস প্রাইভেট লিমিটেড

৩৬ নেতাজী সুভাষ মার্গ, দরিয়াগঞ্জ

নিউ দিল্লী ১১০ ০০২

পশ্চিমবঙ্গ
ভূমি ও ভূমি সংস্কার
নির্দেশিকা, ১৯৯১

The West Bengal Land & Land Reforms Manual, 1991

সুবীর কুমার পাল

বিশেষ রাজস্ব আধিকারিক

কলকাতা নিউ দিল্লী

ইস্টার্ন ল' হাউস

২০১০

Published and processed by
EASTERN LAW HOUSE PRIVATE LTD.
54 Ganesh Chunder Avenue
Kolkata (Calcutta) 700 013
Tel: (033) 2215-1989/2301 Fax: (033) 2215-0491
Email: elh@cal.vsnl.net.in
www.easternlawhouse.com

©
EASTERN LAW HOUSE PRIVATE LTD.
2010

Whilst all reasonable care has been taken to ensure accuracy of the contents of this book, no person associated with the creation or publishing of this book shall have responsibility for any loss or damages that may be caused to any person due to errors or omissions which may have crept in inadvertently in this publication. Disputes, if any, are subject to Kolkata jurisdiction.

ISBN 978-81-7177-227-8

Printed at
Dey's Offset, Kolkata

শ্রদ্ধাঞ্জলি

শ্রী অঞ্জন কুমার শিকদার
মহাশয়কে।।

Foreword

বাংলা ভাষায় পঠন ও পাঠন বাঙালী মনের এক আরব্ধ বাসনা। মাতৃভাষা মাতৃদুগ্ধসম। ইহা সর্বকালে স্বীকৃত। পশ্চিমবঙ্গ সরকার বিভিন্ন সময়ে সরকারী নিয়মকানুন ও নিয়মাবলী বাংলা ভাষার মাধ্যমে চালু করতে সচেষ্ট হয়েছেন এবং অনেকক্ষেত্রে সফলতাও অর্জন করেছেন। এই মহতী প্রয়াসে সামিল হওয়ার জন্য বন্ধু শ্রী সুবীর কুমার পাল-কে আমার শুভেচ্ছা ও অভিনন্দন জানাচ্ছি। উনি পশ্চিমবঙ্গ ভূমি ও ভূমি সংস্কার নির্দেশিকা ১৯৯১-এর আঠাশটি অধ্যায়ের ৪৯৬টি ধারাকে বোধগম্য ও প্রাঞ্জল ভাষায় বাংলায় অনুবাদ করে এক অভিনবত্বের পরিচয় দিয়েছেন। ইহা সকল শ্রেণীর কর্মচারী ও আধিকারিকবৃন্দের প্রভূতভাবে সহায়ক হবে এবং ভূমি ও ভূমি সংস্কার কাজের রূপায়ণে সহায়তা করবে। আমি শ্রী পাল-কে এই মহতীব্রতের জন্য ধন্যবাদ জানাচ্ছি।

শ্রী ননী গোপাল রায়
এস আর ও ২

মুখবন্ধ (Preface)

১৯৫৫ সালের পশ্চিমবঙ্গ ভূমি সংস্কার আইন পাশ হলেও ওই আইনের নির্দেশিকা (Manual) প্রকাশিত হয় ১৯৯১ সালে। ওই নির্দেশিকা ইংরাজী ভাষায় প্রকাশিত হয়েছিল। এত বছর ধরে এটি-ই ভূমি সংস্কার দপ্তরের কর্মচারীদের কাছে বেদতুল্য। "মাতৃভাষা মাতৃদুগ্ধ"—শ্লোগান শুনতে শুনতে কান ঝালাপালা হয়ে গেল। শ্লোগান থেকে গেল শ্লোগানে। শ্লোগান কেন পূর্ণতা পেল না—জানি না। বিশাখাপত্তনমের অন্ধ্রপ্রদেশ ল' হাউসে দেখেছি তেলেগু ভাষায় অন্ধ্রভূমি সংস্কার আইন, কোচিন ল' হাউসে মালয়ালাম ভাষায় কেরল ভূমি সংস্কার আইন দেখেছি। এছাড়া উড়িষ্যা, মধ্যপ্রদেশ প্রভৃতি রাজ্য তাদের আঞ্চলিক ভাষায় ভূমি সংস্কার আইন ও নির্দেশিকা প্রস্তুত করেছে। ইস্টার্ন ল' হাউস বাঙলায় পশ্চিমবঙ্গ ভূমি সংস্কার আইন প্রকাশ করার পর নির্দেশিকাটি বাঙলায় অনুবাদ করার ইচ্ছা প্রকাশ করি। খুব অল্প সময়ে এই কাজটি শেষ করা হয়েছে। এখানে ব্যক্তিগত মতামত দেওয়ার কোন সুযোগ নেই। তবে অনুবাদ বলতে আক্ষরিক অনুবাদ নয়। তা হলে পাঠক ওই বিষয় সম্পর্কে কিছুই উদ্ধার করতে পারতেন না। তাই অনেক ক্ষেত্রে বিষয় বস্তুর গুরুত্ব অনুধাবন করতে হয়েছে।

নির্দেশিকার আঠাশটি অধ্যায় আছে। এই আঠাশটি অধ্যায়ে ৪৯৬টি ধারা রয়েছে। চেষ্টা করেছি সহজ, সরলভাবে উপস্থাপনা করতে। যাঁরা এই ধরনের কাজ করে থাকেন, জানেন যে—আইনের বই ইংরাজী থেকে বাংলায় অনুবাদ করার সমস্যা। পরিভাষা অনুসরণ করেছি পশ্চিমবঙ্গ বাংলা অ্যাকাদেমি প্রকাশিত "প্রশাসনিক পরিভাষা" বইটির।

ধারাগুলির শেষে এই পরিভাষার তালিকা সংযুক্ত করা আছে পাঠকের সুবিধার জন্য। তবে অনেকক্ষেত্রেই, যাতে বারবার ওই পরিভাষার তালিকা দেখতে গিয়ে ধৈর্য্যচ্যুতি না ঘটে তার জন্য বাংলা শব্দের পরে বন্ধনীর মধ্যে ইংরাজী শব্দটি রাখা আছে। এতে সুবিধা-ই হবে মনে হয়েছে।

সম্প্রতি জমির শ্রেণী পরিবর্তন বিষয়ে সরকারি বিজ্ঞপ্তি প্রকাশিত হয়েছে। ১০ শতক পর্যন্ত সমষ্টি ভূমি ও ভূমি সংস্কার আধিকারিক, ১০০ শতক পর্যন্ত মহকুমা ভূমি ও ভূমি সংস্কার আধিকারিক এবং ১০০ শতকের বেশি হলে জেলা ভূমি ও ভূমি সংস্কার আধিকারিক জমির শ্রেণী পরিবর্তনের আদেশ দেবেন। এই বিষয়ে যে বিজ্ঞপ্তিটি আছে তা সংযুক্ত করা হয়েছে।

এই বই ভূমি সংস্কার দপ্তরের বিভিন্ন কর্মচারী, আদালতের কার্যে যুক্ত বিভিন্ন পেশার মানুষ, সর্বোপরি সাধারণ মানুষের পক্ষে এই অনুবাদ বিশেষ সহায়তা হবে বলে আশা রাখি।

ধন্যবাদ সহ—

কলকাতা
১৫ই ফেব্রুয়ারি ২০১০

সুবীর কুমার পাল

সূচীপত্র (Contents)

পশ্চিমবঙ্গ ভূমি ও ভূমি সংস্কার নির্দেশিকা, ১৯৯১

প্রথম অধ্যায়

ভূমিকা

দ্বিতীয় অধ্যায়

সংগঠন ও নিয়ন্ত্রণ

তৃতীয় অধ্যায়

জমির স্বত্বলিপির প্রস্তুতি ও সংশোধন

ধারা পৃষ্ঠা

ধারা পৃষ্ঠা

চতুর্থ অধ্যায়

স্বত্বলিপিতে নামজারিকরণ

পঞ্চম অধ্যায়

বর্গাদারের নাম নথিভুক্তকরণ

ধারা পৃষ্ঠা

যষ্ঠ অধ্যায়

ভাগচাষ মামলা

বর্গাদার দ্বারা চাষ সংক্রান্ত সমস্যার বিচার

অষ্টম অধ্যায়

চা বাগান, মিল, কারখানা, কর্মশালা এবং ডেয়ারী শিল্পের উন্নয়ন, পোল্ট্রি চাষ এবং পশুপালনের জন্য জমির ঊর্দ্ধসীমা নির্ণয়

দশম অধ্যায়

এক শ্রেণী থেকে অন্য শ্রেণীতে জমির পরিবর্তন

ধারা পৃষ্ঠা

একাদশ অধ্যায়

ঘন শহর এলাকায় জমি হস্তান্তর যা প্রধানতঃ ব্যবহৃত হয় কৃষি অথবা ফলের বাগানের জন্য

দ্বাদশ অধ্যায়

কোন রায়ত দ্বারা তফসিলী উপজাতির জমি হস্তান্তর

ধারা পৃষ্ঠা

ত্রয়োদশ অধ্যায়

সরকারের নিয়ন্ত্রণাধীন কৃষিজমির বন্দোবস্ত

চতুর্দশ অধ্যায়

১৯৫৫ সালের পশ্চিমবঙ্গ ভূমি সংস্কার আইনের ৪৯(১) ধারামতে করা বন্দোবস্ত বাতিল

পঞ্চদশ অধ্যায়

অকৃষি উদ্দেশ্যে ব্যবহৃত জমির বন্দোবস্তের জন্য নীতি ও পদ্ধতি

ধারা পৃষ্ঠা

সপ্তদশ অধ্যায়

ফেরি, মাছ চাষ এবং অন্যান্য সৈরতি স্বার্থ

সপ্তদশ-ক অধ্যায়

'ফলকরের' বন্দোবস্ত

অষ্টাদশ অধ্যায়

ফসল চাষ ও কাটা সম্পর্কিত বিবাদের নিষ্পত্তি

ঊনবিংশ অধ্যায়

রাজস্ব, সেস, কর এবং অন্যান্য সরকারী প্রাপ্য আদায় এবং তার হিসাব সংরক্ষণ

বিংশতি অধ্যায়

বর্গাদার ও পাট্টা প্রাপকদের প্রতিষ্ঠানগত আর্থিক সাহায্য

ধারা পৃষ্ঠা

একবিংশ অধ্যায়

খনন ও গৌণ খনিজ উত্তোলন

দ্বাবিংশ অধ্যায়

কৃষি শুমারী

ধারা পৃষ্ঠা

ত্রয়োবিংশ অধ্যায়

আদালতের মামলাগুলি

চতুর্বিংশ অধ্যায়

প্রশাসনিক সীমানা

পঞ্চবিংশ অধ্যায়

অধিকার ক্ষেত্রের তালিকা

ধারা পৃষ্ঠা

ষড়বিংশ অধ্যায়

ভাণ্ডার

সপ্তবিংশ অধ্যায়

বিবিধ বিধানগুলি

অষ্টবিংশ অধ্যায়

খাতা

পশ্চিমবঙ্গ ভূমি ও
ভূমি সংস্কার নির্দেশিকা, ১৯৯১

[West Bengal Land and Land Reforms Manual, 1991]

প্রথম অধ্যায়
Chapter 1

ভূমিকা (Introductory)

১। **শিরোনাম [Title] ঃ** এই নির্দেশিকাকে পশ্চিমবঙ্গ ভূমি ও ভূমি সংস্কার নির্দেশিকা, ১৯৯১ বলা হবে। ১.১.১৯৯২ তারিখ থেকে এই নির্দেশিকার অনুবিধিগুলি (Provisions) বলবৎ হবে।

২। এটি একটি সামগ্রিক নির্দেশিকা এবং পশ্চিমবঙ্গ ভূমি ও ভূমি সংস্কার প্রশাসনের বিভিন্ন স্তরের পদাধিকারী এবং কর্মকর্তাগণের কাজকর্মের কম বেশি মূলমন্ত্রস্বরূপ প্রতিভাত হবে।

৩। **নীতি ও পদ্ধতি [Principles & Procedures] রাশি ঃ** (১) ভূমি ও ভূমি সংস্কার বিষয়ে যে সমস্ত আইন ও নিয়মের অনুবিধি আছে যা পদাধিকারী এবং কর্মকর্তাগণ অনুসরণ করেন সেই বিষয়ে এই নির্দেশিকা তার নীতি ও পদ্ধতি নির্দেশ করে।

(২) **সরকারী নীতি (Government Policy) ঃ** সরকারী জমির ব্যবস্থাপনা, ব্যবহার এবং বন্দোবস্ত এমনকি ওই সমস্ত জমির সইরতি স্বার্থ বিষয়ে সরকারী নীতি বিষয়ে স্পষ্টরূপ দান করে।

৪। **অগ্রাহ্য করার ক্ষমতা [Overriding effect] ঃ** রাজ্য সরকার অথবা পশ্চিমবঙ্গ রাজস্ব পর্ষদের জারি করা আদেশ, বিজ্ঞপ্তি এবং নির্দেশিকায় যে অনুবিধিগুলি আছে যা এই নির্দেশিকা বলবৎ হওয়ার আগে চালু আছে তা এই নির্দেশিকার অনুবিধির সাথে যেগুলি বিরোধী অথবা অসামঞ্জস্য তা বাতিল হবে।

৫। সংরক্ষণ [Savings] ঃ ৪ নং নিয়মের অনুবিধিতে যাই থাক না কেন রাজ্য সরকার বা পশ্চিমবঙ্গ রাজস্ব পর্ষদের জারি করা আদেশ, নির্দেশিকা বা বিজ্ঞপ্তি অনুসারে কৃতকাজ বা যে ব্যবস্থাই নেওয়া হোক না কেন যা এই নির্দেশিকা বলবৎ হওয়ার দিন বা আগে নেওয়া হয়েছে ধরা হবে তা বৈধভাবে করা হয়েছে এবং নেওয়া হয়েছে।

৬। আইন ও নিয়মের অনুবিধিগুলি চালু থাকবে [Provisions of Acts and Rules will prevail] ঃ বর্তমানে বলবৎ কোন আইনের বিধান ও ওই বিষয়ে প্রস্তুত নিয়মগুলির ক্ষতি না করে বর্তমান এই নির্দেশিকার বিধানগুলি বলবৎ হবে এবং ওই আইন বা বিধানগুলি প্রয়োগের ক্ষেত্রে এই নির্দেশিকা বাধা হয়ে দাঁড়াবে না।

৭। অংশগুলি বিষয়ভিত্তিক আলোচিত হবে [Matters are dealt with subjectwise] ঃ এই নির্দেশিকার প্রতিটি অধ্যায় ভূমি ও ভূমি সংস্কার সম্বন্ধে বিশেষ বিষয় নিয়ে আলোচনা করে। তাৎক্ষণিক প্রয়োজনের জন্য কোন আইন এবং নিয়মের অনুবিধিগুলি ওই বিষয়গুলির সাথে সম্পর্কযুক্ত ওই অধ্যায়ের উপযুক্ত স্থানে সংযুক্ত আছে।

৮। ব্যাখ্যা [Interpretation] ঃ এই নির্দেশিকার ব্যাখ্যা করার ক্ষমতা সরকারের কাছে সংরক্ষিত। কোন ব্যাখ্যার জন্য যদি দরকার হয় পঃ বঃ রাজস্ব পর্ষদের মাধ্যমে সরকার তা করবে।

৯। ভূমি লেখ্য ও জরিপ অধিকর্তার নির্দেশ জারির ক্ষমতা [Power of D.L.R.S. to issue instruction] ঃ (১) বিভিন্ন সময়ে রাজস্ব পর্ষদের জারি করা নির্দেশিকা মেনে যেমন প্রযুক্তি বিষয়ে, মানচিত্র সংশোধনের প্রস্তুতি, জমি জরিপ ইত্যাদি বিষয়ে ভূমি লেখ্য ও জরিপ অধিকর্তা হলেন প্রযুক্তিগত নির্দেশিকা জারি করার অনুমোদিত পদাধিকারী।

(২) এই নির্দেশিকার অনুবিধি অথবা অন্য কোন আইন বা নিয়ম অথবা অন্য কোন আদেশ বা সরকারী বিজ্ঞপ্তি বা রাজস্ব পর্ষদের কোন আদেশ বা বিজ্ঞপ্তির সাথে সামঞ্জস্য রেখে পঃ বঃ ভূমি লেখ্য ও জরিপ অধিকর্তা বিস্তারিত নির্দেশিকা জারি করতে পারেন।

(৩) পশ্চিমবঙ্গ রাজস্ব পর্ষদের অনুমোদন সাপেক্ষে, যে সমস্ত খাতা বা নিদর্শ যা কোন আইন, নিয়ম বা এই নির্দেশিকায় উল্লেখ করা নেই তা পশ্চিমবঙ্গ ভূমি লেখ্য ও জরিপ অধিকর্তা জারি করার বিধান দিতে পারেন।

১০। রাজস্ব পর্ষদের নির্দেশ জারির ক্ষমতা [Power of Board of Revenue to issue instructions] ঃ (১) সংশ্লিষ্ট আইনের পরিবর্তনের পরিপ্রেক্ষিতে প্রয়োজন হলে রাজস্ব পর্ষদ এই নির্দেশিকার সংশোধন বা পরিবর্তন করতে পারে ওই পরিবর্তিত আইনের সাথে নির্দেশিকার পরিবর্তন সূত্র বজায় রেখে।

(২) পশ্চিমবঙ্গ রাজস্ব পর্ষদ এই নির্দেশিকার অধীন কোন নির্দেশ জারির জন্য ভূমি লেখ্য ও জরিপ অধিকর্তাকে যে ক্ষমতা অর্পণ করা হয়েছে, এই নির্দেশিকার অধীন পঃ বঃ রাজস্ব পর্ষদও ওই নির্দেশ জারি করতে পারেন।

১১। ব্যবহৃত সংক্ষিপ্ত রূপ [Abbreviations used] ঃ

(ক) পশ্চিমবঙ্গ জমিদারী অধিগ্রহণ আইন ১৯৫৩ (The West Bengal Estate Acquisition Act 1953)

(খ) পশ্চিমবঙ্গ ভূমি সংস্কার আইন ১৯৫৫ (The West Bengal Land Reforms Act 1955)

পশ্চিমবঙ্গ ভূমি সংস্কার আইন অথবা ভূমি সংস্কার আইন (The W.B.L.R. Act or L.R. Act)

(গ) 'সরকার'—অর্থে পশ্চিমবঙ্গ সরকার (Government—meaning the Government of West Bengal)

(ঘ) ভূমি লেখ্য ও জরিপ অধিকর্তা (D.L.R.S.—Director Land Records and Surveys and Joint Land Reforms Commissioner)

(ঙ) জেলা ভূঃ ভূঃ সঃ আঃ—জেলা ভূমি ও ভূমি সংস্কার আধিকারিক (D.L.L.R.O.—District Land and Land Reforms Officer)

(চ) মহকুমা ভূঃ ভূঃ সঃ আঃ—মহকুমা ভূমি ও ভূমি সংস্কার আধিকারিক (S.D.L.L.R.O.—Sub-Divisional Land and Land Reforms Officer)

(ছ) সমষ্টি ভূঃ ভূঃ সঃ আঃ—সমষ্টি ভূমি ও ভূমি সংস্কার আধিকারিক (B.L.L.R.O.—Block Land and Land Reforms Officer)

(জ) রাঃ আঃ—রাজস্ব আধিকারিক (R.O.—Revenue Officer)

(ঝ) রাঃ পঃ—রাজস্ব পরিদর্শক (R.I.—Revenue Inspector)

(ঞ) জেঃ শাঃ—জেলা শাসক (D.M.—District Magistrate)

(ট) অঃ জেঃ শাঃ—অতিরিক্ত জেলা শাসক (A.D.M.—Additional District Magistrate)

(ঠ) মহঃ শাঃ—মহকুমা শাসক (S.D.O.—Sub-Divisional Officer)

(ড) সঃ উঃ—সরকারী উকিল (G.P.—Govt. Pleader)

(ঢ) ভূঃ সঃ—ভূমি সহায়ক (B.S.—Bhumi Sahayak)

(ণ) রাঃ পঃ ব্যাঃ কঃ—রাজ্য পর্যায়ের ব্যাঙ্কারস কমিটি (S.L.B.C.—State Level Bankers' Committee)

(ত) সঃ উঃ আঃ—সমষ্টি উন্নয়ন আধিকারিক (B.D.O.—Block Development Officer)

(থ) জেঃ পঃ সঃ কঃ—জেলা পর্যায়ের সমন্বয় কমিটি (D.L.C.C.—District Level Co-ordination Committee of Banks)

দ্বিতীয় অধ্যায়
Chapter 2

সংগঠন ও নিয়ন্ত্রণ (Organisation and Control)

১২। জেলা পর্যায়ে সংগঠনের প্রধান [Head of the organisation at district level] ঃ (১) জেলার মধ্যে ভূমি ও ভূমি সংস্কার কাজের সর্বোপরি দায়িত্বে থাকবেন সমাহর্তা। জেলার মধ্যে সমাহর্তার ক্ষমতাপ্রাপ্ত হয়ে জেলা ভূমি ও ভূমি সংস্কার আধিকারিক হলেন সংহত (integrated) ভূমি ও ভূমি সংস্কার প্রশাসনের প্রধান। উক্ত সংহত বিভাগে জেলা সমাহর্তার ওই কাজের তত্ত্বাবধান ও সমন্বয়ের সাধারণ ক্ষমতা আছে বিভিন্ন আইন ও নিয়ম যেগুলির প্রতিপালনের দায়িত্ব তার উপর অর্পণ করা আছে।

(২) জেলা ভূমি ও ভূমি সংস্কার আধিকারিকের সাপেক্ষে সমাহর্তা হলেন নিয়ন্ত্রণ আধিকারিক। যদিও জেলা ভূমি ও ভূমি সংস্কার আধিকারিকের জেলার মধ্যে ভূমি ও ভূমি সংস্কার প্রশাসন সংগঠনে পরিপূর্ণ নিয়ন্ত্রণ আছে, তিনি সমাহর্তার সাধারণ তত্ত্বাবধান ও নিয়ন্ত্রণে দায়িত্ব পালন করেন।

১৩। জেলার বিভিন্ন স্তর [Different tiers in a district] ঃ (১) ভূমি ও ভূমি সংস্কার প্রশাসনের সংহত কাঠামোতে প্রতিটি জেলার মধ্যে চারটি স্তর আছে যেমন (ক) জেলা পর্যায়ে (খ) মহকুমা পর্যায়ে (গ) ব্লক (সমষ্টি) পর্যায়ে এবং (ঘ) গ্রাম পঞ্চায়েত পর্যায়ে। এই নিয়মগুলির জন্য মেদিনিপুর জেলার ঘাটাল, তমলুক এবং কাঁথি মহকুমাগুলিকে নিয়ে পৃথক জেলা তৈরি হবে যার সদর হবে তমলুক।

(২) ১৯৫৩ সালের পশ্চিমবঙ্গ জমিদারী অধিগ্রহণ আইন অনুযায়ী এবং ১৯৫৫ সালের পশ্চিমবঙ্গ ভূমি সংস্কার আইন অনুযায়ী ক্ষতিপূরণ প্রদান বিষয়ে সমাহর্তা বিশেষভাবে দেখাশোনা করবেন। যাই হোক সমাহর্তার পক্ষে জেলা ভূমি ও ভূমি সংস্কার আধিকারিক ক্ষতিপূরণ প্রদান কাজের দায়িত্বে থাকবেন।

১৪। জেলা পর্যায় [At District level] : (১) পূর্বতন জেলা সেটেলমেন্ট অফিস এবং সমাহর্তার ভূমি ব্যবস্থাপন (Management) শাখা একত্রিত করে প্রতিটি জেলায় জেলা ভূমি ও ভূমি সংস্কার আধিকারিকের করণ গঠিত হয়েছে এবং সম্পূর্ণ দায়িত্ব জেলা ভূমি ও ভূমি সংস্কার আধিকারিকের নিকট অর্পণ করা হয়েছে।

বিভিন্ন সময়ে পঃ বঃ রাজস্ব পর্যদ দ্বারা নির্দেশিত বিভিন্ন কাজকর্ম করা হত পূর্বতন জেলা সেটেলমেন্ট অফিসে ও ম্যানেজমেন্ট শাখার কাজ হত জেলা সমাহর্তার করণে। বর্তমানে সেইগুলি জেলা ভূমি ও ভূমি সংস্কার আধিকারিকের করণে করা হতে থাকবে।

(২) জেলা ভূমি ও ভূমি সংস্কার আধিকারিককে সাহায্য করবেন এক বা একাধিক উপজেলা ভূমি ও ভূমি সংস্কার আধিকারিক, এবং অন্যান্য কারিগরী এবং অকারিগরী কর্মচারীগণ। ডব্লিউ বি সি এস (এক্সিকিউটিভ) এর সদস্য দ্বারা উপজেলা ভূমি ও ভূমি সংস্কার আধিকারিকের পদ পূরণ করা হয় [বর্তমানে বিশেষ রাজস্ব আধিকারিক-১ সদস্যগণও এই পদে কর্মরত হচ্ছেন]। জেলা ভূমি ও ভূমি সংস্কার আধিকারিকের জনসেবার্থে কোন আধিকারিক বা ব্লক ভূমি ও ভূমি সংস্কার আধিকারিকের চেয়ে পদমর্যাদায় অধস্তন কোন কর্মচারীকে তার ক্ষেত্রাধিকারের মধ্যে বদলি করার ক্ষমতা আছে।

১৫। মহকুমা পর্যায় [At Sub-division level] : (১) পূর্বতন সেটেলমেন্ট চার্জ অফিসার এবং মহকুমা ভূমি সংস্কার আধিকারিকের কর্তব্য ও দায়িত্ব প্রতিপালনের জন্য মহকুমা পর্যায়ে মহকুমা ভূমি ও ভূমি সংস্কার আধিকারিক আছেন। পাশাপাশি, পঃ বঃ রাজস্ব পর্যদ দ্বারা নির্দেশিত বিভিন্ন সময়ে বিভিন্ন কাজ করার জন্যও উক্ত আধিকারিক

আছেন। জনসেবার্থে রাজস্ব আধিকারিকের চেয়ে পদমর্যাদায় অধস্তন কোন আধিকারিক বা কর্মচারীকে বদলি করার ক্ষমতা তার ক্ষেত্রাধিকারে আছে।

১৬। ব্লক পর্যায় [At Block level] ঃ (১) বিশেষ রাজস্ব আধিকারিক—পর্যায় ২ পদস্তরের একজন ব্লক ভূমি ও ভূমি সংস্কার আধিকারিক প্রতিটি ব্লকের ব্লকভূমি ও ভূমি সংস্কার আধিকারিকের কাজের জন্য পূর্ণ দায়িত্বে আছেন। প্রতি ব্লক অফিসে সাধারণতঃ তিন ধরনের কাজ থাকে—(ক) জরিপ ও বন্দোবস্ত (খ) ভূমি সংস্কার, ভূমি ব্যবস্থাপনা এবং ভূমির সদ্ব্যবহার এবং (গ) বিচারকল্প বিষয়ক। প্রতিটি শাখায় এক বা একাধিক রাজস্ব আধিকারিক থাকেন পশ্চিমবঙ্গ অধস্তন ভূমি রাজস্ব সার্ভিস—পর্যায় ১ পদস্তরের মধ্য থেকে। কাজের ভার অনুসারে কোন ব্লকে একের বেশি বিশেষ রাজস্ব আধিকারিক—পর্যায় ২ পদস্তরের আধিকারিক নিযুক্ত থাকতে পারেন।

(২) ব্লক ভূমি ও ভূমি সংস্কার আধিকারিকের জনসেবার্থে রাজস্ব পরিদর্শকের চেয়ে অধস্তন পদমর্যাদার কোন আধিকারিক বা কর্মচারীকে তার ক্ষেত্রাধিকারের মধ্যে বদলি করার ক্ষমতা আছে। রাজস্ব আধিকারিকের চেয়ে অধস্তন পদমর্যাদার কোন আধিকারিক বা কর্মচারীর মাঠের কাজ নির্দিষ্ট করার ক্ষমতা তার আছে। তার নিয়ন্ত্রণে থাকা রাজস্ব আধিকারিককে রাজস্ব পরিদর্শকের অফিস পরিদর্শন এবং মাঠের কাজ পরিদর্শন করার দায়িত্ব অর্পণ করতে পারেন।

১৭। গ্রাম পঞ্চায়েত পর্যায় [At Gram Panchayat level] ঃ (১) গ্রাম পঞ্চায়েত পর্যায়ে ভূমি ও ভূমি সংস্কারের কাজ রাজস্ব পরিদর্শকের পূর্ণ নিয়ন্ত্রণে হবে। যাকে সাহায্য করবেন একজন আমিন, একজন ভূমি সহায়ক এবং বিভিন্ন সময়ে প্রয়োজনমত অন্য কর্মচারীগণ। বিভিন্ন কাজ যেমন ভূমি রাজস্ব আদায়, সরকারী পাওনা, উপকর (cess), শস্য সমীক্ষা, কৃষি শুমারী এবং অন্যান্য কাজ যেমন জরিপ ও বন্দোবস্ত সম্পর্কিত, ভূমি সংস্কার, ভূমি ব্যবস্থাপনা, ভূমি সদ্ব্যবহার ইত্যাদি যা রাজস্ব পর্ষদ স্থির করে দেয় তা রাজস্ব পরিদর্শকের অফিস থেকে সম্পাদন করা হয়।

(২) এছাড়া রাজস্ব পরিদর্শককে ব্লক ভূমি ও ভূমি সংস্কার আধিকারিক অন্যান্য কাজও স্থির করে দিতে পারেন বিভিন্ন সময়ে। তার অধীনে থাকা ভূমি সহায়ক এবং আমিনকে করনিকের কাজ নিয়মিত কাজের সঙ্গে নির্দিষ্ট করার ক্ষমতা তার আছে যখন ওই আমিনের মাঠের কাজ থাকে না।

১৮। ভূমি লেখ্য ও জরিপ অধিকর্তার কাজ [Function of D.L.R.S.] ঃ (১) ভূমি লেখ্য ও জরিপ অধিকর্তা এবং যুগ্ম ভূমি সংস্কার কমিশনার বিভিন্ন প্রশাসনিক পর্যায়ে সংহত ভূমি সংস্কার প্রশাসন কাঠামো রূপায়ণ করেন প্রতিটি জেলায় এবং এই কাঠামো সম্পর্কিত বিভিন্ন কাজকর্ম দেখাশোনা করেন। বিশেষ বিশেষ ক্ষেত্রে ভূমি সংস্কার কমিশনার এবং সাধারণভাবে রাজস্ব পর্যদের সম্পূর্ণ নিয়ন্ত্রণ, তত্ত্বাবধান এবং নির্দেশনায় তিনি তার কাজ করে থাকেন।

(২) কোন জেলার যৌথভাবে কাজের পরিকল্পনা রূপায়ণ করেন তিনি এবং কাঠামোর মধ্যে নিযুক্ত কর্মশক্তি দ্বারা সর্বোচ্চ কাজ আদায় করার জন্য তত্ত্বাবধান, নিয়ন্ত্রণ, নজরদারি করার দায় তার আছে। এছাড়া রাজ্যের ভূমি সংস্কার কাজের রূপায়ণের দায়ও তার। জেলায় ভূমি ও ভূমি সংস্কার কাজের সার্থক নজরদারি ও নিয়ন্ত্রণের জন্য তিনি বিভাগীয় কমিশনার এবং জেলার সমাহর্তার সাথে সক্রিয় যোগাযোগ রক্ষা করেন।

১৯। বিভাগের কমিশনারের ভূমিকা [Functions of the Commissioner of a Division] ঃ (১) বিভাগের কমিশনারের উপর আরোপিত বর্তমান ক্ষমতার পাশাপাশি তার ক্ষেত্রাধিকারের সংহত কাঠামোর কাজকর্ম তত্ত্বাবধান এবং পরিদর্শনের ক্ষমতা আছে। ভূমি ব্যবস্থাপনা, ভূমি রাজস্ব এবং ভূমি সদ্ব্যবহার সম্পর্কিত বিষয়গুলি কমিশনারের মাধ্যমে জেলা ভূমি ও ভূমি সংস্কার আধিকারিক পাঠাবেন। মাননীয় কমিশনার সরাসরি রাজস্ব পর্যদের কাছে প্রতিবেদন পাঠান।

(২) তাঁর ক্ষেত্রাধিকারের ভূমি সংস্কার কাজ, খনি ও খনিজ পদার্থের ব্যবস্থাপনা এবং জরিপ ও বন্দোবস্তের কাজগুলি দৃঢ়ভাবে নজরদারি করেন। তাঁর অধীনে থাকা জেলায় সংহত কাঠামো এবং সাধারণ প্রশাসনের বিভিন্ন কাজের মধ্যে ভালো সম্পর্ক রক্ষার ব্যাপারে তাঁর দায়িত্ব আছে।

২০। রাজস্ব পর্ষদ [The Board of Revenue] ঃ ভূমি সংস্কার প্রশাসনের সংহত কাঠামোর সঠিক রূপায়ণের জন্য পঃ বঃ রাজস্ব পর্যদের তত্ত্বাবধান ও নির্দেশ দেওয়ার ক্ষমতা আছে এবং বিভিন্ন সময়ে ভূমি ও ভূমি সংস্কারের সুষ্ঠ কাজকর্মের জন্য প্রয়োজনীয় নির্দেশ জারি করতে পারে।

২১। তত্ত্বাবধান ও নিয়ন্ত্রণ [Superintendence and Control] ঃ (১) রাজস্ব পরিদর্শক, ব্লক ভূমি ও ভূমি সংস্কার আধিকারিক ও মহকুমা ভূমি ও ভূমি সংস্কার আধিকারিক যথাক্রমে ব্লক ভূমি ও ভূমি সংস্কার আধিকারিক, মহকুমা ভূমি ও ভূমি সংস্কার আধিকারিক এবং জেলা ভূমি ও ভূমি সংস্কার আধিকারিকের পরিচালনা, নিয়ন্ত্রণ ও তত্ত্বাবধানে দায়িত্ব প্রতিপালন করবেন।

(২) নিজস্ব ক্ষেত্রাধিকারে বিভাগীয় কমিশনার, জেলার সমাহর্তা এবং মহকুমা ভূমি ও ভূমি সংস্কার আধিকারিকের ভূমি ও ভূমি সংস্কার কাজের তত্ত্বাবধান ও সমন্বয়ের সাধারণ ক্ষমতা আছে। এই ধরনের ক্ষমতা প্রয়োগের ক্ষেত্রে সংহত কাঠামোয় নির্দিষ্ট করা প্রশাসনিক ক্রমোচ্চ শ্রেণী বিভাগ (hierarchy) বিবেচনা করা উচিত এবং কাজের গুণাবলী ও বিস্তৃত করার লক্ষ্যে কাজের নির্দেশিকা ও স্বার্থ বিষয়ে বিরোধ এড়ানো উচিত।

(৩) তাঁদের নিজস্ব ক্ষেত্রাধিকারে বিভাগীয় কমিশনার এবং জেলার সমাহর্তার অফিসগুলি পরিদর্শন করার ক্ষমতা আছে।

২২। পরিদর্শন [Inspection] ঃ (১) সংহত কাঠামোয় একজন আধিকারিক তত্ত্বাবধান, পর্যালোচনা এবং পরিদর্শনের জন্য তাঁর ক্ষেত্রাধিকারে অবস্থিত অফিসগুলি প্রচুর সফর করবেন। অধস্তন অফিসগুলির নিয়মিত সফর কাজের পরিকল্পনা করতে সাহায্য করে।

(২) এটা আশা করা যুক্তিযুক্ত যে জেলা ভূমি ও ভূমি সংস্কার আধিকারিক তাঁর ক্ষেত্রাধিকারে অবস্থিত প্রতিটি ব্লক ভূমি ও ভূমি সংস্কার অফিস কমপক্ষে প্রতি তিন মাসে একবার পরিদর্শন করবেন। প্রতি মাসে একবার করে মহকুমা ভূমি ও ভূমি সংস্কার আধিকারিক দ্বারা প্রতিটি ব্লক পর্যায়ের অফিস পরিদর্শিত হবে। প্রতিটি রাজস্ব পরিদর্শকের অফিস ব্লক

ভূমি ও ভূমি সংস্কার আধিকারিক অথবা তাঁর দ্বারা নিয়োজিত কোন রাজস্ব আধিকারিক দ্বারা পনের দিন অন্তর একবার পরিদর্শিত হবে। মহকুমা ভূমি ও ভূমি সংস্কার আধিকারিক এবং জেলা ভূমি ও ভূমি সংস্কার আধিকারিক দ্বারা বছরে যথাক্রমে কমপক্ষে ৬০টি ও ৩০টি রাজস্ব পরিদর্শকের অফিস পরিদর্শিত হওয়া উচিত। প্রতিটি মহকুমা পর্যায়ের অফিস বছরে অন্ততঃ একবার করে জেলা ভূমি ও ভূমি সংস্কার আধিকারিক বিস্তারিত পরিদর্শন করবেন। কোন আধিকারিকের করা বারবার বিস্তৃত এবং উন্নততর পরিদর্শন তাঁর নিয়ন্ত্রক (controlling) আধিকারিকের পক্ষে কোন আধিকারিকের কাজের যত্নের সাথে নজরদারি করার পক্ষে অবিচ্ছেদ্য এবং প্রধান উপাদান।

(৩) ব্লক ভূমি ও ভূমি সংস্কার আধিকারিকের চেয়ে পদমর্যাদার নীচে আছে এমন কোন আধিকারিককে মাসের কমপক্ষে দশটি কাজের দিন ব্যয় করা উচিত মাঠের কাজ এবং অধস্তন অফিসগুলি পরিদর্শনের জন্য।

২৩। ব্লক পর্যায়ে প্রধান কাজগুলি [Main functions at Block-level] ঃ নিম্নলিখিত কাজগুলি ব্লক ভূমি ও ভূমি সংস্কার অফিসকে অর্পণ করা হয়।

(ক) ভূমি সংস্কারের কাজগুলি যেমন অতিরিক্ত জমি সরকারে ন্যস্ত করা, সিলিং অতিরিক্ত জমি দখল নেওয়া ও বণ্টন করা, বর্গাদারের নাম নথিভুক্ত করা ও তাদের রক্ষা করা, ফসল কাটা বিবাদের নিষ্পত্তি করা, বাস্তুজমি উপকৃতদের নাম নথিভুক্ত করা, পঃ বঃ হস্তান্তরিত জমি পুনরুদ্ধার আইনের প্রশাসন ইত্যাদি।

(খ) বন্দোবস্ত ও জরিপ কাজ।

(গ) জমি ব্যবস্থাপনা, স্বত্বলিপির রক্ষণাবেক্ষণ, জমির সদ্ব্যবহার ইত্যাদি।

(ঘ) ভূমি রাজস্ব, সেস অন্য সরকারী পাওনা, বিভিন্ন রকম সরকারী ঋণ ইত্যাদি আদায় এবং

(ঙ) শস্য সমীক্ষা, কৃষি শুমারী ইত্যাদি।

পাশাপাশি সাধারণ প্রশাসন ও শাসকবর্গকে শস্যের অবস্থা ও প্রাকৃতিক দুর্যোগ বিষয়ে তথ্য সংগ্রহ ও পেশ এবং জমির উপর ভিত্তি করে বিভিন্ন তদন্ত সম্পন্ন দ্বারা সহায়তা করা।

২৪। রাজস্ব পরিদর্শকের প্রধান কাজগুলি [Main functions of R.I.S.]ঃ গ্রাম পঞ্চায়েত পর্যায়ে রাজস্ব পরিদর্শকের অফিসগুলি দুই ধরনের উদ্দেশ্য সহ গঠিত, ভূমি প্রশাসনকে গ্রাম পঞ্চায়েত স্তরে নিয়ে যাওয়া, এইভাবে পশ্চিমবঙ্গে ত্রিস্তরের পঞ্চায়েত ব্যবস্থার সার্থক পরিবেশন ও উপযোগী করা এবং রায়ত ও বর্গাদারকে পরিষেবা দেওয়া যা কেবল ব্লক স্তরে পাওয়া যেত এতদিন পর্যন্ত। পাশাপাশি তাদেরকে এটা আশা করা যায় তারা হলেন তৃণমূল স্তরে ভূমি সংস্কার প্রশাসনের প্রধান কার্যকরী অংশ।

রাজস্ব পরিদর্শকগণ নিম্নোক্ত কাজের সাথে যুক্ত থাকেন—

(ক) সরকারী পাওনা, বিভিন্ন অনাদায়ী সেস, ভূমি রাজস্ব আদায়,

(খ) স্বত্বলিপি প্রস্তুতি ও রক্ষণাবেক্ষণ,

(গ) ব্লক ভূমি ও ভূমি সংস্কার অফিসে সম্পাদিত ভূমি সংস্কার এবং ভূমি ব্যবস্থাপনা বিষয়ে প্রাথমিক ও পরবর্তী প্রাসঙ্গিক ব্যবস্থা নেওয়া,

(ঘ) শস্য সমীক্ষা ও কৃষি শুমারী,

(ঙ) সরকারী জমি বেদখল হওয়া আটকানো,

(চ) স্থানীয় গ্রাম পঞ্চায়েত ও অন্য পঞ্চায়েত ভিত্তিক সংস্থাগুলির সাথে যোগাযোগ রক্ষা করা,

এছাড়া রাজস্ব পর্যদ দ্বারা বিভিন্ন সময়ে নির্দিষ্ট করা অথবা করা হতে পারে এরকম কাজ সম্পাদন তিনি করবেন।

২৫। পঞ্চায়েত সংস্থাগুলির সাথে কাজকর্ম [Interaction with Panchayat bodies]ঃ (১) পঞ্চায়েত সংস্থাগুলি যেমন—জেলা পরিষদ, পঞ্চায়েত সমিতি, এবং গ্রাম পঞ্চায়েত-এর গুরুত্বপূর্ণ ভূমিকা রয়েছে ভূমি ও ভূমি সংস্কার প্রশাসনে বিশেষভাবে ভূমি সংস্কারের বিধানগুলি রূপায়ণের ক্ষেত্রে। ভূমি সংস্কার প্রশাসনের আধিকারিকগণ জেলা পরিষদ

ও পঞ্চায়েত সমিতির স্থায়ী সমিতিগুলির সাথে যুক্ত আছেন এবং ভূমি সংস্কার রূপায়ণের ক্ষেত্রে স্থায়ী সমিতিগুলির লক্ষ্যণীয় ভূমিকা দেওয়া হয়েছে। ফলস্বরূপ, এটা প্রয়োজন যে পঞ্চায়েত সংস্থাগুলি এবং যথাযথ স্তরের ভূমি সংস্কার প্রশাসনের মধ্যে উপযুক্ত সমন্বয় রয়েছে।

(২) বিভিন্ন স্থায়ী সমিতির নিয়োজিত আধিকারিকগণের কাছে এটা প্রত্যাশিত যে তাদের সভাগুলি কোন অবস্থাতেই যেন অনুপস্থিত না থাকেন এবং পঞ্চায়েত পদাধিকারীদের সাথে প্রথানুযায়ী অথবা রীতিবিরুদ্ধ আলোচনা করবেন ভূমি সংস্কারের বিভিন্ন বিধানগুলি কার্যকরী এবং সময়মত রূপায়ণের লক্ষ্যে। আরো ভালো সমন্বয়ের দিকে নজর রেখে যথাসম্ভব রাজস্ব পরিদর্শকের অফিসটি অবস্থিত হওয়া উচিত গ্রাম পঞ্চায়েত অফিসের কাছাকাছি।

২৬। সাধারণ প্রশাসনের সাথে পারস্পরিক কাজ [Interaction with General Administration] ঃ ভূমি সংস্কার প্রশাসন এবং সাধারণ প্রশাসন পরস্পরের সাথে সংযুক্ত। ভূমি সংস্কার প্রশাসনের আধিকারিকদের কাছে এটা প্রত্যাশিত যে তারা সাধারণ প্রশাসনের প্রতিপূরক (counter parts) অংশের সাথে ভালো সম্পর্ক রক্ষা করবেন যাতে কোন সমস্যা তৈরি হলে সম্ভাব্য নীচু স্তরেই তার সমাধান হয়ে যায়।

২৭। আর্থিক ক্ষমতা [Financial Power] ঃ (১) ভূমি সংস্কার প্রশাসনের সংহত কাঠামোর খরচের হিসাব করা হয় "২০২৯ ভূমি রাজস্ব" এবং "২৫০৬ ভূমি সংস্কার" এর অধীন বাজেট বিধান থেকে। জেলা ভূমি ও ভূমি সংস্কার আধিকারিক এবং মহকুমা ভূমি ও ভূমি সংস্কার আধিকারিক তাঁদের নিয়ন্ত্রণাধীন সংস্থার জন্য বিভিন্ন নিয়মের অধীন প্রশাসনিক এবং আর্থিক ক্ষমতা ভোগ করেন "অফিসের প্রধান" হিসাবে। জেলা ভূমি ও ভূমি সংস্কার আধিকারিকগণ তাঁদের নিয়ন্ত্রণাধীন বিশেষ রাজস্ব আধিকারিক, পর্যায়—২ পদস্তরের আধিকারিকদের আহরণ ও ব্যয়ন আধিকারিক (D.D.O.) হিসাবে ক্ষমতা অর্পণ করার জন্য অনুমোদিত।

(২) জেলার সমাহর্তা, জেলা ভূমি ও ভূমি সংস্কার আধিকারিক এবং মহকুমা ভূমি ও ভূমি সংস্কার আধিকারিক হলেন যথাক্রমে জেলা ভূমি ও ভূমি সংস্কার আধিকারিক, জেলা ভূমি ও ভূমি সংস্কার আধিকারিকের সংস্থা (establishment) এবং মহকুমা ভূমি ও ভূমি সংস্কার আধিকারিক এবং মহকুমা ভূমি ও ভূমি সংস্কার আধিকারিকের সংস্থার নিয়ন্ত্রণ আধিকারিক।

(৩) পশ্চিমবঙ্গ ভূমি লেখ্য ও জরিপ অধিকর্তা এবং যুগ্ম ভূমি সংস্কার কমিশনার ১৯৭৭ সালের আর্থিক ক্ষমতা অর্পণ নিয়ম অনুযায়ী বিভাগীয় প্রধান হিসাবে বিভাগগুলির প্রধানদের (কমিশনার ও সচিব বাদে) ক্ষমতা অর্পণ করার নিজস্ব ক্ষমতা প্রয়োগ করেন।

(৪) পশ্চিমবঙ্গ আর্থিক নিয়মের ৮৮ নং নিয়ম অনুযায়ী (১ নং খণ্ড) জেলা ভূমি ও ভূমি সংস্কার আধিকারিক, মহকুমা ভূমি ও ভূমি সংস্কার আধিকারিক ও ব্লক ভূমি ও ভূমি সংস্কার আধিকারিককে ২০০ টাকা (দুই শত টাকা) স্থায়ী অগ্রিম মঞ্জুর করা হয়েছে।

(৫) বিভিন্ন আদেশ ও নিয়ম অনুসারে তাদের যে তহবিল দেওয়া হয়েছে তার ব্যবহার কঠোর ভাবে মেনে চলা উচিত এবং সংহত কাঠামোর বিভিন্ন স্তরে খরচের ক্ষেত্রে সর্বাধিক মিতব্যায়িতা দেখাতে হবে।

২৮। বিভিন্ন পর্যায়ে পালিত কর্তব্য [Function to be discharged]ঃ আধিকারিকগণ যেখানে কর্মরত আছেন সেখানকার প্রধান অথবা তাদের ঊর্দ্ধতন অফিসের প্রধান যে যে দায়িত্ব যেমন বিচারকল্প বা অন্য কাজ স্থির করে দেবেন তা তারা প্রতিপালন করবেন। ব্লক ভূমি ও ভূমি সংস্কার অফিসে কর্মরত রাজস্ব আধিকারিকগণকে বিভিন্ন সময়ে নানারকম দায়িত্ব পালনের উদ্দেশ্যে বিভিন্ন আইনের বিধানগুলির ক্ষমতা দেওয়া হয়েছে এবং ব্লক ভূমি ও ভূমি সংস্কার আধিকারিকেরও উচিত বিচক্ষণতার সাথে এমনভাবে তাদের দায়িত্ব বণ্টন করা যাতে কোন বিষয়-ই দীর্ঘদিন ধরে বকেয়া পড়ে না থাকে। রাজস্ব আধিকারিকদের বণ্টিত দায়িত্ব পর্যায়ক্রমে পরিবর্তিত হতে পারে। ভূমি ও ভূমি সংস্কার প্রশাসনের বিভিন্ন স্তরে যে সব কাজ প্রতিপালন করা হবে তার বিস্তারিত তালিকা পরিশিষ্ঠ-৬ [Appendix VI]-তে (ক), (খ), (গ) ও (ঘ) [(A), (B), (C) & (D)]-তে

দেওয়া হল। উক্ত তালিকাগুলি স্বয়ংসম্পূর্ণ নয় এবং এই নির্দেশিকার অন্য বিধানের সাপেক্ষে এবং বিভিন্ন সময়ে পঃ বঃ রাজস্ব পর্যদ ও পঃ বঃ ভূমি লেখ্য ও জরিপ অধিকর্তা এবং যুগ্ম ভূমি সংস্কার কমিশনার দ্বারা জারি করা বিভিন্ন আদেশ সাপেক্ষে প্রস্তুত।

(ক) জেলা ভূমি ও ভূমি সংস্কার আধিকারিকের করণে প্রধান যে সমস্ত কাজগুলি পালন করতে হবে—

(১) ১৯৫৩ সালের পঃ বঃ জমিদারী অধিগ্রহণ আইন এবং ১৯৫৫ সালের পঃ বঃ ভূমি সংস্কার আইনের অধীন জেলা ভূমি ও ভূমি সংস্কার আধিকারিকের দ্বারা সমাহর্তার (collector) ক্ষমতা ব্যবহার করা।

(২) পশ্চিমবঙ্গ ভূমি সংস্কার বিধির তফসিল-ক এবং তফসিল-খ-এর ১ নং দফার (Clause) দ্বিতীয় অনুবিধি (Proviso)-তে নির্দেশিত সেটেলমেন্ট আধিকারিকের ক্ষমতা জেলা ভূমি ও ভূমি সংস্কার আধিকারিক দ্বারা ব্যবহার করা।

(৩) জমিদারী অধিগ্রহণ আইন এবং ভূমি সংস্কার আইনে উল্লিখিত জমির ঊর্দ্ধসীমা সংক্রান্ত অনুবিধিগুলির বাস্তবায়ন করা।

(৪) ভূমি সংস্কার আইনের ৪৯ নং ধারায় সরকারী জমির বন্দোবস্ত দেওয়া।

(৫) অপারেশান বর্গা বাস্তবায়িত করা এবং ভাগচাষীদের অধিকার রক্ষা করা।

(৬) ভূমি সংস্কার আইনের ১৯, ৫৪ এবং ৫১ক (৫) ধারায় বিচারকল্পের (*quasi judicial*) কাজ করা।

(৭) ভূমি সংস্কার আইনের ৪গ ধারার অধীন জমির শ্রেণী পরিবর্তনের অনুমতি প্রদান করা এবং ওই আইনের অধীন ৪ঘ এবং ৪ঙ ধারার ক্ষমতা জেলা ভূমি ও ভূমি সংস্কার আধিকারিক দ্বারা পালন করা।

(৮) পশ্চিমবঙ্গ জমিদারী অধিগ্রহণ আইন এবং পঃ বঃ ভূমি সংস্কার আইনের অধীনে ক্ষতিপূরণ নির্ধারণ পঞ্জি (Compensation Assessment Roll) প্রস্তুত করা।

(৯) স্বত্বলিপির প্রত্যয়িত প্রতিলিপি (certified copy) সই ও সরবরাহ করার জন্য ভারতীয় সাক্ষ্য আইনের ৭৬ নং ধারায় ব্লক ভূমি ও ভূমি সংস্কার আধিকারিক/রাজস্ব আধিকারিককে অনুমোদন (authorisation) দেওয়া।

(১০) জেলার বিভিন্ন কাজের দফার বার্ষিক, ত্রৈমাসিক ও মাসিক লক্ষ্য প্রস্তুতি করা এবং কার্যগুলির নজরদারি করা।

(১১) বিভিন্ন অধস্তন করণের কাজের পরিকল্পনা, নজরদারি ও তত্ত্বাবধান করা।

(১২) নির্দ্ধারিত বিভিন্ন নিয়োগ বিধি অনুযায়ী জেলায় বিভিন্ন কর্মচারী নিয়োগ করা।

(১৩) জেলার মধ্যে বিশেষ রাজস্ব আধিকারিক, পর্যায়-২ পর্যন্ত আধিকারিক এবং অন্যান্য কর্মচারীদের বদলি এবং জেলা পর্যায়ে ভূমি ও ভূমি সংস্কার প্রশাসনের প্রধান, কার্যালয়-প্রধান, শাস্তিমূলক কর্তৃপক্ষ হিসাবে নিয়ন্ত্রণ করা।

(১৪) শস্য জরিপ এবং কৃষিশুমারীর পরিকল্পনা এবং কাজকর্ম করা।

(১৫) ভূমি সংস্কার কাজকর্মের নিশ্চিত সমন্বয় সাধনের জন্য জেলা সমাহর্তা ও জেলা পর্যায়ের অন্য আধিকারিকদের সাথে সংযোগ রক্ষা করা।

(১৬) ফসল বোনা ও ফসল তোলার সময় সৃষ্ট বিবাদ এড়ানো/সমাধান করার জন্য নজরদারি ও সমন্বয় সাধন করা।

(১৭) সময়ে সময়ে পাওয়া রাজস্ব পর্ষদের নির্দেশ (instruction) এবং নির্দেশিকা (manual) অনুযায়ী খনিজ ও খনিজ

পদার্থের পরিচালনা করা এবং ১৯৫৭ সালের খনি ও খনিজ (প্রণীয়ম ও উন্নয়ন) আইন, গৌণ খনিজ বিধি, খনিজ ছাড় বিধি ইত্যাদির অধীন অর্পিত বিভিন্ন ক্ষমতার ব্যবহার করা।

(১৮) বিভিন্ন সময়ে স্থিরকৃত নির্দেশ অনুযায়ী মাসিক কাজকর্মের প্রতিবেদন সঙ্কলন করা এবং রাজস্ব পর্ষদ, ভূমিলেখ্য ও জরিপ অধিকর্তা, বিভাগীয় কমিশনার ইত্যাদির নিকট প্রেরণ করা।

(১৯) আধিকারিক ও কর্মচারীদের বার্ষিক গোপন প্রতিবেদন এবং খোলা কাজকর্মের প্রতিবেদন প্রস্তুত করা, প্রেরণ করা ও হেফাজতে রাখা।

(২০) যে সমস্ত স্থায়ী সমিতির তিনি সদস্য/আমন্ত্রিত সেই সভায় উপস্থিত হওয়া এবং পঞ্চায়েতি রাজ প্রতিষ্ঠানের সাথে সম্পর্ক রক্ষা করা।

(২১) তাঁর সীমার মধ্যেকার মহকুমা স্তরের, ব্লক স্তরের এবং গ্রাম পঞ্চায়েত স্তরের বিভিন্ন অফিস পরিদর্শন করা।

(২২) রাজস্ব পর্যদের জারি করা নির্দেশ অনুযায়ী যে সমস্ত মৌজায় পঃ বঃ ভূমি সংস্কার আইনের ৫১ ধারার অধীনে সেটেলমেন্ট কাজ আরম্ভ হয়েছে, সেই মৌজায় মিউটেশানের অনুমতি দেওয়া।

(২৩) নির্দেশিকার অনুবিধি এবং রাজস্ব পর্যদের জারি করা বিভিন্ন নির্দেশ অনুসারে অকৃষি জমির পরিচালনা এবং দীর্ঘ-মেয়াদী ও স্বল্প-মেয়াদী বন্দোবস্ত দেওয়া।

(২৪) নির্দেশিকার (manual) অনুবিধি (provision) অনুযায়ী সরকারী জমিতে সৃষ্ট হাট, বাজার ও অন্যান্য সইরতি স্বার্থের পরিচালনা করা।

(২৫) ভূমিলেখ্য ও জরিপ অধিকর্তা এবং রাজস্ব পর্যদের কাছ থেকে পাওয়া তহবিল (fund) পুনর্বণ্টন (re-allocation) দ্বারা মহকুমা ভূমি ও ভূমি সংস্কার আধিকারিকদের প্রদান

এবং কঠোরভাবে আর্থিক ব্যয়-এর উপর নিয়ন্ত্রণ ক্ষমতা প্রয়োগ করা সংশ্লিষ্ট বিধি অনুযায়ী।

জেলা ভূমি ও ভূমি সংস্কার আধিকারিক তাঁর করণে মাসিক নগদ তহবিল (cash balance) পরীক্ষা (verification) করা এবং আহরণ ও ব্যয়ন আধিকারিক (D.D.O.) ইত্যাদির উপর তত্ত্বাবধান ও নিয়ন্ত্রণ করা।

(২৬) জেলা ভূমি ও ভূমি সংস্কার আধিকারিকের করণের জন্য এবং মহকুমা ভূমি ও ভূমি সংস্কার আধিকারিকের করণের জন্য আহরণ ও ব্যয়ন আধিকারিকের পদ নাম (Designation) দেওয়া।

(২৭) তাঁর ক্ষেত্রাধিকারের মধ্যে বিভিন্ন করণে নিদর্শ (Form) ও লেখ-সামগ্রী (stationery articles) সহ ভাণ্ডারের বিভিন্ন দ্রব্য সংগ্রহ ও বিতড়ন করা।

(২৮) জমিতে বালি, মাটি ইত্যাদি খননের অনুমতি (Quarry Permit) দেওয়া।

(২৯) ভূমি রাজস্ব, উপকর (cess) এবং অন্যান্য সরকারী পাওনা আদায় করা।

(৩০) জেলা ভূমি ও ভূমি সংস্কার আধিকারিক নিজে বা তাঁর নিয়ন্ত্রণে থাকা কোন আধিকারিক সরকারী যে সব জমির সাথে সম্পর্কযুক্ত আদালতের মামলায় পক্ষ হবেন, তাঁর ওই মামলায় প্রতিদ্বন্দ্বিতা করা।

(খ) মহকুমা ভূমি ও ভূমি সংস্কার আধিকারিক যে সমস্ত কাজ করবেন ঃ

(১) পশ্চিমবঙ্গ ভূমি সংস্কার বিধির তফসিল-খ-এর নির্দেশ অনুসারে মহকুমা ভূমি ও ভূমি সংস্কার আধিকারিক, রাজস্ব আধিকারিকের ও অতিরিক্ত সেটেলমেন্ট আধিকারিকের ক্ষমতা প্রয়োগ করা।

(২) বিভিন্ন আইনের অধীন মহকুমা ভূমি ও ভূমি সংস্কার আধিকারিককে দেওয়া ক্ষমতা ব্যবহার করা।

(৩) জমিদারী অধিগ্রহণ আইন ও ভূমি সংস্কার আইনে উল্লিখিত জমির ঊর্দ্ধসীমা সংক্রান্ত অনুবিধির প্রয়োগ করা।

(৪) অপারেশন বর্গা বাস্তবায়িত করা এবং ভাগচাষীদের অধিকার রক্ষা করা।

(৫) মহকুমার জন্য কাজের কর্মসূচী গ্রহণ করবেন এবং মহকুমার মধ্যে সম্পাদিত বিভিন্ন রকম কাজের বার্ষিক, ত্রৈমাসিক ও মাসিক লক্ষ্য স্থির করা এবং তাঁর সীমানার মধ্যে অবস্থিত ব্লক ও গ্রাম পঞ্চায়েত স্তরে কাজকর্মের নজরদারি করা।

(৬) মহকুমা ভূমি ও ভূমি সংস্কার আধিকারিকের সীমানার মধ্যে রাজস্ব আধিকারিকের চেয়ে নিম্ন পদমর্যাদার কর্মচারীদের বদলি করা।

(৭) রাজস্ব পর্ষদ দ্বারা স্থির করা নির্দেশ অনুযায়ী মহকুমা সংস্থার (Sub-divisional Establishment) প্রধান হিসাবে দায়িত্ব পালন করা এবং তাঁর অধীনস্ত অফিসগুলিরও প্রধান হিসাবে দায়িত্ব পালন করা এবং রাজস্ব পর্ষদের নির্দ্ধারিত নির্দেশ অনুযায়ী আধিকারিক ও কর্মচারীদের নিয়ন্ত্রণ করা।

(৮) নিদর্শ ও অন্যান্য লেখ সামগ্রীসহ ভাণ্ডারের বিভিন্ন দ্রব্য সংগ্রহ ও বিতড়ন করবেন তাঁর সীমার মধ্যে।

(৯) শস্য সমীক্ষা ও কৃষিশুমারীর কাজের পরিকল্পনা ও পর্যালোচনা করা।

(১০) ভূমি সংস্কার কাজের প্রকৃত সমন্বয় নিশ্চিত করতে মহকুমা শাসক (Sub-divisional Magistrate) ও অন্যান্য মহকুমা পর্যায়ের আধিকারিকদের সাথে সংযোগ রক্ষা করা।

(১১) ফসল বোনা ও ফসল তোলার সময় সৃষ্ট বিবাদ এড়ানো/সমাধান করার জন্য নজরদারি ও সমন্বয় সাধন করা।

(১২) রাজস্ব পর্ষদ থেকে পাওয়া বিভিন্ন সময়ের নির্দেশ অনুযায়ী তাঁর সীমানায় অবস্থিত এলাকার খনি ও খনিজ পদার্থের উপযুক্ত পরিচালনা করা এবং ১৯৫৭ সালের খনি ও খনিজ (প্রণীয়ম ও উন্নয়ন) আইন, গৌণ খনিজ বিধি ইত্যাদির অধীন অর্পিত বিভিন্ন ক্ষমতার ব্যবহার করা।

(১৩) আধিকারিক ও কর্মচারীদের বার্ষিক গোপন প্রতিবেদন সহ কাজকর্মের প্রতিবেদন প্রস্তুত করা, প্রেরণ করা ও হেফাজতে রাখা।

(১৪) তাঁর সীমানার মধ্যে অবস্থিত বিভিন্ন ব্লক ও গ্রাম পঞ্চায়েত পর্যায়ের অফিস পরিদর্শন করা।

(১৫) নিম্নলিখিত বিষয়গুলির তত্ত্বাবধান করা—

(ক) পশ্চিমবঙ্গ ভূমি সংস্কার আইনের ৪৯ ধারায় সরকারী জমির বন্দোবস্ত দেওয়া,

(খ) অকৃষি জমির পরিচালনা করা এবং দীর্ঘ-মেয়াদী ও স্বল্প-মেয়াদী ইজারা দেওয়া,

(গ) সরকারী জমিস্থ হাট, বাজার ও অন্যান্য সইরতি স্বার্থের পরিচালনা করা, এবং

(ঘ) ভূমি রাজস্ব, উপকর এবং অন্যান্য সরকারী পাওনা আদায় করা।

(১৬) প্রতি মাসে নগদ তহবিল (Cash balance) পরীক্ষা করা এবং আহরণ ও ব্যয়ন আধিকারিকের কাজের তত্ত্বাবধান করা।

(১৭) ব্লক ভূমি ও ভূমি সংস্কার আধিকারিককে প্রদেয় স্থায়ী মঞ্জুরকৃত অগ্রিম (Permanent advance) তত্ত্বাবধান এবং নিয়ন্ত্রণ করা।

(১৮) বিভিন্ন মাঠের কাজ যেমন ঃ জরিপ, খানাপুরী, বুঝারত এবং তজ্‌দিক পরিদর্শন করা।

(১৯) রাজ্য সরকার, জেলা ভূমি ও ভূমি সংস্কার আধিকারিক বা তাঁর নিয়ন্ত্রণাধীন অন্য কোন আধিকারিক সরকারী যে সব জমির সাথে সম্পর্কযুক্ত আদালতের মামলায় পক্ষ হবেন, তাঁর ওই মামলায় প্রতিদ্বন্দ্বিতা করা।

(২০) মহকুমার মাসিক কাজকর্মের (Performance) প্রতিবেদন সঙ্কলন করবেন এবং জেলা ভূমি সংস্কার আধিকারিকের নিকট পাঠানো।

(গ) ব্লক ভূমি ও ভূমি সংস্কার আধিকারিকের প্রধান কাজগুলিঃ

(১) ব্লক ভূমি সংস্কার আধিকারিকের নিজস্ব অফিসে কর্মরত এবং তাঁর নিয়ন্ত্রণাধীন অন্যান্য আধিকারিক ও কর্মচারীদের তত্ত্বাবধান ও নিয়ন্ত্রণ করা।

(২) ব্লক ভূমি ও ভূমি সংস্কার আধিকারিকের কার্যালয় এবং রাজস্ব পরিদর্শকের কার্যালয়ের কাজের পরিকল্পনা করা এবং বার্ষিক, ত্রৈমাসিক এবং মাসিক লক্ষ্য স্থির করা তাঁর কার্যালয়ের জন্য ও তাঁর নিয়ন্ত্রণাধীন বিভিন্ন আধিকারিক ও কার্যালয়ে বণ্টন করা।

(৩) পঞ্চায়েত সমিতির বন ও ভূমি সংস্কার স্থায়ী সমিতির সভাগুলি আহ্বান করা।

(৪) পশ্চিমবঙ্গ ভূমি সংস্কার আইনের ৪৯ নং ধারার অধীন জমির বন্দোবস্ত করা।

(৫) ভূমি সংস্কার কাজকর্মের সুষ্ঠ রূপায়ণ সুনিশ্চিত করতে তাঁর সীমার মধ্যে পঞ্চায়েত সমিতি ও গ্রাম পঞ্চায়েতের মধ্যে সংযোগ রক্ষা করা।

(৬) গৌণ খনিজ বিধির প্রশাসন এবং ১৯৫৭ সালের খনি ও খনিজ (প্রণীয়ম ও উন্নয়ন) আইনের বিভিন্ন ক্ষমতা প্রয়োগ করা।

(৭) যে সমস্ত দেওয়ানি শাসন (Civil Rule), দেওয়ানি মামলা (Civil suits) এবং স্বত্ব মামলায় (Title suit) রাজ্য সরকারের স্বার্থ জড়িত, সেক্ষেত্রে প্রতিদ্বন্দ্বিতা করা।

(৮) রাজস্ব পরিদর্শকের কার্যালয় পরিদর্শন করা।

(৯) পুলিশ ও ম্যাজিস্ট্রেটের সাহায্য নিয়ে ফসল কাটা ও সংগ্রহের সময় তৈরি হওয়া বিভিন্ন সমস্যার সমাধান করা ও সাধারণ আইন ও অনুশাসন বজায় রাখা।

(১০) জমিদারী অধিগ্রহণ আইনের ধারা ৪৪(২ক) এবং পঃ বঃ ভূমি সংস্কার আইনের ধারা ৫১ক(৪) অনুসারে কার্যাবলী নিষ্পত্তি করা।

(১১) শস্য সমীক্ষা এবং কৃষিশুমারীর পরিকল্পনা ও সম্পাদন করা।

(১২) জমিদারী অধিগ্রহণ আইন এবং ভূমি সংস্কার আইনে উদ্বৃত্ত জমি সরকারে ন্যস্ত করা।

(১৩) বর্গাদার ও সরকারে ন্যস্ত জমি প্রাপকদের সংস্থাগত আর্থিক সাহায্য পেতে সহযোগিতা করা।

(১৪) সরকারী প্রাপ্য আদায় আইন অনুযায়ী শংসাপত্র মামলা (Certificate case) চালু করা।

(১৫) ফৌজদারী বিধির ১৪৪ ও ১৪৫ ধারার অধীন তদন্ত করা।

(১৬) সইরতি স্বার্থ ও উত্তরাধিকারহীন সম্পত্তি (escheat property) সহ সরকারী জমির পরিচালন ব্যবস্থা করা।

(১৭) অকৃষি কার্যের উদ্দেশ্যে কোন জমির দীর্ঘ-মেয়াদী ও স্বল্প-মেয়াদী ইজারার ব্যবস্থা করা।

(১৮) পশ্চিমবঙ্গ ভূমি সংস্কার আইনের ২৩খ ধারার অধীন মামলার (case) নিষ্পত্তি করা।

(১৯) খাজনা (rent), রয়ালটি, উপকর (cess) এবং অন্যান্য সরকারী বকেয়া আদায় করা।

(২০) ভূমি সংস্কার আইনের ৫১ ধারার অধীন জরিপ কার্য ও সেটেলমেন্ট কাজ, ওই আইনের ৫০ ধারার অধীন স্বত্বলিপির

রক্ষণাবেক্ষণ, সমাহর্তার কার্যালয়ে এবং রাজস্ব পরিদর্শকের কার্যালয়ে চূড়ান্ত প্রকাশিত মৌজার স্বত্বলিপির নকল প্রদান।

(২১) জমিদারী অধিগ্রহণ আইনের ৪৭ ধারার অধীন স্বত্বলিপির সংশোধন (modification) করা।

(২২) সময়ে সময়ে রাজস্ব পর্যদের জারি করা নির্দেশ অনুযায়ী জমির নামপত্তন (mutation) ও শ্রেণী পরিবর্তন (conversion) করা।

(২৩) প্রয়োজন মত আন্ত জেলা ও আন্ত রাজ্য সীমানা নির্দ্ধারণ করা।

(২৪) ১৯৭৫ সালের পঃ বঃ কৃষি শ্রমিক, হস্তশিল্পী, মৎস্যজীবীদের জন্য বাস্তুজমি অধিগ্রহণ আইনের অধীন উপকৃত (beneficiary)-দের জমি স্বত্বলিপি ভুক্ত করা।

(২৫) ১৯৭৩ সালের হস্তান্তরিত জমি পুনরুদ্ধার আইনের প্রয়োগ করা।

(২৬) পশ্চিমবঙ্গ ভূমি সংস্কার আইনের তৃতীয় পরিচ্ছেদের প্রয়োগ এবং বর্গাদারদের অধিকার রক্ষা করা।

(২৭) সময়ে সময়ে নির্দ্ধারিত ক্ষতিপূরণের প্রদানের কাজ করা।

(২৮) আইন ও বিধিতে অন্তর্ভুক্ত নেই এরকম আইনগত উল্লিখিত দায়িত্ব পালন করা।

(২৯) লেখ সামগ্রী (Stationery) সহ অন্য দ্রব্য সংগ্রহ ও রাজস্ব পরিদর্শকের কার্যালয়ে পাঠানো।

(৩০) স্বত্বলিপির প্রতিলিপি প্রস্তুত ও সরবরাহ করা।

(৩১) সমাহর্তা সহ ঊর্দ্ধতন কর্তৃপক্ষ ও মহকুমা ভূমি সংস্কার আধিকারিক দ্বারা আরোপিত প্রশাসনিক ও বিবিধ তদন্ত সম্পাদন করা।

(৩২) এই নির্দেশিকা সহ বিভিন্ন নিয়মের নির্দেশানুসারে খাতা প্রস্তুত ও রক্ষণাবেক্ষণ করা।

(৩৩) রাজস্ব পরিদর্শকের পদমর্যাদার নীচের কর্মচারীদের বদলী করা।

(ঘ) রাজস্ব পরিদর্শকের কার্যালয়ে সম্পাদিত প্রধান কাজগুলি ঃ

(১) আমিন, ভূমি-সহায়ক ও রাজস্ব পরিদর্শকের কার্যালয়ে কর্মরত কর্মচারীদের কাজের তত্ত্বাবধান ও নির্দেশ দেবেন রাজস্ব পরিদর্শক।

(২) ভূমি রাজস্ব, বিভিন্ন সরকারী উপকর ও সরকারী ঋণ আদায় করা।

(৩) জমা বন্দি খাতা অথবা খাজনা পঞ্জি (Rent Roll) (১ নং খাতা) এবং রায়তের খতিয়ান (Tenant's Ledger) (২ নং খাতা) ও অন্যান্য খাতা রক্ষণাবেক্ষণ করা।

(৪) পশ্চিমবঙ্গ আইনের ৫১ ধারার অধীন খানাপুরী বুঝারত ও প্রাক্-তজ্‌দিকের কাজ সম্পন্ন করা।

(৫) মৌজার খানাপুরী বুঝারতের সময় রাজস্ব পরিদর্শক দ্বারা স্বত্বলিপিভুক্ত করা জমির বর্গাদারদের বর্গা শংসাপত্র ও বাস্তুজমি উপকৃতদের বাস্তুজমি স্বত্ব-দলিল প্রদান করা।

(৬) সরকারে ন্যস্ত হওয়া জমির বণ্টন সম্পর্কিত প্রাথমিক কাজ করা।

(৭) রাজস্ব পরিদর্শক নিজে যে আদেশ দেবেন অথবা তাঁর ঊর্দ্ধতন কর্তৃপক্ষ দ্বারা প্রদত্ত আদেশ নিজের হাতে এবং স্বাক্ষর সহ স্বত্বলিপির প্রথম প্রতিলিপিতে মিল করে (tally) নেবেন।

(৮) ঊর্দ্ধতন আধিকারিকের আদেশমূলে পাট্টা, বর্গা শংসাপত্র, বাস্তুজমি স্বত্ব দলিল প্রদান করা।

(৯) শস্য সমীক্ষা ও কৃষিশুমারী সম্পাদন করা।

(১০) প্রতিবেদন ও বিবরণী (Return) জমা দেওয়া।

(১১) তাঁর নিজের কার্যালয় এবং ঊর্দ্ধতন কর্তৃপক্ষের কার্যালয়ের যে বিজ্ঞপ্তি নেবেন তা জারি করবেন।

(১২) নামপত্তন, বর্গা স্বত্ব লেখা, বাস্তুজমি উপকৃতদের নাম লেখা সহ অন্যান্য বিভিন্ন তদন্ত করা।

(১৩) বর্গাদার ও পাট্টাদারদের সংস্থাগত আর্থিক সাহায্য এবং তাকে দেওয়া অন্য কাজ করার জন্য গ্রাম পঞ্চায়েত ও পঞ্চায়েতভিত্তিক অন্য সংস্থার সাথে সম্পর্ক তৈরি করা।

(১৪) নিম্নলিখিত বিষয়গুলির উপরে ঊর্দ্ধতন কর্তৃপক্ষকে প্রতিবেদন পাঠানো—

(ক) সিকস্তি ও পয়স্তি জনিত কারণে কোন মৌজায় যে পরিমাণ জমির পরিবর্তন হয়েছে;

(খ) জমির ব্যবহারের পরিবর্তন;

(গ) তফসিলী উপজাতিদের জমি অবৈধভাবে হস্তান্তরিত হয়েছে কিনা;

(ঘ) ঊর্দ্ধসীমা আইন ফাঁকি দিয়েছে কিনা;

(ঙ) সরকারী জমি অবৈধভাবে দখল ও দখলের চেষ্টা;

(চ) অবৈধ ও বেনামী প্রজাস্বত্ব;

(ছ) বর্গাদারদের উচ্ছেদ;

(জ) বিনা অনুমতিতে সরকারে ন্যস্ত জমির দখল;

(ঝ) ভূমি সংক্রান্ত আইন কোন ক্ষেত্রে লঙ্ঘন হয়ে থাকলে;

(ঞ) ফসল কাটা ও ঝাড়াই সংক্রান্ত বিবাদ।

(১৫) জমির সদ্ব্যবহার বিষয়ক প্রাথমিক কাজ।

(১৬) মৌজার ত্রি-সীমানা স্তম্ভ (Tri-junction pillar) এবং অন্যান্য স্থায়ী জরিপ চিহ্নের নিয়মিত পরিদর্শন এবং ওইগুলির অবস্থা জানিয়ে ঊর্দ্ধতন কর্তৃপক্ষকে প্রতিবেদন পাঠানো।

(১৭) মৌজার মন্তব্য বই (Village Note Book) প্রস্তুতি করা এবং নিয়মিতকরণ।

(১৮) এছাড়া অন্যান্য কাজ যা তাঁর দায়িত্বের উপযুক্ত কাজকর্ম এবং যা তাঁকে সম্পাদন করার জন্য নির্দেশিত হবে, তা করা।

২৯। বিভিন্ন আইনের অধীন আধিকারিকদের ক্ষমতা প্রদান [Conferment of Powers on Officers under various Acts] ঃ (১) রাজ্য সরকার আইনের বিভিন্ন বিধান প্রতিপালনের উদ্দেশ্যে আধিকারিকদের বিভিন্ন স্তরে প্রশাসনিক পদে নিয়োগ করেন ভূমি ও ভূমি সংস্কার দপ্তরে।

(২) কখনো কখনো ভূমি ও ভূমি সংস্কার প্রশাসনের বিভিন্ন স্তরে কর্মরত বিভিন্ন পদ ও ক্রমোচ্চ শ্রেণীবিভাগসহ আধিকারিকদের কোন আইনের বিশেষ বিধান প্রতিপালনের জন্য একই সাথে নিয়োগ করা হয়। এইগুলি করা হয় প্রধানত—

(ক) যে কাজগুলি দ্রুততার সাথে নিষ্পন্ন করা যায়, নীচের স্তরের আধিকারিকগণ ও ওই বিধান প্রতিপালনের জন্য ক্ষমতাবান, আবার ওই আইনের কিছু কিছু বিধান ওই নীচের স্তরের আধিকারিকগণের প্রয়োগ করার ক্ষমতা নেই;

(খ) উচ্চ স্তরের আধিকারিকগণ যেগুলি সম্পন্ন করেন সেইগুলি দ্রুত নিষ্পন্ন করা এবং যে বিষয়গুলি স্পর্শকাতর হতে পারে অথবা শান্তি শৃঙ্খলার সমস্যা হতে পারে এবং

(গ) যে ক্ষেত্রে নীচের স্তরের একাধিক আধিকারিকদের ক্ষেত্রাধিকারে পড়েছে এমন কোন বিষয় নিয়ে সমন্বয় বিধান করা।

তৃতীয় অধ্যায়
Chapter 3
জমির স্বত্বলিপির প্রস্তুতি ও সংশোধন
(Preparation and Revision of Record-of-Rights in Land)

৩০। স্বত্বলিপি সংশোধনের পদ্ধতি [Procedure for revision of record-of-rights] ঃ (১) কোন জেলা বা জেলার কোন অংশে স্বত্বলিপির সংশোধন করা হয় ১৯৫৫ সালের পঃ বঃ ভূমি সংস্কার আইনের ৭ক অধ্যায় অনুযায়ী যদি রাজ্য সরকারের বিশ্বাস করার মত যথেষ্ট কারণ থাকে যে কোন জায়গার স্বত্বলিপি যথেষ্ট পুরাতন অথবা ওই এলাকার ভূ-সংস্থান (Topography)-এর ব্যাপক পরিবর্তন ঘটেছে, অথবা কোন একটি নূতন আইন প্রয়োগ করার প্রয়োজন হয়েছে সেক্ষেত্রে এই ধরনের সংশোধন করা হয়। এই ধরনের স্বত্বলিপির প্রস্তুতি ও সংশোধন করা হয় রাজ্য সরকার দ্বারা ১৯৫৫ সালের পঃ বঃ ভূমি সংস্কার আইনের ৫১(১) ধারা অনুযায়ী। এই রকম কোন আদেশ মূলে রাজস্ব আধিকারিক প্রয়োজনমত স্বত্বলিপির প্রস্তুতি অথবা সংশোধন করবেন।

(২) ১৯৬৫ সালের পঃ বঃ ভূমি সংস্কার নিয়মে বর্ণিত ২৩ নং নিয়ম ও তফসিল-ক (Schedule A) অনুসরণ করে রাজস্ব আধিকারিক স্বত্বলিপি প্রস্তুত বা সংশোধন করবেন। কিন্তু রাজ্য সরকার মনে করলে কোন আদেশ মূলে রাজস্ব আধিকারিক ওই তফসিলে বর্ণিত ১ নং দফায় বর্ণিত (১) থেকে (৪) নং বিষয়গুলি কোন একটি স্তর বাদ দিতে পারেন অথবা সংযুক্ত করতে পারেন।

(৩) এই ধরনের স্বত্বলিপি প্রস্তুত বা সংশোধনের পরে ওই স্বত্বলিপির খসড়া এক মাসের জন্য প্রকাশ করে রাখতে হবে জনগণের বিনামূল্যে

দেখার জন্য রাজস্ব আধিকারিক যেমন স্থির করবেন এরকম প্রকাশ্য স্থানে। খসড়া স্বত্বলিপির বিরুদ্ধে কোন আপত্তি থাকলে তা দাখিল করা যেতে পারে, এবং ওইগুলির নিষ্পত্তি হবে ১৯৬৫ সালের পঃ বঃ ভূমি সংস্কার নিয়মে বর্ণিত ২৪ নং নিয়ম অনুসারে।

(৪) রাজস্ব আধিকারিক দ্বারা ১৯৬৫ সালের পঃ বঃ ভূমি সংস্কার নিয়মের ২৪ নং নিয়ম অনুসরণ করে সমস্ত আপত্তি (objection), যদি কিছু থাকে নিষ্পত্তির পরে ওই স্বত্বলিপির চূড়ান্ত প্রস্তুতি হবে এবং চূড়ান্ত প্রকাশ হবে রাজস্ব আধিকারিক দ্বারা এবং গণ বিজ্ঞপ্তি দ্বারা জনগণের দেখার জন্য এক মাস রাখা হবে।

৩১। চূড়ান্ত প্রকাশনার শংসাপত্র [Certificate of final publication] ঃ রাজস্ব আধিকারিক তার সিলমোহর ও স্বাক্ষর সহ চূড়ান্ত প্রকাশনার শংসাপত্র দেবেন। পশ্চিমবঙ্গ ভূমি সংস্কার নিয়মের ক-তফসিলে বর্ণিত ৮ নং দফা অনুসারে শংসাপত্র দিতে হবে।

৩২। চূড়ান্ত প্রকাশিত কোন স্বত্বলিপিতে লেখা তথ্যের সংশোধন [Revision of an entry in a finally published record-of-rights] ঃ ৫১ক(৪) ধারায় বিশেষভাবে ক্ষমতাপ্রাপ্ত কোন রাজস্ব আধিকারিক স্বত্বলিপি চূড়ান্ত প্রকাশনার এক বছরের মধ্যে দাখিলকৃত কোন আবেদন (application) নিষ্পত্তি করতে পারেন। চূড়ান্ত প্রকাশের তিন বছরের মধ্যে নিজের ইচ্ছায় তিনি তা করতে পারেন।

৩৩। জমির শ্রেণী [Classification of land] ঃ কোন জেলার সেটেলমেন্ট আধিকারিক ১৯৫৫ সালের পঃ বঃ ভূমি সংস্কার আইনের ৭ক অধ্যায় অনুসারে স্বত্বলিপির প্রস্তুতি ও সংশোধনের লক্ষ্যে জমির শ্রেণীর তালিকা প্রস্তুত করবেন। ওই তালিকা প্রস্তুত করা হবে যখন ওই জমি কৃষির উদ্দেশ্যে ব্যবহৃত হবে তখনকার উৎপাদনশীলতার উপর ভিত্তি করে, এবং কৃষি ছাড়া অন্য উদ্দেশ্যে যখন প্রকৃত ব্যবহারকারী ব্যবহার করেন। এই কাজ করার জন্য তিনি যতটা সম্ভব জেলায় ব্যবহৃত স্থানীয় নাম ব্যবহার করবেন। ১৯৫৩ সালের পঃ বঃ জমিদারী অধিগ্রহণ আইন বা ১৯৫৫ সালের পঃ বঃ ভূমি সংস্কার আইন অনুযায়ী স্বত্বলিপির প্রস্তুতি

বা সংশোধনের জন্য যদি আগেই কোন জমির শ্রেণীর তালিকা প্রস্তুত হয়ে থাকে তবে ওই তালিকাকেই সাধারণতঃ অনুসরণ করা উচিত যদি না সেটেলমেন্ট আধিকারিক আদেশ দ্বারা ওই তালিকা থেকে বিচ্যুতির নির্দেশ দেন।

৩৪। ভূমি লেখ্য ও জরিপ অধিকর্তার জারি করা সাধারণ নির্দেশ [The D.L.R.S. to issue general instruction] ঃ ১৯৬৫ সালের পঃ বঃ ভূমি সংস্কার নিয়মের তফসিল-ক বর্ণিত (৩), (৪), (৫), (৬) দফায় উল্লিখিত পদ্ধতি রাজস্ব আধিকারিক কিভাবে অনুসরণ করবেন পঃ বঃ ভূমি লেখ্য ও জরিপ অধিকর্তা বিস্তারিত সাধারণ নির্দেশিকা জারি করবেন। ওই নির্দেশগুলি ১৯৫৫ সালের পঃ বঃ ভূমি সংস্কার আইন ও তার নিয়মগুলির সাথে সঙ্গতিপূর্ণ হবে। পাশাপাশি, ভূমি লেখ্য ও জরিপ অধিকর্তা ১৯৫৫ সালের পঃ বঃ ভূমি সংস্কার আইনের দ্রুত প্রয়োগের লক্ষ্যে স্বত্বলিপিতে প্রমাণ নথি লেখার জন্য নির্দেশ দিতে পারেন।

৩৫। ট্রাভার্স জরিপ [Traverse Survey] ঃ (১) ট্রাভার্স জরিপের জন্য ট্রাভার্স দল, অথবা যেখানে প্রয়োজন একাধিক ওই দল প্রতিটি জেলায় জেলা ভূমি ও ভূমি সংস্কার আধিকারিকের অধীন বহাল হতে পারেন। প্রতি ট্রাভার্স দলে থাকবেন একজন সার্ভেয়ার এবং বিভিন্ন সময়ে ভূমি লেখ্য ও জরিপ অধিকর্তা যেমন সাঙ্গ করবেন সেই সংখ্যক খালাসী। জেলা ভূমি ও ভূমি সংস্কার আধিকারিকের নিয়ন্ত্রণাধীনে কম্পিউটার বসানো হবে ট্রাভার্স তথ্য হিসাবের জন্য এবং দাগের তালিকা প্রস্তুতের জন্য প্রতিটি জেলায়।

(২) কোন জেলায় দীর্ঘ সময়ের জন্য ট্রাভার্স দল বহাল থাকবে না। জেলা ভূমি ও ভূমি সংস্কার আধিকারিকের তলব অনুসারে পঃ বঃ ভূমি লেখ্য ও জরিপ অধিকর্তা প্রয়োজন মত পাঠাবেন সেই জেলায়। কোন বছরে ১লা আগস্টের আগেই ট্রাভার্স দলের জন্য তলব (requisition) পাঠাতে হবে।

(৩) সংশ্লিষ্ট জেলা ভূমি ও ভূমি সংস্কার আধিকারিক কমপক্ষে একজন অভিজ্ঞ আমিন সংযুক্ত করবেন ও ট্রাভার্স দলের সঙ্গে যিনি ওই এলাকা

শনাক্ত করবেন যে এলাকার ট্রাভার্স জরিপ হবে এবং সার্ভেয়ারকে জায়গাগুলি দেখাবেন যেখানে যেখানে ট্রাভার্স স্টেশনগুলি স্থাপন করা হবে ক্যাডাস্ট্রাল জরিপের প্রয়োজনে।

(৪) আগের করা ট্রাভার্স বা জি. টি. এস. স্টেশনগুলি জরিপের সাথে সম্পর্কিত হলে ভূমি লেখ্য ও জরিপ অধিকর্তা তা ট্রাভার্স দলকে জানিয়ে দেবেন।

(৫) জেলা ভূমি ও ভূমি সংস্কার আধিকারিক থিয়োডোলাইট এবং অন্যান্য প্রয়োজনীয় জরিপের যন্ত্রপাতি কিনবেন ট্রাভার্স জরিপের জন্য ভূমিলেখ্য ও জরিপ অধিকর্তার আগাম অনুমতি ও সুপারিশ সাপেক্ষে।

৩৬। **ক্যাডাসট্রাল জরিপ [Cadastral Survey]** ঃ ক্যাডাস্ট্রাল জরিপ অর্থাৎ প্রতিটি জমির জরিপ সাধারণতঃ আমিনদের দ্বারা করা হবে। কিন্তু যেক্ষেত্রে জটিল কলকব্জা দ্বারা তৈরি যন্ত্র ব্যবহৃত হয় বা চেইন জরিপ ছাড়া অন্য রকম জরিপের দরকার হয়, সেক্ষেত্রে ভূমি লেখ্য ও জরিপ অধিকর্তার আগাম অনুমতি নিয়ে ক্যাডাস্ট্রাল মানচিত্র তৈরির জন্য সার্ভেয়রদের ব্যবহার করা যেতে পারে। ক্যাডাস্ট্রাল জরিপের পূর্ণাঙ্গ দেখাশোনা ও সমন্বয়ের লক্ষ্যে প্রতিটি জেলায় এবং মহকুমায় যথাক্রমে জেলা ভূমি ও ভূমি সংস্কার আধিকারিক ও মহকুমা ভূমি ও ভূমি সংস্কার আধিকারিকের নিয়ন্ত্রণে একজন করে প্রযুক্তি উপদেষ্টা বহাল হতে পারেন।

৩৭। যতক্ষণ না পর্যন্ত রাজস্ব পর্ষদ পরিবর্তনের কোন নির্দেশ দিচ্ছে ট্রাভার্স জরিপ এবং ক্যাডাস্ট্রাল জরিপ উভয়ই সম্পন্ন হবে পশ্চিমবঙ্গ প্রযুক্তিগত নিয়ম ও নির্দেশিকায় (W.B. Technical Rules & Instructions) উল্লিখিত পদ্ধতি অনুসারে।

৩৮। **স্বত্বলিপি সংশোধনের জন্য আধিকারিক ও কর্মচারী নিয়োগ [Deployment of officers and staff for revision of record-of-rights]** ঃ প্রতিটি পর্যায়ে স্বত্বলিপি সংশোধনের জন্য রাজস্ব আধিকারিক বা বিশেষ ক্ষমতাপ্রাপ্ত আধিকারিককে সহায়তা করার জন্য কোন্ কোন্ পদের কর্মচারীদেরকে যুক্ত করা হবে সেই বিষয়ে ভূমি লেখ্য ও জরিপ

অধিকর্তা সাধারণ নির্দেশ রেখা জারি করতে পারেন। কিন্তু সাধারণ নির্দেশ রেখায় যাই থাক না কেন যা ভূমি লেখ্য ও জরিপ অধিকর্তা জারি করেন তা ছাড়াও ব্লক ভূমি ও ভূমি সংস্কার আধিকারিক যে কোন পদমর্যাদার কর্মচারীকে যে কোন পর্যায়ে স্বত্বলিপি সংশোধনের কাজ তার নিয়ন্ত্রণে যুক্ত করতে পারেন ওই পর্যায়ে কাজের গতিকে বাড়ানোর জন্য।

৩৯। ভূমি লেখ্য ও জরিপ অধিকর্তা দায়বদ্ধ থাকেন পরিকল্পনা করা, সংগঠন এবং রাজস্ব পর্যদের স্থির করা নির্দিষ্ট সময়ের মধ্যে স্বত্বলিপির প্রস্তুতি ও সংশোধনের কাজ শেষ করা রাজস্ব পর্যদের জারি করা নির্দেশের সাপেক্ষে। বিভিন্ন রকম কাজ সুনির্দিষ্ট সময়ে শেষ করার লক্ষ্যে ভূমি লেখ্য ও জরিপ অধিকর্তা বিশেষ ক্ষমতাপ্রাপ্ত আধিকারিক, রাজস্ব আধিকারিক ও অন্য আধিকারিক এবং কর্মচারীদের মাসিক লক্ষ্য নির্দিষ্ট করে দিতে পারেন।

৪০। **ব্যবহৃত নিদর্শ [Forms to be used]** ঃ স্বত্বলিপি প্রস্তুত ও সংশোধনের জন্য এই সংক্রান্ত সমস্ত নিদর্শ ১৯৬৫ সালের পঃ বঃ ভূমি সংস্কার নিয়মে বর্ণিত নিদর্শে সম্পন্ন হবে এছাড়া যদি উক্ত নিয়মে না থাকে তবে রাজস্ব পর্যদের অনুমোদন সাপেক্ষে সমস্ত জেলায় একইরকম মান বজায় রেখে ভূমি লেখ্য ও জরিপ অধিকর্তা নিদর্শ স্থির করতে পারেন।

৪১। রাজস্ব পর্যদের অনুমোদন সাপেক্ষে স্বত্বলিপি প্রস্তুত ও সংশোধনের জন্য ব্যবহৃত যন্ত্রপাতিগুলি স্থির করবেন ভূমি লেখ্য ও জরিপ অধিকর্তা।

৪২। **রাজস্ব পর্যদ নির্দেশ জারি করতে পারেন [The Board of Revenue may issue instruction]** ঃ স্বত্বলিপির প্রস্তুতি বা সংশোধন কাজ করা হবে বিভিন্ন সময়ে রাজস্ব পর্যদের জারি করা নির্দেশিকা অনুসারে। ১৯৫৫ সালের পঃ বঃ ভূমি সংস্কার আইনের ৭ক অধ্যায় ও তার অধীন প্রস্তুত নিয়মগুলির সাথে সঙ্গতিপূর্ণ হবে ওই নির্দেশাবলী।

৪৩। প্রতিবেদন ও বিবরণী [Report and return] ঃ নির্দিষ্ট সময় অন্তর অন্তর ভূমি লেখ্য ও জরিপ অধিকর্তা স্বত্বলিপি প্রস্তুতি ও সংশোধনের অগ্রগতি বিষয়ে নিয়মমাফিক রাজস্ব পর্ষদের নিকট প্রতিবেদন ও বিবরণী পাঠাবেন পরবর্তীক্ষেত্রে স্থির করা নির্দিষ্ট নিদর্শে। একইরকমভাবে প্রত্যেক জেলার জেলা ভূমি ও ভূমি সংস্কার আধিকারিক নির্দিষ্ট সময় অন্তর নিয়মমাফিক পরবর্তীতে উল্লিখিত নির্দিষ্ট নিদর্শে অগ্রগতির প্রতিবেদন ও বিবরণী পাঠাবেন ভূমি লেখ্য ও জরিপ অধিকর্তার নিকট।

৪৪। স্বত্বলিপি সময়মত সংশোধন কার্য শেষ করার দায়িত্ব [Responsibility of timely completion of revision of record-of-rights] ঃ কোন জেলার জেলা ভূমি ও ভূমি সংস্কার আধিকারিক যিনি অতিরিক্ত পদ নাম হিসাবে সেটেলমেন্ট আধিকারিক তিনি ওই জেলার স্বত্বলিপি প্রস্তুতি ও সংশোধন নির্দিষ্ট সময়সীমার মধ্যে শেষ করার জন্য দায়ী থাকবেন। তিনি কেবল মাত্র অধস্তন অফিসগুলির কাজকর্ম তদারকি করবেন না যাতে নিদর্শ, যন্ত্রপাতি ও আনুষঙ্গিক জিনিসপত্রের অভাবে কাজ বিঘ্ন না ঘটে সেটাও নিশ্চিত করবেন।

৪৫। জেলা ভূমি ও ভূমি সংস্কার আধিকারিকের বিশেষ দায়িত্ব [Special responsibility of the D.L.L.R.O.] ঃ জেলা ভূমি ও ভূমি সংস্কার আধিকারিক নিম্নলিখিত বিষয়গুলি সম্পর্কে বিশেষ নজর দেবেন—

(১) ১৯৫৫ সালের পঃ বঃ ভূমি সংস্কার আইনের ২খ অধ্যায় অনুযায়ী দেওয়া ইতোপূর্বে আদেশের সাথে স্বত্বলিপির সংশোধন হয়েছে কিনা।

(২) ১৯৫৫ সালের পশ্চিমবঙ্গ ভূমি সংস্কার আইনের ৪৯ ধারা অনুযায়ী যাদের জমির বন্দোবস্ত দেওয়া হয়েছে তাদের সবার পক্ষে স্বত্বলিপির প্রস্তুতি হয়েছে এবং

(৩) সমস্ত বর্গাদারের নামে নথিভুক্ত বিষয়ে যদি সেটেলমেন্ট আধিকারিক এই মর্মে সন্তুষ্ট হন যে—কোন মৌজায় বিশেষ সংখ্যক বর্গাদারের নাম অনথিভুক্ত রয়ে গিয়েছে তিনি ১৯৬৫ সালের পঃ বঃ ভূমি সংস্কার নিয়মের ১৪ঝ [14I] নিয়মের (১) দফায় (ক)(২) উপদফা

অনুসারে ওই সমস্ত বর্গাদারের নাম স্বত্বলিপিতে নথিভুক্ত করার জন্য নির্দেশ জারি করবেন।

৪৬। স্বত্বলিপি খুঁটিয়ে দেখা [Security of record-of-rights] : (১) পশ্চিমবঙ্গ ভূমি সংস্কার আইনের ৫১ ধারা অনুযায়ী প্রস্তুত অথবা সংশোধিত স্বত্বলিপির যাঁচ বা খুঁটিয়ে দেখার কাজ করা হবে, এবং ভুল তালিকায় দেখতে পাওয়া ভুলগুলি লেখা হয়, ব্লক ভূমি ও ভূমি সংস্কার আধিকারিক দ্বারা নির্দিষ্ট করা কর্মচারী এই কাজ করবেন। প্রকৃত ভুলগুলি রাজস্ব আধিকারিক দ্বারা পরীক্ষা করা হবে প্রয়োজনে ১৯৬৫ সালের পঃ বঃ ভূমি সংস্কার নিয়মের ক-তফসিলে বর্ণিত পদ্ধতি অনুযায়ী পরবর্তী পর্যায়ে স্বত্বলিপির প্রস্তুতি ও সংশোধনের সময় সংশোধন করা যেতে পারে। কিন্তু যদি কোন মৌজার বেলায় ওই পরীক্ষার কাজ করতে প্রচুর সময় নেয় তবে যতক্ষণ পর্যন্ত ওই পরীক্ষার কাজ শেষ না হবে ওই মৌজার স্বত্বলিপির না খসড়া প্রকাশ না চূড়ান্ত প্রকাশ বন্ধ রেখে অপেক্ষা করতে হবে। এমনকি চূড়ান্ত প্রকাশের পরেও পরীক্ষার কাজ চালিয়ে যাওয়া যেতে পারে, কোন প্রকৃত ভুল নির্ধারণ হলে ৫১খখ ধারায় স্বত্বলিপির সংশোধন করা যেতে পারে।

(২) চূড়ান্ত প্রকাশিত হয়ে যাওয়ার পরে যাঁচ করার সময় কোন ভুল দেখা গেলে তারা আইনের ৫১খখ ধারায় সংশোধন করা যাবে না। বিশেষ ক্ষমতাপ্রাপ্ত আধিকারিক নিজের ইচ্ছায় ৫১(ক)(৪) ধারা অনুসারে ওই ভুল সংশোধন করবেন।

(৩) চূড়ান্ত প্রকাশের এক বছরের মধ্যে ওই যাঁচ বা পরীক্ষার কাজ শেষ করা উচিত।

(৪) পশ্চিমবঙ্গ প্রযুক্তি নিয়ম ও নির্দেশিকায় যাই থাক না কেন এই নিয়মের বিধানগুলি বলবৎ হবে।

৪৭। আধিকারিকদের ক্রমোচ্চ শ্রেণীবিভাগ [Hierarchy of Officers] : (১) স্বত্বলিপির প্রস্তুতি এবং সংশোধনের উদ্দেশ্যে মহামান্য রাজ্যপাল সন্তুষ্টি দ্বারা এই মর্মে ঘোষণা করেন যে ১৯৬৫ সালের পঃ বঃ ভূমি সংস্কার নিয়মের খ-তফসিলের ৪ নং দফা অনুসারে (৩) নং

সারণীতে বর্ণিত রাজস্ব আধিকারিকগণ (২) নং সারণীতে বর্ণিত রাজস্ব আধিকারিকগণের অধস্তন হিসাবে গণ্য হবেন।

(১)	(২)	(৩)
(১)	রাজস্ব আধিকারিক অতিরিক্ত পদনাম ভূমি লেখ্য ও জরিপ অধিকর্তা	(১) রাজস্ব আধিকারিক (২) রাজস্ব আধিকারিক অতিরিক্ত পদনাম সহকারী সেটেলমেন্ট আধিকারিক এবং (৩) রাজস্ব আধিকারিক অতিরিক্ত পদ নাম সেটেলমেন্ট আধিকারিক।
(২)	রাজস্ব আধিকারিক অতিরিক্ত পদনাম সেটেলমেন্ট আধিকারিক	(১) রাজস্ব আধিকারিক। (২) রাজস্ব আধিকারিক অতিরিক্ত পদনাম সহকারী সেটেলমেন্ট আধিকারিক।
(৩)	রাজস্ব আধিকারিক অতিরিক্ত পদনাম সহকারী সেটেলমেন্ট আধিকারিক	রাজস্ব আধিকারিক।

উপরোক্ত (২) সারণীর আধিকারিকগণ সর্বক্ষণ উপরোক্ত (৩) সারণীর আধিকারিকগণ যে কাজ করবেন তার তত্ত্বাবধান করবেন। এছাড়াও তাঁদের নিজস্ব অফিসে ও অধনস্ত অফিসে বহাল কর্মচারীরা যে কাজ করেন তাও তত্ত্বাবধান করবেন। রাজস্ব পরিদর্শকগণের অফিসে বহাল আধিকারিকগণের কাজকর্ম তত্ত্বাবধান করবেন ব্লক ভূমি ও ভূমি সংস্কার আধিকারিক ও ব্লক ভূমি ও ভূমি সংস্কার আধিকারিকের চেয়ে ঊর্দ্ধতন পদমর্যাদার আধিকারিকগণ নির্দিষ্ট সময় অন্তর অন্তর।

৪৮। প্রযুক্তি উপদেষ্টার কর্তব্য [Duty of Technical Advisor] ঃ (১) নিম্নলিখিত কাজগুলি প্রযুক্তি উপদেষ্টা তত্ত্বাবধান করবেন—

(ক) ক্যাডাস্ট্রাল জরিপ,

(খ) সীমানা তুলনা, পরীক্ষা এবং মানচিত্রের চূড়ান্ত অঙ্কন,

(গ) ক্ষেত্রফল নির্ণয়,

(ঘ) প্রশাসনিক মানচিত্র ও থানা মানচিত্র তৈরির জন্য ছোট স্কেলে মানচিত্রকে ছোট করা।

(ঙ) জরিপ ও মানচিত্র সম্পর্কিত বিবিধ কাজ,

(চ) সীমানাগুলির পরিবর্তন।

জেলা ভূমি ও ভূমি সংস্কার আধিকারিকের অফিসের অথবা মহকুমা ভূমি ও ভূমি সংস্কার আধিকারিকের অফিসের অঙ্কন বিভাগের দায়িত্বে থাকবেন তিনি।

(২) প্রযুক্তি উপদেষ্টা জরিপ এবং মানচিত্রে বিভিন্ন ভুল যেমন অপর্যাপ্ত পরতাল, উপযুক্ত নজরদারির ঘাটতি, সঠিকভাবে মানচিত্র ব্যবহার না করা ইত্যাদি বিষয়গুলি ব্লক ভূমি ও ভূমি সংস্কার আধিকারিকের গোচরে আনবেন। বিভিন্ন ভুলগুলি প্রযুক্তি উপদেষ্টা মহকুমা ভূমি ও ভূমি সংস্কার আধিকারিকের নজরে আনবেন এবং ওই ভুলগুলি জেলা ভূমি ও ভূমি সংস্কার আধিকারিককেও জানিয়ে রাখবেন।

(৩) নীল ছাপা বা কালো ছাপা মানচিত্র সরবরাহ করার জন্য প্রযুক্তি উপদেষ্টা দায়ী থাকবেন (যেখানে যেমন প্রযোজ্য) পূর্বের মৌজা মানচিত্র সংশোধনের জন্য। জেলা ভূমি ও ভূমি সংস্কার আধিকারিকের অফিসে বহাল প্রযুক্তি উপদেষ্টার কাছে নীল ছাপা মানচিত্র বা কালো ছাপা মানচিত্রের তলব পাঠাবেন ব্লক ভূমি ও ভূমি সংস্কার আধিকারিক ৩১শে জুলাই-এর আগে মহকুমা ভূমি ও ভূমি সংস্কার আধিকারিকের মাধ্যমে। উক্ত প্রযুক্তি উপদেষ্টা উক্ত তলব পরীক্ষা করার পর সমাহর্তার রেকর্ড কক্ষ থেকে ছাপা মানচিত্রগুলি সংগ্রহ করবেন। যেক্ষেত্রে সমাহর্তার রেকর্ড কক্ষে ছাপা মানচিত্র অমিল হবে তিনি তলব পাঠাবেন জেলা ভূমি ও ভূমি সংস্কার আধিকারিকের মাধ্যমে ৩১শে আগস্টের আগে ভূমিলেখ্য ও জরিপ অধিকর্তার কাছে।

৪৯। আধিকারিকদের মধ্যে কাজের বণ্টন [Distribution of work amongst officers] ঃ (১) যে ক্ষেত্রে কোন ব্লক ভূমি ও ভূমি সংস্কার অফিসে একাধিক আধিকারিক বহাল সেখানে একজন ১৯৫৫ সালের পঃ বঃ ভূমি সংস্কার আইন অনুযায়ী দায়িত্ব প্রতিপালন করার জন্য ব্লক ভূমি ও ভূমি সংস্কার আধিকারিক হিসাবে বহাল থাকছেন এছাড়া অতিরিক্ত পদনাম হন তার সরকারী সেটেলমেন্ট আধিকারিক, তিনি ওই আইনের

বিভিন্ন বিধান রূপায়ণের লক্ষ্যে কাজের বোঝা বণ্টন করবেন সেই সমস্ত আধিকারিকদের মধ্যে যারা ওই আইনের ওই বিধানগুলি সম্পন্ন করার দায়িত্বে নিযুক্ত হয়েছেন।

(২) জেলা ভূমি ও ভূমি সংস্কার আধিকারিক যিনি অতিরিক্ত পদনাম সেটেলমেন্ট আধিকারিক হিসাবে নিযুক্ত এবং মহকুমা ভূমি ও ভূমি সংস্কার আধিকারিক যিনি অতিরিক্ত পদনাম সহকারী সেটেলমেন্ট আধিকারিক হিসাবে নিযুক্ত আছেন, কাজের অগ্রগতি ত্বরান্বিত করার জন্য ব্লক ভূমি ও ভূমি সংস্কার অফিসে এক বা বেশি আধিকারিক বহাল করতে পারেন ১৯৫৫ সালের পঃ বঃ ভূমি সংস্কার আইনের বিধানগুলি সম্পাদন করার লক্ষ্যে তাঁদের ক্ষেত্রাধিকারের মধ্যে। তবে বলা বাহুল্য যে উক্ত আধিকারিক যারা ওই আইনের অধীন বিধানগুলি সম্পাদন করার লক্ষ্যে ব্লক ভূমি ও ভূমি সংস্কার দপ্তরে বহাল হবেন তাদের কাজের বণ্টন করবেন সংশ্লিষ্ট ব্লক ভূমি ও ভূমি সংস্কার আধিকারিক।

৫০। রাজস্ব পরিদর্শকের অফিসে স্বত্বলিপি পাঠাতে হবে [Copy of record-of-rights to be sent to R.I.] ঃ যত দ্রুত সম্ভব কোন মৌজার স্বত্বলিপির চূড়ান্ত প্রকাশের পর, ওই স্বত্বলিপির এক প্রস্থ তৈরি করতে হবে পঃ বঃ ভূমি লেখ্য ও জরিপ অধিকর্তার দ্বারা নির্দেশিত নির্দিষ্ট পদ্ধতিতে। উক্ত স্বত্বলিপির এক প্রস্থ ওই মৌজা যে রাজস্ব পরিদর্শকের ক্ষেত্রাধিকারে অবস্থিত সেই রাজস্ব পরিদর্শকের অফিসে পাঠাতে হবে।

৫১। পশ্চিমবঙ্গ ভূমি সংস্কার আইনের অধীন দেওয়া আদেশ মেলানো [Tallying of orders passed under the W.B.L.R. Act] ঃ ১৯৫৫ সালের পঃ বঃ ভূমি সংস্কার আইনের বিধানের অধীন দেওয়া আদেশ মূলে চূড়ান্ত প্রকাশিত মৌজার স্বত্বলিপিতে কোন তথ্য সংশোধন করতে হলে সেই আধিকারিক যিনি ওই আদেশ দান করেছেন তিনি তা করবেন অথবা যাকে তিনি অনুমোদন দিয়েছেন। মামলার ক্রমাংক, তারিখ ও স্বাক্ষর লিপিবদ্ধ করতে হবে।

৫২। স্বত্বলিপির সংশোধন রাজস্ব আধিকারিককে জানাতে হবে [Correction in record-of-rights to be communicated to R.I.] ঃ

যে ক্ষেত্রে চূড়ান্ত প্রকাশিত কোন মৌজার স্বত্বলিপিতে কোন তথ্য সংশোধন করা হয় ১৯৫৫ সালের পঃ বঃ ভূমি সংস্কার আইনের কোন বিধান অনুযায়ী এবং যখন ওই স্বত্বলিপির এক প্রস্থ রাজস্ব পরিদর্শকের অফিসে পাঠানো হয়ে গিয়েছে তখন ওই সংশোধন ওই স্বত্বলিপির ওই প্রস্থে লিখতে হবে। রাজস্ব পরিদর্শক উক্ত মামলার ক্রমাঙ্ক উল্লেখ করে তারিখ, সই সহ লিখবেন।

৫৩। মৌজা মানচিত্রের সংশোধন ও মুদ্রণ [Revision and Printing of village maps] ঃ সময়ে সময়ে ভূমি লেখ্য ও জরিপ অধিকর্তা দ্বারা প্রযুক্তি নির্দেশিকায় বর্ণিত সংশোধিত নির্দেশাবলী অনুসারে কোন মৌজার স্বত্বলিপি সংশোধনের সাথে সাথে মৌজার মানচিত্রও সংশোধন করতে হবে। এটিকে মহকুমা ভূমি ও ভূমি সংস্কার আধিকারিকের অফিসে অথবা জেলা ভূমি ও ভূমি সংস্কার আধিকারিকের অফিসে পরীক্ষা করা হবে এবং চূড়ান্ত অঙ্কন করা হবে এবং ভূমি লেখ্য ও জরিপ অধিকর্তার অফিসে ছাপা হবে।

৫৪। সংশোধনের সময় মানচিত্র নষ্ট হওয়া থেকে রক্ষা [Protection of map from damage during revision] ঃ মৌজা মানচিত্রের সংশোধনের সময় বিশেষভাবে নজর দিতে হবে যেন ওগুলো নষ্ট না হয়ে যায়। এই মানচিত্রগুলি সাধারণতঃ নষ্ট হয় ভাঁজ করা, ওর উপরে কোন জিনিষ রাখার ফলে নোংরা দাগ হয়ে যাওয়া, পিছন দিকে আঠা দিয়ে কাগজ আটকানো, বৃষ্টিতে ভেজা, ধূলো বা আর্দ্রতা লাগা এবং নীল কোবাল্ট ছাড়া অন্য কালি ব্যবহার করা।

৫৫। মানচিত্র সংশোধনের সময় যে পরিবর্তনগুলি হবে তা হবে স্পষ্ট [Changes made in maps during revision shall be legible] ঃ পরিবর্তন এবং বদলগুলি এমনভাবে মানচিত্রের উপর করতে হবে যেন তা খুব স্পষ্ট হয় যাতে করে চূড়ান্ত অঙ্কনের সময় কোন সমস্যার সম্মুখীন হতে না হয়। কোন এক গাদা দাগের নম্বর দেওয়ার জায়গা যদি খুবই অল্প থাকে তবে মানচিত্রের পাশে আলাদা করে স্কেচ করে আঁকা যেতে পারে। একটিমাত্র দাগের ক্ষেত্রে ওই দাগের সীমানার বাইরে লেখা যেতে পারে এবং তীর চিহ্ন দিয়ে তা দেখানো হবে দাগ থেকে লেখা ক্রমাঙ্ক পর্যন্ত।

চতুর্থ অধ্যায়
Chapter 4

স্বত্বলিপিতে নামজারিকরণ
(Mutation of Names in Record-of-Rights)

৫৬। প্রারম্ভিক [Preliminaries] ঃ (১) নামজারিকরণ কথার অর্থ—স্বত্বলিপিতে কোন ব্যক্তির নামের বদলে অন্য ব্যক্তির নাম লেখা। ১৯৫৫ সালের পঃ বঃ ভূমি সংস্কার আইনের ৫০ ধারা অনুযায়ী নির্ধারিত কর্তৃপক্ষ এই কাজ করবেন।

(২) নিম্নলিখিত কারণে নামজারিকরণ করা হয়—

(ক) বিক্রি, দান বা হেবানামা দ্বারা হস্তান্তর;

(খ) বিনিময়;

(গ) উত্তরাধিকার।

(৩) হস্তান্তরের ভিত্তিতে যে ক্ষেত্রে নামজারিকরণ দাবি করা হচ্ছে নিবন্ধীকৃত দলিল ছাড়া গ্রাহ্য হবে না।

(৪) নামজারিকরণের জন্য দাখিল করা আবেদন পত্রে দাখিল করার জন্য কোন কোর্ট ফি দিতে হবে না। সাদা কাগজে আবেদন করা যেতে পারে।

৫৭। নামজারিকরণের আবেদন [Application for mutation] ঃ (১) নামজারিকরণের আবেদনপত্রের সাথে নিবন্ধীকৃত হস্তান্তর-দলিলের এক প্রস্থ দিতে হবে। উত্তরাধিকারের বেলায়, উত্তরাধিকারের পক্ষে প্রমাণপত্র যদি থাকে তা দিতে হবে।

(২) হাল তক খাজনা, সেস প্রদানের রসিদের এক প্রস্থ দিতে হবে যে জমির ক্ষেত্রে নামজারিকরণের আবেদন দেওয়া হচ্ছে।

(৩) উপরোক্ত বিষয়গুলির সাথে, আবেদনকারীকে হলফনামা এই মর্মে জমা দিতে হবে যে নামজারিকরণ অনুমোদন হওয়ার পরেও আইনের কোন বিধান অনুযায়ী ওই জমি সরকারে ন্যস্ত হলেও তার কোন দাবি থাকবে না।

(৪) নামজারিকরণের আবেদন পত্র রাজস্ব পরিদর্শকের অফিসে অথবা ব্লক ভূমি ও ভূমি সংস্কার আধিকারিকের অফিসে অথবা ঊর্দ্ধতন অফিসে জমা দেওয়া যেতে পারে। রাজস্ব পরিদর্শকের অফিস বাদে অন্যত্র আবেদনপত্র জমা হলেও খুব দ্রুত ওই আবেদনপত্র সরেজমিন তদন্তের জন্য রাজস্ব পরিদর্শকের অফিসে পাঠিয়ে দিতে হবে।

৫৮। নামজারিকরণ খাতায় লিখন [Entry into Mutation Register] ঃ যখনই কোন আবেদন রাজস্ব পরিদর্শকের অফিসে জমা হবে তখনই ওই আবেদনপত্র ৯ নং খাতায় লিখতে হবে।

৫৯। তদন্ত এবং যাচাই [Enquiry and Verification] ঃ (১) নামজারিকরণের প্রতিটি আবেদনপত্রের সাপেক্ষে রাজস্ব পরিদর্শক একটি মামলা আরম্ভ করবেন এবং মাঠ তদন্ত করবেন যিনি নামজারিকরণের জন্য আবেদন করেছেন সেই আবেদনকারীকে আগাম বিজ্ঞপ্তি দিয়ে।

(২) তদন্তের সময়, রাজস্ব পরিদর্শকের উচিত—

(ক) আবেদনকারীর বাস্তব দখল আছে কিনা দেখা;

(খ) নিবন্ধীকৃত হস্তান্তর-দলিলগুলি পরীক্ষা করা;

(গ) যে ক্ষেত্রে উত্তরাধিকারসূত্রে নামজারিকরণ চাওয়া হয়েছে সেক্ষেত্রে স্থানীয় এলাকা থেকে উত্তরাধিকারের প্রমাণ স্বরূপ প্রয়োজনীয় কাগজপত্র সংগ্রহ করা।

(৩) যে জমির ক্ষেত্রে নামজারিকরণ চাওয়া হয়েছে রাজস্ব পরিদর্শক পরীক্ষা করে দেখবেন সেটি ভেস্ট জমি কিনা অথবা কোন পাট্টা বন্দোবস্ত

দেওয়া হয়েছে কিনা। তাঁর কাছে যে স্বত্বলিপি আছে সেইগুলির সাথে মিলিয়ে পরীক্ষা করবেন। যদি ওই স্বত্বলিপি পাওয়া না যায় তাঁর কাছে তবে ব্লক ভূমি ও ভূমি সংস্কার অফিস থেকে প্রয়োজনীয় তথ্য সংগ্রহ করবেন।

(৪) ব্লক ভূমি ও ভূমি সংস্কার আধিকারিকের কাছে রাজস্ব পরিদর্শক প্রতিবেদন জমা দেবেন।

৬০। যে সমস্ত আধিকারিকগণ নামজারিকরণের দরখাস্ত নিষ্পত্তি করবেন [Officers who will dispose of mutation petitions] ঃ ব্লক ভূমি ও ভূমি সংস্কার আধিকারিকের অফিসে বহাল কোন একজন রাজস্ব আধিকারিক নামজারিকরণের দরখাস্ত নিষ্পত্তি করবেন। এই উদ্দেশ্যে, সমস্ত রাজস্ব আধিকারিকগণ পঃ বঃ ভূমি সংস্কার আইনের ৫০ ধারার অধীন "নির্ধারিত কর্তৃপক্ষ" হিসাবে নিযুক্ত আছেন।

৬১। নামজারিকরণ দরখাস্তগুলি নিষ্পত্তি করার পদ্ধতি [Procedure for disposal of mutation petitions] ঃ নিম্নলিখিত পদ্ধতিতে নামজারিকরণ দরখাস্তের নিষ্পত্তি সম্পন্ন করা হবে—

(ক) যে ক্ষেত্রে মৌজার স্বত্বলিপির চূড়ান্ত প্রকাশ হয়ে গিয়েছে রাজস্ব পরিদর্শকের অফিসে স্বত্বলিপির প্রতিলিপি পাওয়া যায়, সে ক্ষেত্রে তিনি সংশ্লিষ্ট রাজস্ব আধিকারিকের (পঃ বঃ ভূমি সংস্কার আইনের ৫০ ধারা মতে নির্ধারিত কর্তৃপক্ষ) সাথে আগাম আলোচনা করে তাঁর অফিসে শুনানীর দিন স্থির করবেন।

(খ) রাজস্ব পরিদর্শকের স্বাক্ষরসহ আবেদনকারীকে শুনানীর নোটিশ জারি করতে হবে।

(গ) শুনানীর নির্দিষ্ট দিনে রাজস্ব আধিকারিক রাজস্ব পরিদর্শকের অফিসে উপস্থিত হবেন এবং শুনানী গ্রহণ করবেন।

(ঘ) রাজস্ব পরিদর্শকের করা তদন্তের প্রতিবেদন এবং আবেদনকারীর প্রকৃত কাগজপত্রগুলি রাজস্ব আধিকারিক যত্নসহ বিবেচনা ও পরীক্ষা করবেন।

৬২। চূড়ান্ত আদেশ এবং স্বত্বলিপি সংশোধন [Final order and correction of record-of-rights] ঃ ওই মামলার সমস্ত দিক বিবেচনা করার পর যদি রাজস্ব আধিকারিক এই মর্মে সন্তুষ্ট হন যে নামজারিকরণের দরখাস্তটি মঞ্জুর করা যেতে পারে, তাঁর উচিত, নির্ধারিত কর্তৃপক্ষ হিসাবে ওই বিষয়টির রূপ দিতে আদেশ দেওয়া। ওই দিনই নামজারিকরণের বিষয়টি প্রতিফলিত করে স্বত্বলিপি সংশোধন করা উচিত।

৬৩। নামজারিকরণের শংসাপত্র [Certificate of mutation] ঃ পরিশিষ্ট ৩-এর নিদর্শ-ক অনুযায়ী নামজারিকরণের একটি শংসাপত্র আবেদনকারীকে দেওয়া উচিত।

৬৪। ৯ নং খাতায় লিখন [Entry in Register IX] ঃ রাজস্ব আধিকারিকের নামজারিকরণের আদেশ মঞ্জুর করার পর পরই ৯ নং খাতায় প্রয়োজনীয় তথ্য লেখা উচিত।

৬৫। ব্লক ভূমি ও ভূমি সংস্কার আধিকারিককে জানানো [Intimation to B.L.L.R.O.] ঃ নামজারিকরণের শংসাপত্রের একটি প্রতিলিপিসহ রাজস্ব পরিদর্শকের উচিত ব্লক ভূমি ও ভূমি সংস্কার আধিকারিককে তার (ব্লক ভূমি ও ভূমি সংস্কার) অফিসে রাখা মূল স্বত্বলিপি সংশোধনের জন্য জানানো।

৬৬। যে ক্ষেত্রে চূড়ান্ত প্রকাশিত মৌজার স্বত্বলিপির প্রতিলিপি নেই [Where finally published record-of-rights has not been copied] ঃ (১) যে ক্ষেত্রে মৌজার স্বত্বলিপির চূড়ান্ত প্রকাশ হয়ে গিয়েছে কিন্তু প্রতিলিপি রাজস্ব পরিদর্শকের অফিসে পাওয়া যায় না সে ক্ষেত্রে রাজস্ব পরিদর্শক তদন্তের প্রতিবেদনসহ নামজারিকরণের যাবতীয় নথি পাঠিয়ে দেবেন ব্লক ভূমি ও ভূমি সংস্কার আধিকারিকের অফিসে।

(২) ওই সংক্রান্ত যাবতীয় নথি পাওয়ার পর ব্লক ভূমি ও ভূমি সংস্কার আধিকারিক সংশ্লিষ্ট রাজস্ব আধিকারিককে ওই বিষয়টি নিষ্পত্তি করার জন্য স্থির করবেন।

(৩) সংশ্লিষ্ট আবেদনকারীকে বিজ্ঞপ্তি দিয়ে রাজস্ব আধিকারিক শুনানীর তারিখ স্থির করবেন।

(৪) যদি আবেদনকারীর শুনানীর পরে এবং সংশ্লিষ্ট প্রতিবেদন ও নথি পরীক্ষা করে রাজস্ব আধিকারিক সন্তুষ্ট হন, তবে নামজারিকরণ মঞ্জুর করবেন, ওই বিষয়টি কার্যকর করার জন্য তিনি আদেশ দান করবেন।

(৫) রাজস্ব আধিকারিক ওই দিনই শুনানী ও আদেশ দান করার পরই আবেদনকারীকে নামজারিকরণের শংসাপত্র দেবেন।

(৬) নামজারিকরণ প্রতিফলিত করার জন্য ব্লক ভূমি ও ভূমি সংস্কার আধিকারিকের অফিসে রাখা মূল স্বত্বলিপি সংশোধন করবেন।

৬৭। রাজস্ব পরিদর্শকের অফিসে স্বত্বলিপির প্রতিলিপি পাঠানোর আগে সংশোধন [Correction of copy of record-of-rights before despatch to R.I.] ঃ (১) রাজস্ব আধিকারিককে এই মর্মে এটাকে নিশ্চিত করতে হবে যে নামজারিকরণের জন্য প্রয়োজনীয় কোন সংশোধন স্বত্বলিপিতে লিখতে হবে যখন ওই স্বত্বলিপি প্রস্তুতির জন্য গ্রহণ করা হয়েছে।

(২) যখন ওই স্বত্বলিপির প্রতিলিপি ইতিমধ্যেই তৈরি হয়েছে এবং রাজস্ব পরিদর্শকের অফিসে পাঠানোর অপেক্ষায় আছে, এটা নিশ্চিত করতে হবে যে পাঠানোর আগে সমস্ত সংশোধনগুলি ঠিক ঠিক করা হবে।

৬৮। যে ক্ষেত্রে প্রচুর হস্তান্তর যুক্ত [Where chain of transfers is involved] ঃ (১) কোন কোন ক্ষেত্রে আবেদনকারীকে বিক্রেতার স্বত্বপ্রমাণের জন্য পর্যায়ক্রমিক পূর্ব দলিল জমা দেওয়ার প্রয়োজন হয়। যে ক্ষেত্রে মধ্যবর্তী হস্তান্তরকারীর সংখ্যা অনেক সংখ্যক সেক্ষেত্রে ওই পর্যায়ক্রমিক প্রচুর পূর্ব দলিলগুলি সংগ্রহ করা আবেদনকারীর পক্ষে বেশ কঠিন হয়ে পড়ে।

(২) ওই সমস্ত পর্যায়ক্রমিক পূর্ব দলিল আবেদনকারীর পক্ষে যতগুলি উপস্থিত করা সম্ভব হয় সেগুলি পরীক্ষা করা উচিত।

(৩) আবেদনকারী পর্যায়ক্রমিক পূর্ব দলিলগুলি উপস্থিত করতে পারে নি, একেবারে সম্পূর্ণ এই কারণে আবেদন বাতিল হতে পারে না। এই সমস্ত ক্ষেত্রে নামজারিকরণ মঞ্জুর হতে পারে, যদি অন্যরকম আদেশ না হয়, তবে বলা বাহুল্য আবেদনকারীকে একটি ঘোষণাপত্র এই মর্মে দিতে

হবে যে—তিনি বিক্রেতার কাছ থেকে পূর্ণ সন্তুষ্ট হয়ে জমি কিনেছেন/পেয়েছেন যে ওই জমির উপর তার হস্তান্তর যোগ্য এবং পূর্ণ স্বত্বাধিকার ছিল, এবং আবেদনকারীর ওই জমির উপর দখল দেখাতে হবে।

৬৯। কয়েকটি ক্ষেত্রে সংশোধিত স্বত্বলিপির সংশোধন [Correction of modified record-of-rights in certain cases] ঃ যে ক্ষেত্রে কোন মৌজার খানাপুরী বুঝারতের কাজ শুরু করাই হয় নি, সে ক্ষেত্রে পঃ বঃ জমিদারী অধিগ্রহণ আইনের অধীন সংশোধিত (modified) স্বত্বলিপির প্রতিলিপির উপর নামজারিকরণের আদেশ কার্যকর করা হবে।

৭০। যে ক্ষেত্রে স্বত্বলিপির সংশোধনের কাজ ৫১ ধারা অনুসারে চলছে সেক্ষেত্রে নামজারিকরণের ব্যবস্থা [Treatment of mutation application where revision of record-of-rights under section 51 is in progress] ঃ যে ক্ষেত্রে মৌজার স্বত্বলিপির কাজ ৫১ ধারা অনুসারে আরম্ভ করা হয়েছে, কিন্তু স্বত্বলিপি প্রকাশ চূড়ান্ত পর্যায়ে যায় নি সে ক্ষেত্রে ওই জমির নামজারিকরণ নিম্নলিখিত পদ্ধতিতে সম্পন্ন করা হবে—

(ক) যদি নামজারিকরণের আবেদনপত্র নেওয়ার পর দেখা যায় যে আবেদনকারীর নাম ইতিমধ্যেই পঃ বঃ ভূমি সংস্কার আইনের ৫১ ধারায় কোন এক প্রস্তুতি/সংশোধনের পর্যায়ে লেখা হয়েছে সেক্ষেত্রে আবেদনকারীকে পরিশিষ্ট-৩ বর্ণিত খ-নিদর্শ অনুযায়ী জানিয়ে দিতে হবে। আলাদা কোন ব্যবস্থা নেওয়ার প্রয়োজন নেই।

(খ) যদি দেখা যায় নাম নথিভুক্ত হয়নি কিন্তু আবেদনটি বিবেচিত হতে পারে। সংশোধনের কোন পর্যায়ে যুক্তিসম্মত সময়ের মধ্যে বিবেচনা করা যায়—তবে, ওই পর্যায়েই আবেদনটির নিষ্পত্তি করতে হবে। যদি আবেদনটি পূর্ণ বা আংশিক মঞ্জুর হয় তবে আবেদনকারীকে (ক)-তে বর্ণিত পদ্ধতি অনুসারে জানিয়ে দিতে হবে।

(গ) যেক্ষেত্রে আবেদনকারীর নাম পঃ বঃ ভূমি সংস্কার আইনের ৫১ ধারায় কোন পর্যায়েই নথিভুক্ত হয়নি এবং তার আবেদনপত্রটি কোন

পরবর্তী পর্যায়ে সুবিধাজনকভাবে নিষ্পত্তি হতে পারে না, সে ক্ষেত্রটি নিষ্পত্তি হবে আইনের ৫১খ ধারায় অথবা ৫০ ধারায় ৫০ক ধারাসহ।

৭১। জমি হস্তান্তরের বিজ্ঞপ্তি [Land transfer notice]ঃ ১৯৬৫ সালের পঃ বঃ (হোল্ডিং হস্তান্তর) নিয়মের ৩ নং বিধান অনুযায়ী জমি হস্তান্তর বিজ্ঞপ্তির নিষ্পত্তি করা হবে নামজারিকরণের দরখাস্ত নিষ্পত্তি করার পদ্ধতি অনুসারে।

৭২। সময়-সমন্বয় [Time-frame] ঃ সমস্ত নামজারিকরণের আবেদনপত্র জমা হওয়ার তিন মাসের মধ্যে তার নিষ্পত্তি করা উচিত।

৭৩। আবেদনপত্র বাতিল হওয়ার সংবাদ [Intimation of rejection of application] ঃ যেখানে কোন নামজারিকরণ আবেদনপত্র বাতিল হয়েছে, সেখানে অতি অবশ্যই সংক্ষেপে বাতিলের কারণ জানিয়ে আবেদনকারীকে জানাতে হবে।

৭৪। পরিদর্শন [Inspection] ঃ সমস্ত পরিদর্শনকারী আধিকারিক তাঁদের ব্লক ভূমি ও ভূমি সংস্কার আধিকারিকের অফিস ও রাজস্ব পরিদর্শকের অফিস পরিদর্শনের সময় নামজারিকরণ সংক্রান্ত নথি ও খাতার নমুনা পরীক্ষা করবেন।

৭৫। ভূমি লেখ্য ও জরিপ অধিকর্তা বিস্তারিত নির্দেশিকা জারি করবেন [D.L.R.S. to issue detailed instructions] ঃ পশ্চিমবঙ্গ ভূমি লেখ্য ও জরিপ অধিকর্তা এই অধ্যায়ের সংশ্লিষ্ট বিষয়ে মানচিত্র ও স্বত্বলিপি সংশোধন সংক্রান্ত বিস্তারিত নির্দেশিকা জারি করবেন।

পঞ্চম অধ্যায়
Chapter 5

বর্গাদারের নাম নথিভুক্তকরণ
(Recording of Names of Bargadars)

৭৬। বর্গাদারের সংজ্ঞা [Bargadar defined] : (১) ১৯৫৫ সালের পঃ বঃ ভূমি সংস্কার আইনের ২(২) ধারায় বর্গাদারের সংজ্ঞা উল্লিখিত আছে।

(২) আইনের ২১ঘ [21D] ধারা এই বর্ণনা করে যে কোন ব্যক্তি আইনসঙ্গতভাবে অন্য ব্যক্তির জমি চাষ করলে তাকে বর্গাদার হিসাবে বিবেচনা করা হবে যদি না ওই পূর্বের ব্যক্তি পরবর্তী ব্যক্তির পরিবারে সদস্য না হয়ে থাকেন। সুতরাং যদি কোন রায়তের জমি অন্য লোকের দ্বারা চাষ করা হয়ে থাকে যিনি ওই রায়তের পরিবারের সদস্য নন, সেক্ষেত্রে ওই অন্য ব্যক্তি যে ওই জমিতে বর্গাদার নয় এটা প্রমাণের দায়িত্ব বর্তায় রায়তের উপর।

৭৭। বর্গাদারের নাম নথিভুক্ত করানোর আইনগত বিধান [Legal provisions of recording of bargadars] : (১) বর্গাদারের নাম স্বত্বলিপিতে নথিভুক্ত করা হয় আইনের ২১ঘ ধারায়; এবং/অথবা ৫০ ধারায় এবং/অথবা ৫১, ৫১এ(১), ৫১এ(৪) ধারায়; এবং/অথবা ৫১খ ধারায়।

(২) কোন মৌজায় কোন জমিতে কোন ব্যক্তির নাম বর্গাদার হিসাবে নথিভুক্ত করার আবেদন নির্ধারিত কর্তৃপক্ষের দ্বারা আইনের ২১ঘ ধারাসহ ৫০ ধারায় নিষ্পত্তি করা হবে যেখানে—

(ক) কোন মৌজার স্বত্বলিপির সংশোধন আইনের ৫১ ধারা মতে আরম্ভই হয়নি অথবা ৫১(ক)(২) ধারা মতে স্বত্বলিপির চূড়ান্ত প্রকাশ হয়ে গিয়েছে। অথবা

(খ) আইনের ৫১ ধারা মতে কোন মৌজার স্বত্বলিপি সংশোধনের কাজ আরম্ভ হয়েছে কিন্তু চূড়ান্ত প্রকাশিত হয় নি, কিন্তু নির্ধারিত কর্তৃপক্ষ যিনি ৫০ ধারা মতে নিযুক্ত এই মর্মে সন্তুষ্ট হন যে, ওই স্বত্বলিপির চূড়ান্ত প্রকাশ হতে অনেক বিলম্ব হতে এবং স্বত্বলিপির চূড়ান্ত প্রকাশ পর্যন্ত অপেক্ষা করে দরখাস্ত নিষ্পত্তি হলে আবেদনকারীর ক্ষতি হবে। নির্ধারিত কর্তৃপক্ষ এটাকে সমর্থন করতে রাজ্য সরকার ইতিমধ্যে আইনের ৫০ক ধারায় ক্ষমতা দিয়ে বিজ্ঞপ্তি প্রকাশ করেছেন।

(৩) আইনের ৭ক অধ্যায়ের যে কোন পর্যায়ে স্বত্বলিপি সংশোধনের সময় বর্গাদারের নাম নথিভুক্ত করা যেতে পারে।

(৪) আবার বর্গাদারের নাম নথিভুক্ত করা যেতে পারে আইনের ৫১ ধারায় স্বত্বলিপি সংশোধনের কাজ শুরুর পরে ৫১খ ধারায় কিন্তু চূড়ান্ত প্রকাশের আগে।

(৫) কোন একক ব্যক্তিকে বর্গাদার হিসাবে নাম নথিভুক্ত করা যেতে পারে উপরিউক্ত বিধান অনুসারে সংশ্লিষ্ট স্বার্থ জড়িত ব্যক্তিদের শুনানীর যথোপযুক্ত সুযোগ দিয়ে।

৭৮। কোন মৌজায় একত্রিত অনথিভুক্ত প্রচুর সংখ্যক বর্গাদার [Concentration of a fairly large number of unrecorded bargadars] ঃ আপাতদৃষ্টিতে বিশ্বাস করার যথেষ্ট কারণ রয়েছে যে কোন মৌজায় একত্রিত অনথিভুক্ত প্রচুর সংখ্যক বর্গাদার রয়েছে, নিম্নলিখিত পদ্ধতি অনুসরণ করা যেতে পারে, জেলা ভূমি ও ভূমি সংস্কার আধিকারিক যিনি আবার সেটেলমেন্ট আধিকারিক তাঁর আগাম অনুমতি নিয়ে বর্গাদারদের নাম নথিভুক্ত করা যেতে পারে—

(ক) নির্ধারিত কর্তৃপক্ষ যিনি ৫০ ধারায় নিয়োজিত তিনি যে কোন অবস্থায় কোন মৌজায় অনথিভুক্ত বর্গাদারের নাম স্বত্বলিপিতে ৫০ ধারায়

রেকর্ড করার সিদ্ধান্ত নেন ৭৭(২) নং বিধান অনুযায়ী। পশ্চিমবঙ্গ ভূমি সংস্কার আইনের ২১খ ও ৫০ ধারাসহ ১৯৬৫ সালের পঃ বঃ ভূমি সংস্কার নিয়মের ১৪ঝ(১)(খ)(২) নং নিয়ম অনুযায়ী জনসাধারণকে আগাম বিজ্ঞপ্তি দিতে তিনি মাঠ তদন্ত করবেন এবং ওই মৌজার ওই জমিতে যারা চাষ করছেন তাঁদের নাম খুঁজে বার করবেন। ওই বিজ্ঞপ্তির অনুমোদিত প্রতিলিপি সংশ্লিষ্ট নির্ধারিত কর্তৃপক্ষের অফিসে, সংশ্লিষ্ট গ্রাম পঞ্চায়েত অফিসে এবং জমিটি যে রাজস্ব পরিদর্শকের ক্ষেত্রাধিকারে তার অফিসে এবং মৌজার মধ্যে একটি দৃষ্টি আকর্ষক স্থানে টাঙাবেন সরেজমিন তদন্তের তারিখের অন্ততঃ সাত দিন আগে। তদন্তের সময় নির্ধারিত কর্তৃপক্ষ শুনানী নিতে পারেন স্থানীয় গ্রাম পঞ্চায়েত এবং পঞ্চায়েত সমিতি, স্থানীয় কৃষক সংগঠন, পার্শ্ববর্তী জমির প্রকৃত চাষীদের যারা নিজেরা চাষ করে অথবা জমির কাছাকাছি এবং মনে করলে অন্য কোন ব্যক্তিদের যদি তিনি প্রয়োজন মনে করেন।

নির্ধারিত কর্তৃপক্ষ ১৯৬৫ সালের পঃ বঃ ভূমি সংস্কার নিয়মের ১৪ঝ(১)(খ)(২) [14I(1)(*b*)(2)] বিধান অনুযায়ী বর্গাদারের নাম রেকর্ড করার জন্য মৌজাভিত্তিক মামলার নথি রক্ষা করবেন এবং আদেশ পত্রে তাঁর আদেশগুলি সময় অনুসারে পরপর লিপিবদ্ধ করবেন। তিনি আদেশপত্রে অন্য কিছুর সাথে ঘটনার সংক্ষিপ্ত বিবরণ যা মাঠ তদন্তের সাথে সম্পর্কিত ওই সমস্ত তথ্যের উপর ভিত্তি করে বর্ণনা এবং তাঁর সিদ্ধান্ত লিখবেন। যেখানে ওই তদন্তে কোন ব্যক্তিকে বর্গাদার হিসাবে দেখা যায় তবে সংশ্লিষ্ট স্বত্বলিপিতে পঃ বঃ ভূমি সংস্কার আইনের ৫০ ধারায় তার নাম রেকর্ড করা উচিত।

(খ) ১৯৬৫ সালের পশ্চিমবঙ্গ ভূমি সংস্কার নিয়মের ১৪ঝ(১)(ক)(২) বিধি অনুযায়ী যদি সেটেলমেন্ট আধিকারিক ওই বিষয়ে কোন নির্দেশ জারি করেন তবে ১৯৬৫ সালের পঃ বঃ ভূমি সংস্কার নিয়মের ক-তফসিল বর্ণিত পদ্ধতিতে স্বত্বলিপির প্রস্তুতি বা সংশোধনের দুটি স্তরের মধ্যবর্তী সময়ে বর্গাদারের নাম রেকর্ড করা যেতে পারে। যখন এই ধরনের কোন নির্দেশ সেটেলমেন্ট আধিকারিক রাজস্ব আধিকারিককে জারি করেন তখন শেষোক্ত আধিকারিক একটি বিজ্ঞপ্তি জারি করবেন

১৯৬৫ সালের ১৪(ঝ)(১)(ক)(২) [14I(1)(*a*)(*ii*)] নিয়ম অনুযায়ী ১৯৫৫ সালের পঃ বঃ ভূমি সংস্কার আইনের ২১ঘ [21D] এবং ৫১ ধারা সহ। ওই বিজ্ঞপ্তি জারি করা হবে ওই মৌজায় মাঠ তদন্তের জন্য এমন দিনে সাধারণতঃ বিজ্ঞপ্তি জারির তারিখ থেকে সাত দিন আগে না হয়। ওই বিজ্ঞপ্তির অনুমোদিত প্রতিলিপি টাঙিয়ে দিতে হবে রাজস্ব আধিকারিকের অফিসে, গ্রাম পঞ্চায়েত অফিসে এবং মৌজাটি যে এলাকায় সেখানাকার রাজস্ব পরিদর্শকের অফিসে এবং ওই মৌজার একটি দৃষ্টি আকর্ষক স্থানে। ১৯৬৫ সালের পঃ বঃ ভূমি সংস্কার নিয়মের ক-তফসিল বর্ণিত পদ্ধতিতে খানাপুরী বুঝারতের সময় যেভাবে তদন্ত করা হয়েছিল সেই একইরকমভাবে তদন্তের প্রকৃতি হবে। রাজস্ব আধিকারিক সন্তুষ্ট হয়ে স্বত্বলিপির প্রস্তুতি বা সংশোধনের সময় বর্গাদারের নাম রেকর্ডভুক্ত করবেন। রাজস্ব আধিকারিক একটি মামলার নথি সংরক্ষণ করবেন প্রতিটি মৌজার ক্ষেত্রে বর্গাদারের নাম রেকর্ড করার জন্য ১৯৬৫ সালের পঃ বঃ ভূমি সংস্কার নিয়মের ১৪ঝ(১)(ক)(২) নিয়মে এবং যে আদেশ তিনি দান করবেন তা আদেশনামায় লিপিবদ্ধ করবেন।

(গ) যে স্বত্বলিপির খসড়া প্রকাশ হয়েছে ৫১ক(১) ধারায় কিন্তু ৫১ক(২) ধারায় চূড়ান্ত প্রকাশ হয়নি সেই স্বত্বলিপিতে ১৯৫৫ সালের পঃ বঃ ভূমি সংস্কার আইনে ৫১খ ধারায় বিশেষ ক্ষমতাপ্রাপ্ত রাজস্ব আধিকারিক বর্গাদারের নাম নথিভুক্ত করতে পারেন। বিশেষ ক্ষমতাপ্রাপ্ত রাজস্ব আধিকারিক ৫১খ ধারায় বর্গাদারের নাম নথিভুক্ত করতে পারেন নিজের ইচ্ছায় অথবা কোন আবেদনের ভিত্তিতে। স্বার্থ সংশ্লিষ্ট সমস্ত পক্ষকে বিজ্ঞপ্তি দিয়েই এই ধরনের রেকর্ডিং করতে হবে।

৭৯। যখন ১৯৬৫ সালের পশ্চিমবঙ্গ ভূমি সংস্কার নিয়মের ১৪ঝ(২) বিধি অনুসারে বিজ্ঞপ্তি জারি করা হয়েছে [When a notification is issued under Rule 14I(2) of the W.B.L.R. Rule 1965] ঃ যখন কোন বিজ্ঞপ্তি রাজ্য সরকার দ্বারা ১৯৬৫ সালের পঃ বঃ ভূমি সংস্কার নিয়মের ১৪ঝ(২) বিধি এবং ১৯৫৫ সালের পঃ বঃ ভূমি সংস্কার আইনের ২১ঘ [21D] দ্বারা সহ জারি করা হয় তখন ওই বিজ্ঞপ্তিতে বর্ণিত পদ্ধতি অনুযায়ী বর্গাদারের রেকর্ড হবে ওই আধিকারিক দ্বারা।

৮০। স্বত্বলিপিতে লিখন এবং শংসাপত্র দেওয়া [Entry in record-of-rights and issue certificate] ঃ আইনের ৫০, ৫১ বা ৫১খ ধারা অনুযায়ী যখন কোন বর্গাদারের নাম রেকর্ডভুক্ত হয় তখন তা সংশ্লিষ্ট স্বত্বলিপিতে লিপিবদ্ধ করা হবে এবং বর্গাদার ও জমির মালিককে যথোপযুক্ত পদ্ধতিতে জানাতে হবে। বর্গাদার, যাঁর নাম রেকর্ড করা হচ্ছে তাকে বিনামূল্যে স্বত্বলিপির একটি প্রতিলিপি দেওয়া হবে। যখন ৫০ ধারা মতে বর্গাদারের নাম নথিভুক্ত হয় ১৯৬৫ সালের পঃ বঃ ভূমি সংস্কার নিয়মের ৮খ নিদর্শে একইরকমভাবে শংসাপত্র দিতে হবে।

৮১। বিজ্ঞপ্তি জারি [Issue to notice] ঃ বর্গা রেকর্ডিং-এর জন্য বিজ্ঞপ্তি দিতে হবে সমস্ত ক্ষেত্রে পঃ বঃ ভূমি সংস্কার আইনের ৫৭, ২১ডি ধারায় ৫০, ৫১ বা ৫১খ ধারা সহযোগে যেখানে যেমন প্রযোজ্য।

৮২। বর্গাদার দ্বার -চাষ করা জমি যখন সরকারে ন্যস্ত [When a land under barga-cultivation is vested] ঃ বর্গাদার দ্বারা চাষ করা কোন জমি যখন ১৯৫৫ সালের পঃ বঃ ভূমি সংস্কার আইনের ২খ অধ্যায়ের অধীন সরকারে ন্যস্ত হয় তখন ওই আইনের ১৪ধ(২) এবং ১৪(ধ)(৩) [14S(2)&14S(3)] ধারা অনুযায়ী ওই বর্গাদার রায়ত হিসাবে গণ্য হবেন—এই সম্পর্কে যে যত জমি সরকারে ন্যস্ত হয়েছে, তার নিজস্ব জমি এবং চাষ করা জমি এক সাথে যেন এক একরের বেশি না হয়। আইনের ওই বিধান অনুযায়ী যিনি রায়ত হলেন তার নামে খতিয়ান খুলতে হবে। এই খতিয়ান খুলতে হবে আইনের ৭ক অধ্যায়ের অধীন যেখানে স্বত্বলিপির প্রস্তুতি বা সংশোধনের কাজ চলছে ৭ক অধ্যায় অনুযায়ী অথবা ৭ অধ্যায় অনুযায়ী যেখানে স্বত্বলিপি প্রস্তুতি বা সংশোধনের কাজ আরম্ভ ধরা হয়নি অথবা সম্পূর্ণ হয়ে গিয়েছে। কোন সরকারে ন্যস্ত জমি বা তার কোন অংশ আইনের ১৪ধ(২) এবং ১৪ধ(৩) [14S(2) & 14S(3)] অনুযায়ী বর্গাদার রায়তে পরিণত হয়েছেন। সেই জমি আইনের ৪৯ ধারা অনুযায়ী বণ্টনের জন্য নেওয়া হবে না।

৮৩। বর্গাদারের নাম নথিভুক্ত সর্বাধিক অগ্রাধিকার দিতে হবে [Recording of bargadar shall be given priority] ঃ বর্গাদারের

নাম নথিভুক্ত করার সমস্ত দরখাস্ত সর্বাধিক সম্ভাব্য অগ্রাধিকারের ভিত্তিতে আইনের ধারায় ক্ষমতা প্রাপ্ত আধিকারিক দ্বারা দ্রুত নিষ্পত্তি করা হবে। জেলা ভূমি ও ভূমি সংস্কার আধিকারিক ও মহকুমা ভূমি ও ভূমি সংস্কার আধিকারিককে নিশ্চিত হতে হবে যেন কোন আবেদনপত্র দীর্ঘ সময় ধরে বকেয়া পড়ে না থাকে।

৮৪। **নথি এবং বিবরণী [Record and Return]** ঃ ভূমি লেখ্য ও জরিপ অধিকর্তার কাছে জেলা ভূমি ও ভূমি সংস্কার আধিকারিক প্রতিবেদন ও বিবরণী জমা দেবেন নির্দিষ্ট সময় অন্তর বর্গাদারের নাম নথিভুক্ত বিষয়ে এবং পূর্বোক্ত আধিকারিক দ্বারা নির্ধারিত নিদর্শে সময়ে সময়ে। একইরকমভাবে রাজস্ব পর্যদ দ্বারা নির্ধারিত নিদর্শে নির্দিষ্ট সময়ে মাঝে মাঝে ভূমি লেখ্য ও জরিপ অধিকর্তা প্রতিবেদন ও বিবরণী পাঠাবেন রাজস্ব পর্যদের নিকটে।

৮৫। **রাজস্ব পর্যদ নির্দেশিকা জারি করতে পারেন [Board of Revenue may issue instructions]** ঃ ১৯৫৫ সালের পঃ বঃ ভূমি সংস্কার আইন এবং ওই সংক্রান্ত নিয়মের সাথে মিল রেখে সময়ে সময়ে রাজস্ব পর্যদ বর্গাদারের নাম নথিভুক্ত করার বিষয়ে নির্দেশিকা জারি করতে পারেন।

ষষ্ঠ অধ্যায়
Chapter 6

ভাগচাষ মামলা (বর্গাদার দ্বারা চাষ সংক্রান্ত সমস্যার বিচার)
[Bhagchas Cases (Adjudication of Disputes Relating to Cultivation by Bargadars)]

৮৬। কর্তৃপক্ষ যিনি কোন বিরোধ, প্রশ্ন বা প্রসঙ্গ বিষয়ে সিদ্ধান্ত নেবেন [The authority who will decide a dispute, question or reference] ঃ (১) ১৯৫৫ সালের পশ্চিমবঙ্গ ভূমি সংস্কার আইনের ১৮(১) ধারামতে আধিকারিক বা নিয়োজিত কর্তৃপক্ষ নিম্নলিখিত দরখাস্তগুলি নিষ্পত্তি করবেন।

(ক) আইনের ১৭(১) ধারায় বর্ণিত যে কোন কারণে বর্গাদার দ্বারা চাষের উচ্ছেদ;

(খ) উৎপন্ন ফসলের ভাগ বা প্রদান সংক্রান্ত বিরোধ;

(গ) আইনের ১৬ক ধারা অনুসারে ফসলের আদায় সংক্রান্ত;

(ঘ) বর্গাদার দ্বারা সমর্পণ বা সংক্রান্ত আইনের ২০খ ধারায় তথ্য দেওয়া;

(ঙ) কোন জমিতে বর্গাদারের মৃত্যুর পর কে জমি চাষ করবে এই বিষয়ে ১৬ক ধারায় নির্ধারণ।

(২) উপরোক্ত (১) এর (ক), (খ) বা (গ) উপবিধির কার্যাবলীতে এই প্রশ্ন ওঠে যে কোন ব্যক্তি বর্গাদার বা বর্গাদার নয় এই ধরনের প্রশ্নের উত্তর নির্ধারণ করবেন আইনের ১৮(১) ধারায় নিয়োজিত কর্তৃপক্ষ বা আধিকারিক।

(৩) কোন দেওয়ানি বা ফৌজদারী আদালতের সামনে কোন মামলা, কেস, আপীল বা কার্যাবলীতে এই প্রশ্ন ওঠে যে কোন ব্যক্তি বর্গাদার বা বর্গাদার নয় কিনা, ওই আদালত আইনের ১৮(১) ধারায় নির্ধারিত কর্তৃপক্ষ বা আধিকারিকের কাছে, বিষয়টি পাঠিয়ে দেবেন ওই প্রশ্নের বিষয়ে সিদ্ধান্ত নেওয়ার জন্য [আইনের ২১(৩) ধারা দ্রষ্টব্য]।

৮৭। বর্গাদারের সুরক্ষা বিষয়ক বিধানগুলি [Provisions relating to protection of bargadars] ঃ কোন আবেদন, বিরোধ, প্রশ্ন বা প্রসঙ্গে সিদ্ধান্তের সময় আইনের ১৮(১) ধারায় নিয়োজিত কর্তৃপক্ষের নিম্নলিখিত আইনের বিধানগুলি মনে রাখা উচিত—

(ক) কোন ব্যক্তি যিনি অন্য কোন ব্যক্তির জমিতে আইনসম্মতভাবে চাষ করছেন তাঁকে বর্গাদার হিসাবে ধরা হবে যদি জমির মালিকের পরিবারের তিনি সদস্য না হন [আইনের ২১ঘ [21D] ধারা দ্রষ্টব্য]। এ ধরনের ঘটনার সময় কোন ব্যক্তি বর্গাদার নয় এটা প্রমাণ করার বোঝা সেই ব্যক্তির উপর বর্তায় যিনি অভিযোগ করছেন যে ওই জমিতে ওই ব্যক্তি বর্গাদার নয়।

(খ) তৃতীয় অধ্যায়ের অধীন কোন দরখাস্তই গ্রহণ করা উচিত নয় যদি তফসিল উপজাতিভুক্ত নয় এরকম কোন লোক কোন দরখাস্ত জমা দেন যদি তিনি তফসিল উপজাতিভুক্ত কোন ব্যক্তির জমি বর্গাদার হিসাবে চাষ করছেন বলে দাবি করেন [পঃ বঃ ভূমি সংস্কার আইনের ১৫(৩) ধারা দ্রষ্টব্য]।

(গ) যদি কোন বর্গাদার স্বেচ্ছায় বর্গাচাষের অধিকার ত্যাগ করেন বা সমর্পণ করেন, ওই অধিকার আপনা আপনি দূরীভূত হয় না। এসব ক্ষেত্রে মালিকের দায়িত্ব আইনের ২০খ(১) ধারায় তথ্য আইনের ১৮(১) ধারায় নিয়োজিত আধিকারিক বা কর্তৃপক্ষকে জানানো যাতে আইনের ২০খ(২), ২০খ(৩) এবং ২০খ(৪) ধারায় আদেশ দিতে পারেন।

(ঘ) বর্গাদার দ্বারা চাষের অধিকার হস্তান্তরযোগ্য নয়। [১৫(২) ধারা দ্রষ্টব্য]।

(ঙ) বর্গাদার দ্বারা চাষের অধিকার উত্তরাধিকারযোগ্য [আইনের ১৫(২) ধারা দ্রষ্টব্য]। যে ক্ষেত্রে বর্গাদারের আইনসম্মত উত্তরাধিকারগণ এটা স্থির করতে ব্যর্থ হন যে বর্গাদের মৃত্যুর পর কে চাষ করবে, আইনের ১৮(১) ধারায় নিয়োজিত কর্তৃপক্ষ বা আধিকারিক স্থির করবেন কে ওই জমি চাষ করবেন [আইনের ১৫ক ধারা দ্রষ্টব্য]।

(চ) কোন জমি ব্যক্তিগত চাষে আনতে হবে এই কারণে বর্গাদার দ্বারা চাষের উচ্ছেদ করতে গেলে এটা দেখতে হবে নিজস্ব জমি ও অন্যান্য জমি মিলিত হয়ে যে জমির মালিকের জমি ৩.০০ হেক্টরের বেশি না হয়। [আইনের ১৭(১)(খ) ধারার বিধান দ্রষ্টব্য]।

(ছ) আইনের ১৭(১)(ঘ) করা অনুসারে বর্গাদার দ্বারা চাষে উচ্ছেদ কোন ক্ষেত্রেই করা হবে না যদি ওই উচ্ছেদের ফলে বর্গাদার দ্বারা মোট চাষে জমি ১.০০ হেক্টরের কম না হয়। [আইনের ১৭(১)(ঘ) ধারা দ্রষ্টব্য]।

(জ) কোন অ্যাডভোকেট বা আইনজীবী তৃতীয় অধ্যায়ের অধীন আইনের ১৮(১) ধারায় নিয়োজিত আধিকারিক বা কর্তৃপক্ষ দ্বারা কোন কার্যাবলী আরম্ভ বা নিষ্পত্তির সময় উপস্থিত, সওয়াল বা কাজ করতে পারবেন না। বিরোধীয় কোন পক্ষের প্রতিনিধিত্ব করার জন্য কোন আত্মীয় বা প্রতিনিধি বা সংঘ বা সমিতি আসতে পারবে যেখানে ওই পক্ষ থাকবেন।

৮৮। বর্গাদারের জমি পুনরুদ্ধার [Restoration of land to Bargadar] ঃ তৃতীয় অধ্যায়ের বিধান অনুযায়ী আদেশ ছাড়া বর্গাদার দ্বারা চাষের জমি যদি উচ্ছেদ হয় সে ক্ষেত্রে আইনের ১৯খ ধারা অনুযায়ী সেই জমি পুনরুদ্ধার করে বর্গাদারকে দেওয়া হবে।

৮৯। আদালতের ক্ষেত্রাধিকারে বাধা [Bar to jurisdiction of courts] ঃ (১) কোন দেওয়ানি আদালতের আইনের ১৭, ১৮, ১৯খ, ২০খ ধারায় বর্ণিত কোন মামলা বা কার্যাবলী গ্রহণ করার ক্ষেত্রাধিকার নেই।

(২) তৃতীয় অধ্যায়ের অধীন কোন আদেশ বা কার্যাবলী সম্বন্ধে দেওয়ানি আদালতে কোন প্রশ্ন তোলা যাবে না।

৯০। কোন আদালত দ্বারা আইনের ২১(৩) ধারা প্রসঙ্গে নিষ্পত্তি [Disposal of a reference made by a court under s. 21(3)] ঃ কোন জমির ক্ষেত্রে এই প্রশ্ন যদি ওঠে কোন ব্যক্তি বর্গাদার কি বর্গাদার নয় তবে তা পাঠানো হয় আইনের ১৮(১) ধারা অনুযায়ী নিয়োজিত আধিকারিকের কাছে। ওই আধিকারিক বা কর্তৃপক্ষ একটি তদন্ত করবেন, সিদ্ধান্ত নেবেন এবং তাঁর সিদ্ধান্ত পাঠাবেন ১৯৬৫ সালের পঃ বঃ ভূমি নিয়মের ১৪(জ) [14H] নিয়ম এবং পঃ বঃ ভূমি সংস্কার আইনের ২১(৪) ধারা অনুযায়ী।

৯১। জরিমানা [Penalty] ঃ (১) আইনের ১৭, ১৮ বা ১৯ ধারার বিধানের আদেশ অমান্য করা শাস্তিযোগ্য অপরাধ। যা ছয় মাস পর্যন্ত কারাবাস অথবা একহাজার টাকা জরিমানা অথবা উভয়ই।

(২) আইনের কোন ধারার বিধানের বিরোধিতা করে বর্গাদার দ্বারা চাষের উচ্ছেদ করা শাস্তিযোগ্য অপরাধ হল ছয় মাসের অথবা এক হাজার টাকা পর্যন্ত জরিমানা অথবা উভয়ই।

(৩) জমির ফসল গ্রহণ করে ১৬(৩) ধারা বিরোধিতা করে মালিক বর্গাদারকে ফসলের রসিদ দিতে অপারগ হলে শাস্তিযোগ্য অপরাধ, ছয় মাস পর্যন্ত কারাগার অথবা এক হাজার টাকা পর্যন্ত জরিমানা অথবা উভয়ই হতে পারে।

(৪) যে সমস্ত অপরাধের কথা (২) এবং (৩) অংশে বলা হয়েছে তা সবই আদালত গ্রাহ্য। এ বিষয়ে আইনের ১৯ক(৩) ধারা দ্রষ্টব্য। ওই ধরনের অপরাধ যদি ঘটে থাকে তাহলে প্রথম এত্তেলা (F.I.R.) দাখিল করা যেতে পারে স্থানীয় থানায়।

৯২। আপীল [Appeals] ঃ (১) আইনের ১৭, ১৮ অথবা ২১(৩) ধারায় দেওয়া আদেশের বিরুদ্ধে ওই আদেশ দানের ত্রিশ দিনের মধ্যে জেলা সমাহর্তার নিকট আপীল দাখিল করতে হবে [আইনের ১৯ নং ধারা দ্রষ্টব্য]।

৯৩। মামলার ক্রমাঙ্ক এবং তারিখ [Case No. & Date] ঃ তৃতীয় অধ্যায়ের অধীন যে কোন ধারায় মামলার বেলায় একটি করে ক্রমিক সংখ্যা

দিতে হবে সাল উল্লেখ করে এবং পর্যায়ক্রমে আইনের ১৮(১) ধারায় ক্ষমতাপ্রাপ্ত নিয়োজিত কর্তৃপক্ষ আদেশ লিপিবদ্ধ করবেন।

৯৪। জেলা ভূমি ও ভূমি সংস্কার আধিকারিক, মহকুমা ভূমি ও ভূমি সংস্কার আধিকারিক এবং ব্লক ভূমি ও ভূমি সংস্কার আধিকারিক এই মর্মে নিশ্চিত করবেন যে বর্গাদার দ্বারা চাষ সংক্রান্ত কোন বিরোধ যেন দ্রুত নিষ্পত্তি হয়।

৯৫। **স্বার্থ সংশ্লিষ্ট পক্ষকেও শুনানী নিতে হবে [Interested parties to be heard]** ঃ তৃতীয় অধ্যায়ের অধীন প্রতিটি কার্যাবলীর সময় স্বার্থ সংশ্লিষ্ট সমস্ত পক্ষকে শুনানীর সুযোগ দিতে হবে।

৯৬। **স্থানীয় তদন্ত [Local Enquiry]** ঃ তৃতীয় অধ্যায়ের অধীন কোন কার্যাবলীতে কোন প্রয়োজনীয় স্থানীয় সরেজমিন তদন্ত করবেন রাজস্ব পরিদর্শকের চেয়ে পদমর্যাদায় কম নয় এরকম কোন আধিকারিক। যে প্রতিবেদন তদন্তকারী আধিকারিক পেশ করবেন তা কার্যাবলীর একটি অংশ হিসাবে গণ্য করা হবে। স্বার্থ সংশ্লিষ্ট সমস্ত পক্ষকে পরীক্ষার সুযোগ দিতে হবে এবং সম্পূর্ণ বা আংশিকভাবে প্রতিবেদনের যুক্তি খণ্ডন করার সুযোগ দিতে হবে।

৯৭। **খাতা [Register]** ঃ প্রতিটি ব্লক ভূমি ও ভূমি সংস্কার অফিসে একটি খাতা রাখতে হবে যাতে ভূমি লেখ্য ও জরিপ অধিকর্তা দ্বারা নির্ধারিত নির্দিষ্ট নিদর্শে বর্গাদার দ্বারা চাষ সংক্রান্ত আবেদনপত্র এবং বিরোধ লিপিবদ্ধ করা হবে।

৯৮। **প্রতিবেদন এবং বিবরণীর নিদর্শ [Forms for report and return]** ঃ নির্দিষ্ট সময় অন্তর ভূমি লেখ্য ও জরিপ অধিকর্তা দ্বারা স্থির করা নির্দিষ্ট নিদর্শে প্রতিবেদন ও বিবরণী দাখিল করতে হবে।

৯৯। **রাজস্ব পর্যদ নির্দেশিকা জারি করতে পারে [Board of Revenue may issue instruction]** ঃ রাজস্ব পর্যদ নির্দেশিকা জারি করতে পারে যা আইনের বিধান ও নিয়মের সাথে সঙ্গতিপূর্ণ।

সপ্তম অধ্যায়
Chapter 7
জমির ঊর্দ্ধসীমা নির্ণয় এবং সরকারের অনুকূলে জমি ন্যস্তকরণ
(Determination of Ceiling Area and Vesting of Lands in the State)

১০০। সংশ্লিষ্ট আইনগুলি [The Relevant Acts] ঃ জমির উপরে ঊর্দ্ধসীমা সংক্রান্ত বিষয়গুলি আরোপ করা আছে ১৯৫৩ সালের পঃ বঃ জমিদারী অধিগ্রহণ আইনের দ্বিতীয় অধ্যায় ও ষষ্ঠ অধ্যায়ে এবং ১৯৫৫ সালের পঃ বঃ ভূমি সংস্কার আইনের ২খ অধ্যায়ে। ১৯৫৩ সালের পঃ বঃ জমিদারী অধিগ্রহণ আইনে জমির ঊর্দ্ধসীমা নির্ণয় হল ১৯৫৫ সালের পঃ বঃ ভূমি সংস্কার আইনে জমির ঊর্দ্ধসীমা নির্ণয়ের পূর্ববর্তী।

১০১। পশ্চিমবঙ্গ জমিদারী অধিগ্রহণ আইনের অধীন জমির ঊর্দ্ধসীমা নির্ণয়ের আগে গৃহীত ব্যবস্থা [Actions to be taken before determination of ceiling area under the W.B.E.A. Act] ঃ (১) কোন মধ্য স্বত্বাধিকারীর ক্ষেত্রে পঃ বঃ জমিদারী অধিগ্রহণ আইনে জমির ঊর্দ্ধসীমা নির্ণয়ের সময় পরীক্ষা করতে হবে যে ৫ক ধারা প্রযোজ্য কিনা এবং যদি হয়। ঊর্দ্ধসীমা নির্ণয়ের আগে ওই কার্যাবলী আরম্ভ ও নিষ্পত্তি করতে হবে।

(২) যদি প্রাথমিকভাবে এটা দেখা যায় যে যদিও কোন জমির লোক দেখানো মালিক মধ্যস্বত্বভোগী ছাড়া একজন ব্যক্তি বা অছি, কিন্তু মধ্যস্বত্বাধিকারী এর প্রকৃত মালিক এবং এর উপস্বত্ব ভোগের অধিকার ভোগ করেন, সেক্ষেত্রে ১৯৫৫ সালের পঃ বঃ ভূমি সংস্কার আইনের

১৪ন(৫) এবং ১৪ন(৯) [14T(5) & 14T(9)] ধারায় কার্যাবলী আরম্ভ করা যেতে পারে, প্রয়োজনমত তদন্ত করে দেখতে হবে ওই জমি বেনামী দ্বারা রাখা হয়েছে কিনা। যদি প্রকৃত মালিককে মধ্যস্বত্বাধিকারী হিসাবে দেখা যায়, পঃ বঃ জমিদারী অধিগ্রহণ আইনে ওই মধ্যস্বত্ত্বাধিকারীর জমির ঊর্দ্ধসীমা নির্ণয়ের বেলায় তা হিসাবের মধ্যে ধরতে হবে। এটা ধরা হয় যে এই উদ্দেশ্যে পঃ বঃ জমিদারী অধিগ্রহণ আইনের মধ্যে পঃ বঃ ভূমি সংস্কার আইনে ১৪ন(৫) ধারাটি সংযুক্ত করা হয়েছে [পঃ বঃ ভূমি সংস্কার আইনের ১৪ন(৯) ধারা দ্রষ্টব্য]।

(৩) যদি এরকম দেখা যায় যে ধর্মীয় বা দাতব্য উদ্দেশ্যে ব্যবহারের ভাগ করে জমি মধ্যস্বত্বাধিকারীই তা ভোগ দখল করছেন সেক্ষেত্রে পঃ বঃ ভূমি সংস্কার আইনের ১৪ন(৬) [14T(6)] ধারা প্রয়োগ করা যেতে পারে।

(৪) প্রয়োজন হলে সংশ্লিষ্ট স্বত্বলিপি পঃ বঃ জমিদারী অধিগ্রহণ আইনের ৪৪(২ক) ধারা অনুযায়ী সংশোধন করা যেতে পারে।

১০২। স্বার্থ সংশ্লিষ্ট পক্ষের শুনানী নিতে হবে [Interested parties shall be heard] ঃ পূর্বে উল্লেখিত সমস্ত নিয়মের অধীন কার্যাবলীর ক্ষেত্রে স্বার্থ সংশ্লিষ্ট সমস্ত ব্যক্তিদেরকে শুনানীর সুযোগ দিতে হবে।

১০৩। পশ্চিমবঙ্গ জমিদারী অধিগ্রহণ আইনের অধীন ঊর্দ্ধসীমা নির্ণয় [Determination of ceiling areas under the W.B.E.A. Act] ঃ যখন ঊর্দ্ধসীমা নির্ণয়ের জন্য পূর্বোক্ত নিয়মের অধীন কার্যাবলী আরম্ভ ও নিষ্পত্তি করা হয় তখন ঊর্দ্ধসীমা চূড়ান্তভাবে নির্ণয় করা হবে। ঊর্দ্ধসীমা অতিরিক্ত জমি সরকারের অনুকূলে ন্যস্ত হবে এবং দখল নেওয়া হবে। নির্ধারিত ঊর্দ্ধসীমার মধ্যে মধ্যস্বত্বাধিকারী নিজ ইচ্ছার মত জমি রাখতে পারেন।

১০৪। পশ্চিমবঙ্গ জমিদারী অধিগ্রহণ আইনের অধীন জমির ঊর্দ্ধসীমা [Ceiling limits under the W.B.E.A. Act] ঃ বিভিন্ন রকম জমির জন্য ঊর্দ্ধসীমার তালিকা পঃ বঃ জমিদারী অধিগ্রহণ আইনের ৬ নং ধারায় নির্দিষ্ট করা আছে।

১০৫। পশ্চিমবঙ্গ ভূমি সংস্কার আইনের অধীন উর্দ্ধসীমা নির্ণয়ের জন্য প্রাসঙ্গিক তারিখগুলি [Reference dates for determination of ceiling area under the W.B.L.R. Act] ঃ (১) অন্য কিছু নির্দেশ করা না থাকলে এই অধ্যায়ের সমস্ত প্রাসঙ্গিক ধারাগুলি এই নিয়ম থেকে এবং পরবর্তীগুলি পঃ বঃ ভূমি সংস্কার আইনের সাথে সম্পর্কযুক্ত।

(২) পশ্চিমবঙ্গ ভূমি সংস্কার আইনের অধীন জমির উর্দ্ধসীমা নির্ণয় প্রয়োগ করা হবে আইনের ১৪ট [14K] ধারা অনুযায়ী। এই আইনের অধীন উর্দ্ধসীমা কার্যকর হবে।

(ক) পশ্চিমবঙ্গ ভূমি সংস্কার আইনের ৩ক ধারার অধীন যে সমস্ত জমি কার্যকর হবে না সেক্ষেত্রে ১৫.২.১৯৭১ তারিখে অথবা ওই তারিখ থেকে।

(খ) অন্য সমস্ত প্রকার জমির ক্ষেত্রে ৯.৯.১৯৮০ তারিখে অথবা ওই তারিখ থেকে।

১০৬। পশ্চিমবঙ্গ ভূমি সংস্কার আইনের অধীন উর্দ্ধসীমা [Ceiling areas under the W.B.L.R. Act] ঃ (১) উর্দ্ধসীমা ১৫.২.১৯৭১ থেকে অথবা ৯.৯.১৯৮০ থেকে যাই প্রযোজ্য হোক না কেন তা হবে একইরকম এবং ১৪ড [14M] ধারায় বলা আছে। পরিবারের সদস্য সংখ্যা পরিবর্তনের সাথে সাথে যে উর্দ্ধসীমা পরিবর্তিত হয় তা নীচে দেখানো হল—

পরিবারের সদস্য সংখ্যাসহ	প্রমাণ হেক্টরে জমির উর্দ্ধসীমা	যখন উর্দ্ধসীমা একরে পরিবর্তিত	
		সেচ এলাকায়	অসেচ এলাকায়
(১)	(২)	(৩ক)	(৩খ)
(১) মাত্র একজন সদস্য	২.৫	৬.১৮	৮.৬৫
(২) ২ থেকে ৫ জন	৫.০	১২.৩৬	১৭.৩০
(৩) ৬ জন সদস্য	৫.৫	১৩.৫৯	১৯.০৩
(৪) ৭ জন সদস্য	৬.০	১৪.৮৩	২০.৭৬
(৫) ৮ জন সদস্য	৬.৫	১৬.০৬	২২.৪৯
(৬) ৯ জন সদস্য	৭.০	১৭.৩০	২৪.২২

টীকা: সেচ এলাকায় এক প্রমাণ হেক্টর বলতে এক প্রমাণ হেক্টর বোঝাবে কিন্তু অসেচ এলাকায় এক প্রমাণ হেক্টরের সমান হবে ১.৪০ হেক্টর।

(২) ব্যক্তিগত পরিবার ছাড়া কোন রায়তের জমির ঊর্দ্ধসীমা ৭ প্রমাণ হেক্টর।

(৩) কোন পরিবারের জমির ঊর্দ্ধসীমা নির্ণয়ের সময় কোন জমি সমবায়, অথবা অবিভক্ত হিন্দু পরিবারে সদস্য হিসাবে, অথবা কোন দাতব্য অছি বা ব্যক্তিগত ধর্মীয় সংস্থায় সদস্যের জমি থাকলে ওই জমিও হিসাব করা হবে। [১৪ড(৫) এবং ১৪থ(১) {14M(5) & 14Q(1)}] দ্রষ্টব্য।

(৪) কোন চা বাগান, মিল, কারখানা, কর্মশালা, দুগ্ধ শিল্পের জন্য জমি, পশুপালন ও পোল্ট্রি চাষের জমি, ধর্মীয় বা দাতব্য সংস্থার জন্য জমির ঊর্দ্ধসীমার জন্য সত্যকার প্রয়োজনীয় অংশ সরকারী নিয়মে বৃদ্ধি পাবে। ১৪থ(৩) ও ১৪য(২) দ্রষ্টব্য [14Q(3) & 14Z(2)]।

১০৭। পশ্চিমবঙ্গ ভূমি সংস্কার আইনে জমির ঊর্দ্ধসীমা নির্ণয়ের পূর্বে নেওয়া ব্যবস্থাগুলি [Actions to be taken before calculating the ceiling area under the W.B.L.R. Act]ঃ (১) পশ্চিমবঙ্গ ভূমি সংস্কার আইনের অধীন কোন রায়তের জমির ঊর্দ্ধসীমা নির্ণয় করা হয় কমপক্ষে দুটি তারিখের সাপেক্ষে অর্থাৎ ১৫.২.১৯৭১ তারিখে ও ওই তারিখ থেকে এবং ৯.৯.১৯৮০ তারিখে ও ওই তারিখ থেকে যদি আগেই ১৫.২.১৯৭১ তারিখের সাপেক্ষে ঊর্দ্ধসীমা নির্ধারিত না হয়ে থাকে, সেক্ষেত্রে ৯.৯.১৯৮০ তারিখে এবং তারপর থেকে স্থির করতে হবে।

(২) অন্যান্যদের মধ্যে নিম্নলিখিত ব্যবস্থাগুলি নিতে হবে জমির ঊর্দ্ধসীমা নির্ণয়ের উদ্দেশ্যে।

(ক) যদি কোন রায়ত বিবরণী জমা দেন ৭ক নিদর্শে/অথবা ৭কক নিদর্শে তবে স্বত্বলিপির সাথে তা মিলিয়ে দেখতে হবে।

(খ) ১৫.২.১৯৭১ এবং ৯.৯.১৯৮০-তে রায়তের পরিবারে সদস্য সংখ্যা কত ছিল তা হিসাব করতে হবে।

(গ) পশ্চিমবঙ্গ ভূমি সংস্কার আইনের ৩ক ধারায় যে অকৃষিজমি পড়ছে তা বাদ দিয়ে একটা তালিকা প্রস্তুত করতে হবে যা রায়তের পরিবারে ছিল ১৫.২.১৯৭১ তারিখে।

(ঘ) সমস্ত রকম এবং শ্রেণীর তালিকা যা রায়তের পরিবার ৯.৯.১৯৮০ তারিখে মালিক ছিল তার তালিকা প্রস্তুত করতে হবে।

(ঙ) যদি রায়তের পরিবার কোন জমি ৮.৮.১৯৬৯ তারিখে বা তার পরে হস্তান্তর করে থাকেন তবে তার তালিকা প্রস্তুত করতে হবে পঃ বঃ ভূমি সংস্কার নিয়মের ৭কক নিদর্শের ৪ নং অংশের মত করে।

এই তালিকাটি দুটি ভাগে ভাগ করতে হবে, এক অংশে থাকবে যেগুলির উপর ৩ক ধারা প্রযোজ্য হবে অন্য অংশে হবে অন্য জমিগুলি।

(চ) এটা নিশ্চিত করতে হবে যে যদি কোন জমিতে ৩ক ধারা প্রযোজ্য হয় যার তালিকার কথা (ঙ)-তে বলা আছে তা ১৪ত(৩) ধারায় [14P(3)] বর্ণিত তালিকার আত্মীয়দের মধ্যে হস্তান্তর করা হয়েছে কিনা।

(ছ) কোন রায়ত ১৫.২.১৯৭১-এর পরে এবং ৯.৯.১৯৮০-এর আগে মারা গেলে দেখতে হবে কে/কে কে ওই জমির উত্তরাধিকারী।

(জ) যদি প্রাথমিকভাবে দেখা যায় যে রায়ত বেনামীতে কোন জমি রেখেছেন তবে ১৪ন(৫) ও ১৪ন(৯) [14T(5) & 14T(9)] ধারায় মামলা আরম্ভ করতে হবে এবং নিষ্পত্তি করতে হবে প্রয়োজনমত।

(ঝ) যদি কোন রায়ত ধর্মীয় বা দাতব্য অছি হয়ে থাকে তবে এটি ব্যক্তিগত অছি না সার্বজনীন অছি তা নির্ধারণ করার জন্য কার্যাবলী আরম্ভ ও নিষ্পত্তি করতে হবে পঃ বঃ ভূমি সংস্কার আইনের ১৪ন(৬) ও ১৪ন(৯) ধারার অধীন প্রয়োজনমত।

(ঞ) এটা নিশ্চিত করে দেখতে হবে যে কোন রায়ত ব্যক্তিগত ধর্মীয় প্রতিষ্ঠান না দাতব্য অছি।

(ট) যদি কোন রায়ত কোন কোম্পানির অংশীদার বা সমবায় সংস্থার সদস্য বা ফার্মের সদস্য অথবা হিন্দু অবিভক্ত পরিবারের সদস্য হিসাবে কোন জমির মালিক হয়ে থাকলে কি পরিমাণ জমি ওই অংশীদার বা সদস্য হিসাবে রাখতে পারবেন তা দেখা দরকার।

(ঠ) এটা নিশ্চিত করে দেখা দরকার যে ১৫.২.১৯৭১-এর পরে রায়তের জমি বৃদ্ধি পেয়েছে না হ্রাস পেয়েছে এবং রায়তের পরিবারের সদস্য সংখ্যার হ্রাস/বৃদ্ধি হয়েছে কিনা।

(ড) এটাও নিশ্চিত করে দেখা দরকার যে যদি সেচ সেবিত এলাকার মধ্যে পড়ে এরকম কত জমি রায়তের পরিবার রাখতে পারবেন।

(ঢ) অন্যান্য যে যে বিষয়গুলি জমির ঊর্দ্ধসীমা নির্ধারণ করতে গেলে দরকার হয় সেগুলিও নিশ্চিত হয়ে দেখা প্রয়োজন।

(৩) ২ নং উপবিধিতে উল্লিখিত বিষয়গুলির উপর ভিত্তি করে, অকৃষি জমি বাদে প্রথমে রায়তের পরিবারের জমির ঊর্দ্ধসীমা ১৫.২.১৯৭১ তারিখের সাপেক্ষে নির্ধারণ করা উচিত (৩ক ধারায় যে জমি পড়েছে)।

(৪) ৯.৯.১৯৮০ তারিখের সাপেক্ষে আবার রায়তের পরিবারের জমির ঊর্দ্ধসীমা সমস্তরকম জমির ক্ষেত্রে নির্ধারণ করতে হবে ওই তারিখে।

১০৮। ১৫.২.১৯৭১ তারিখে কোন রায়তের পরিবার দ্বারা রক্ষিত মোট জমির হিসাব [Computation of the total quantum of land owned by a raiyat's family on 15.2.1971] ঃ (১) পূর্বের নিয়মে উল্লিখিত বিষয়ের উপর ভিত্তি করে, ১৫.২.১৯৭১ তারিখে রায়তের পরিবারের জমির ঊর্দ্ধসীমা এবং যে জমি সরকারের অনুকূলে ন্যস্ত হবে তা আগে নির্ধারণ করতে হবে, যদি ইতিপূর্বে ১৪ন(৩) বা ১৪ন(৩ক) ধারায় নির্ধারিত না হয়। রায়তের পরিবার কি পরিমাণ জমি রাখতে পারবে তা হিসাব করার সময় ৩ক ধারা প্রযোজ্য জমি বাদে নিম্নলিখিত জমির হিসাব করা হবে।

(ক) ১৫.২.১৯৭১ তারিখে রায়তের পরিবার যে জমির মালিক ছিলেন;

(খ) ব্যক্তিগত ধর্মীয় বা দাতব্য অছির সদস্য হিসাবে পরিবারের কোন সদস্য কোন জমির মালিক কিনা;

(গ) আলাদাভাবে পরিবারের কোন সদস্য কোম্পানির অংশীদার, অথবা সমবায় সমিতির সদস্য অথবা ফার্মের সদস্য, অথবা হিন্দু অবিভক্ত পরিবারের সদস্য হিসাবে কোন জমি রাখেন কিনা;

(ঘ) ১৪ন(৫) ধারা অনুসারে কোন কার্যাবলীতে বেনামদার হিসাবে কোন জমি আছে কিনা;

(ঙ) ৭.৮.১৯৬৯ থেকে ৮.২.১৯৭১ তারিখের মধ্যে রায়ত বা তাঁর পরিবারের কোন সদস্য কোন জমি হস্তান্তর করেছেন কিনা;

উপরোক্ত জমিগুলি দুই প্রকার হতে পারে যেমন সেচ সেবিত এলাকা এবং অসেচ এলাকা।

জমির ঊর্দ্ধসীমা নির্ধারণের বেলায় উপরোক্ত (ক), (খ), (গ), (ঘ) এবং (ঙ)-তে বর্ণিত সমস্ত জমি ১৫.২.১৯৭১ তারিখে রায়তের পরিবারে ছিল বলে ধরা হবে।

(২) কি পরিমাণ জমি সরকারের অনুকূলে ন্যস্ত হবে—পশ্চিমবঙ্গ ভূমি সংস্কার আইনের ১৪ড [14M] ধারায় রায়তকে যে পরিমাণ জমি ১৫.২.১৯৭১-এ রাখতে দেওয়া হয়েছে মোট জমি থেকে বাদ দিয়ে দিলে উপরোক্ত পদ্ধতি অনুসারে রাজ্য সরকারে ন্যস্ত হবে।

(৩) বহাল ও ন্যস্ত জমি বাছাই (Selection of retain and vested land) রায়তের পছন্দের ভিত্তিতে সরকারের অনুকূলে ন্যস্ত করা উদ্দেশ্যে ক্রমাঙ্ক (ক)-তে বর্ণিত জমি থেকে বাছাই করা হবে। ওই পছন্দ অনুযায়ী, রাজস্ব আধিকারিক একাধিক দাগ নং থেকে ন্যস্ত হওয়া জমি দেওয়া অগ্রাহ্য করতে পারেন, রায়তকে শুনানীর সুযোগ দিয়ে, এবং যে জমি সরকারের

অনুকূলে ন্যস্ত হবে তা স্থির করা এবং সমপরিমাণ জমি সরকারের অনুকূলে ন্যস্ত করা হবে।

(৪) (ক) নিয়মে বর্ণিত মোট জমি থেকে যদি উপরোক্ত পদ্ধতিতে রাজ্য সরকারে অনুকূলে ন্যস্ত হওয়া মোট জমি বেশি হয়, এটা পরীক্ষা করে দেখা উচিত যে রায়ত ৮.২.১৯৭১ তারিখের পরে বা ওই তারিখে কোন জমি হস্তান্তর করেছেন কিনা এবং যদি তাই হয়, রায়তের মোট জমি থেকে যদি ন্যস্ত হওয়া জমি বেশি হয় (ক)-তে বর্ণিত জমি থেকে তবে হস্তান্তরগ্রহীতা বা হস্তান্তরগ্রহীতাগণের কাছ থেকে তা উদ্ধার করা হবে, ১৪প ধারা [14U] দ্রষ্টব্য। যদি ৮.২.১৯৭১ তারিখের আগে হস্তান্তর হয়ে থাকে তবে হস্তান্তরগ্রহীতার কাছ থেকে কোন জমি উদ্ধার করা হবে না।

১০৯। ৯.৯.১৯৮০ তারিখের সাপেক্ষে ঊর্দ্ধসীমা নির্ধারণ [Determination of ceiling with reference to 9.9.1980] ঃ (১) ১৫.২.১৯৭১ তারিখের সাপেক্ষে যখন কোন রায়তের পরিবারের জমির ঊর্দ্ধসীমা নির্ধারণ হয়ে গিয়েছে এবং অতিরিক্ত জমি সরকারের অনুকূলে ন্যস্ত হয়েছে, ৯.৯.১৯৮০ তারিখের সাপেক্ষে ওই রায়তের জমির ঊর্দ্ধসীমা আবার নির্ধারণ করা যাবে পঃ বঃ ভূমি সংস্কার আইনের ১৪ন(৩), ১৪ন(১০) এবং ১৪ন(১১) ধারা মতে [Sec. 14T(3), 14T(10) & 14T(11)]। এই সময়ে—“জমি” বলতে বোঝাবে যে কোন রকম এবং শ্রেণীর জমি এমনকি ৩ক ধারা প্রযোজ্য হবে এরকম জমিও।

(২) যে রায়তের জমি ১৫.২.১৯৭১ তারিখের সাপেক্ষে জমির ঊর্দ্ধসীমা অতিক্রম করেনি তার ক্ষেত্রেও ৯.৯.১৯৮০ তারিখের সাপেক্ষেও ঊর্দ্ধসীমা নির্ধারণ করতে হবে। পঃ বঃ ভূমি সংস্কার আইনের ২খ অধ্যায়ের অধীন যে জমির বেলা ৩ক ধারা প্রযোজ্য সেক্ষেত্রে ৯.৯.১৯৮০ তারিখে দেখা যায় যদি আগের জমির সাথে এই জমি মিলিতভাবে ঊর্দ্ধসীমা অতিক্রম করে।

(৩) ৯.৯.১৯৮০-তে রায়তের পরিবার যে জমি রাখতেন তা সংযুক্ত হবে—

(ক) যে কোন রকম এবং বর্ণনার জমি, ৯.৯.১৯৮০-তে রায়তের পরিবার যে জমির মালিক ছিল এমন কি ৩ক ধারা প্রযোজ্য এরকম জমি সহ;

(খ) ১৪ন(৫) এবং ১৪ন(৯) ধারার কার্যাবলীতে সিদ্ধান্ত হওয়া কোন বেনামী জমি যদি থেকে থাকে।

(গ) ১৪ন(৬) ও ১৪ন(৯) (যেখানে যেমন প্রয়োজন) ধারার কার্যাবলীতে সিদ্ধান্ত হওয়া কোন জমি যা ব্যক্তিগত ধর্মীয় বা দাতব্য অছি-এর সদস্য হিসাবে কোন জমির যদি মালিক হয়ে থাকে।

(ঘ) কোন জমি যদি আলাদাভাবে কোন সমবায় সমিতির সদস্য হিসাবে অথবা কোন কোম্পানির অংশীদার হিসাবে অথবা অবিভক্ত হিন্দু পরিবারের সদস্য হিসাবে থেকে থাকে [১৪থ(১) ধারা দ্রষ্টব্য, 14Q(1)] এবং

(ঙ) কোন জমি যদি রায়তের পরিবারের কোন সদস্য ৮.৮.১৯৬৯ তারিখে বা তার পরে, কিন্তু ৯.৯.১৯৮০ তারিখে বা তার আগে হস্তান্তর করে আইনের ১৪ত(৩) [14P(3)] ধারার সাপেক্ষে। কোন জমি যদি তারিখে বা তার পরে হস্তান্তরিত হয়ে থাকে এবং ১৫.২.১৯৭১ তারিখের সাপেক্ষে জমির ঊর্দ্ধসীমা নির্ধারণের জন্য হিসাব করা হয়ে থাকে, এ ধরনের জমি ৯.৯.১৯৮০ তারিখের সাপেক্ষে জমির ঊর্দ্ধসীমা নির্ণয়ের সময় হিসাব করা হবে না।

উপরোক্ত মোট জমি ৯.৯.১৯৮০-তে রায়তের মোট জমি হিসাবে ধরা হবে।

৯.৯.১৯৮০-তে রায়তের পরিবারের মোট জমি হিসাব হয়ে যাওয়ার পর, পূর্ববর্তী নিয়মে ১৫.২.১৯৭১ তারিখের সাপেক্ষে যেমন বলা আছে ওই পদ্ধতিতে ৯.৯.১৯৮০ তারিখে এবং ওই তারিখ থেকে রায়তের পরিবার যে পরিমাণ জমি রাখতে পারবে এবং যে পরিমাণ জমি

সরকারের অনুকূলে ন্যস্ত হবে তা স্থির করা হবে। এই বিষয়ে মনে রাখা দরকার যে অকৃষিজমি বলতে ১৯৪৯ সালের পঃ বঃ অকৃষি প্রজাস্বত্ব আইনের দ্বারা নিয়ন্ত্রিত জমি ৯.৯.১৯৮০ তারিখে বা ওই তারিখের পরে [১৪প(৩)/14U(3) দ্রষ্টব্য] হস্তান্তরিত হলে হস্তান্তরগ্রহীতার কাছ থেকে তা পুনরুদ্ধার করা হবে না।

১১০। কার্যাবলীর আরম্ভ ও নিষ্পত্তি [Initiation and disposal of proceedings] ঃ (১) স্বার্থ সংশ্লিষ্ট ব্যক্তিদের শুনানীর সুযোগ না দিয়ে জমির ঊর্দ্ধসীমা নির্ধারণ সংক্রান্ত কার্যাবলী যা আরম্ভ হয়েছে তার নিষ্পত্তি করা যাবে না।

(২) দাখিল করা ৭কক নিদর্শের তথ্যের ভিত্তিতে ঊর্দ্ধসীমা নির্ধারণ বিষয়ে কার্যাবলী প্রাথমিকভাবে দেখেই আরম্ভ করা যেতে পারে অথবা, যে ক্ষেত্রে ৭কক নিদর্শ দাখিল করা হয়নি, প্রাথমিকভাবে দেখেই যদি বিশ্বাস হয় যে নির্ধারিত সীমার চেয়ে বেশি জমি রায়তের আছে তা হলে স্বেচ্ছায় কার্যাবলী আরম্ভ করা যেতে পারে।

(৩) বড় রায়তদের খাতা (Registers of big raiyats)—যে সমস্ত রায়তদের নির্ধারিত সীমার চেয়ে বেশি জমি আছে বলে সন্দেহ হবে তাদের বিস্তারিত বিবরণ সহ খাতায় লেখা থাকবে। পশ্চিমবঙ্গ ভূমি সংস্কার আইনের ২খ অধ্যায়ের অধীন ওই রায়তের বিরুদ্ধে কোন কার্যাবলী আরম্ভ করলে, ক্রমিক সংখ্যাসহ বছর লিখতে হবে ওই খাতায়। যখন কার্যাবলীটি চূড়ান্ত নিষ্পত্তি হয়ে যাবে, কোন জমি সরকারের অনুকূলে ন্যস্ত হলে তার পরিমাণ লিখতে হবে। পাশাপাশি, ভূমি লেখ্য ও জরিপ অধিকর্তা কোন তথ্য বিবেচনা করলে তাও ওই খাতায় লিখতে হবে।

১১১। যৌথ কার্যাবলী [Combined proceedings] ঃ যেক্ষেত্রে ১৫.২.১৯৭১-এর সাপেক্ষে জমির ঊর্দ্ধসীমা নির্ধারণের কার্যাবলী আরম্ভ হয়নি, সেক্ষেত্রে একটি মামলায় ৯.৯.১৯৮০-এর সাপেক্ষে যৌথভাবে জমির ঊর্দ্ধসীমা নির্ধারণের জন্য কার্যাবলী আরম্ভ করা যেতে পারে। কিন্তু ওই যৌথ কার্যাবলীতেও প্রথমে ১৫.২.১৯৭১-এর সাপেক্ষে জমির

ঊর্দ্ধসীমা নির্ধারণ করতে হবে ৯.৯.১৯৮০-এর সাপেক্ষে ঊর্দ্ধসীমা হিসাব করার আগে। এইসব ক্ষেত্রে ১৫.২.১৯৭১-এর সাপেক্ষে সরকারে ন্যস্ত হওয়া জমি ৯.৯.১৯৮০-এর সাপেক্ষে ঊর্দ্ধসীমা নির্ধারণের সময় বিবেচনা করা হবে না।

১১২। মামলার ক্রমিক সংখ্যা, বিজ্ঞপ্তি/ নোটিশ এবং খাতা [Case No., notices and registers] ঃ (১) পশ্চিমবঙ্গ ভূমি সংস্কার আইনের অধীন ২খ অধ্যায়ের প্রতিটি কার্যাবলী আরম্ভ করা হবে বছর সহ ক্রমিক সংখ্যা উল্লেখ করে, এবং সমস্ত আদেশ আদেশনামায় পরপর লিখতে হবে। যে যে ব্যবস্থা ওই আদেশের ভিত্তিতে নেওয়া হবে তা আদেশনামার পাশে সংক্ষেপে লিখতে হবে।

(২) উপরোক্ত কার্যাবলী সম্পর্কিত নোটিশ ১৯৫৫ সালের পঃ বঃ ভূমি সংস্কার আইনের ৫৭ তৎসহ ১৪ধ, ১৪ন(৩), ১৪ন(১০) এবং ১৪ন(১১) এবং ৩ক ধারা অনুসারে করা হবে সাধারণভাবে। যখন ১৪ন(৫) ও ১৪ন(৬) ধারার অধীন কার্যাবলী করা হবে তখন ওই ধারাগুলি অনুসারেও নোটিশ দিতে হবে।

(৩) প্রতিটি ব্লকে আলাদাভাবে ‘‘পশ্চিমবঙ্গ ভূমি সংস্কার আইনের ২খ অধ্যায়ের অধীন কার্যাবলী খাতা’’ নামে খাতা রক্ষণাবেক্ষণ করতে হবে। ওই খাতায় মামলার ক্রমাঙ্ক, রায়তের নাম, ঠিকানাসহ এবং গ্রামের নাম, ব্লক ও জেলার নাম যেখানে রায়তের পরিবারের জমি আছে এবং কোন জমি সরকারের অনুকূলে ন্যস্ত হলে তার পূর্ণ বিবরণ লিখতে হবে। যদি আদালতে কোন মামলা থাকে তবে ওই খাতায় ওই বিষয়ে পূর্ণ বিবরণ লিখতে হবে। পাশাপাশি, পঃ বঃ ভূমি লেখ্য ও জরিপ অধিকর্তা কোন তথ্য বিবেচনা করলে প্রয়োজনীয় তথ্য খাতায় অন্তর্ভুক্ত করতে হবে। পরিদর্শক আধিকারিকদের এটা অন্যতম প্রধান দায়িত্ব ওই খাতা পরীক্ষা করে দেখা।

১১৩। সার্বজনীন প্রকৃতির ধর্মীয় ও দাতব্য অছি [Religious and Charitable trusts of public nature] ঃ (১) কোন সার্বজনীন ধর্মীয় ও দাতব্য অছি দেখা যায় তাদের নির্ধারিত ঊর্দ্ধসীমার চেয়ে অর্থাৎ

৭.০ প্রমাণ হেক্টরের বেশি এবং যদি ওই অছি ওই ঊর্দ্ধসীমার চেয়ে বেশি রাখতে চায়, রাজস্ব আধিকারিক দ্বারা সরেজমিন তদন্ত করাবেন সংশ্লিষ্ট ব্লক ভূমি ও ভূমি সংস্কার আধিকারিক ওই অছি কত জমির মালিক তা দেখার জন্য, জমির উপস্বত্ব ভোগের অধিকার কিভাবে ব্যবহৃত হচ্ছে, এছাড়া অন্যান্য প্রাসঙ্গিক বিষয়গুলি তদন্তের সময় দেখা হয় এবং ওই তদন্তের উপর ভিত্তি করে মহকুমা ভূমি ও ভূমি সংস্কার আধিকারিকের মাধ্যমে জেলা ভূমি ও ভূমি সংস্কার আধিকারিকের কাছে প্রতিবেদন পাঠাবেন, জেলা ভূমি ও ভূমি সংস্কার আধিকারিক মন্তব্য সহ ওই প্রতিবেদন ভূমি লেখ্য ও জরিপ অধিকর্তার মাধ্যমে রাজস্ব পর্যদের কাছে পাঠাবেন ১৪থ(৩) [14Q(3)] ধারা অনুসারে রাজ্য সরকারের বিবেচনার জন্য।

(২) উপরে বর্ণিত অছির যেখানে একাধিক ব্লকে জমি আছে কিন্তু এক মহকুমার বেশি নয়, সেক্ষেত্রে মহকুমা ভূমি ও ভূমি সংস্কার আধিকারিক উপরোক্ত পদ্ধতিতে ব্লক ভূমি ও ভূমি সংস্কার আধিকারিকদের দ্বারা তদন্ত করাবেন এবং জেলা ভূমি ও ভূমি সংস্কার আধিকারিকের কাছে প্রতিবেদন পাঠাবেন পুনর্বিন্যাস দ্বারা শক্তিশালী করার জন্য।

(৩) ওই ধরনের অছির যদি একাধিক মহকুমায় জমি থাকে কিন্তু একের বেশি জেলায় নয়, সেক্ষেত্রে যে মহকুমা ভূমি ও ভূমি সংস্কার আধিকারিকের ক্ষেত্রাধিকারে ওই অছির সদর দপ্তর অবস্থিত সেই মহকুমা ভূমি ও ভূমি সংস্কার আধিকারিকের মাধ্যমে তদন্ত করাবেন এবং সংগঠিত প্রতিবেদন পুনর্বিন্যাস দ্বারা শক্তিশালী করার জন্য জেলা ভূমি ও ভূমি সংস্কার আধিকারিকের কাছে পাঠাবেন।

(৪) উপরে বর্ণিত ওই ধরনের অছির জমি একাধিক জেলায় অবস্থিত হলে, যে জেলায় ওই অছির সদর দপ্তর অবস্থিত সেই জেলার জেলা ভূমি ও ভূমি সংস্কার আধিকারিক সংশ্লিষ্ট জেলা ভূমি ও ভূমি সংস্কার আধিকারিকদের মাধ্যমে তদন্ত করাবেন; তাঁদের কাছ থেকে পাওয়া প্রতিবেদন পুনর্বিন্যস্ত দ্বারা শক্তিশালী করবেন এবং ওই পুনর্বিন্যস্ত প্রতিবেদন ভূমি লেখ্য ও জরিপ অধিকর্তার মাধ্যমে জেলা ভূমি ও ভূমি সংস্কার আধিকারিক রাজস্ব পর্যদের নিকট পাঠাবেন।

(৫) ভূমি লেখ্য ও জরিপ অধিকর্তা ওই প্রতিবেদন পরীক্ষা করবেন এবং প্রয়োজনে কোন পূর্ণ তদন্ত করিয়ে তাঁর মন্তব্য সহ রাজস্ব পর্ষদের নিকট পাঠাবেন।

(৬) সংশ্লিষ্ট প্রতিটি ব্লক ভূমি ও ভূমি সংস্কার আধিকারিক, মহকুমা ভূমি ও ভূমি সংস্কার আধিকারিক এবং জেলা ভূমি ও ভূমি সংস্কার আধিকারিকের অফিসে তাঁদের ক্ষেত্রাধিকারের মধ্যে অবস্থিত সার্বজনীন প্রকৃতির ধর্মীয় ও দাতব্য অছির তালিকার জন্য খাতা রাখবেন। অন্যান্য বিষয়গুলির সাথে নিম্নলিখিত বিষয়গুলি লিখতে হবে, অছির নাম, ব্লক, মহকুমা এবং জেলার নাম, জমির তালিকা পঃ বঃ ভূমি সংস্কার আইনের ২খ অধ্যায়ের অধীন ওই অছিগুলির সাপেক্ষে কোন ব্যবস্থা নেওয়া হয়েছে কিনা তা লেখা হবে।

(৭) উপবিধি (১), (২), (৩), (৪) এবং (৫)-তে যাই থাক না কেন ভূমি লেখ্য ও জরিপ অধিকর্তা প্রয়োজনে কোন জেলা ভূমি ও ভূমি সংস্কার আধিকারিক বা অন্য আধিকারিককে পুনরায় তদন্তের জন্য অনুমোদন দিতে পারে কোন ধর্মীয় বা দাতব্য অছির সার্বজনীন প্রকৃতি প্রসঙ্গে।

১১৪। ন্যস্ত হওয়ার ঘটনা ৮ নং খাতা ও স্বত্বলিপিতে লিখতে হবে [The fact of vesting shall feature in Register VIII and record-of-rights] ঃ (১) পশ্চিমবঙ্গ ভূমি সংস্কার আইনের ২খ অধ্যায়ের অধীন কোন জমি সরকারে ন্যস্ত হলে সঙ্গে সঙ্গেই তা ৮ নং খাতায় লিখতে হবে।

(২) ন্যস্ত হওয়া আদেশের সাপেক্ষে যে সমস্ত স্বত্বলিপি ন্যস্ত হওয়ার সাথে সম্পর্কিত সেগুলি সংশোধন করতে হবে। এই ব্যবস্থা নেওয়া হবে পঃ বঃ ভূমি সংস্কার আইনের ৫১খখ ধারায় অথবা পঃ বঃ ভূমি সংস্কার আইনের ৫১ ধারায় যেখানে স্বত্বলিপির সংশোধনের কাজ চলছে তার যে কোন পর্যায়ে। যেখানে পঃ বঃ ভূমি সংস্কার আইনের ৭ক অধ্যায়ের অধীন ব্যবস্থা গ্রহণ আরম্ভ হয়নি অথবা যেখানে আইনে ৫১ক(২) ধারায় স্বত্বলিপির চূড়ান্ত প্রকাশ হয়ে গিয়েছে, ৫০ ধারায় ওই সংশোধন করা যেতে পারে।

(৩) যেখানে রাজস্ব আধিকারিক একটি আদেশ দিয়েছেন ন্যস্ত হওয়া জমি তার এলাকার বাইরেও রয়েছে সেক্ষেত্রে তিনি প্রতিটি ব্লক ভূমি ও ভূমি সংস্কার আধিকারিককে ন্যস্ত হওয়া জমির তালিকা পাঠাবেন যাদের ক্ষেত্রাধিকারে ওই জমি আছে। ওই ধরনের জমির তালিকা পাওয়ার পর সংশ্লিষ্ট ব্লক ভূমি ও ভূমি সংস্কার আধিকারিক এটা নিশ্চিত করবেন যে সমস্ত ন্যস্ত হওয়া জমি তাঁর ক্ষেত্রাধিকারে পড়েছে তা তিনি ৮ নং খাতায় লিপিবদ্ধ করেছেন এবং সংশ্লিষ্ট স্বত্বলিপি সংশোধন করেছেন।

১১৫। প্রতিটি মামলায়, আলাদা আলাদা তালিকা প্রস্তুত করতে হবে যে জমি রায়ত রাখতে পারবেন এবং যে জমি সরকারে ন্যস্ত হবে। ওই তালিকাগুলি কার্যাবলীর আদেশের অংশ হিসাবে বিবেচিত হবে।

১১৬। ন্যস্ত হওয়া জমিতে বর্গাদার [Bargadar in a vested land] ঃ যদি দেখা যায় যে ন্যস্ত হওয়া জমিতে সরকারে ন্যস্ত হওয়ার আগে কোন বর্গাদার ওই জমি চাষ করছিলেন, সংশ্লিষ্ট রাজস্ব আধিকারিক পঃ বঃ ভূমি সংস্কার আইনের ১৪ধ(২) এবং ১৪ধ(৩) [14S(2) & 14S(3)] ধারা অনুসারে প্রয়োজনীয় ব্যবস্থা গ্রহণ করবেন।

১১৭। ন্যস্ত হওয়া জমির দখল নেওয়া [Taking over possession of vested land] ঃ কোন জমি সরকারে ন্যস্ত হওয়ার পর পরই, পঃ বঃ ভূমি সংস্কার আইনের ১৪ ধধ ধারা এবং পঃ বঃ ভূমি সংস্কার নিয়মের ১৪ খখ নিয়মে বর্ণিত পদ্ধতি অনুসারে ওই জমির দখল নিতে হবে। দখল নেওয়ার পদ্ধতি "পঃ বঃ ভূমি সংস্কার আইনের ২খ অধ্যায়ের অধীন কার্যাবলীর খাতা" এবং ৮ নং খাতায় লেখা হবে।

১১৮। প্রতিটি ব্লকের ব্লক ভূমি ও ভূমি সংস্কার আধিকারিক যিনি পঃ বঃ ভূমি সংস্কার আইনের অধীন রাজস্ব আধিকারিক হিসাবে নিয়োজিত তিনি সাধারণতঃ আইনের ১৪ন ধারায় রাজস্ব আধিকারিক হিসাবে কাজ করে থাকেন। যেখানে মামলার সংখ্যা অনেক, অন্যান্য আধিকারিকগণ যাঁরা রাজস্ব আধিকারিক হিসাবে নিয়োজিত তাঁরাও ওই মামলাগুলি নিষ্পত্তির জন্য হতে পারেন। পাশাপাশি, জেলা ভূমি ও ভূমি সংস্কার আধিকারিক বিশেষ কোন আধিকারিককে ১৪ন ধারায় কোন কার্যাবলী আরম্ভ ও নিষ্পত্তি করার ক্ষমতা দিতে পারেন।

১১৯। রাজস্ব পর্যদ ও ভূমি লেখ্য ও জরিপ অধিকর্তা নির্দেশ দিতে পারেন [Instructions may be issued by the D.L.R.S. and Board of Revenue] ঃ রাজস্ব পর্যদ ও ভূমি লেখ্য ও জরিপ অধিকর্তা ২খ অধ্যায় সম্পর্কিত বিষয়গুলির প্রয়োগের জন্য নির্দেশ জারি করতে পারেন যেগুলি পূর্বের কোন আইন বা নিয়মের বিরোধী নয়।

১২০। প্রমাণ হেক্টর থেকে একরে এবং বিপরীত পরিবর্তন [Conversion from standard hectares to acres and vice versa] ঃ (১) জমির ঊর্দ্ধসীমা নির্ধারণের সময় একজন রাজস্ব আধিকারিকের প্রয়োজন প্রমাণ হেক্টরকে [পঃ বঃ ভূমি সংস্কার আইনের ১৪ট(চ)/14K(f) ধারায় উল্লেখ করা আছে] একরে এবং বিপরীত রকম পরিবর্তন করে নেওয়া, তাৎক্ষণিক প্রাসঙ্গিকতার জন্য নিম্নলিখিত তালিকা দেওয়া হল—

১। প্রমাণ হেক্টর (সংক্ষেপে প্রঃ হেঃ) থেকে একরে—

১ প্রমাণ হেক্টর = ২.৪৭১ একর (যখন জমিটি সেচ এলাকায়)

অথবা

৩.৪৫৯ একর যখন জমিটি অসেচ

২। একর থেকে প্রমাণ হেক্টরে—

১ একর—

(ক) সেচ এলাকায় = ০.৪০৪৬৯ প্রঃ হেঃ

(খ) অসেচ এলাকায় = ০.২৮৯১০ প্রঃ হেঃ

১ নং উদাহরণ

৯.৯.১৯৮০-তে একজন রায়তের ৮ সদস্যের পরিবার নিম্নলিখিত জমির মালিক ছিল বলে দেখা যায় ঃ

(ক) সেচ এলাকায় চাষের জন্য ব্যবহৃত জমি	=	৯.৫৫ একর
(খ) অসেচ এলাকায় চাষের জন্য ব্যবহৃত জমি	=	৭.৩৮ একর
(গ) জলাশয়	=	৩.৩৫ একর
(ঘ) ফলের বাগান	=	১.৭৪ একর
(ঙ) বাস্তু	=	০.৪২ একর

রায়ত এই ইচ্ছা প্রকাশ করেছেন যে কোন জমি যদি নির্ধারিত উর্দ্ধসীমার বেশি থাকে এবং যদি সরকারের অনুকূলে ন্যস্ত হয় তবে তিনি অসেচ এলাকায় কৃষি কাজে ব্যবহৃত জমি থেকে তা দেবেন।

হিসাব

(ক)-তে বর্ণিত সেচ এলাকার জমি = ৯.৫৫ একর

(খ), (গ), (ঘ), (ঙ)-তে বর্ণিত অসেচ এলাকার জমি = ১২.৮৯ একর

৯.৫৫ একর সেচ এলাকার জমি = ৯.৫৫ × ০.৪০৪৬৯

অথবা ৩.৮৬৪৮ প্রঃ হেঃ

১২.৮৯ একর অসেচ এলাকার জমি = ১২.৮৯ × ০.২৮৯১

অথবা ৩.৭২৬৫ প্রঃ হেঃ

সুতরাং মোট জমি = ৭.৫৯১৩ প্রমাণ হেক্টর।

নির্দিষ্ট সীমা অনুযায়ী রায়তের পরিবারের জন্য প্রযোজ্য ৬.৫ প্রঃ হেঃ

যে এলাকা সরকারে ন্যস্ত হবে তার পরিমাণ ৭.৫৯১৩ – ৬.৫০০

= ১.০৯১৩ প্রমাণ হেক্টর

রায়তের পছন্দ অনুসারে অসেচ এলাকা থেকে মাত্র ১.০৯১৩ প্রঃ হেঃ

অর্থাৎ ১.০৯১৩ × ৩.৪৫৯ অথবা ৩.৭৭ একর ন্যস্ত হবে।

সুতরাং অসেচ এলাকার কৃষি কাজের জন্য ব্যবহৃত ৩.৭৭ একর জমি সরকারে ন্যস্ত হবে এবং বাকী জমি রায়তের অনুকূলে থাকবে।

রায়ত যে পরিমাণ জমি রাখার অধিকারী হলেন সেটা যদি আবার প্রমাণ হেক্টরে রূপান্তরিত হয়, দেখা যাবে মোট জমির পরিমাণ হয়েছে ৬.৫ প্রমাণ হেক্টর।

২ নং উদাহরণ

১৫.২.১৯৭১ তারিখে রায়তের পরিবারে পাঁচ জন সদস্য ছিল এবং ওই তারিখে তাঁকে ১২.০৪ একর সেচ এলাকার কৃষি জমি রাখতে দেওয়া হয়েছিল এবং ০.৩২ একর বাস্তু জমি রাখার অনুমতি দেওয়া হয়েছে পশ্চিমবঙ্গ ভূমি সংস্কার আইনের ১৪ন(৩) ধারা অনুযায়ী।

৯.৯.১৯৮০-তে রায়তের পরিবার বেড়ে দাঁড়াল সাত জনে এবং ১৪ন(৩) ধারায় অনুমতি দেওয়া সমস্ত জমিই রায়ত ভোগ দখল করতেন। পাশাপাশি তিনি ১৬.২.১৯৮২ তারিখে হস্তান্তর করেছেন ৫.৪৮ একর অকৃষি জমি (অর্থাৎ যে জমিতে ৩ ক ধারা প্রযোজ্য) এবং তিনি ব্যক্তিগত প্রকৃতির ধর্মীয় অছির সদস্য হওয়ায় ১৪ন(৫) ধারায় সিদ্ধান্ত হয়েছে। সেচ এলাকায় ওই অছির ৩.৬৮ একর জমি আছে।

হিসাব

এই ক্ষেত্রে, নিম্নলিখিত জমি ৯.৯.১৯৮০ তারিখের সাপেক্ষে জমির ঊর্দ্ধসীমা নির্ধারণে ধরে নিতে হবে—

(ক) রায়তের সেচ এলাকায় জমি	১২.০৪ একর
(খ) ধর্মীয় প্রতিষ্ঠানের সেচ এলাকায় জমি	৩.৬৮ "
(গ) বাস্তু জমি	০.৩২ "
(ঘ) ১৬.২.১৯৮২-তে হস্তান্তরিত জমি (১৪প(৩) দ্রষ্টব্য)	৫.৪৮ "

সুতরাং ৯.৯.১৯৮০-এর সাপেক্ষে জমির ঊর্দ্ধসীমা নির্ধারণের জন্য ধরা হবে সেচ এলাকায় কৃষি জমি ১৫.৭২ একর এবং অন্য জমি ৫.৮০ একর।

১৫.৭২ একর জমি সেচ এলাকায়

= ১৫.৭২ × ০.৪০৪৬৯ অথবা ৬.৩৬১৭ প্রঃ হেঃ

৫.৮০ একর জমি অসেচ এলাকায়

= ৫.৮০ × ০.২৮৯১০ অথবা ১.৬৭৬৮ প্রঃ হেঃ

মোট ৮.০৩৮৫ প্রঃ হেঃ

নির্ধারিত ঊর্দ্ধসীমা রায়তের ক্ষেত্রে প্রযোজ্য ৬.০ প্রমাণ হেক্টর

যে পরিমাণ জমি সরকারে ন্যস্ত হবে তার পরিমাণ (৮.০৩৮৫ – ৬.০)

অথবা ২.০৩৮৫ প্রঃ হেঃ

যদি রায়ত বাস্তু জমির সম্পূর্ণ অংশ রাখতে চান তবে সেচ এলাকার জমি থেকে সম্পূর্ণ জমি সরকারে ন্যস্ত হবে। এখন,

২.০৩৮৫ প্রমাণ হেক্টর সেচ এলাকায় = ২.০৩৮৫ × ২.৪৭১

অথবা ৫.০৪ একর

সুতরাং সেচ এলাকায় রায়তের রাখা ১২.০৪ একরের মধ্য থেকে ৫.০৪ একর জমি সরকারে ন্যস্ত হবে।

(২) ছোট ইলেকট্রনিক হিসাবযন্ত্র দশমিক অংশের হিসাব করার জন্য ব্যবহৃত হতে পারে।

১২১। ১৫.২.১৯৭১ এবং ৯.৯.১৯৮০-এর মধ্যবর্তী সময় অথবা ৯.৯.১৯৮০-এর পরে ঊর্দ্ধসীমা নির্ণয় [Determination of ceiling area with reference to a date between 15.2.1971 and 9.9.1980 or to a date after 9.9.1980] ঃ (১) এই অধ্যায়ের পূর্ববর্তী নিয়মগুলিতে পঃ বঃ ভূমি সংস্কার আইনের অধীন ১৫.২.১৯৭১ এবং ৯.৯.১৯৮০ তারিখের সাপেক্ষে ঊর্দ্ধসীমা নির্ণয়ের পদ্ধতি বর্ণনা করা আছে। কিন্তু নির্ধারিত ঊর্দ্ধসীমার চেয়ে বেশি জমি কোন রায়তের হয়ে গেলে তার নির্ধারণ বা পুনঃনির্ধারণ করতে হবে নিম্নলিখিত ঘটনাগুলির বেলায়ও ঃ

(ক) ১৫.২.১৯৭১-এর ৯.৯.১৯৮০-এর মধ্যে প্রথম যখন রায়তের জমি ঊর্দ্ধসীমা অতিক্রম করে অথবা পুনরায় ১৪ন(৩) ধারায় রায়তকে জমি রাখতে দেওয়ার পরে ওই দুই তারিখের মধ্যবর্তী সময়ে জমির ঊর্দ্ধসীমা অতিক্রম করে।

(খ) যখন ৯.৯.১৯৮০ তারিখের পরে কোন তারিখে যখন রায়তের জমি নির্ধারিত সীমা অতিক্রম করে প্রথম বারের জন্য অথবা রায়তের জমি আবার পুনরায় নির্ধারিত সীমা অতিক্রম করে ৯.৯.১৯৮০-এর সাপেক্ষে রায়তকে কিছু জমি রাখার অনুমতি দেওয়া হয়েছিল।

(গ) (ক) এবং (খ)-তে বর্ণিত ঘটনার পরিপ্রেক্ষিতে পদ্ধতি যা নেওয়া হবে তা পরে অনুসৃত হবে।

অষ্টম অধ্যায়

Chapter 8

চা বাগান, মিল, কারখানা, কর্মশালা এবং ডেয়ারী শিল্পের উন্নয়ন, পোল্ট্রি চাষ এবং পশুপালনের জন্য জমির ঊর্দ্ধসীমা নির্ণয়

(Determination of Ceiling Area for Tea Gardens, Mills, Factories, Workshops and for Land Held for Dairy Developoment, Poultry Farming and Livestock Breeding)

১২২। চা বাগানের জন্য জমির ঊর্দ্ধসীমা নির্ধারণ [Determination of ceiling area for tea gardens] ঃ (১) রাজ্য সরকারের মতামতের উপর ভিত্তি করে চা বাগানের জন্য প্রয়োজনীয় জমি যতটা দরকার ১৯৫৩ সালের পঃ বঃ জমিদারী অধিগ্রহণ আইনের ৬(৩) ধারা অনুযায়ী চা বাগান ততটা জমি রাখতে পারতেন। তার মতামত প্রকাশে সহায়তা করার জন্য রাজ্য সরকার চা বাগান, (জমি পুনর্গ্রহণ) উপদেষ্টা কমিটি গঠন করেছেন জলপাইগুড়ি বিভাগীয় কমিশনারের পৌরহিত্যে আলাদাভাবে জলপাইগুড়ি ও দার্জিলিং জেলার জন্য।

(২) জেলা ভূমি ও ভূমি সংস্কার আধিকারিক যিনি অতিরিক্ত পদনাম সেটেলমেন্ট আধিকারিক হিসাবে কর্মরত তিনি তার জেলার মধ্যে অবস্থিত প্রতিটি চা বাগানের জন্য আলাদাভাবে বিস্তারিত তদন্ত ও জরিপ করাবেন এবং চা বাগানগুলি কতটা জমি ব্যবহার করছে তা দেখিয়ে প্রতিবেদন তৈরি করবেন। ভূমি লেখ্য ও জরিপ অধিকর্তার মাধ্যমে সেই প্রতিবেদন তিনি সরকারের ভূমি ও ভূমি সংস্কার বিভাগে পাঠাবেন। ওই প্রতিবেদন

পাওয়ার পর সরকার সংশ্লিষ্ট জেলার চা বাগান (জমি পুনর্গ্রহণ) উপদেষ্টা কমিটির কাছে পাঠাবেন।

(৩) চা বাগান (জমি পুনর্গ্রহণ) উপদেষ্টা কমিটি সংশ্লিষ্ট চা বাগানের মালিককে শুনানীর যথোপযুক্ত সুযোগ দিয়ে সরকারের কাছে সুপারিশ পাঠাবেন কতটা জমি ওই চা বাগানের জন্য প্রয়োজন এবং সরকার দ্বারা কি পরিমাণ জমি পুনর্গ্রহণ করা উচিত ওই চা বাগানের উদ্বৃত্ত জমি হিসাবে। ওই কমিটি সভাপতি তার স্বেচ্ছা ক্ষমতা বলে চা পর্যদের মনোনিত কোন আধিকারিককে যুক্ত করতে পারেন, চা বাগান সমিতির কোন প্রতিনিধি অথবা কোন ব্যক্তি যার বিশেষ অভিজ্ঞতা বা জ্ঞান আছে তাকে কমিটিতে যুক্ত করতে পারেন।

(৪) উপদেষ্টা কমিটির সুপারিশ পাওয়ার পর সরকার ঠিক করবেন চা বাগান যে জমি রেখেছে তার কি পরিমাণ প্রয়োজন রয়েছে এবং যথোপযুক্তভাবে আদেশ দেবেন ১৯৫৩ সালের পঃ বঃ জমিদারী অধিগ্রহণ আইনের ৬(৩) ধারা অনুসারে।

১২৩। চা বাগানের জন্য কর নির্ধারণ [Determination of rent for tea garden] ঃ চা বাগানকে যতটা জমি রাখার অনুমতি দেওয়া হয়েছে তার জন্য কি পরিমাণ কর দিতে হবে তা রাজস্ব আধিকারিক ১৯৫৩ সালের পঃ বঃ জমিদারী অধিগ্রহণ আইনের ৪২(২) ধারা অনুসারে নির্ধারণ করবেন।

১২৪। চা বাগানের জন্য রাখতে দেওয়া জমি ইজারার মাধ্যমে বহাল করতে হবে [Lands retained for tea garden shall be held under a lease] ঃ চা বাগানের জন্য রাখতে দেওয়া জমি কোন ইজারার মাধ্যমে বহাল করতে হবে। ১৯৫৪ সালের পঃ বঃ জমিদারী অধিগ্রহণ বিধির চ-তফসিলের (Schedule F) ১ নং নিদর্শে ওই ইজারা কার্যকর করা হবে ওই আইনের ৬(৩) ধারায় দেওয়া আদেশের দিন থেকে অথবা আইনের ৪২(২) ধারায় কর নির্ধারণের দিন থেকে দুটির মধ্যে যেটি পরে হবে। ওই ইজারা অনুমোদিত হওয়া পর্যন্ত, সমাহর্তা দ্বারা স্থিরকৃত সংক্ষিপ্ত ঘোষণার শর্তাবলী মান্য করে ওই জমি চা বাগান দ্বারা রক্ষিত হবে।

১২৫। কোন মামলার পর্যালোচনা [Review of a case] ঃ কোন মামলার পরিস্থিতি পর্যালোচনা করে সরকার চা বাগানকে শুনানীর সুযোগ দিয়ে ১৯৫৩ সালের পঃ বঃ জমিদারী অধিগ্রহণ আইনের ৬(৩) ধারায় দেওয়া কোন আদেশ সংশোধন করতে পারেন। চা বাগানের প্রয়োজনে কতটা জমি বহাল হবে তা নির্দিষ্ট করে দিতে পারেন।

১২৬। চা বাগানে তদন্তের বিষয় বস্তুগুলি [Subject-matter of enquiry relating to a tea garden] ঃ চা বাগান প্রসঙ্গে কোন সরেজমিন তদন্তের সময় অন্যান্য বিষয়গুলির সাথে নিম্নলিখিত তথ্যগুলি সংগ্রহ করতে হবে—

(ক) চা বাগান বন-জমি কি পরিমাণ রেখেছে এবং ২০ একরের বেশি এক লপ্তে কোন জমি আছে কিনা;

(খ) ধান, গম ইত্যাদি চাষের অধীন কোন জমি আছে কিনা;

(গ) চা বাগানে কোন বাজার আছে কিনা অথবা সৈরতি স্বার্থ আছে কিনা, যদি থেকে থাকে তবে কি পরিমাণ জমি তাতে আছে;

(ঘ) চা বাগানের মধ্য দিয়ে কোন জল নিকাশী খাল আছে কিনা যা অন্য চা বাগান অথবা মৌজার মধ্য দিয়েও গিয়েছে;

(ঙ) চা গাছ পোঁতার জন্য মোট জমি;

(চ) কারখানা, রাস্তা, বাসগৃহ, অফিস এবং অন্য কাঠামোর জন্য মোট এলাকা।

তদন্ত প্রতিবেদনে উপরোক্ত বিষয়গুলির উপর পূর্ণ বর্ণনা দিয়ে লিখতে হবে।

১২৭। পশ্চিমবঙ্গ ভূমি সংস্কার আইনের অধীন চা বাগানের জন্য জমির উর্দ্ধসীমা পুনঃনির্ধারণ [Redetermination of ceiling area relating to tea gardens under the W.B.L.R. Act] ঃ ১৯৬৫ সালের পঃ বঃ ভূমি সংস্কার নিয়মের ১৪গ(৪)(গ) নিয়ম অনুসারে প্রত্যেক চা বাগানকে

৭কক নিদর্শে বিবরণী দাখিল করতে হয় রাজস্ব আধিকারিকের কাছে ওই নিয়মের ১৪গ(৪)(ক) বিধিতে বর্ণিত সময়সীমার মধ্যে। ওই বিবরণীর সাথে একটি বিবৃতি যুক্ত করতে হবে তাতে চা বাগান দ্বারা রক্ষিত জমি কি উদ্দেশ্যে ব্যবহৃত হচ্ছে তা জানাতে হবে। সেটেলমেন্ট আধিকারিক রাজস্ব আধিকারিকের কাছ থেকে ওই বিবরণী পেয়ে এবং যেক্ষেত্রে চা বাগান দ্বারা ওই ধরনের বিবরণী দাখিল করা হয়নি, তাঁর নিজের ইচ্ছায় আগের বিধিতে বর্ণিত পদ্ধতিতে সংশ্লিষ্ট চা বাগানকে আগে নোটিশ দিয়ে জরিপ ও তদন্ত করাবেন। জরিপ ও তদন্তের প্রতিবেদন ভূমি লেখ্য ও জরিপ অধিকর্তার মাধ্যমে সরকারের কাছে পাঠাবেন। সরকার ওই প্রতিবেদন সংশ্লিষ্ট জেলার চা বাগান (জমি পুনর্গ্রহণ) উপদেষ্টা কমিটির কাছে পাঠাবেন। চা বাগানকে যথোপযুক্ত শুনানীর সুযোগ দিয়ে চা বাগান (জমি পুনর্গ্রহণ) উপদেষ্টা কমিটি তার সুপারিশ সহ এটাকে সরকারের কাছে পাঠাবেন। কমিটির ওই সুপারিশ পেয়ে সরকার সংশ্লিষ্ট চা বাগানকে যথোপযুক্ত শুনানীর সুযোগ দিয়ে, ১৯৫৫ সালের পঃ বঃ ভূমি সংস্কার আইনের ১৪য(২) [14Z(2)] ধারায় সিদ্ধান্ত নেবেন চা বাগানের প্রয়োজনে ঠিক কতটা জমি ওই চা বাগানকে রাখতে দেওয়া হবে এবং যথোপযুক্তভাবে আদেশ প্রদান করবেন। যদি কোন ইজারা থাকে যা দেওয়া হয়েছে ১৯৫৪ সালের পঃ বঃ জমিদারী অধিগ্রহণ নিয়মের, চ-তফসিলের ১ নং নিদর্শে তার সংশোধন করা হবে ওই আদেশের ভিত্তিতে এবং চা বাগান যে কর (rent) প্রদান করত তা কমানো যেতে পারে ১৯৬৫ সালের পঃ বঃ ভূমি সংস্কার নিয়মের ২৮(২) বিধি অনুযায়ী যদি ওই চা বাগানের দখলকৃত জমির পরিমাণ কমে যায়। রাজ্য সরকার পরিস্থিতি পর্যালোচনা করে চা বাগানকে যথোপযুক্ত শুনানীর সুযোগ দিয়ে, ১৯৫৫ সালের পঃ বঃ ভূমি সংস্কার আইনের ১৪য(২) ধারায় দেওয়া আদেশ সংশোধন করতে পারে।

১২৮। রাজ্য সরকার দ্বারা পশ্চিমবঙ্গ ভূমি সংস্কার আইনের ১৪য(২) ধারায় দেওয়া চা বাগান বিষয়ে কোন আদেশ সাধারণতঃ ১৯৫৩ সালের পঃ বঃ জমিদারী অধিগ্রহণ আইনের ৬(৩) ধারায় চা বাগান বিষয়ে রাজ্য সরকার দ্বারা কোন আদেশ দ্বারা অগ্রবর্তী।

১২৯। রাজ্য সরকারের আগাম অনুমতি ছাড়া চা বাগান দ্বারা অতিরিক্ত জমি গ্রহণ বাতিল [Acquisition of additional land by tea gardens without prior permission of the Government is void] ঃ ১৯৫৩ সালের পঃ বঃ জমিদারী অধিগ্রহণ আইনের ৬(৩) ধারার অথবা ১৯৫৫ সালের পঃ বঃ ভূমি সংস্কার আইনের ১৪য(২) ধারার, যেটি পরে হবে অধীন যে জমি চা বাগানকে রাখতে দেওয়া হয়েছিল তার সাথে অতিরিক্ত জমি চা বাগান যদি গ্রহণ করে রাজ্য সরকারের অনুমতি ছাড়াই, তবে তা আইনসম্মত হবে না, কারণ ওই জমি গ্রহণ করার ফলে চা বাগানের মোট জমি পঃ বঃ জমিদারী অধিগ্রহণ আইন বা পঃ বঃ ভূমি সংস্কার আইনের অধীন যেমন প্রযোজ্য যে জমি বহাল রাখার অনুমতি ছিল তার চেয়ে বেশি হয়ে যায়।

১৩০। কোন জমিকে চা বাগানে পরিবর্তন [Conversion of a land to tea garden] ঃ ১৯৫৫ সালের পঃ বঃ ভূমি সংস্কার আইনের ৪গ ধারায় সমাহর্তার কাছ থেকে আগাম অনুমতি না নিয়ে নূতন চারাগাছ লাগানোর জন্য যে কোন জমিকে চা বাগানে রূপান্তর করা শাস্তিযোগ্য অপরাধ। এক্ষেত্রে শাস্তি আইনে ৪ঘ [4D] ধারায় কারাবাস অথবা অর্থদণ্ড অথবা উভয়ই হতে পারে। এইভাবে যে জমির চরিত্র বদল করা হয়েছে তা সরকারের অনুকূলে ন্যস্ত হবে আইনের ৪(৪) ধারা অনুসারে।

১৩১। চা বাগানের জন্য জমি গ্রহণের প্রস্তাব [Proposal for acquisition of land for tea garden] ঃ (১) চালু চা বাগানে জমি গ্রহণের জন্য প্রস্তাব ওই বাগানের বৃদ্ধির উদ্দেশ্যে এবং নূতন চারা গাছ পোঁতার জন্য অন্য জায়গা থেকে প্রস্তাব জেলা ভূমি ও ভূমি সংস্কার আধিকারিকের কাছে পাঠাতে হবে ওই জমি যে জেলায় অবস্থিত। চা পর্যদের নির্দিষ্ট সুপারিশ পাওয়ার পর এবং নূতন চা বাগান বৃদ্ধির বা চা চাষ বৃদ্ধির ফলে সংশ্লিষ্ট পরিবারগুলি স্থানচ্যুত বা প্রভাবান্বিত হচ্ছে কিনা বিষয়ে কর্মসংস্থান আধিকারিকের দাখিল করা প্রতিবেদনের সাথে সহমত হতে হবে।

(২) প্রস্তাবিত চা চাষের জন্য জমি গ্রহণের নিম্নলিখিত বিষয় যুক্ত হবে না।

(ক) মূল এলাকা দ্বারা কোন সেচ প্রকল্প এমনকি তিস্তা বাঁধ প্রকল্প;

(খ) বনভূমি;

(গ) মুখ্য কৃষি জমি;

(ঘ) তফসিলী উপজাতিদের কৃষি জমি;

(ঙ) ১৯৫৫ সালের পঃ বঃ ভূমি সংস্কার আইনের ৪৯ ধারায় বন্দোবস্ত দেওয়া হয়েছে এরকম জমি;

(চ) বর্গাদার দ্বারা চাষের জমি।

(৩) উপরোক্ত প্রস্তাব যেন স্থানীয় লোকজনের বর্তমান সুযোগ সুবিধা যেমন জল নিকাশী, সেচ, বাজার, রাস্তা, যোগাযোগ, মৎস্যচাষ ইত্যাদিকে ক্ষতিগ্রস্ত না করে।

১৩২। চা বাগান দ্বারা জমি গ্রহণের প্রস্তাব নিষ্পত্তি [Disposal of proposal of acquisition of land by tea garden] ঃ (১) সমাহর্তা, জেলা পরিষদের সভাধিপতি এবং জেলা ভূমি ও ভূমি সংস্কার আধিকারিক দ্বারা গঠিত কমিটি চা চাষের জন্য জমি গ্রহণের প্রস্তাব পরীক্ষা করবেন—

একথা বলা যায়, উপরোক্ত কোন প্রস্তাব শিলিগুড়ি মহকুমা পরিষদের এলাকার জমির ক্ষেত্রে হলে দার্জিলিং জেলার সমাহর্তা, ওই জেলার জেলা ভূমি ও ভূমি সংস্কার আধিকারিক, শিলিগুড়ি মহকুমার পরিষদের সভাধিপতি দ্বারা গঠিত কমিটি তার পরীক্ষা করবেন এবং দার্জিলিং জেলার বাইরের জমির ক্ষেত্রে ওই জেলার সমাহর্তা, ওই জেলার জেলা ভূমি ও ভূমি সংস্কার আধিকারিক এবং দার্জিলিং হিল গোর্খা কাউন্সিলের মুখ্য এক্সিকিউটিভ কাউন্সিলার বা তার মনোনিত দ্বারা গঠিত কমিটি ওই প্রস্তাব পরীক্ষা করবেন।

উপরোক্ত সমস্ত কমিটি ক্ষেত্রে জেলা ভূমি ও ভূমি সংস্কার আধিকারিক হলেন আহ্বায়ক হিসাবে কাজ করবেন।

(২) জলপাইগুড়ি বিভাগের কমিশনারের কাছে কমিটি তার সুপারিশ পাঠাবেন যিনি ওটি পরীক্ষা করবেন এবং সরকারের ভূমি ও ভূমি সংস্কার দপ্তরে তার মতামতসহ পাঠাবেন।

(৩) ভূমি ও ভূমি সংস্কার দপ্তর, বাণিজ্য ও শিল্প দপ্তরের সাথে আলোচনা করবেন এবং উপযুক্ত বিবেচনার পর এটাকে বাতিল করতে পারে অথবা কোন সংশোধন বা কোন শর্ত সহ বা সংশোধন বা কোন শর্ত ছাড়া ওই প্রস্তাবকে ছাড় দিতে পারে।

(৪) সমাহর্তা চা চাষের জন্য অতিরিক্ত জমি গ্রহণ বা জমির শ্রেণী পরিবর্তন অনুমোদন দিতে পারেন সরকারের ওই বিষয়ে আদেশ অনুসারে।

১৩৩। মিল, কারখানা, কর্মশালা, পোল্ট্রি ফার্মিং, পশুপালন এবং ডেয়ারী শিল্পের উন্নয়নের জন্য জমির পরিমাণ নির্ধারণ [Determination of the area of land required for a mill, factory, workshop, poultry farming, livestock breeding and dairy development] ঃ (১) ১৯৫৩ সালের পঃ বঃ জমিদারী অধিগ্রহণ আইনের ৬(৩) ধারা অনুসারে মিল, কারখানা বা কর্মশালার জন্য কি পরিমাণ জমি রাখতে পারবে রাজ্য সরকার দ্বারা নির্ধারণ করা হয়। ওই আইনে ডেয়ারী শিল্পের উন্নয়ন, পোল্ট্রি ফার্মিং এবং পশুপালনের জন্য জমির কোন ঊর্দ্ধসীমা ছিল না।

(২) ১৯৫৫ সালের পঃ বঃ ভূমি সংস্কার আইনের ১৪য(২) ধারা অনুসারে [under s. 14Z(2)] কি পরিমাণ জমি কোন মিল, কারখানা বা কর্মশালা এমনকি ডেয়ারী শিল্পের উন্নয়ন, পোল্ট্রি ফার্মিং এবং পশুপালনের উদ্দেশ্যে লাগবে তা রাজ্য সরকার দ্বারা নির্ধারিত হবে।

(৩) যেক্ষেত্রে মিল, কারখানা বা কর্মশালা ইত্যাদির উদ্দেশ্যে কি পরিমাণ জমি রাখতে পারবে তা ১৯৫৩ সালের পঃ বঃ জমিদারী অধিগ্রহণ আইন দ্বারা নির্ধারিত হয়নি এখনো ওই আইনের ৬(৩) ধারা অনুসারে, সেক্ষেত্রে ১৯৫৫ সালের পঃ বঃ ভূমি সংস্কার আইনের ১৪য(২) ধারায় জমি নির্ধারণের আগে ১৯৫৩ সালের পঃ বঃ জমিদারী অধিগ্রহণ আইনের ৬(৩) ধারায় আগে ওই মিল, কারখানা বা কর্মশালার জমি নির্ধারিত হবে।

১৩৪। মিল, কারখানা, কর্মশালা, পোল্ট্রি ইত্যাদির সাপেক্ষে গ্রহণীয় পদ্ধতি [Procedure to be followed with respect to mills,

factories, workshops, poultry farming etc.] ঃ (১) কোন মিল, কারখানা বা কর্মশালা অথবা ডেয়ারী উন্নয়ন, পশুপালন বা পোল্ট্রি চাষের জন্য প্রয়োজনীয় জমি কি পরিমাণ রাখতে পারবে তা ১৯৫৫ সালের পঃ বঃ ভূমি সংস্কার আইনের ১৪য(২) ধারা অনুসারে নির্ধারিত হয়, পদ্ধতি অনুসরণ করা হয় ১৯৬৫ সালের পঃ বঃ ভূমি সংস্কার নিয়মের ১৪গ(৪)(গ) নিয়মে যা নির্দেশ করা আছে।

(২) পশ্চিমবঙ্গ ভূমি সংস্কার আইনের ১৪য(২) ধারার অধীন ঊর্দ্ধসীমা অতিরিক্ত জমি রাখার উদ্দেশ্যে, জমির মালিককে রাজস্ব আধিকারিকের কাছে ৭কক নিদর্শে বিবরণী দাখিল করতে হবে ১৯৬৫ সালের পঃ বঃ ভূমি সংস্কার নিয়মের ১৪গ(৪)(গ) নিয়মে বর্ণিত পদ্ধতি অনুসারে। যেক্ষেত্রে কোন বিবরণী দাখিল করা হয়নি নির্দিষ্ট সময়ের মধ্যে, ওই নিয়মে বর্ণিত তদন্ত নিজের ইচ্ছায় করা হবে।

(৩) ১৯৬৫ সালের পঃ বঃ ভূমি সংস্কার নিয়মের ১৪গ(২)(গ) নিয়ম অনুযায়ী একটি তদন্ত করতে হবে মালিককে আগাম তদন্তের দিন, স্থান জানিয়ে নোটিশ দিয়ে। ওই নোটিশ জারি করা যেতে পারে ১৯৫৫ সালের পঃ বঃ ভূমি সংস্কার আইনের ৫৭, ১৪ধ, ১৪ন(৩), ১৪ন(১০), ১৪ন(১) এবং ১৪য(২) ধারাসহ এবং ১৯৬৫ সালের পঃ বঃ ভূমি সংস্কার নিয়মের ১৪গ(২)(গ) বিধির অধীন।

১৩৫। মিল, কারখানা, কর্মশালা ইত্যাদি প্রসঙ্গে তদন্তের বিষয়গুলি [Facts to be enquired into with respect to mills, factories, workshops, etc.] ঃ (১) ১৯৬৫ সালের পঃ বঃ ভূমি সংস্কার নিয়মের ১৪গ(২)(গ) নং বিধি অনুযায়ী—

নিম্নলিখিত বিষয়গুলি নিশ্চিত করার জন্য তদন্ত করা হবে—

(ক) অধিকারে রাখা মোট জমি।

(খ) কিভাবে এবং কি উদ্দেশ্যে জমি ব্যবহৃত হচ্ছে।

(গ) কোন জমি ফাঁকা থাকলে তার পরিমাণ।

(ঘ) উক্ত ফাঁকা জমি বা তার অংশ ব্যবহারের জন্য কোন প্রকল্প আছে কিনা যদি থেকে থাকে তবে পূর্ণ বিবরণ।

(ঙ) পূর্বে পঃ বঃ জমিদারী অধিগ্রহণ আইনের ৬(৩) ধারায় কোন জমি বহাল রাখার অনুমতি দেওয়া হয়ে থাকলে তারপর থেকে ওই আয়তন কমেছে না বেড়েছে, যদি হয়ে থাকে তবে তার কারণ।

(চ) পশ্চিমবঙ্গ জমিদারী অধিগ্রহণ আইনের ৬(৩) ধারায় যে উদ্দেশ্যে জমি বহাল রাখার অনুমতি দেওয়া হয়েছিল সেই উদ্দেশ্যে ওই জমি বা তার অংশ ব্যবহৃত হচ্ছে কিনা।

(ছ) বহাল রাখা জমির প্রকৃতি ও স্বত্ব।

(জ) এই মামলার সাথে সম্পর্কযুক্ত অন্য কোন ঘটনা।

(২) সমস্ত জমির তফসিল তৈরি করতে হবে তিনটি ভাগে ভাগ করে যেমন—(ক) প্রকৃত ব্যবহৃত হচ্ছে এরকম জমি, (খ) ভবিষ্যতের উদ্দেশ্যে ব্যবহারের জন্য প্রস্তাবিত জমি, (গ) ব্যবহৃত হচ্ছে না বা ভবিষ্যতে ব্যবহারের কোন প্রস্তাবও নেই এরকম জমি। ব্যবহারের ধরনও লিখতে হবে। প্রতিবেদনের সাথে তফসিলের দুটি প্রতিলিপি পাঠাতে হবে।

(৩) বহাল রাখা জমির একটা নকশা তৈরি করতে হবে ট্রেসিং কাগজে তিন প্রস্থ, তাতে ওই জমির বিভিন্ন উদ্দেশ্যে ব্যবহার রঙ দিয়ে দেখাতে হবে। প্রতিবেদনের সাথে ওই নক্শার দুটি প্রতিলিপি পাঠাতে হবে। এটা আশা করা যায় যে সংশ্লিষ্ট রাজস্ব আধিকারিক ওই নক্শার প্রতিটিতে স্বাক্ষর করবেন এবং জমির মালিকের অনুমোদিত প্রতিনিধিও স্বাক্ষর করবেন।

১৩৬। পশ্চিমবঙ্গ জমিদারী অধিগ্রহণ আইনের ৬(৩) ধারা অনুসারে যেখানে সরেজমিন তদন্ত হয়নি [Where enquiry has not yet been made under section 6(3) of the W.B.E.A. Act] ঃ যেক্ষেত্রে পশ্চিমবঙ্গ জমিদারী অধিগ্রহণ আইনের ৬(৩) ধারা অনুসারে তদন্ত হয়নি, ওই তদন্ত করতে হবে আগের বিধিতে উল্লিখিত পদ্ধতি অনুসারে এবং প্রতিবেদন পাঠাতে হবে।

১৩৭। সরকারে ন্যস্ত জমির দখল গ্রহণ [Taking over possession of land vested] ঃ পশ্চিমবঙ্গ ভূমি সংস্কার আইনের ১৪য(২) ধারায়

যখন সরকার কোন আদেশ দান করেন, যদি কোন জমি সরকারের অনুকূলে ন্যস্ত হয়ে থাকে ওই আদেশমূলে তবে ওই আইনের ১৪ধধ ধারা অনুসারে দখল নিতে হবে।

[১৪ধধ ধারাটি মহামান্য আদালত এক্তিয়ার বহির্ভূত ঘোষণা করেছেন। বিষয়টি সুপ্রিম কোর্টে বিচারাধীন। সরকারে ন্যস্ত হওয়া জমির দখল নেওয়া হচ্ছে ১৪ন(৩) ধারা অনুসারে।]

১৩৮। খাতা রক্ষণাবেক্ষণ [Maintenance of register] ঃ (১) জেলা ভূমি ও ভূমি সংস্কার আধিকারিকের অফিস ও মহকুমা ভূমি ও ভূমি সংস্কার আধিকারিকের অফিসে একটি খাতা রক্ষণাবেক্ষণ করতে হবে এই নামে— "১৯৬৫ সালের পঃ বঃ ভূমি সংস্কার নিয়মের ১৪গ(৪)(গ) বিধির অধীন মিল, কারখানা, কর্মশালা, পশুপালন ও পোল্ট্রির ফার্ম এবং ডেয়ারী শিল্পের উন্নয়ন সংক্রান্ত সরেজমিন তদন্তের খাতা।" ওই খাতা হবে নিম্নলিখিত নিদর্শ অনুযায়ী—

জেলা/মহকুমা ঃ

ক্রমিক সংখ্যা	ফার্মের নাম ও ঠিকানা	যেখানে জমি অবস্থিত সেই মৌজার নাম ও থানার নাম	যে স্মারক নং ও তারিখ দ্বারা তদন্ত প্রতিবেদন পাঠানো হয়েছে	পশ্চিমবঙ্গ ভূমি সংস্কার আইনের ১৪য(২) ধারা দেওয়া সরকারী আদেশের ক্রমিক সংখ্যা এবং তারিখ	কোন জমি সরকারে ন্যস্ত হয়ে থাকলে তার পরিমাণ	দখল নেওয়ার তারিখ
(১)	(২)	(৩)	(৪)	(৫)	(৬)	(৭)

যখন সরকারের আদেশ ১৪য(২) ধারায় পাওয়া যাবে তখন (৫) ও (৬) নং ঘর পূরণ করা হবে।

(২) পাশাপাশি একইরকম একটি খাতা (১) নং নিয়মে যেমন উল্লেখ করা হয়েছে ঠিক সেইরকমভাবে দার্জিলিং, জলপাইগুড়ি এবং উত্তর

দিনাজপুর জেলায় জেলা ভূমি ও ভূমি সংস্কার আধিকারিকের অফিসে চা বাগান প্রসঙ্গে রক্ষণাবেক্ষণ করতে হবে।

১৩৯। ৮ নং খাতায় লিখন [Entry in Register VIII] ঃ সরকারের ন্যস্ত সমস্ত জমি ৮ নং খাতায় লিখতে হবে।

১৪০। স্বত্বলিপির সংশোধন [Correction of record-of-rights] ঃ পশ্চিমবঙ্গ ভূমি সংস্কার আইনে যথোপযুক্ত ধারা অনুসারে সমস্ত সরকারে ন্যস্ত জমি সংশ্লিষ্ট সমাহর্তার খতিয়ানে স্থানান্তরিত হবে।

১৪১। সরকারে ন্যস্তের জন্য রাজস্বের রদ [Abatement of revenue for vesting] ঃ ১৯৬৫ সালের পঃ বঃ ভূমি সংস্কার নিয়মের ২৮(২) নং বিধিতে উল্লিখিত পদ্ধতি অনুসারে আনুপাতিক রাজস্ব বা কর যেমন প্রযোজ্য তা রদ হবে।

১৪২। নির্দেশিকা নথি [Guard file] ঃ জেলা ভূমি ও ভূমি সংস্কার আধিকারিকের অফিসে পঃ বঃ ভূমি সংস্কার আইনের ১৪য(২) ধারায় যাবতীয় সরকারী আদেশের প্রতিলিপি একটি নির্দেশিকা নথিতে রাখতে হবে।

১৪৩। প্রতিবেদন ও বিবরণী [Report and Return] ঃ এই অধ্যায়ের সাথে সম্পর্কযুক্ত বিষয়গুলি প্রতিবেদন ও বিবরণীর জন্য ভূমি লেখ্য ও জরিপ অধিকর্তা নিদর্শ স্থির করে দিতে পারেন।

নবম অধ্যায়
Chapter 9
১৯৫৫ সালের পশ্চিমবঙ্গ ভূমি সংস্কার আইনের ১৪ফ ধারা অনুসারে দেয় অর্থের হিসাব
(Assessment of the Amount to be Paid under section 14V of the W.B.L.R. Act 1955)

১৪৪। আইনগত বিধান [Legal provisions] ঃ (১) পশ্চিমবঙ্গ ভূমি সংস্কার আইনের ১৪ফ ধারা এই নির্দেশ দেয় যে সরকারের অনুকূলে কোন জমি ন্যস্ত হওয়ার জন্য কোন ব্যক্তি বা ব্যক্তিগণকে যাদের ওই জমিতে স্বার্থ জড়িয়ে আছে এই ধারা অনুসারে নির্ধারিত পদ্ধতিতে রাজ্য সরকার ক্ষতিপূরণ দেবেন। এই ক্ষতিপূরণ হবে ভূমি রাজস্বের ১৫ (পনের) গুণ অথবা ওই জমির জন্য স্থিরীকৃত সমপরিমাণ অথবা যেখানে ভূমি রাজস্ব বা তার সমপরিমাণ স্থির হয়নি অথবা স্থির হওয়ার প্রয়োজন নেই সেক্ষেত্রে ০.৪০৪৭ হেক্টর পিছু ১৩৫ টাকা [একশত পঁয়ত্রিশ] হারে। ১৯৬৫ সালের পঃ বঃ ভূমি সংস্কার নিয়মে ১৪য বিধিতে ক্ষতিপূরণের তালিকা নির্ধারণের পদ্ধতি বলা আছে।

(২) ১৯৬৫ সালের পঃ বঃ ভূমি সংস্কার নিয়মের ১৪ঙ(১) নিয়মে বলা আছে যে সেটেলমেন্ট আধিকারিক কোন রাজস্ব আধিকারিককে নির্বাচন করবেন যার ক্ষেত্রাধিকারে ওই ন্যস্ত জমি বা ওই জমির অধিকার ও স্বার্থ বা তার বেশির ভাগ অংশ অবস্থিত। তিনি ওই নিয়মে উল্লিখিত ১৪ নং নিদর্শে ক্ষতিপূরণ তালিকা প্রস্তুত করবেন।

(৩) ১৪ঙ(৩)(খ) নিয়ম এই নির্দেশ দেয় যে পৃথক একটি ক্ষতিপূরণ তালিকা তৈরি করতে হবে এবং প্রতি রায়তের ক্ষেত্রে বা মধ্যস্বত্বাধিকারীর পরিবারের ক্ষেত্রে তা প্রকাশ করতে হবে যেখানে পরিবারে একাধিক রায়ত

বা মধ্যস্বত্বাধিকারী আছে এবং যাদের জমি বা অধিকার বা স্বার্থ সরকারে ন্যস্ত হয়েছে।

১৪৫। খাতা [Register] ঃ যেখানে কোন পরিবারের একের বেশি রায়তের জমি সরকারে ন্যস্ত হয়েছে যারা প্রত্যেকে জমির অধিকারী ছিলেন, ওই রায়ত প্রত্যেককে রায়ত অনুযায়ী খাতায় লিখতে হবে।

১৪৬। রাজস্ব আধিকারিক যিনি ক্ষতিপূরণ তালিকা প্রস্তুত ও প্রকাশ করবেন [Revenue officer who will prepare and publish Assessment Rolls] ঃ (১) সেটেলমেন্ট আধিকারিক প্রতিটি ব্লকের কোন একজন রাজস্ব আধিকারিককে ক্ষতিপূরণ তালিকা প্রস্তুত ও প্রকাশের জন্য বাছাই করবেন।

(২) যেক্ষেত্রে একাধিক রাজস্ব আধিকারিকের ক্ষেত্রাধিকারে কোন রায়ত বা মধ্যস্বত্বাধিকারীর জমি সরকারের অনুকূলে ন্যস্ত হয়েছে, সেক্ষেত্রে যে রায়তের ক্ষেত্রাধিকারে বেশি জমি সরকারের অনুকূলে ন্যস্ত হয়েছে তিনি ক্ষতিপূরণ তালিকা প্রস্তুত ও প্রকাশ করবেন।

১৪৭। কোন পরিবারে প্রতি রায়তের জন্য আলাদা তালিকা [A separate Roll for each raiyat of a family] ঃ কোন পরিবারের প্রত্যেক রায়ত বা মধ্যস্বত্বাধিকারীর জন্য আলাদা আলাদা ক্ষতিপূরণ তালিকা প্রস্তুত ও প্রকাশ করতে হবে যেখানে কোন পরিবারে একের বেশি রায়ত বা মধ্যস্বত্বাধিকারী বা উভয়ই যাদের নিজস্ব জমি অথবা ওই জমিতে তাদের অধিকার ও স্বার্থ সরকারে ন্যস্ত হয়েছে।

১৪৮। খসড়া প্রকাশ [Draft publication] ঃ (১) ক্ষতিপূরণের তালিকা তিনখানা তৈরি করতে হবে ওই নিয়মের ১৪ নং নিদর্শে কার্বন কাগজ ও বল কলম ব্যবহার করে। ক্ষতিপূরণ তালিকা যখন প্রস্তুত হয়েছে রাজস্ব আধিকারিক ওটির খসড়া প্রকাশ করবেন ওই নিয়মের ১৪৬(৩)(ছ) বিধান অনুযায়ী এবং ওই খসড়া তালিকার এক প্রস্থ ওই নিয়মের ১৫ নিদর্শে প্রস্তুত নোটিশসহ রায়ত বা মধ্যস্বত্বাধিকারীকে পাঠাতে হবে তার সর্বশেষ জানা ঠিকানায়। ক্ষতিপূরণ তালিকার মূল প্রতিলিপিটি রায়ত বা মধ্যস্বত্বাধিকারীর আলাদা মামলার নথির সাথে জুড়ে রাখতে হবে।

ক্ষতিপূরণের তৃতীয় প্রতিলিপিটি অফিস-প্রতিলিপি হিসাবে একইভাবে অফিসে সংরক্ষণ করতে হবে।

(২) ক্ষতিপূরণ তালিকা প্রস্তুতের জন্য প্রতি রায়ত/মধ্যস্বত্বাধিকারী ক্ষেত্রে আলাদা আলাদা কার্যাবলী আরম্ভ করা উচিত এবং মামলার নথি রক্ষণাবেক্ষণ করতে হবে।

(৩) রাজস্ব আধিকারিকের কাছে উক্ত নিয়মে উল্লিখিত নিদর্শ নং ১৬-তে কোন রায়ত/মধ্যস্বত্বাধিকারী ওই ক্ষতিপূরণ তালিকা প্রকাশের ত্রিশ দিনের মধ্যে কোন আপত্তি থাকলে তা জমা দিতে পারেন কোন তথ্য সংযুক্ত বা কোন তথ্য বাদ দেওয়া বিষয়ে যে জমি সরকারের অনুকূলে ন্যস্ত হয়েছে তার অধিকার ও স্বার্থ বিষয়ে।

১৪৯। আপত্তি এবং তার নিষ্পত্তি [Objections and disposal thereof] ঃ ক্ষতিপূরণ তালিকায় কোন তথ্য সংযুক্তি বা বাদ দেওয়া বিষয়ে দাখিল করা প্রতিটি আপত্তির নিষ্পত্তি হবে রাজস্ব আধিকারিক দ্বারা। আপত্তি নির্ধারণের সময় রাজস্ব আধিকারিকের আদেশ বিষয়গুলির সংক্ষিপ্ত ঘটনাসহ যুক্ত থাকবে যেমন (১) নির্ধারণের বিষয়গুলি (২) সিদ্ধান্তের কারণগুলি (৩) সিদ্ধান্ত।

১৫০। আপীল [Appeal] ঃ রাজস্ব আধিকারিকের দেওয়া আদেশের বিরুদ্ধে কোন রায়ত/মধ্যস্বত্বাধিকারী যেমন প্রযোজ্য ওই আদেশ দানের ৬০ (ষাট) দিনের মধ্যে পঃ বঃ ভূমি সংস্কার আইনের ৫৪ ধারায় সমাহর্তার নিকটে আপীল দাখিল করতে পারেন।

১৫১। চূড়ান্ত প্রকাশন [Final publication] ঃ (১) যেখানে কোন আপত্তি দাখিল করা হয়নি অথবা যেখানে আপত্তি দাখিল করা হয়েছে এবং তার নিষ্পত্তি হয়ে গিয়েছে, অথবা যেখানে আপীল দাখিল করা হয়েছে এবং তার নিষ্পত্তি হয়ে গিয়েছে, রাজস্ব আধিকারিক আপত্তি অনুযায়ী আদেশ দিয়েছেন এবং আদেশমূলে ক্ষতিপূরণ তালিকায় প্রয়োজনীয় পরিবর্তন অন্তর্ভুক্ত করেছেন অথবা আপীল অনুযায়ী ক্ষতিপূরণ তালিকায় প্রয়োজনীয় পরিবর্তন করে ক্ষতিপূরণ তালিকার চূড়ান্ত প্রকাশ করতে হবে।

(২) গণ বিজ্ঞপ্তি দিয়ে এক মাসের কম নয় এরকম সময় জনগণকে বিনামূল্যে দেখার জন্য ক্ষতিপূরণ তালিকা রাজস্ব আধিকারিকের অফিসে রাখার পর ক্ষতিপূরণ তালিকার চূড়ান্ত প্রকাশ করতে হবে। রাজস্ব আধিকারিক ওই তালিকা প্রকাশ বিষয়ে শংসাপত্র দেবেন এবং তার নাম, তারিখ, পদনাম সহ ক্ষতিপূরণের চূড়ান্ত প্রকাশ করবেন।

(৩) ক্ষতিপূরণ তালিকার চূড়ান্ত প্রকাশ বিষয় জানিয়ে নিয়মের সাথে যুক্ত ১৭ নং নিদর্শে রায়ত/মধ্যস্বত্বাধিকারীকে নোটিশ পাঠাতে হবে। ক্ষতিপূরণ তালিকার চূড়ান্ত প্রকাশ হল ক্ষতিপূরণ তালিকা ঠিকভাবে প্রস্তুত হয়েছে তার চূড়ান্ত প্রথায়।

১৫২। সংশোধন [Correction] ঃ কোন দরখাস্তের ভিত্তিতে অথবা নিজের ইচ্ছায় অথবা আপীলের আদেশ কার্যকর করার পর রাজস্ব আধিকারিক যে কোন সময় অর্থ প্রদানের আগে তার সীল ও স্বাক্ষরসহ ক্ষতিপূরণ তালিকার কোন লিখন সংশোধন করতে পারেন।

১৫৩। অতিরিক্ত অর্থ প্রদান [Excess payment] ঃ যদি এরকম দেখা যায় যে কোন রায়ত বা মধ্যস্বত্বাধিকারীকে পঃ বঃ ভূমি সংস্কার আইনের অধীন প্রাপ্য অর্থের চেয়ে তাকে অতিরিক্ত অর্থ প্রদান করা হয়েছে তবে তা সরকারী পাওনা হিসাবে ওই রায়ত বা মধ্যস্বত্বাধিকারীর কাছ থেকে আদায় করা হবে।

১৫৪। ক্ষতিপূরণ তালিকার পুনর্গঠন [Reconstruction of Assessment Roll] ঃ (১) চূড়ান্ত প্রকাশিত কোন ক্ষতিপূরণ তালিকা যদি হারিয়ে যায় বা বিনাশ হয় বা নষ্ট হয়ে যায় যা পুনঃনির্মাণের অযোগ্য এবং যে সমস্ত জিনিস আছে তা দিয়ে পুনর্গঠন সম্ভব ও ক্ষতিপূরণ তালিকা, সেক্ষেত্রে রাজস্ব আধিকারিক ওই সব জিনিসের ভিত্তিতে খসড়া ক্ষতিপূরণ তালিকা প্রস্তুত করবেন স্বার্থ সংশ্লিষ্ট সমস্ত ব্যক্তি/ব্যক্তিবর্গকে আপত্তি দাখিলের সুযোগ দিয়ে, স্বার্থ সংশ্লিষ্ট সমস্ত ব্যক্তি/ব্যক্তি আপত্তি দাখিল করে থাকলে তাদের শুনানীর সুযোগ দিয়ে ওই আপত্তি বিবেচনা করবেন এবং ক্ষতিপূরণ তালিকা চূড়ান্ত রূপে প্রস্তুত করবেন এবং ওই তালিকার উপর এই মর্মে শংসাপত্র দেবেন যে ওই তালিকার পুনর্গঠন হয়েছে। তৈরি

হওয়া পুনর্গঠিত এবং শংসায়িত ক্ষতিপূরণের তালিকাকে ধরা হবে পঃ বঃ ভূমি সংস্কার নিয়মের ১৪৬(৩)(ছ) ধারার অধীন প্রকাশিত তালিকা।

(২) ওই প্রকাশনার ঘটনা জানিয়ে রাজস্ব আধিকারিক শংসাপত্র দেবেন এবং তারিখ, সরকারী পদনাম এবং তার নাম লিখবেন ও শংসাপত্রে।

১৫৫। কোন ক্ষতিপূরণ তালিকার চূড়ান্ত প্রকাশের পর সমাহর্তার কাছে পাঠাতে হবে অর্থ প্রদানের জন্য।

১৫৬। অন্য ব্লক ও জেলার জমিসহ ক্ষতিপূরণ তালিকা প্রকাশ সংক্রান্ত তথ্য [Information regarding lands situated in other blocks and districts] ঃ (১) কোন রাজস্ব আধিকারিক তিনি যেখানে বহাল সেখানকার প্রকাশিত তালিকায় যদি দেখা যায় যে কোন রায়তের জমি অন্য ব্লকেও রয়েছে, তিনি তখন সংশ্লিষ্ট ব্লক ভূমি ও ভূমি সংস্কার আধিকারিককে ক্ষতিপূরণ তালিকার খসড়া প্রকাশ বিষয়ে জানাবেন এবং তার ব্লকের অন্তর্গত জমির বিবরণ যা ওই তালিকার অন্তর্ভুক্ত তা জানাবেন।

(২) একইরকমভাবে অন্য জেলায় যখন জমি থাকে তা যখন একই তালিকার অন্তর্ভুক্ত হয়, সংশ্লিষ্ট রাজস্ব আধিকারিক প্রথামত অন্য জেলার ভূমি ও ভূমি সংস্কার আধিকারিককে তা জানাবেন এবং ওই সংশ্লিষ্ট জেলা ভূমি ও ভূমি সংস্কার আধিকারিক সংশ্লিষ্ট ব্লক ভূমি ও ভূমি সংস্কার আধিকারিককে জানাবেন।

(৩) উপরোক্ত (১) ও (২) উপবিধিতে উল্লিখিতভাবে কোন ব্লক ভূমি ও ভূমি রাজস্ব আধিকারিক যখন কোন তথ্য পাবেন, তিনি স্বত্বলিপিতে সংশ্লিষ্ট দাগের পাশে তার ক্ষেত্রাধিকারের বাইরের রাজস্ব আধিকারিক দ্বারা প্রস্তুত ক্ষতিপূরণ তালিকার সাপেক্ষে নিম্নলিখিত তথ্য লিখবেনঃ

"ক্ষতিপূরণ তালিকার ক্রমিক সংখ্যা .... রাজস্ব আধিকারিক দ্বারা প্রকাশিত ...."

(স্বাক্ষর)

রাজস্ব আধিকারিক

ওই ব্লক ভূমি ও ভূমি রাজস্ব আধিকারিক খুব দ্রুত ক্ষতিপূরণ তালিকা যে রাজস্ব আধিকারিক প্রস্তুত করছেন তাকে জানাবেন যদি ইতোপূর্বেই তার অফিস থেকে ওই তালিকা প্রস্তুত হয়ে থাকে। অন্য ব্লকের জমিসহ যে রাজস্ব আধিকারিক কোন ক্ষতিপূরণ তালিকা প্রস্তুত করেছেন, তিনি ওই তালিকার চূড়ান্ত প্রকাশ করবেন না, যতক্ষণ না অন্য ব্লক বা জেলা থেকে তালিকা অপ্রকাশের সংবাদ তিনি পাচ্ছেন।

(৪) (১), (২) এবং (৩) উপবিধিতে বর্ণিত পদ্ধতিতে উল্লিখিত তথ্য সম্মিলিত একটি খাতা প্রতিটি ব্লক ভূমি ও ভূমি সংস্কার আধিকারিকের অফিসে রাখতে হবে।

১৫৭। ক্ষতিপূরণ তালিকায় অন্তর্ভুক্ত জমি সমাহর্তার খতিয়ানে লিখতে হবে [Lands included in an Assessment Roll shall be entered in Collector's Khatian] ঃ (১) কোন ক্ষতিপূরণ তালিকার চূড়ান্ত প্রকাশের আগে, রাজস্ব আধিকারিক এটা নিশ্চিত করবেন যে তালিকায় অন্তর্ভুক্ত জমি রায়তের খতিয়ান থেকে জমি স্থানান্তরিত হয়ে সমাহর্তার খতিয়ানে ঢুকেছে।

(২) কোন ব্লক ভূমি ও ভূমি সংস্কার আধিকারিক কোন তথ্য পান যে, অন্য ব্লকের রাজস্ব আধিকারিক দ্বারা প্রস্তুত ক্ষতিপূরণ তালিকায় তার ক্ষেত্রাধিকারের জমি অন্তর্ভুক্ত আছে, তিনি এটা নিশ্চিত করবেন যে ওই জমি সমাহর্তার খতিয়ানে রেকর্ডভুক্ত আছে।

১৫৮। ভূমি লেখ্য ও জরিপ অধিকর্তা খাতা তৈরির নির্দেশ দেবেন [The DLRS to prescribe registers] ঃ রাজস্ব পর্ষদের আগাম অনুমতি নিয়ে ভূমি লেখ্য ও জরিপ অধিকর্তা ক্ষতিপূরণ তালিকা প্রস্তুত ও প্রকাশ বিষয়ে খাতা তৈরির নির্দেশ দিতে পারেন।

১৫৯। ভূমি লেখ্য ও জরিপ অধিকর্তা নির্দেশ দিতে পারেন [The DLRS may issue instruction] ঃ ক্ষতিপূরণ তালিকা প্রস্তুত ও প্রকাশ বিষয়ে ভূমি লেখ্য ও জরিপ অধিকর্তা নির্দেশ জারি করতে পারেন যে এই নির্দেশিকা, পঃ বঃ ভূমি সংস্কার আইন ও পঃ বঃ ভূমি সংস্কার কোন ধারার বিরোধী নয়।

দশম অধ্যায়

Chapter 10

এক শ্রেণী থেকে অন্য শ্রেণীতে জমির পরিবর্তন (Conversion of Land from One Class to Another)

১৬০। (১) পশ্চিমবঙ্গ ভূমি সংস্কার আইনের ৪, ৪ক, ৪খ, ৪গ, ৪ঘ ধারা ও পঃ বঃ ভূমি সংস্কার নিয়মের ৫ক বিধি দ্বারা কোন জমির ব্যবহারের ধরন পরিবর্তন হয়, পাশাপাশি পঃ বঃ শহর ও নগর (পরিকল্পনা ও উন্নয়ন) আইনের ৪৬ নং ধারা জমির ব্যবহারের উপর বিধিনিষেধ কিছু আরোপ করেছে। পরবর্তী আইনটির রূপায়ণ হয় পরিকল্পনা কর্তৃপক্ষ বা উন্নয়ন কর্তৃপক্ষের প্রতিনিধি হিসাবে কোন সংস্থা এবং পূর্বেরটি রূপায়িত হয় ভূমি ও ভূমি সংস্কার প্রশাসনের আধিকারিক দ্বারা।

১৬১। আইনগত বিধানগুলি [Legal provisions]ঃ (১) পশ্চিমবঙ্গ ভূমি সংস্কার আইনের ৪(৪) ধারা এই বিধান দেয় যে কোন উপযুক্ত কারণ ছাড়া যে উদ্দেশ্যে জমি দেওয়া হয়েছিল অথবা যে উদ্দেশ্যে রাজ্য সরকার বন্দোবস্ত দিয়েছিল সেটি বাদে অন্যরকমভাবে জমি ব্যবহার করলে তা সরকারে ন্যস্ত হবে। এটা আরো নির্দেশ দেয় যে একইরকম পরিস্থিতি উদ্ভূত হতে পারে যদি রায়ত পর পর তিন বছর নির্দিষ্ট উদ্দেশ্যে চাষ করতে ব্যর্থ হন অথবা প্রজাস্বত্বের উদ্দেশ্যের সাথে সঙ্গতিপূর্ণ ব্যবহার না করেন। আরো বলা যায় যে এই ধারার অধীন কোন বাস্তুজমি সরকারে ন্যস্ত হতে পারে না। ১৯৬৫ সালের পঃ বঃ ভূমি সংস্কার নিয়মের ৫ নং বিধানে সরকারে ন্যস্ত হওয়ার পদ্ধতির উল্লেখ করা আছে।

(২) পশ্চিমবঙ্গ ভূমি সংস্কার আইনের [মূল আইন দ্রষ্টব্য] ৪ক ধারা দার্জিলিঙের জেলা সমাহর্তাকে (পূর্বের উপ কমিশনার) নির্দেশ দিয়েছে

গাছ কাটা বিষয়ে অথবা দার্জিলিং জেলার পাহাড়ী মহকুমাগুলির জমিগুলির চাষের ধরণ বিষয়ে এবং সংশ্লিষ্ট আদেশ অমান্য করার শাস্তির বিধান দিয়েছে।

(৩) আইনের ৪খ ধারা অনুযায়ী কোন রায়ত ৪গ ধারার অধীন সমাহর্তার আগাম লিখিত আদেশ ছাড়া জমির আয়তন, চরিত্র এবং জমির মূল ব্যবহার সংরক্ষণ করবেন। যদি কোন জমি বর্গাদার দ্বারা চাষ না হয়ে থাকে তবে গাছ লাগানো যেতে পারে। আরো বলা যায় যে এই বিধিনিষেধ সেখানে প্রযুক্ত হবে না যেখানে শ্রেণীর পরিবর্তন বা আয়তনের বদল কোন প্রযোজ্য আইনের অধীন হয়েছে।

১৬২। শ্রেণী পরিবর্তনের দরখাস্ত [Application for conversion] ঃ ৪গ ধারা এই নির্দেশ দেয় যে কোন রায়ত তাঁর জমির আয়তন, চরিত্র বা ব্যবহার কোন পরিবর্তন করতে চাইলে সমাহর্তার কাছে আবেদন করবেন অনুমতির জন্য সমাহর্তা সরেজমিন তদন্ত এবং স্বার্থ সংশ্লিষ্ট ব্যক্তিবর্গ ও আবেদনকারীকে শুনানীর সুযোগ দিয়ে উপযুক্ত আদেশ দান করবেন। কোন রায়তকে জমির ব্যবহার পরিবর্তন থেকে বিরত করার ক্ষমতা দেওয়া হয়েছে সমাহর্তাকে। অনুমতি প্রদানের আগে বিষয়গুলি সমাহর্তার বিবেচনাধীন এবং তিনি এই ধরনের অনুমতি দেওয়ার সময় শর্তাবলী আরোপ করতে পারেন, পশ্চিমবঙ্গ ভূমি সংস্কার বিধানের ৫ক নিয়মানুসারে বিষয়গুলির নিষ্পত্তি হবে।

১৬৩। শাস্তি [Penalty] ঃ সমাহর্তার আগাম অনুমতি ছাড়া কোন জমির আয়তন, চরিত্র বা ব্যবহারের ধরন বদলের বিরুদ্ধে মামলা দায়ের এবং শাস্তি বিধান রয়েছে আইনের ৪ঘ ধারায়। যাই হোক না কেন, এই ধরনের মামলা দায়ের করা যাবে না যদি ইতিমধ্যেই ৪(৪) ধারায় ব্যবস্থা গ্রহণ করা হয়ে থাকে। সমাহর্তা বা তাঁর দ্বারা অনুমোদিত কোন আধিকারিকের লিখিত অভিযোগ ছাড়া কোন আদালত ৪গ ধারায় কোন শাস্তিযোগ্য বিচার্য বিষয় গ্রহণ করতে পারবে না।

১৬৪। সমাহর্তা দ্বারা বিবেচনার জন্য বিষয়গুলি [Points for consideration by the collector] ঃ (১) ১৯৬৫ সালের পশ্চিমবঙ্গ

ভূমি সংস্কার নিয়মের ৫ক বিধি, ৪গ ধারায় কোন দরখাস্ত বিবেচনার সময় যে বিষয়গুলি বিবেচনা করা হবে সেগুলি পরপর উল্লেখ করেছে। বিবেচনার মুখ্য বিষয় হল—প্রস্তাবিত পরিবর্তনের ফলে আবেদনকারী ছাড়া অন্যদের স্বার্থ খুব খারাপভাবে প্রভাব ফেলে কিনা অথবা পরিবেশের উপর ক্ষতিকারক প্রভাব। উদাহরণস্বরূপ বলা যায়, এমন একটি পরিবর্তন চাওয়া হয়েছে চাষযোগ্য জমি অচাষযোগ্যতে পরিণত হবে, বর্গাদারের স্বার্থ প্রভাবান্বিত হবে বিপদজনকভাবে। আবার যদি কোন কারখানা বা ইঁটভাটার জন্য পরিবর্তন চাওয়া হয় যা ক্ষতিকারক বর্জ্য পদার্থ তৈরি করে, এগুলো পরিবেশের উপর খারাপ প্রভাব ফেলে এবং/অথবা পার্শ্ববর্তী এলাকায় কৃষিকাজে খারাপ প্রভাব ফেলে। আরো, যদি সমাহর্তা সংশ্লিষ্ট কোন তদন্ত বিবেচনা করেন তবে তা আগাম বন্ধ করবেন না। সমস্ত বিষয় নিশ্চিন্ত হয়ে সমাহর্তা যথোপযুক্ত সিদ্ধান্ত নেবেন। (সংশ্লিষ্ট ধারায় কাজ করার উদ্দেশ্যে সমাহর্তাসহ অন্যান্য আধিকারিক যারা সমাহর্তা হিসাবে কাজ করার জন্য নিয়োজিত)।

(২) ৪গ ধারার দরখাস্ত নিষ্পত্তির সময় সমাহর্তা অন্য একটি বিষয় বিবেচনা করবেন তা হল প্রস্তাবিত পরিবর্তন অন্যান্য আইনের উপর কি প্রভাব ফেলে। এই বিষয়ে, পশ্চিমবঙ্গ শহর ও নগর (পরিকল্পনা ও উন্নয়ন) আইনের সংশ্লিষ্ট ধারার প্রসঙ্গ আনা যেতে পারে, পরিকল্পিত ও উন্নয়নশীল এলাকায় ভূমি ব্যবহারের পরিবর্তনের অনুমোদন নিতে হবে পরিকল্পনা কর্তৃপক্ষ বা উন্নয়ন কর্তৃপক্ষের কাছ থেকে ওই আইনের ৪৬ ধারা অনুযায়ী। কিছু কিছু শর্ত সাপেক্ষে অনুমোদন বা খারিজের ক্ষমতা অর্পণ করা হয়েছে পৌরসভা, জেলা পরিষদকে কলকাতা মহানগর পরিকল্পনা এলাকায়। একই সময়ে দুটি কর্তৃপক্ষের পরস্পর বিরোধী আদেশকে এড়িয়ে যাওয়ার জন্য, ১৯৫৫ সালের পশ্চিমবঙ্গ ভূমি সংস্কার আইনের অধীন কর্তৃপক্ষ এবং ১৯৭৯ সালের পঃ বঃ শহর ও নগর (পরিকল্পনা ও উন্নয়ন) আইনের কর্তৃপক্ষ পরস্পর আপোষ আলোচনা করবেন কলিকাতা মহানগর পরিকল্পনা এলাকায় কোন জমির শ্রেণী পরিবর্তন বা উন্নয়ন আবেদনপত্র নিষ্পত্তির আগে।

১৬৫। শহরজমি (ঊর্দ্ধসীমা ও প্রণীয়ম) আইনের অধীন জমির শ্রেণী পরিবর্তন [Conversion of land to which U.L. (C&R) Act applies] ঃ (১) এই বিষয়ে ১৯৭৬ সালের শহরজমি (ঊর্দ্ধসীমা ও প্রণীয়ম) আইনের বিধানগুলিও প্রাসঙ্গিক। কোন সংগঠকের কাছ থেকে কোন একটি শিল্প স্থাপনের ইচ্ছা প্রকাশ করে কোন জমির শ্রেণী পরিবর্তনের আবেদনপত্র পাওয়ার পর, বিষয়টি ১৯৭৬ সালের শহর জমি (ঊর্দ্ধসীমা ও প্রণীয়ম) আইনের অধীন নির্ধারিত কর্তৃপক্ষের কাছে পাঠাতে হবে ৩০ দিনের মধ্যে একটি প্রতিবেদন পাঠানোর অনুরোধ জানিয়ে। যদি এই মর্মে কোন প্রতিবেদন পাওয়া যায় যে ওই জমি ১৯৭৬ সালের শহর জমি (ঊর্দ্ধসীমা ও প্রণীয়ম) আইনের অধীন আসে কিন্তু এখনো পর্যন্ত সরকারে ন্যস্ত হিসাবে ঘোষণা হয়নি, অথবা যদি ৩০ দিনের মধ্যে কোন প্রতিবেদন জমা না হয়ে থাকে, ওই সংগঠকের কাছ থেকে তিন প্রস্থ ঘোষণা নিতে হবে এই মর্মে যে—ওই নির্দিষ্ট জমি যদি ভবিষ্যতে সরকারে ন্যস্ত হিসাবে পরিগণিত হয়, তবে ওই সংগঠক রাজ্য সরকারের কাছে দীর্ঘমেয়াদী ইজারার জন্য আবেদন করবেন প্রচলিত নিয়মকানুন অনুযায়ী সেলামী/ভাড়া ইত্যাদি জমা দিয়ে। সংশ্লিষ্ট ব্যক্তি ওই ঘোষণাপত্রের সাথে যথোপযুক্ত হলফনামা যুক্ত করবেন। আবেদনকারীর কাছ থেকে ওই ঘোষণাপত্র পেয়ে, প্রচলিত পদ্ধতি অনুযায়ী শ্রেণী পরিবর্তন অনুমোদন করা যেতে পারে। যদি না বিষয়টি অন্যরকম না হয়। শ্রেণী পরিবর্তন অনুমোদন হওয়ার পরে, ওই ঘোষণাপত্রের দুটি প্রতিলিপি ১৯৭৬ সালের শহরজমি (ঊর্দ্ধসীমা ও প্রণীয়ম) আইনের অধীন নির্ধারিত কর্তৃপক্ষের নিকট পাঠাতে হবে এই অনুরোধ জানিয়ে যে ১৯৭৬ সালের শহরজমি (ঊর্দ্ধসীমা ও প্রণীয়ম) আইনের অধীনে ওই জমি সরকারে ন্যস্ত ঘোষিত হয়েছে কিনা। প্রত্যাশিত প্রতিবেদন সহ ওই ঘোষণাপত্রে একটি প্রতিলিপি নির্ধারিত কর্তৃপক্ষ ফেরৎ পাঠাবেন। এই প্রতিবেদন পাওয়ার পর দীর্ঘমেয়াদী ইজারার যদি প্রয়োজন হয় তবে সেই ব্যবস্থা নেওয়া হবে।

(২) কোন শিল্প স্থাপনের উদ্দেশ্য ছাড়া অন্য উদ্দেশ্যে কোন জমির শ্রেণী পরিবর্তন চেয়ে আবেদনপত্র উপরোক্ত একই পদ্ধতি অনুসরণ করা হবে।

১৬৬। যেখানে অনুমতির জন্য আবেদনের আগেই শ্রেণী পরিবর্তন হয়েছে [Where conversion has been made before making application for permission] ঃ (১) শ্রেণী পরিবর্তনের আবেদনপত্র নিষ্পত্তির সময় সমাহর্তার নজরে এটা আসতে পারে যে স্বত্বলিপিতে উল্লেখ করা শ্রেণী ছাড়া ওই জমির শ্রেণী অন্য কোন কিছুতে ইতিমধ্যে রূপান্তরিত হয়ে গিয়েছে। এই ধরনের কোন মামলা ৪(৪) ধারায় নিতে হবে। এই সব ক্ষেত্রে সরেজমিন তদন্ত করে দেখতে হবে যে প্রাকৃতিক নিয়মে ওই পরিবর্তন ঘটেছে কিনা অথবা স্বেচ্ছাকৃতভাবে আবেদনকারী দ্বারা বা অন্য লোক দ্বারা; এবং দ্বিতীয় ক্ষেত্রে এটা নিশ্চিত করতে হবে যে ওই পরিবর্তন ২৪.৩.১৯৮৬ তারিখের আগে হয়েছে কিনা অর্থাৎ ১৯৮১ সালের পঃ বঃ ভূমি সংস্কার (সংশোধন) আইন সরকারী গেজেটে প্রকাশের তারিখ।

(২) যদি জমির ব্যবহারে পরিবর্তন হয়ে থাকে (ক) প্রাকৃতিক স্বাভাবিক নিয়মে, অথবা (খ) এমন সময়ে হয়েছে যখন ওই পরিবর্তন বেআইনী ছিল না, [৪খ ধারা দ্রষ্টব্য], অথবা (গ) পারিপার্শ্বিক এলাকার স্থানীয় সংস্থা বা সরকারের বিভিন্ন উন্নয়ন কাজের জন্য হয়েছে, অথবা (ঘ) পারিপার্শ্বিক এলাকার নগরায়ণের জন্য আবেদনকারীকে জানাতে হবে যে ওই পরিবর্তন স্বত্বলিপিতে লেখা হচ্ছে, এবং ওই নির্দিষ্ট পদ্ধতিতে ও নথি সংশোধন করা হবে। যদি ওই পরিবর্তনের পিছনে যুক্তিসঙ্গত কারণ থেকে থাকে, তা হলে সমাহর্তা মামলাটির গুণ বিচার করে বিবেচনা করতে পারেন যদি পরবর্তী অনুমতির আবেদন অনুমোদিত হয়ে থাকে। [এই বিষয়ে ৪(৪)(ক) ধারায়—"উপযুক্ত কারণ ছাড়াই" উল্লেখ করা যেতে পারে।] অন্যদিকে, যদি এটা প্রমাণিত হয় যে কোন কারণ ছাড়াই ২৪.৩.১৯৮৬ তারিখের পরে ইচ্ছাকৃতভাবে ওই পরিবর্তন করা হয়েছে, তা হলে ওই জমি ৪(৪)(ক) ধারায় সরকারে ন্যস্ত হতে পারে অথবা ৪ঘ ধারায় শাস্তি দেওয়ার ব্যবস্থা গ্রহণ করা যেতে পারে, যদি দণ্ড সংহিতার অধীন ৪ঘ ধারাটির তামাদি দোষে দুষ্ট না হয়।

(৩) এটা বুঝতে পারা যায় যে অনুনমোদিত অনেক পরিবর্তন আছে যে ক্ষেত্রে ওই পরিবর্তনের অনুমতি চেয়ে কোন আবেদনপত্র করাই হয়নি।

রাজস্ব আধিকারিক ওই অনুনমোদিত পরিবর্তন বিষয়ে তার এলাকার মধ্যে সফরকালে সরেজমিন তদন্ত করবেন। যদি এরকম কোন ঘটনা নজরে আসে, তবে ৪(৪) অথবা ৪ঘ ধারায় যেমন শাস্তির কথা উল্লেখ আছে সে রকম ব্যবস্থা নিতে হবে। যদি না সমাহর্তা (১) উপবিধিতে উল্লেখ করা পরবর্তী অনুমতির আবেদন অনুমোদন করে থাকেন।

(৪) উপবিধি (১), (২) এবং (৩) অনুযায়ী কোন বিষয় সিদ্ধান্ত নেওয়ার সময়ে, কোন ব্যক্তির কোন জমির ব্যবহারের পরিবর্তন বিষয়ে জোর দিতে হবে প্রকৃত না প্রকৃত-এর অভাব বিষয়ে।

১৬৭। স্বত্বলিপিতে শ্রেণী পরিবর্তনের নথিভুক্ত [Recording of change in classification in record-of-rights] ঃ মাঝে মাঝে, বিশেষ করে যখন ৪গ ধারায় কোন জমিকে বাস্তুজমিতে পরিবর্তনের অনুমতি দেওয়া হয়, সংশ্লিষ্ট স্বত্বলিপি ও ক্যাডাস্ট্রাল মানচিত্রকে সংশোধন করা যেতে পারে প্রয়োজন মত। ভূমি লেখ্য ও জরিপ অধিকর্তা সময়ে সময়ে ৪গ ধারায় স্বত্বলিপি ও ক্যাডাস্ট্রাল মানচিত্র সংশোধন বিষয়ে প্রয়োজীয় নির্দেশ জারি করতে পারেন।

১৬৮। সাধারণত সমস্ত শ্রেণী পরিবর্তনের আবেদনপত্র জমা হওয়ার নব্বই দিনের মধ্যে নিষ্পত্তি করা হবে।

১৬৯। খাতা [Register] ঃ জমির শ্রেণী পরিবর্তন সংক্রান্ত একটি খাতা প্রতিটি ব্লক ভূমি ও ভূমি সংস্কার অফিস এবং জেলা ভূমি ও ভূমি সংস্কার অফিসে রাখা হবে।

১৭০। রাজস্ব পর্যদ বিভিন্ন সময়ে প্রয়োজনীয় নির্দেশ দিতে পারেন।

একাদশ অধ্যায়
Chapter 11

ঘন শহর এলাকায় জমি হস্তান্তর যা প্রধানতঃ ব্যবহৃত হয় কৃষি অথবা ফলের বাগানের জন্য
(Transfer of Land Situated within an Urban Agglomeration which is used mainly for Agriculture or as an Orchard)

১৭১। আইনগত বিধান [Legal provisions] ঃ সমাহর্তার লিখিত আদেশ ছাড়া, ১৯৭৬ সালের শহরজমি (উর্দ্ধসীমা ও প্রণীয়ম) আইনে আরবান অ্যাগলোমারেশান হিসাবে উল্লিখিত এলাকার কোন জমি প্রধানতঃ কৃষি ও ফলের বাগানের জন্য পঃ বঃ ভূমি সংস্কার আইনের ৪৬ ধারা অনুযায়ী নিবন্ধীকরণের ক্ষেত্রে বিধিনিষেধ আরোপ করেছে। ওই ধরনের হস্তান্তর অবৈধও বটে। আরো বলা যায় যে, এই হস্তান্তর দেওয়ানি আদালতের কোন ডিক্রি কার্যকর করা অথবা ভূমি রাজস্বের বকেয়া আদায়। এটা আরো বলা যায় যে, এই ধারার অধীন অনুমতির জন্য সমাহর্তার কাছে দাখিল করা কোন আবেদনপত্র দাখিল করার ৬০ দিনের মধ্যে সমাহর্তা দ্বারা নিষ্পত্তি করা হবে, এটি করতে ব্যর্থ হলে ওই নথি নিবন্ধীকরণ করা হতে পারে।

১৭২। তদন্তের বিষয়গুলি [Matters to be enquired into] ঃ ৪৬ ধারার অধীন কোন দরখাস্ত বিবেচনার সময় সমাহর্তা নিম্নলিখিত বিষয়গুলির উপর তদন্ত করবেন—

(১) ওই জমি হস্তান্তরের তারিখ;

(২) স্বত্বলিপি অনুযায়ী হস্তান্তরের দিনে ওই জমির শ্রেণী;

(৩) হস্তান্তরের ঠিক আগে জমির প্রকৃত ব্যবহার;

(৪) হস্তান্তর দলিলের বর্ণনা অনুযায়ী ওই জমি গ্রহণের জন্য হস্তান্তরগ্রহীতার উদ্দেশ্য;

(৫) হস্তান্তরের জন্য প্রস্তাবিত জমির পার্শ্ববর্তী এলাকায় সাধারণভাবে জমি ব্যবহারে নমুনা;

(৬) প্রস্তাবিত ওই জমি হস্তান্তরের ফলে জমি পার্শ্ববর্তী বাসিন্দাদের কোন অসুবিধা হবে কিনা;

(৭) সাধারণ কৃষিকাজ করার ক্ষেত্রে ওই প্রস্তাবিত হস্তান্তর কোন সমস্যা সৃষ্টি করবে কিনা;

(৮) প্রস্তাবিত ওই হস্তান্তর যদি কোন শিল্প স্থাপনের উদ্দেশ্যে হয়ে থাকে এবং যেখানে অনুমতি অথবা লাইসেন্স প্রয়োজন কোন উপযুক্ত কর্তৃপক্ষের কাছ থেকে নেওয়ার তা দেওয়া হয়েছে কিনা;

(৯) যেক্ষেত্রে হস্তান্তরের উদ্দেশ্য কৃষি জমিকে অকৃষিতে পরিণত করে সেক্ষেত্রে ওই জমি বর্গাদার দ্বারা চাষ হয় কিনা;

(১০) অন্যান্য প্রয়োজনীয় কোন বিষয় সমাহর্তা মনে করলে।

১৭৩। যেক্ষেত্রে ৪ঙ ধারায় অনুমতি ছাড়া কোন হস্তান্তর নিবন্ধীকরণ করা হয়েছে [Where a transfer has been registered without taking permission under s. 4E] ঃ (১) যেখানে অন্যান্য বিভিন্ন কারণের জন্য, কোন জমি যা দারুণভাবে কৃষিকাজ বা ফলের বাগান হিসাবে ব্যবহৃত হত ১৯৭৬ সালের শহরজমি (উর্দ্ধসীমা ও প্রণীয়ম) আইনে আরবান অ্যাগলোমারেশান হিসাবে এলাকায় যদি ৪ঙ ধারার বিধান অমান্য করে কোন নথি ইতিমধ্যে নিবন্ধীকরণ হয়ে যায় সমাহর্তার লিখিত অনুমতি ছাড়াই, এবং যেখানে পরবর্তী ক্ষেত্রে বিষয়টি সমাহর্তার নজরে আসে, তখন হস্তান্তরগ্রহীতা এবং হস্তান্তরকারী উভয়ই সমাহর্তার নিকট অনুমতির জন্য আবেদন করবেন।

(২) ৪ঙ ধারায় পরবর্তী অনুমতি সমাহর্তা দেবেন ওই হস্তান্তরকে বৈধতা দান করতে সরল বিশ্বাসে। যেক্ষেত্রে অজ্ঞতা বা অন্য কারণের

জন্য ওই ধরনের অনুমতির জন্য আবেদন করা হয়নি, পূর্বোক্ত নিয়ম অনুসারে তদন্ত করার পরে তবে একথা বলা যায় যে যদি সমাহর্তা এই মর্মে সন্তুষ্ট হন যে হস্তান্তর দলিল কার্যকর করার আগেই অনুমতির আবেদন দাখিল হয়েছিল তা হলে অনুমতি দেওয়া যেতে পারে।

১৭৪। প্রধান বিবেচনা [Main consideration] ঃ ৪ঙ ধারার অধীন দরখাস্তের সিদ্ধান্ত নেওয়ার সময় প্রধান বিবেচ্য বিষয় হল—প্রস্তাবিত হস্তান্তর এবং পাশাপাশি পরিবর্তন স্বার্থ সংশ্লিষ্ট ব্যক্তিগণের উপর এবং পরিবেশের উপর কি প্রভাব ফেলে। যদি প্রস্তাবিত হস্তান্তর পঃ বঃ শহর ও নগর (পরিকল্পনা এবং উন্নয়ন) আইন দ্বারা প্রস্তুত কোন ভূমি ব্যবহার পরিকল্পনা অমান্য করার ঝোঁক দেখায় তবে অনুমতি অগ্রাহ্য হতে পারে।

১৭৫। যেখানে ইতিমধ্যে জমির শ্রেণী পরিবর্তিত হয়ে গিয়েছে [Where classification of the land has already changed] ঃ তদন্তের সময় যদি এটা দেখা যায় যে যদিও স্বত্বলিপিতে হস্তান্তরের ইচ্ছা প্রকাশ হয়েছে জমির শ্রেণী দেখানো আছে কৃষি হিসাবে, পাশাপাশি এলাকার নগরায়ণের ফলে ওই জমি কৃষিকাজের উপযুক্ত নয়, পঃ বঃ ভূমি সংস্কার আইনের ৪ঙ ধারায় হস্তান্তরের অনুমতি গ্রাহ্য হবে না। পরিবর্তে, আবেদনকারীকে উপদেশ দেওয়া যায় যে, কারণ দেখিয়ে, ১৯৭৬ সালের শহর জমি (ঊর্দ্ধসীমা ও প্রণীয়ম) আইনের অধীন নির্ধারিত কর্তৃপক্ষের কাছে ওই আইন অনুযায়ী অনুমতির জন্য আবেদন করার।

দ্বাদশ অধ্যায়

Chapter 12

কোন রায়ত দ্বারা তফসিলী উপজাতির জমি হস্তান্তর (Alienation of Land by Raiyats belonging to Scheduled Tribes)

১৭৬। আইনগত বিধানগুলি [Legal provisions] ঃ (১) তফসিলী উপজাতিভুক্ত রায়তদের শোষণের হাত থেকে রক্ষা করার জন্য প্রয়োজনীয় ব্যবস্থা বলা আছে পঃ বঃ ভূমি সংস্কার আইনের ২ক অধ্যায়ে প্রধানত। যাই হোক না কেন কোন কোন ক্ষেত্রে পুরুলিয়া জেলায় ১৯০৮ সালের ছোটনাগপুর প্রজাস্বত্ব আইন বলবৎ হতে পারে।

(২) পশ্চিমবঙ্গ ভূমি সংস্কার আইনের ১৪খ ধারা অনুসারে তফসিলী উপজাতি কোন সদস্য দ্বারা হস্তান্তরিত যে কোন জমি হস্তান্তর ১৪গ অনুযায়ী না হলে তা বাতিল হবে।

(৩) তফসিলী উপজাতিভুক্ত কোন রায়ত তাঁর জমি এই উদ্দেশ্যে নিয়োজিত রাজস্ব আধিকারিকের কাছ থেকে লিখিত আগাম অনুমতি নিয়ে তফসিলী উপজাতিভুক্ত নয় কোন ব্যক্তিকে হস্তান্তর করতে পারেন। কিছু কিছু শর্ত পূরণ সাপেক্ষে রাজস্ব আধিকারিক দ্বারা ওই অনুমতি মিলতেও পারে। তাঁকে এই মর্মে সন্তুষ্ট করতে হবে যে তফসিলী উপজাতিভুক্ত কোন ক্রেতা উপযুক্ত বাজার মূল্যে জমি কিনতে রাজী নয়। তাঁকে এই মর্মে আরো সন্তুষ্ট করতে হবে যে প্রস্তাবিত বিক্রি ওই জমির অন্য অংশের উন্নয়নের উদ্দেশ্যে অথবা সরকার নির্ধারিত অন্য উদ্দেশ্যে করা হবে।

১৭৭। তফসিলী উপজাতিভুক্ত ব্যক্তির জমি খাইখালাসী বন্ধক [Usufructuary mortgage of lands belonging to S.T.] ঃ শর্ত শেষ হওয়ার আগেই সম্পূর্ণ খাইখালাসী বন্ধক যে কোন সময় পুনরুদ্ধার করা যেতে পারে। এই উদ্দেশ্যের জন্য, বন্ধক দাতা অথবা তাঁর পক্ষে কাজ করবেন এমন ব্যক্তি ১৯৬৫ সালের পঃ বঃ ভূমি সংস্কার নিয়মের সাথে যুক্ত ৭ নং নিদর্শে [পঃ বঃ ভূমি সংস্কার আইনের ১৪গ দ্রষ্টব্য] পুনরুদ্ধারের জন্য আবেদন করবেন। ওই আবেদনপত্র পাওয়ার পর বন্ধকগ্রহীতাকে সংশ্লিষ্ট রাজস্ব আধিকারিক একটি নোটিশ পাঠাবেন এবং ১৯৬৫ সালের পঃ বঃ ভূমি সংস্কার নিয়মের ১৩ নং বিধিতে যেমন নির্দেশ আছে সেইভাবে তদন্ত করবেন [পঃ বঃ ভূমি সংস্কার আইনের ১৪গ ধারা দ্রষ্টব্য]। এরপর তিনি কি পরিমাণ অর্থ আদেশ দানের সময় বকেয়া আছে তা ঘোষণা করে একটি প্রারম্ভিক আদেশ প্রদান করবেন এবং বন্ধকদাতা দ্বারা ওই অর্থ প্রদানের জন্য একটি তারিখ স্থির করবেন। যদি ওই বন্ধকদাতা নির্দিষ্ট সময়ের মধ্যে ওই অর্থ দিয়ে দেন, রাজস্ব আধিকারিক তখন চূড়ান্ত আদেশ দেবেন ওই বন্ধকী সম্পত্তি পুনরায় দখল ফিরিয়ে দেওয়ার জন্য বন্ধকগ্রহীতাকে নির্দেশ দিয়ে এবং বন্ধকদাতাকে বন্ধকী দলিল অর্পণ করবেন। ১৯৬৫ সালের পঃ বঃ ভূমি সংস্কার নিয়মের ১৪ নং বিধি অনুযায়ী রাজস্ব আধিকারিক দ্বারা চূড়ান্ত আদেশ কার্য করা হবে।

১৭৮। হস্তান্তর অবশ্যই নিবন্ধীকৃত দলিল দ্বারা হতে হবে [Transfer must be made by registered deeds] ঃ তফসিলী উপজাতিভুক্ত কোন ব্যক্তি দ্বারা হস্তান্তরিত কোন জমি নিবন্ধীকৃত দলিল দ্বারা না হলে তা বাতিল হবে এবং ১৪গ ধারার বিরোধী হয়ে কোন হস্তান্তর দলিল নিবন্ধীকৃত বা স্বীকৃত না হলে তা বৈধ হবে না। সুতরাং পঃ বঃ ভূমি সংস্কার আইনের ৫০ ধারা বা ৫১ ধারার কাজ করেন যে রাজস্ব আধিকারিক এই হস্তান্তর সংক্রান্ত কোন নথি গ্রহণ করবেন না, যদি না তা ১৪গ ধারা অনুসারে প্রস্তুত হয় বা নিবন্ধীকৃত হয়।

১৭৯। রাজস্ব আধিকারিকের কাছে আদালত দ্বারা প্রেরণ [Reference by a Court to Revenue Officer] ঃ যদি তফসিলী উপজাতিভুক্ত রায়ত

দ্বারা হস্তান্তরের দলিল নিবন্ধীকরণের বেলায় অথবা এই ধরনের নিবন্ধীকরণ সংক্রান্ত কোন কার্যাবলী, অথবা রাজস্ব আধিকারিক বা দেওয়ানি, ফৌজদারী আদালতের কোন কার্যাবলীর সামনে কোন প্রশ্ন ওঠে যে পঃ বঃ ভূমি সংস্কার আইনের ২ক অধ্যায়-এর বিধান অমান্য করে ওই দলিল প্রস্তুত হয়েছে কিনা, সংশ্লিষ্ট কর্তৃপক্ষ বা আদালত ওই প্রশ্ন ১৪গ ধারায় রাজস্ব আধিকারিকের কাছে পাঠাবেন এবং ওই রাজস্ব আধিকারিকের সিদ্ধান্ত কার্যকর করবেন। এইভাবে, রাজস্ব আধিকারিক যিনি পঃ বঃ ভূমি সংস্কার আইনের অন্য ধারাতেও কাজ করেন তিনিও ওই বিষয়গুলি যে রাজস্ব আধিকারিক ১৪গ ধারা অনুসারে দায়িত্ব পালন করেন তাঁর কাছে পাঠাবেন যথোপযুক্তভাবে।

১৮০। হস্তান্তর বাতিল [Annulment of transfer] ঃ (১) যদি—

(১) ১৪গ ধারার বিধান অমান্য করে তফসিলী উপজাতিভুক্ত কোন রায়ত জমি হস্তান্তর করেন; অথবা

(২) ১৯৬৫ সালের পঃ বঃ ভূমি সংস্কার নিয়মের ১৪ক বিধি অনুযায়ী তদন্তের পরে যদি দেখা যায় যে হস্তান্তরের অনুমতি নেওয়া হয়েছে ভুল তথ্য পরিবেশন দ্বারা অথবা প্রতারণা দ্বারা; অথবা

(৩) খাইখালাসী বন্ধকের ক্ষেত্রে, বন্ধকগ্রহীতা একনাগাড়ে হস্তান্তরের তারিখ থেকে সাত বছরের বেশি দখলে আছেন;

রাজস্ব আধিকারিক নিজের ইচ্ছায়, অথবা কোন আবেদনের ভিত্তিতে, বন্ধকগ্রহীতাকে শুনানীর সুযোগ দিয়ে, হস্তান্তর বাতিল করবেন এবং বন্ধকগ্রহীতাকে উচ্ছেদ করবেন।

(২) এই ধরনের বাতিল বা উচ্ছেদ, তা সত্ত্বেও করা যাবে না যদি হস্তান্তরগ্রহীতা একনাগাড়ে ৩০ বছর দখলে থাকেন। খাইখালাসী বন্ধকের বেলায় মেয়াদ ৩০ বছর গণনা করা হবে সাত বছর শেষ হওয়ার পর থেকে।

১৮১। (১) কোন আদালতের কোন আদেশ বা কোন ডিক্রি অনুসারে তফসিলী উপজাতিভুক্ত রায়তের জমি বিক্রি করতে পারবে না।

(২) কোন সম্মতি, চুক্তি বা আপোষের ভিত্তিতে তফসিলী উপজাতিভুক্ত রায়তের বিরুদ্ধে কোন আদালত ওই জমির বিষয়ে বা জমির স্বার্থ বিষয়ে কোন ডিক্রি বা আদেশ দেবেন না।

ওই ধরনের কোন ডিক্রি বা আদেশ দান করলে তা বাতিল হবে।

১৮২। বেনামীতে রাখা জমি [Land held in benami] ঃ ১৪চচ ধারার বিবেচনা অনুযায়ী লোক দেখানো মালিক হিসাবে কোন তফসিলী উপজাতিভুক্ত ব্যক্তির নাম দেখিয়ে কোন বেনামী হস্তান্তর বা বেনামী নথি ওই জমি সম্পর্কিত বা তার স্বার্থ সম্পর্কিত হলে বাতিল হবে। পশ্চিমবঙ্গ ভূমি সংস্কার আইনের ৫০ বা ৫১ ধারায় স্বত্বলিপি পরিবর্তনের সময় রাজস্ব আধিকারিক বিষয়টি মনে রাখবেন। তফসিলী উপজাতিভুক্ত নয় এরকম ব্যক্তি যদি তফসিলী উপজাতিভুক্ত ব্যক্তির জমি বেনামে ক্রয় করেন তফসিলী উপজাতির সদস্য হিসাবে উপর উপর দেখিয়ে, ওই ক্রয়ও বাতিল হিসাবে গণ্য হবে। ১৪গ ধারার বিধান এড়িয়ে যেসব ব্যক্তি তাদের নাম স্বত্বলিপিতে নথিভুক্ত করতে চাইছে সেই বিষয়ে খুব পরিশ্রমী তদন্ত করা উচিত।

১৮৩। তফসিলী উপজাতিভুক্ত নয় এরকম ব্যক্তি দ্বারা বর্গাচাষ [Barga cultivation by a person not belonging to S.T.] ঃ ১৫(৩) ধারা এই নির্দেশ দেয় যে তফসিলী উপজাতিভুক্ত নয় এমন ব্যক্তি নিজেকে তফসিলী উপজাতিভুক্ত ব্যক্তির অধীনে ভাগচাষী হিসাবে দাবি করলে তৃতীয় অধ্যায়ের অধীন কোন নিরাপত্তা পাবেন না তিনি। যত্নসহ কোন রাজস্ব আধিকারিক তদন্ত করবেন, যখন ব্যক্তি তফসিলী উপজাতিভুক্ত ব্যক্তির জমিতে বর্গাচাষ করছেন বলে দাবি করবেন, ওই দাবির সত্যতা নিরূপণের জন্য নিশ্চিত হতে তদন্ত করা হবে।

১৮৪। ১৯০৮ সালের ছোটনাগপুর প্রজাস্বত্ব আইনের প্রয়োগ [Application of the Chotonagpur Tenancy Act 1908] ঃ (১) পুরুলিয়া জেলার উপজাতি রায়তদের কিছু অধিকারের দৃষ্টিকোণ রয়েছে। এটি ১৯০৮ সালের ছোটনাগপুর প্রজাস্বত্ব আইন যা পশ্চিমবঙ্গের জন্য গৃহীত হয়েছে তার রূপায়ণের সাথে সম্পর্কিত। পশ্চিমবঙ্গ ভূমি

সংস্কার আইনের ২ক অধ্যায় এবং ৩ নং ধারার দৃষ্টিকোণ থেকে পঃ বঃ ভূমি সংস্কার আইন অন্য রাজ্য থেকে পাওয়া এলাকায় যে তারিখ থেকে বলবৎ হয়েছে যেখানে এই আইনটি ধরে নেওয়া হয় বাতিল হয়েছে। ওই এলাকায় পঃ বঃ ভূমি সংস্কার আইন বলবৎ হওয়ার আগে তফসিলী উপজাতি বা অন্য সম্প্রদায়ের মানুষদের জমি অবৈধভাবে হস্তান্তর রক্ষা করার জন্য কিছু কিছু ক্ষেত্রে ছোটনাগপুর প্রজাস্বত্ব আইনের বিধানগুলি প্রয়োগ করা হবে।

(২) ছোটনাগপুর প্রজাস্বত্ব আইনের ৪৬ক(২)(ক) ধারার অধীন তফসিলী জাতি, তফসিলী উপজাতি অথবা কুর্মি সম্প্রদায়ের জমি অবৈধ হস্তান্তর হলে তা রাজ্য সরকারে বাজেয়াপ্ত হবে যেখানে এটি জমির স্বত্বাধিকারী। ওই এলাকায় পঃ বঃ জমিদারী অধিগ্রহণ আইন বলবৎ হওয়ার দিন থেকে, সমস্ত মধ্যস্বত্বাধিকারীর স্বার্থ সরকারে ন্যস্ত হবে এবং প্রত্যেক ও সমস্ত রায়তের জমিদার হলেন রাজ্য। সুতরাং ওই তারিখের পরবর্তী দিন থেকে সমস্ত রকম অবৈধভাবে হস্তান্তরিত জমি রাজ্য সরকারের অনুকূলে বাজেয়াপ্ত হবে।

(৩) অন্য রাজ্য থেকে আসা জমিতে যেহেতু সরকার জমির মালিকে পরিণত হল ওই অন্য রাজ্য থেকে আসা জমিতে পঃ বঃ জমিদারী অধিগ্রহণ আইন বলবৎ হওয়ার দিন থেকে।

(৪) জমি বাজেয়াপ্ত ঘোষণা, দখল নেওয়া এবং পুনর্বন্দোবস্ত দেওয়ার যে পদ্ধতি গৃহীত হয়েছে ছোটনাগপুর প্রজাস্বত্ব আইনে তা নিচে বিবৃত করা হচ্ছে—

(ক) অবৈধ হস্তান্তরিত জমি বাজেয়াপ্ত ঘোষণার জন্য দায়িত্বপ্রাপ্ত আইনসম্মত আধিকারিক দ্বারা হস্তান্তরগ্রহীতার কাছে প্রারম্ভিক নোটিশ পাঠানো হবে উপকমিশনার/সমাহর্তা (এই উদ্দেশ্যে অন্য আধিকারিক যারা সমাহর্তা/উপকমিশনারের ক্ষমতা পেয়েছেন তারা সহ) ইত্যাদির কাছে থেকে পাওয়া অনুমতিপত্র পেশ করার জন্য।

(খ) যুক্তি সম্মত সময়ের মধ্যে যদি কোন অনুমতিপত্র পেশ করা না হয়, ১৯০৮ সালের ছোটনাগপুর প্রজাস্বত্ব আইনের

৪৬ক(২) ধারা অনুসারে বাজেয়াপ্ত করার আদেশ দান করা যেতে পারে। বাজেয়াপ্তের তারিখ হওয়া উচিত পঃ বঃ জমিদারী অধিগ্রহণ আইন বলবৎ হওয়ার তারিখের পর থেকে যে তারিখ থেকে রাজ্য সরকার জমির মালিকে পরিণত হন তা থেকে কার্যকর করা হবে।

(গ) বাজেয়াপ্ত জমি থাকে বন্দোবস্ত দেওয়া হল তার অনুকূলে দখল দিয়ে বিচার প্রক্রিয়া শেষ করার জন্য দেওয়ানি কার্যবিধির ২১ নং আদেশের ৩৫ নং নিয়মে উল্লিখিত পদ্ধতি অনুসরণ করা হবে।

(ঘ) হস্তান্তরগ্রহীতার কাছ থেকে জমি নেওয়ার আগে, ওই জমির দখল পরিত্যাগ করার কথা জানিয়ে উপযুক্ত নোটিশ দিতে হবে।

(ঙ) বাজেয়াপ্ত জমির বন্দোবস্ত করা যেতে পারে কেবলমাত্র ছোটনাগপুর প্রজাস্বত্ব আইনের ৪৬(২) ধারায় উল্লিখিত সম্প্রদায়ের যে কোন সদস্যদের।

(চ) সম্পত্তি বাজেয়াপ্ত ও দখল দেওয়ার আদেশ হবে দুটি স্পষ্ট ও আলাদা। যতটা সম্ভব, এটা প্রত্যাশিত যে বাজেয়াপ্ত জমির বন্দোবস্ত দেওয়া হবে ওই আইনের ৪৬ক(২) ধারায় উল্লিখিত হস্তান্তরদাতা সম্পর্কিত বিষয়ে। বন্দোবস্তের পরে দখল দিতে হবে।

১৮৫। রাজস্ব পরিদর্শকের কর্তব্য [Duty of Revenue Inspector] ঃ প্রত্যেক রাজস্ব পরিদর্শককে নিশ্চিত হওয়ার চেষ্টা করতে হবে তফসিলী উপজাতিভুক্ত কোন ব্যক্তির জমি এরকম কোন লোক ভোগ দখল করছেন কিনা যিনি তফসিলী উপজাতিভুক্ত নন। যদি এরকম কোন উদাহরণ তাঁর নজরে আসে, তৎক্ষণাৎ তিনি এটি ব্লক ভূমি ও ভূমি সংস্কার আধিকারিকের দৃষ্টিগোচরে আনবেন এবং ব্লক ভূমি ও ভূমি সংস্কার আধিকারিক এটি পঃ বঃ ভূমি সংস্কার আইনের ১৪গ ধারার ক্ষমতাপ্রাপ্ত রাজস্ব আধিকারিকের কাছে পাঠাবেন। নিম্নলিখিত নিদর্শ অনুসরণ করে সমস্ত রাজস্ব পরিদর্শক একটি খাতা রক্ষণাবেক্ষণ করবেন।

২ক অধ্যায়ের বিধান অমান্য করে তফসিলী উপজাতিভুক্ত নয় এমন লোকের দ্বারা তফসিলী উপজাতিভুক্ত ব্যক্তির যে জমি ভোগ করা হচ্ছে তার খাতা—

জেলা .... থানা ....

মৌজা এবং জে এল নং	দাগ নং	পরিমাণ	নথিভুক্ত মালিকের নাম	নথিভুক্ত মালিক তফসিলী উপজাতিভুক্ত কিনা	যে ব্যক্তি ওই জমি ভোগ দখল করছেন তাঁর নাম	ব্লক ভূমি ও ভূমি সংস্কার আধিকারিককে জানানো হয়েছে কিনা	রাজস্ব আধিকারিক কোন ব্যবস্থা নিয়েছেন কিনা
(১)	(২)	(৩)	(৪)	(৫)	(৬)	(৭)	(৮)

২ক অধ্যায়ের বিধান অমান্য করে তফসিলী উপজাতি সদস্যের জমি হস্তান্তর বিষয়ে ক্ষমতাপ্রাপ্ত ১৪গ ধারার রাজস্ব আধিকারিকের কাছে বিষয়টি পাঠানোর পরে, ব্লক ভূমি ও ভূমি সংস্কার আধিকারিক যতক্ষণ না পর্যন্ত ওই বিষয়টি সংশ্লিষ্ট রাজস্ব আধিকারিক দ্বারা নিষ্পত্তি না হচ্ছে তার অনুসরণ করবেন।

১৮৬। ১৪গ ধারার আদেশ অনুসারে স্বত্বলিপির সংশোধন [Correction of record-of-rights according to an order under section 14C] ঃ যখন কোন রাজস্ব আধিকারিক পশ্চিমবঙ্গ ভূমি সংস্কার আইনের ২ক অধ্যায়ের অধীন কোন আদেশ দেন, তিনি ওই আদেশের একটি প্রতিলিপি সংশ্লিষ্ট ব্লক ভূমি ও ভূমি সংস্কার আধিকারিকের কাছে পাঠাবেন তার কাছে রাখা স্বত্বলিপিতে প্রয়োজনীয় সংশোধনের জন্য। যে কোন পর্যায়ে স্বত্বলিপির সংশোধন করা যেতে পারে আইনের ৫১ ধারা বা ৫১ক(২) ধারা অথবা ৫১খ ধারা অনুসারে। যেক্ষেত্রে ৭ক অধ্যায়ের অধীন স্বত্বলিপি বলবৎ হয় নি অথবা যেখানে ৫১ক(২) ধারা অনুসারে স্বত্বলিপির চূড়ান্ত প্রকাশ হয়ে গিয়েছে সেক্ষেত্রে আইনের ৫০ ধারা অনুসারে স্বত্বলিপির সংশোধন করা যেতে পারে।

ত্রয়োদশ অধ্যায়
Chapter 13

সরকারের নিয়ন্ত্রণাধীন কৃষিজমির বন্দোবস্ত
(Settlement of Agricultural Land at the Disposal of Government)

১৮৭। যে জমির বন্দোবস্ত হবে [Land to be settled]ঃ ১৯৫৫ সালের পশ্চিমবঙ্গ ভূমি সংস্কার আইনের ৪৯(১), ৪৯(৬ক) এবং ৪৯(৫) ধারা এবং ১৯৬৫ সালের পঃ বঃ ভূমি সংস্কার নিয়মের ২০ক(১) থেকে (৪) বিধি অনুসারে সরকারী ব্যবস্থাপনার কৃষি জমিগুলির বন্দোবস্ত করা হয়। নিম্নলিখিত জমিগুলিও সরকারের ব্যবস্থাপনায় ধরা হবে—

(ক) কৃষি খাসমহল জমি;

(খ) পশ্চিমবঙ্গ জমিদারী অধিগ্রহণ আইনের অধীন সরকারে ন্যস্ত হওয়া কৃষিজমি;

(গ) পশ্চিমবঙ্গ ভূমি সংস্কার আইনের অধীন সরকারে ন্যস্ত হওয়া কৃষিজমি;

(ঘ) অন্যভাবে সরকারের মালিকানাধীনের কৃষিজমি অর্থাৎ পূর্ব মালিকের দ্বারা গৃহীত না হওয়া অধিকৃত এবং ছেড়ে দেওয়া জমি।

১৮৮। যোগ্যতা [Eligibility]ঃ (১) সেই ব্যক্তিগণকে কৃষি জমি বণ্টন করা হয় যাঁরা ব্যক্তিগতভাবে ওই জমি চাষ করতে চান অথবা যাঁরা ওই জমি বাসগৃহ নির্মাণ করতে চান। ওই ব্যক্তিগণকে ওই জমির পার্শ্ববর্তী এলাকায় বসবাস করতে হবে।

(২) এই ধরনের জমি বন্দোবস্ত দেওয়া যেতে পারে কোন আইনের দ্বারা অথবা অধীন গঠিত কোন স্থানীয় প্রতিষ্ঠান অথবা সংগঠিত কর্তৃপক্ষকে। এছাড়া বন্দোবস্ত দেওয়া যেতে পারে জনসেবার্থে অথবা কোন শিক্ষা নিকেতনের গঠন, রক্ষণাবেক্ষণের জন্য বা গবেষণাগার বা কোন ব্যক্তি বা সংস্থার কোন শিল্পের জন্য। এইসব ক্ষেত্রে, সমস্ত শর্তাবলী এমনকি প্রাথমিকভাবে প্রদেয় অর্থ ও ভাড়া যা সরকার স্থির করবেন তা দিতে হবে।

১৮৯। কৃষির উদ্দেশ্যে কি পরিমাণ জমি বন্দোবস্ত দেওয়া হবে [Extent of land to be settled for agricultural purposes] ঃ কৃষিকাজের উদ্দেশ্যে কোন ব্যক্তিকে যে জমি বণ্টন করা হবে তাঁর এবং তাঁর পরিবারের মিলিত জমি যেন কিছুই না থাকে অথবা এক একরের কম থাকে অথবা ০.৪০৪৮ হেক্টরের কম থাকে। ভূমিহীন কোন ব্যক্তিকে সর্বাধিক যে পরিমাণ জমি বণ্টন করা যেতে পারে তা হল এক একর। বর্গাদারের ক্ষেত্রে বর্গাদার হিসাবে চাষ করা জমির অর্ধেক ধরে মোট জমি হিসাব করে তাকে বণ্টন করা যেতে পারে। নিম্নলিখিত উদাহরণটি লক্ষ্যণীয় ঃ

(ক) কোন ব্যক্তির জমি আছে ০.৫০ একর। অর্থাৎ (১.০০ – ০.৫০) একর = ০.৫০ একর জমি তাকে বণ্টন করা যেতে পারে।

(খ) কোন ব্যক্তির নিজস্ব কোন জমি নেই কিন্তু বর্গাদার হিসাবে ০.৭০ একর জমি চাষ করেন। $\left(১.০০ - \frac{০.৭০}{২}\right)$ একর = ০.৬৫ একর তাঁকে বণ্টন করা যেতে পারে।

(গ) কোন ব্যক্তির কৃষিজমি আছে ০.৪০ একর এবং তিনি ০.৩০ একর জমি বর্গাদার হিসাবে চাষ করেন। অর্থাৎ $\left[১.০০ - \left(০.৪০ + \frac{০.৩০}{২}\right)\right] = (১.০০ - ০.৫৫)$ একর = ০.৪৫ একর জমি তিনি পেতে পারেন।

১৯০। বাসগৃহ উদ্দেশ্যে যে পরিমাণ জমির বন্দোবস্ত হতে পারে [Extent of land to be settled for agricultural purposes] ঃ যে

ব্যক্তির নিজস্ব কোন বাস্তু জমি নেই তাঁকে বাসগৃহ নির্মাণের জন্য সর্বাধিক পাঁচ কাঠা বা ০.০৩৩৫ হেক্টর জমি বন্দোবস্ত দেওয়া যেতে পারে।

১৯১। প্রিমিয়াম ও রাজস্ব দিতে হবে না [Premium and Revenue not payable] ঃ যাঁকে বন্দোবস্ত দেওয়া হচ্ছে তাঁকে কোন প্রিমিয়াম দিতে হবে না। ওই জমির জন্য তাঁকে ভূমি রাজস্বও দেওয়ার প্রয়োজন নেই কিন্তু ধারণাশ্রয়ী (notional) রাজস্বের উপর ধার্য্য সেস দিতে তিনি বাধ্য থাকবেন।

১৯২। অগ্রাধিকার [Priority] ঃ তফসিলী জাতি বা তফসিলী উপজাতি অথবা যারা সমবায় সমিতি তৈরি করে কৃষিকাজ করবেন স্থির করেছেন তাদের অগ্রাধিকার দিতে হবে।

১৯৩। বন্দোবস্ত দেওয়ার জন্য অযোগ্যতা [Ineligibility for Settlement] ঃ কোন ব্যক্তি বা ওই ব্যক্তির পরিবারের কোন সদস্য যিনি যুক্ত আছেন কোন ব্যবসা, কারবার, সংস্থা, শিল্পোৎপাদন, পরিষেবা বা শিল্প পেশার সাথে তাঁকে ৪৯(১) ধারায় কোন জমি বণ্টন করা যাবে না। উপরোক্ত বিষয়গুলি কোন কৃষিশ্রমিক, কারিগর বা মৎস্যজীবীর ক্ষেত্রে প্রযোজ্য হবে না।

১৯৪। বন্দোবস্তের পদ্ধতি [Procedure of Settlement] ঃ জমি বণ্টন বিষয়ে নিম্নলিখিত পদ্ধতি গ্রহণ করা হবে—

(ক) ৮ নং খাতায় লেখা বণ্টন হয়নি এরকম কৃষিজমি প্রথমে খুঁজে নিতে হবে। এটা নিশ্চিত করতে হবে যে চিহ্নিত জমি আদালতের কোনরকম নিষেধাজ্ঞা থেকে মুক্ত।

(খ) ওই প্রকার জমির একটি তালিকা তৈরি করতে হবে এবং বণ্টন-পূর্ব জরিপ ও তদন্ত কার্য সমাধা করবেন যৌথভাবে রাজস্ব আধিকারিক এবং স্থানীয় পঞ্চায়েত সমিতির সদস্য যাকে পঞ্চায়েত সমিতির সভাপতি স্থির করে দিয়েছেন।

(গ) তদন্তের সময় নিম্নলিখিত তথ্যগুলি সংগ্রহ করতে হবে:

(১) ওই জমিটি কোন ব্যক্তি/পরিবারের দখলে আছে কিনা; যদি থাকে তবে কোন্ তারিখ থেকে ওই ব্যক্তি/পরিবার জমির দখলে এসেছেন;

(২) ওই ব্যক্তির নিজস্ব জমি এবং পরিবারের অন্য সদস্যদের মিলিত জমির পরিমাণ;

(৩) ওই ব্যক্তি বা তাঁর পরিবারের কোন সদস্য বর্গাদার হিসাবে কোন জমি চাষ করেন কিনা। যদি করে থাকেন তবে ওই জমির পরিমাণ;

(৪) ওই ব্যক্তি/পরিবার তফসিলী জাতি বা তফসিলী উপজাতিভুক্ত কিনা;

(৫) ওই ব্যক্তি/পরিবারের কোন সদস্য চাকুরিজীবী বা কোন ব্যবসা, কারবার, পরিষেবা বা এমন পেশার সাথে যুক্ত যা বন্দোবস্তের অনুপযুক্ত; এবং

(৬) প্রয়োজনীয় অন্যান্য বিবেচনাধীন তথ্য।

(ঘ) একই সাথে পঞ্চায়েত সমিতির সঙ্গে আলোচনা করে প্রাক্-বণ্টন জরিপের অগ্রগতির সাথে সাথে যে ব্যক্তিদের বণ্টন করা হবে জমি তাঁদের অগ্রাধিকার তালিকা প্রস্তুত করতে হবে। এই কাজ করতে হবে অগ্রাধিকার দেওয়ার নিম্নলিখিত নীতি অনুসরণ করে—

(১) নীরবিচ্ছিন্নভাবে তিন বছর দখলে আছেন এরকম ভূমিহীন ব্যক্তি।

(২) তফসিলী উপজাতিভুক্ত ভূমিহীন কৃষিশ্রমিক।

(৩) তফসিলী জাতিভুক্ত ভূমিহীন কৃষিশ্রমিক।

(৪) অন্যান্য ভূমিহীন কৃষিশ্রমিক।

(৫) তফসিলী উপজাতিভুক্ত ভূমিহীন বর্গাদার।

(৬) তফসিলী জাতিভুক্ত ভূমিহীন বর্গাদার।

(৭) অন্যান্য ভূমিহীন বর্গাদার।

(৮) পূর্ব মালিকের অধীনে ওই জমি চাষ করতেন এরকম ভূমিহীন ব্যক্তি যিনি বর্গাদার বা কৃষি শ্রমিক।

(৯) তফসিলী উপজাতিভুক্ত রায়ত এবং যিনি কৃষিকাজ করেন।

(১০) তফসিলী জাতিভুক্ত রায়ত এবং যিনি কৃষিকাজ করেন।

(১১) তফসিলী উপজাতি বা তফসিলী জাতিভুক্ত নয় এরকম রায়ত এবং যিনি জমি চাষ করেন নিজে।

(১২) পশ্চিমবঙ্গ ভূমি সংস্কার আইনের ৪৯ ধারায় যোগ্য অবসরপ্রাপ্ত চাকুরিজীবী কিন্তু নির্দিষ্ট অংশ জমি বণ্টনের জন্য বিবেচিত নন।

রাজস্ব পর্যদ প্রয়োজনবোধে উপরোক্ত অগ্রাধিকার তালিকা তৈরির নীতি আদেশ দ্বারা সংশোধন করতে পারেন।

১৯৫। ব্লক স্তরে ভূমি সংস্কার উপদেষ্টা কমিটি গঠন [Constitution of Land Reforms Advisory Committee at block level] ঃ (১) ১৯৬৫ সালের পশ্চিমবঙ্গ ভূমি সংস্কার নিয়মের ২০ক(৩ক) বিধান রাজস্ব পর্যদকে ব্লক পর্যায়ে ভূমি বণ্টন বিষয়ে সুপারিশ দান প্রসঙ্গে ভূমি সংস্কার উপদেষ্টা কমিটি গঠন করার অনুমোদন দিয়েছে। পর্যদ সেই অনুসারে ব্লক পর্যায়ে ভূমি সংস্কার উপদেষ্টা কমিটি হিসাবে বন-ও-ভূমি সংস্কার স্থায়ী সমিতি গঠন করেছে। ওই কমিটির আহ্বায়ক হলেন ব্লক ভূমি ও ভূমি সংস্কার আধিকারিক।

(২) যেখানে বন-ও-ভূমি সংস্কার স্থায়ী সমিতি গঠিত হয়নি, অথবা যদিও গঠিত হয়েছে কিন্তু আদালতের আদেশ বা অন্য কারণে কাজ করছে না, সেক্ষেত্রে রাজস্ব পর্যদ উপযুক্ত বিজ্ঞপ্তি দ্বারা ব্লক পর্যায়ে ভূমি সংস্কার উপদেষ্টা কমিটি গঠন করবে।

১৯৬। ব্লক পর্যায় ভূমি সংস্কার উপদেষ্টা কমিটির সভা [Meeting of B.L.L.R. A.C.] ঃ (১) যতটা তাড়াতাড়ি সম্ভব প্রাক্‌বণ্টন জরিপ ও যোগ্যতা তালিকা প্রস্তুত হয়ে যাওয়ার পর ব্লক ভূমি ও ভূমি সংস্কার আধিকারিক ব্লক পর্যায় ভূমি সংস্কার উপদেষ্টা কমিটির সভা আহ্বান করবেন।

(২) প্রস্তাবিত বণ্টনযোগ্য জমির বিস্তারিত তালিকা, প্রাকবণ্টন জরিপের প্রতিবেদন ও অগ্রাধিকারের তালিকা ইত্যাদিসহ উক্ত কমিটির সামনে পেশ করা হবে।

(৩) ব্লক পর্যায় ভূমি সংস্কার উপদেষ্টা কমিটির সুপারিশ—এরপর কমিটি যে ব্যক্তিদের জমি বণ্টন করা হবে তাদের জন্য প্রয়োজনীয় সুপারিশ করবেন এবং প্রত্যেককে যে জমি বণ্টন করা হবে তার পরিমাণ উল্লেখ করবেন।

(৪) কমিটির প্রস্তাব হিসাবে ওই সুপারিশ নিতে হবে।

(৫) ওই সুপারিশ পাঠানোর সময় রাজস্ব পর্ষদকে নির্ধারিত যোগ্যতা নির্ণয়ের নীতি অনুসরণ করতে হবে।

১৯৭। বন্দোবস্তের প্রস্তাব এবং তার বিবেচনা [Settlement proposals and consideration thereof] ঃ (১) ব্লক পর্যায় ভূমি সংস্কার উপদেষ্টা কমিটির সুপারিশ প্রদানের পর, ব্লক ভূমি ও ভূমি সংস্কার ওই সুপারিশের উপর ভিত্তি করে বন্দোবস্তের প্রস্তাব তৈরি করবেন এবং মামলার নথিসহ ওই প্রস্তাব মহকুমা ভূমি ও ভূমি সংস্কার আধিকারিকের কাছে পাঠাবেন যিনি ওইগুলি মহকুমা শাসকের কাছে পাঠাবেন।

(২) বন্দোবস্তের প্রস্তাব বিবেচনার সময় মহকুমা শাসক ভূমি সংস্কার উপদেষ্টা কমিটির সুপারিশ এবং ব্লক ভূমি ও ভূমি সংস্কার আধিকারিক ও মহকুমা ভূমি ও ভূমি সংস্কার আধিকারিক কোন মন্তব্য করলে তাও তিনি দেখবেন।

(৩) মহকুমা শাসক দ্বারা অনুমোদন—মহকুমা শাসক যদি এই মর্মে সন্তুষ্ট হন যে, বন্দোবস্তের প্রস্তাব ঠিকঠিক আছে এবং ভূমি সংস্কার আইনের ৪৯ ধারায় উল্লিখিত যোগ্যতা মান অনুসরণ করা হয়েছে এবং রাজস্ব পর্ষদ নির্দেশিত অগ্রাধিকার তালিকা তৈরির নীতি ঠিকভাবে মানা হয়েছে, তিনি তখন ওই প্রস্তাবের প্রয়োজনীয় অনুমোদন দেবেন।

১৯৮। পাট্টার প্রস্তুতি ও কার্যকর [Preparation and execution of Patta] ঃ (১) ব্লক ভূমি ও ভূমি সংস্কার আধিকারিক মহকুমা শাসকের

সুপারিশসহ বন্দোবস্ত প্রস্তাবের নথি ফিরে পাওয়ার পর ২০ক(৪) বিধি অনুযায়ী ৮ক নিদর্শে পাট্টা প্রস্তুতের ব্যবস্থা নেবেন। বিভিন্ন ব্যক্তির কাছ থেকে বন্দোবস্ত চেয়ে আবেদনপত্রসহ যাদের বন্দোবস্ত অনুমোদন করা হল সেগুলিও সংগ্রহ করতে হবে।

(২) প্রস্তুত করা পাট্টাগুলি কার্যকর করবেন ব্লক ভূমি ও ভূমি সংস্কার আধিকারিক।

১৯৯। দখল অর্পণ এবং পাট্টা বিলি [Delivery of possession and distribution of Patta] ঃ পাট্টাগুলি কার্যকর করার পরে বিলির উদ্যোগ গ্রহণ করতে হবে। যে এলাকায় পাট্টা প্রাপকের সংখ্যা বেশি সেখানে পাট্টা বিলির শিবির করা যেতে পারে। পাট্টা বিলির আগেই প্রাপকদের জমির দখল দিতে হবে। যেক্ষেত্রে পাট্টা প্রাপক দখলে আছেন সেই জমিতে যেটি তাকে বন্দোবস্ত দেওয়া হয়েছে, ওই জমির সীমানা জরিপ করে দিতে হবে।

২০০। পাট্টা খাতা লিখন [Writing of Patta Register] ঃ পাট্টাগুলি বিলি হওয়ার পর পরই ব্লক ভূমি ও ভূমি সংস্কার দপ্তরে রক্ষিত পাট্টা খাতায় পাট্টাদারদের নাম লিখতে হবে।

২০১। রায়তের খাতায় অন্তর্ভুক্তি [Incorporation into Tenants' Ledger] ঃ পাট্টাগ্রাহকদের নামের একটি তালিকা ভূমি সহায়কদের কাছে পাঠাতে হবে যারা ওই নামগুলি ২ নং খাতায় অন্তর্ভুক্ত করবেন, অর্থাৎ টেন্যান্টস্ লেজার এবং পাট্টায় উল্লিখিত ধারণার ভিত্তিতে ধার্য রাজস্বের উপরে সেস হিসাব করে তা তাদের কাছ থেকে সংগ্রহ করতে হবে।

২০২। বন্দোবস্তকৃত জমির অংশের সীমানা নির্ধারণ [Demarcation of part of a plot when settled] ঃ যেক্ষেত্রে কোন দাগের অংশ বিশেষ পাট্টা দেওয়া হয়েছে। পাট্টা প্রাপকের উপস্থিতিতে ওই জমির অংশবিশেষ সরেজমিনে সীমানা নির্ধারণ করতে হবে এবং অন্য শরিকদেরকে যথোপযুক্ত নোটিশ দিতে হবে। মৌজা মানচিত্রে ওই সীমানা নির্ধারণ দেখাতে হবে এবং যে অংশ পাট্টা দেওয়া হয়েছে তা ‘‘বাটা’’ নং দিয়ে দেখাতে হবে।

২০৩। স্বত্বলিপির সংশোধন [Correction of record-of-rights] ঃ প্রত্যেক পাট্টা প্রাপকদের নামে আলাদা আলাদা খতিয়ান খুলতে হবে এবং কোন দাগ বা তার কোন অংশ যেমন প্রযোজ্য সমাহর্তার খতিয়ান থেকে স্থানান্তরিত হয়ে পাট্টা প্রাপকদের খতিয়ানে আনতে হবে। পশ্চিমবঙ্গ ভূমি সংস্কার আইনের ৫০ ধারা বা ৫১ ধারা বা ৫১খ ধারা অনুসারে (যেখানে যেমন প্রযোজ্য) এই কাজ করা হবে।

২০৪। খাতাগুলি সংশোধন করতে হবে [Registers should be corrected] ঃ পাট্টা প্রদানের মাধ্যমে সরকারে ন্যস্ত জমি বন্দোবস্ত হওয়ার পরই ন্যস্ত জমির খাতা ও ৮ নং খাতা যথোপযুক্ত পদ্ধতিতে সংশোধন করা হবে।

২০৫। চাষের উপযুক্ত অকৃষি জমির বন্দোবস্ত [Settlement of non-agricultural land found fit for agriculture] ঃ স্বত্বলিপিতে অকৃষি রূপে নথিভুক্ত কোন সরকারে ন্যস্ত জমি যদি তদন্তে দেখা যায় চাষের পক্ষে উপযুক্ত, এটাকে কৃষিজমি হিসাবেই এই অধ্যায়ে বর্ণিত পদ্ধতিতে বণ্টন করা হবে। এই উদ্দেশ্যে রাজস্ব পর্ষদ দ্বারা নির্ধারিত উপযুক্ত খাতা ও প্রতিবেদন রাখতে হবে।

২০৬। আদালতের মামলাগুলি তদারকি করতে হবে [Court cases should be pursued] ঃ আদালতে যদি কোন মামলা থেকে থাকে যার জন্য কোন সরকারে ন্যস্ত জমির বণ্টন স্থগিত রয়েছে, তবে একনাগাড়ে তার জন্য ব্লক ভূমি ও ভূমি সংস্কার আধিকারিক, মহকুমা ভূমি ও ভূমি সংস্কার আধিকারিক এবং জেলা ভূমি ও ভূমি সংস্কার আধিকারিক তদারকি করবেন।

২০৭। মোট ন্যস্ত জমির পরিমাণ হিসাব করতে হবে [The total vested area should be accounted for] ঃ যে কোন সময় কোন ব্লক ভূমি ও ভূমি সংস্কার আধিকারিকের ক্ষেত্রাধিকারে সরকারে ন্যস্ত কৃষিজমির মোট পরিমাণ হবে (ক) পাট্টা দ্বারা বিলি হয়েছে মোট জমি, (খ) পাট্টাবিলির জন্য ব্যবস্থা চালু রয়েছে এরকম মোট জমি, (গ) পঞ্চায়েত সমিতির সাথে যৌথ তদন্তে মোট যে পরিমাণ জমি দেখা

গিয়েছে চাষের পক্ষে উপযুক্ত নয়, (ঘ) চাষাবাদ বাদে বণ্টন হয়েছে বা হস্তান্তরিত হয়েছে এরকম মোট জমি, (ঙ) আদালতের নিষেধাজ্ঞাধীন মোট জমির পরিমাণ।

যদি কোন গরমিল দেখা যায় তা হলে সঠিকভাবে তার হিসাব করতে হবে।

২০৮। রাজস্ব পর্যদের নির্দেশাবলী [Instruction of Board of Revenue]ঃ রাজস্ব পর্যদ সরকারে ন্যস্ত জমির বন্দোবস্ত বিষয়ে নির্দেশাবলী জারি করতে পারে যেগুলি এই বিষয়ে তৈরি যে কোন নিয়ম ও আইনের বিরোধী নয়।

চতুর্দশ অধ্যায়
Chapter 14

১৯৫৫ সালের পশ্চিমবঙ্গ ভূমি সংস্কার আইনের ৪৯(১) ধারামতে করা বন্দোবস্ত বাতিল
(Annulment of Settlement made under section 49(1) of the West Bengal Land Reforms Act 1955)

২০৯। প্রারম্ভিক [Preliminaries] ঃ (১) ১৯৫৫ সালের পশ্চিমবঙ্গ ভূমি সংস্কার আইনের ৪৯(২) ধারা অনুযায়ী নিয়োজিত রাজস্ব আধিকারিক ওই আইনের ৪৯(১) ধারায় দেওয়া যে কোন বন্দোবস্ত বাতিল করতে পারেন নিম্নলিখিত ক্ষেত্রে ঃ

(ক) ১০.৭.১৯৭৫ তারিখে বা তার পরে ৪৯(১) ধারায় বিরোধিতা করে যদি কোন বন্দোবস্তকৃত জমির হস্তান্তর হয়ে থাকে; এবং

(খ) যদি বন্দোবস্ত হয়ে থাকে কোন ভুল বা প্রতারণা, মিথ্যা বিবরণী, দমন-পীড়ন বা অন্য কোন কিছু দ্বারা।

(২) রাজস্ব আধিকারিক নিজের ইচ্ছায় বা কোন দরখাস্তের ভিত্তিতে বাতিলের মামলা আরম্ভ করতে পারেন।

(৩) মহকুমা শাসক কাজ করেন রাজস্ব আধিকারিক হিসাবে—মহকুমা শাসক ৪৯(২) ধারার উদ্দেশ্যে রাজস্ব আধিকারিক হিসাবে নিয়োজিত হয়েছেন।

২১০। কার্যাবলীর ইঙ্গিত [Intimation of proceedings] ঃ (১) যখনই ৪৯(২) ধারায় ব্যবস্থা নেওয়ার জন্য রাজস্ব আধিকারিক কোন মামলার

তথ্য পাবেন তিনি একটি মামলা আরম্ভ করবেন। প্রয়োজনীয় কাগজপত্র সংগ্রহ করে স্থানীয় তদন্তের জন্য তারিখ স্থির করবেন।

(২) সংশ্লিষ্ট সমস্ত পক্ষকে নোটিশ জারি করে শুনানীর একটি তারিখ স্থির করবেন।

(৩) স্থানীয় তদন্ত—রাজস্ব আধিকারিক নিজে স্থানীয় তদন্ত করতে পারেন অথবা বিষয়টি পশ্চিমবঙ্গ অধস্তন ভূমি রাজস্ব সার্ভিস, পর্যায়—১ পদের নীচে নয় এরকম আধিকারিককে তদন্তের জন্য দেবেন।

২১১। শুনানী [Hearing] ঃ নির্ধারিত দিনে সমস্ত পক্ষের শুনানীর পর এবং স্থানীয় তদন্তের প্রতিবেদন বিবেচনা করে রাজস্ব আধিকারিক যদি এই মর্মে সন্তুষ্ট হন যে ওই বন্দোবস্ত বাতিলের যথেষ্ট কারণ রয়েছে, তিনি ওই ব্যবস্থা গ্রহণের জন্য আদেশ করবেন।

২১২। সমাহর্তার পক্ষে দখল প্রদান [Delivery of possession to the Collector] ঃ (১) রাজস্ব আধিকারিক যখনই বন্দোবস্ত বাতিলের আদেশ প্রদান করবেন তারপরই ওই জমির দখল সমাহর্তার পক্ষে অথবা তাঁর প্রতিনিধির পক্ষে প্রদানের ব্যবস্থা করবেন।

(২) যদি প্রয়োজন হয়, দখল নেওয়ার সময় বলপ্রয়োগের, উক্ত জমিতে যে ব্যক্তি সত্যিকারের দখলে রয়েছেন তাকে আইনে ৪৯(৩ক) ধারা অনুযায়ী পুলিশের সাহায্যে বেদখল করা যেতে পারে।

২১৩। পাট্টা বাতিল [Cancellation of Patta] ঃ (১) ৪ক নিদর্শে দেওয়া বন্দোবস্তের দলিলগুলি আনতে হবে এবং তা বাতিল করতে হবে।

(২) আদেশের প্রতিলিপি ব্লক ভূমি ও ভূমি সংস্কার আধিকারিককে প্রেরণ—বাতিল আদেশের একটি প্রতিলিপি সংশ্লিষ্ট ব্লক ভূমি ও ভূমি সংস্কার আধিকারিককে পাঠাতে হবে।

২১৪। ব্লক ভূমি ও ভূমি সংস্কার আধিকারিক দ্বারা স্বত্বলিপি সংশোধন [Correction of records by B.L.L.R.O.] ঃ (১) ওই আদেশের প্রতিলিপি পাওয়ার পর ব্লক ভূমি ও ভূমি সংস্কার আধিকারিক ৮ নং খাতা, পাট্টা খাতা এবং অন্যান্য প্রাসঙ্গিক নথি সংশোধন করবেন।

(২) নূতন বন্দোবস্ত—সমাহর্তার পক্ষে দখল আনার এবং নথি সংশোধনের পর ৪৯(১) ধারা অনুসারে নূতন করে বন্দোবস্ত দেওয়ার জন্য গ্রহণ করতে হবে।

পঞ্চদশ অধ্যায়

Chapter 15

অকৃষি উদ্দেশ্যে ব্যবহৃত জমির বন্দোবস্তের জন্য নীতি ও পদ্ধতি

(Principles and procedures for settlement of Lands for Non-agricultural purposes)

২১৫। আইনি বিধান [Legal provisions] ঃ ১৯৬৫ সালের পশ্চিমবঙ্গ ভূমি সংস্কার নিয়মের ২০ক(৬) বিধান অনুযায়ী অকৃষি উদ্দেশ্যে কোন জমির বন্দোবস্ত দেওয়া হয় [আইনের ৪৯ ধারা দ্রষ্টব্য]। ২০ক(৬) বিধান কোন জেলার সমাহর্তাকে রাজস্ব পর্ষদের আগাম অনুমতি নিয়ে রাজ্যসরকারের অধীনে থাকা কোন শ্রেণীর বা বর্ণনার জমি বন্দোবস্ত দেওয়ার অনুমতি দেয়। এই বন্দোবস্ত কোন ব্যক্তি, কোন ব্যক্তি বর্গ বা সংগঠন বা আইনগতভাবে তৈরি সংস্থাকে রাজস্ব পর্যদ নির্ধারিত শর্তাবলী মান্য সাপেক্ষে দিতে হবে।

২১৬। সাধারণত দীর্ঘমেয়াদী ইজারার ভিত্তিতে অকৃষি উদ্দেশ্যে জমির বন্দোবস্ত দেওয়া হয়। জমি যথেষ্ট উন্নত বা উপযুক্ত ইজারা গ্রাহকের অমিল অথবা যে উদ্দেশ্যে দীর্ঘমেয়াদী ইজারা চাওয়া হয়েছে তা দীর্ঘমেয়াদী ইজারায় দেওয়া হয়না ইত্যাদি কারণে যেক্ষেত্রে দীর্ঘমেয়াদী ইজারা সম্ভব হয় না, সেক্ষেত্রে ওই জমি স্বল্পমেয়াদী বন্দোবস্তে দেওয়া যেতে পারে। যে সমস্ত আরবান অ্যাগলোমারেশান এলাকায় শহর জমি (ঊর্দ্ধসীমা ও প্রণিয়ম) আইন, ১৯৭৬ বলবৎ আছে সেখানে স্বল্পমেয়াদী ইজারা দেওয়া নিষিদ্ধ। অন্যান্য পৌর এলাকাতে স্বল্পমেয়াদী ইজারা দেওয়ার সিদ্ধান্ত নেওয়ার আগে বিশেষ যত্ন নেওয়া দরকার।

২১৭। রাজস্ব পর্যদের অনুমোদন ছাড়া কোন দীর্ঘমেয়াদী ইজারার অনুমোদন দেওয়া হবে না।

২১৮।(১) নিবন্ধীকৃত ইজারার মাধ্যমে অকৃষিজমির জন্য বন্দোবস্ত দেওয়া হবে। পরিশিষ্ট ৪ উল্লিখিত ১ নং নিদর্শ ও ২ নং নিদর্শ যথাক্রমে দীর্ঘমেয়াদী ও স্বল্পমেয়াদী ইজারা আদর্শ নিদর্শ। রাজস্বপর্যদের অনুমোদন ছাড়া ওই নির্ধারিত নিদর্শের কোন হেরফের করা উচিত নয়।

(২) সমস্ত বন্দোবস্তের প্রস্তাব ১২ নং খাতায় নথিভুক্ত করতে হবে।

২১৯। **দীর্ঘমেয়াদী বন্দোবস্ত [Long-term settlement]** ঃ রাজ্য সরকার অন্য কিছু সিদ্ধান্ত না নিলে সাধারণতঃ কোন ক্ষেত্রে দীর্ঘমেয়াদী ইজারা ত্রিশ বছরের জন্য দেওয়া হয় এবং মেয়াদ শেষ হলে ইজারা গ্রাহক একই মেয়াদের জন্য ইজারা নবীকরণের জন্য অধিকারী।

২২০। সমাহর্তা/জেলা ভূমি ও ভূমি সংস্কার আধিকারিক দীর্ঘমেয়াদী ইজারার জন্য উপযুক্ত জমি শনাক্ত করবেন শহর বা আধা শহর এলাকার দীর্ঘমেয়াদী উন্নয়নের বিষয়টি লক্ষ্য রেখে এবং বন্দোবস্তের আবেদনপত্র চেয়ে প্রচার করবেন। আগ্রহী ব্যক্তিদের কাছ থেকে পাওয়া আবেদনপত্রের উপর ভিত্তি করে দীর্ঘমেয়াদী ইজারার প্রস্তাবও আরম্ভ করবেন।

২২১। যে উদ্দেশ্যে বন্দোবস্ত চাওয়া হয়েছে তা যদি উন্নয়ন কর্তৃপক্ষ, পৌরসভা, পঞ্চায়েত সংস্থা বা পরিকল্পনা সংগঠন বা অন্য আইন লঙ্ঘন করে তবে কোন দীর্ঘমেয়াদী বা স্বল্পমেয়াদী ইজারার প্রস্তাব আরম্ভ করা যাবে না।

২২২। প্রস্তাবিত বন্দোবস্ত জমির বাজার মূল্য স্থির করতে হবে যত্নসহ সাম্প্রতিক ওই এলাকায় একইরকম বিক্রি হওয়া জমির নথিপত্র থেকে। মূল্যমান সাব-রেজিস্ট্রি অফিস থেকে সংগ্রহ করা যেতে পারে এবং স্থানীয় এলাকায় অধিগৃহীত জমির নথিগুলি থেকে পাওয়া মূল্যের সাথে মিলিয়ে নেওয়া যেতে পারে অত্যন্ত যত্নসহ। একটি মানচিত্র তৈরি করে দেখাতে হবে কোন দাগগুলি বন্দোবস্তের প্রস্তাব দেওয়া হয়েছে এবং কোন্ দাগগুলির বিক্রয়মূল্য সংগ্রহ করা হয়েছে। দীর্ঘমেয়াদী বন্দোবস্তের প্রস্তাবের সাথে অতি অবশ্যই এটি দিতে হবে।

২২৩। ভাড়া ও সেলামী [Rent and Selami] ঃ (১) প্রথম বার দীর্ঘমেয়াদী ইজারা দেওয়ার বেলায় যে জমির বন্দোবস্তের প্রস্তাব করা হয়েছে তার বাজার মূল্যের ৪% হারে ভাড়া স্থির করা হবে এবং ভাড়ার ১০ গুণ সেলামী হবে যা বাজার মূল্যের ৪০% হবে।

(২) রাজস্ব পর্ষদ ভাড়া ও সেলামী কমাতে পারেন যদি এই মর্মে সন্তুষ্ট হন যে জনসেবা উদ্দেশ্যে ও দাতব্য উদ্দেশ্যে ওই জমি ব্যবহৃত হবে।

২২৪। (১) ভাড়া ও সেলামী স্থির হওয়ার পর সমাহর্তা/জেলা ভূমি ও ভূমি সংস্কার আধিকারিক ওই জমির বিজ্ঞাপন করবেন, বন্দোবস্তের জন্য আবেদনপত্র চাইবেন এবং তিনি রাজস্ব পর্ষদের মাধ্যমে কমিশনারের কাছে সুপারিশ পাঠাবেন। রাজস্ব পর্ষদের ব্যক্ত অনুমোদন ছাড়া আগাম দখল হস্তান্তর করা হবে না। যদি একের বেশি আবেদনপত্র জমা হয় একই জমির জন্য, আবেদনকারীর পশ্চাৎপট এবং আর্থিক অবস্থা বিবেচনা করে কোন আবেদনকারীকে ওই জমির বন্দোবস্ত দেওয়া হবে তা স্থির করা হবে। কি উদ্দেশ্যে বন্দোবস্ত চাওয়া হয়েছে সেটাও সরাসরি বিবেচ্য হবে।

(২) একাধিক আবেদনকারী থাকলে বন্দোবস্ত প্রস্তাবের সাথে সম্ভাব্য ইজারাগ্রহীতাকে বাছাই করার কারণ ব্যাখ্যা করতে হবে বন্দোবস্ত প্রস্তাবে যা বিজ্ঞাপনের একটি প্রতিলিপির সাথে থাকবে।

(৩) সেলামী ও ভাড়া কমানোর জন্য প্রস্তাব পাঠাতে হবে কেবলমাত্র যদি সমাহর্তা/জেলা ভূমি ও ভূমি সংস্কার আধিকারিক ব্যক্তিগতভাবে দৃঢ় প্রত্যয়ী হয় যে, যে সংগঠন বন্দোবস্ত চাইছে তারা হল দাতব্য, অলাভ অর্জনকারী সংস্থা যাদের আর্থিক অবস্থা এইরকম যে তারা সেলামী ও সাধারণ হারে ভাড়া দেওয়ার মত অবস্থায় নেই।

২২৫। সমাহর্তা/জেলা ভূমি ও ভূমি সংস্কার আধিকারিকের প্রস্তাব জমির বিজ্ঞাপনের ষাট দিনের মধ্যে কমিশনারের কাছে পৌঁছাতে হবে।

কমিশনার তাঁর সুপারিশসহ ওই প্রস্তাব রাজস্ব পর্ষদের কাছে পাঠাবেন তাঁর অফিসে জমা হওয়ার ত্রিশ দিনের মধ্যে। কমিশনারের কাছ থেকে পাওয়ার ষাট দিনের মধ্যে রাজস্ব পর্ষদ সাধারণত দীর্ঘমেয়াদী ইজারার বিষয়টি নিষ্পত্তি করবেন।

২২৬। ইজারার নবীকরণ [Renewal of leases] : (১) দীর্ঘমেয়াদী ইজারার নবীকরণের সময় কোন সেলামী ধার্য করা হবে না। কিন্তু এই ধরনের ইজারা নবীকরণের সময় ভাড়া দিতে হবে। নিম্নলিখিত পদ্ধতিতে ভাড়া হিসাব করতে হবেঃ

(ক) যদি শিল্প বা বাণিজ্যিক উদ্দেশ্যে বন্দোবস্ত দেওয়া হয় তবে ওই ইজারা নবীকরণের সময় ওই জমির বাজার মূল্যের ৪% হারে ভাড়া (rent) দিতে হবে।

(খ) যদি বন্দোবস্তটি হয় বাসগৃহ বা বসবাসের জন্য বা শিল্প/বাণিজ্যিক ছাড়া অন্য উদ্দেশ্যে—পূর্বে দেয় বার্ষিক ভাড়ার ১৫ গুণ অথবা ওই ইজারা নবীকরণের সময় ওই জমির বাজার মূল্যের ৪%, উভয়ের মধ্যে যেটি কম।

(২) রাজ্য সরকার মনে করলে উপবিধি (১) অনুসারে প্রদেয় ভাড়া কমাতে পারে ওই ইজারা নবীকরণের সময়, যদি এই মর্মে সন্তুষ্ট হয় যে ওই জমি ব্যবহৃত হবে বা ব্যবহৃত হতে থাকবে জনসেবার্থে বা দাতব্য উদ্দেশ্যে বা জনগণের স্বার্থ বজায় রাখবে তবে ওই ভাড়া কমাতে পারে।

(৩) দীর্ঘমেয়াদী ইজারার নবীকরণ হবে পরিশিষ্ট ৪-এর ৩ নং নিদর্শে।

২২৭। ব্লক ভূমি ও ভূমি সংস্কার আধিকারিক ইত্যাদির কর্তব্য [Duties of B.L.L.R.O. etc.] : (১) অকৃষি জমির জন্য দীর্ঘমেয়াদী বা স্বল্পমেয়াদী ইজারা ১০ নং খাতায় আলাদা আলাদা করে লিখতে হবে ব্লক ভূমি ও ভূমি সংস্কার আধিকারিকের অফিসে। ওই খাতা নিয়মমাফিক সমীক্ষা করা তাঁর কর্তব্য এবং ইজারা নবীকরণের জন্য উপযুক্ত ব্যবস্থা গ্রহণ করা এবং সময়মত ভাড়া আদায় করা। তিনি নিয়মমত জেলা ভূমি ও ভূমি সংস্কার আধিকারিককে প্রতিবেদন পাঠাবেন যদি ইজারার শর্তাবলী লঙ্ঘনের কোন ঘটনা ঘটে থাকে। যে ব্যবস্থা গ্রহণ করা হয়েছে সেই সুপারিশসহ তা পাঠাবেন।

(২) ব্লক পর্যায়ের অফিসগুলি পরিদর্শনের সময় জেলা ভূমি ও ভূমি সংস্কার আধিকারিক এবং মহকুমা ভূমি ও ভূমি সংস্কার আধিকারিক ওই খাতা রক্ষণাবেক্ষণ বিষয়ে বিশেষ নজর দেবেন।

২২৮। স্বল্পকালীন ইজারা [Short-term leases] ঃ সমাহর্তা/জেলা ভূমি ও ভূমি সংস্কার আধিকারিক ৪ নং পরিশিষ্টের ২ নং নিদর্শে স্বল্পকালীন ইজারা মঞ্জুর করতে পারেন। কলিকাতা মহানগর এলাকায় স্বল্পকালীন ইজারা অনুমোদন দেবেন না। স্বল্পকালীন ইজারার জন্য কোন সেলামী দিতে হবে না। বাজার মূল্যের ৪% হারে যা স্থির করবেন সমাহর্তা/জেলা ভূমি ও ভূমি সংস্কার আধিকারিক তা ভাড়া হিসাবে দিতে হবে।

২২৯। সাধারণত স্বল্পমেয়াদী ইজারা পাঁচ বছরের বেশি মেয়াদের হয় না। এই ইজারার নবীকরণের অধিকার নেই।

২৩০। যখন স্বল্প মেয়াদী ইজারা এক বছরের জন্য মঞ্জুর হয়, তখন পরবর্তী ক্ষেত্রে নবীকরণের সময় ভাড়া ১২.৫% হারে বর্দ্ধিত করা হয়।

২৩১। ইজারা কার্যকর করার আগে ১০% নিরাপত্তা জমা (security deposit) দিতে হবে বাজার মূল্যের ওই ইজারাগ্রহীতাকে। ইজারার কোন শর্ত অমান্য করলে ওই নিরাপত্তার মূল্য বাজেয়াপ্ত করা হবে। ইজারার মেয়াদ শেষ হলে কোন সুদ ছাড়াই ওই নিরাপত্তা জমা ইজারাগ্রাহক ফেরৎ পাওয়ার যোগ্য হবেন।

২৩২। কোন অবস্থাতেই স্বল্পকালীন ইজারা দেওয়া জমির উপর কোন পাকা নির্মাণ করতে অনুমতি দেওয়া হবে না। রাজস্ব পরিদর্শক এই বিষয়ে কড়া নজরদারী রাখবেন এবং ব্লকভূমি ও ভূমি সংস্কার আধিকারিককে প্রতিবেদন পাঠাবেন যদি স্বল্পমেয়াদী ইজারাগ্রহীতা ওই জমির উপর কোন পাকা নির্মাণ তৈরির চেষ্টা করেন। এই বিষয়ে কোন ক্ষতি হলে তিনি দায়ী থাকবেন।

২৩৩। স্বল্পমেয়াদী ইজারার নবীকরণ [Renewal of short-term leases] ঃ (১) সাধারণতঃ স্বল্পমেয়াদী ইজারা পাঁচ বছরের বেশি নবীকরণ হয় না। পাঁচ বছর মেয়াদ পূর্ণ হওয়ার ছয় মাস পূর্বে বর্তমান ইজারাগ্রহীতাকে স্বাভাবিক ভাড়া ও সেলামী প্রদান সাপেক্ষে দীর্ঘমেয়াদী ইজারা গ্রহণের প্রস্তাব দেওয়া হতে পারে। যদি তিনি ওই প্রস্তাব অগ্রাহ্য করেন এবং সময়মত ওই জমি ছেড়ে না দেন, একটি মামলা করে তাকে উচ্ছেদের ব্যবস্থা গ্রহণ করা যেতে পারে এবং ওই জমি অন্য ব্যক্তিকে দীর্ঘমেয়াদী ইজারার বন্দোবস্ত দেওয়া যেতে পারে।

(২) যে এলাকায় ১৮৮২ সালের সম্পত্তি হস্তান্তর আইন প্রযোজ্য, যদি ইজারাগ্রহীতা দীর্ঘমেয়াদী ইজারা গ্রহণের প্রস্তাবে অসম্মত হন তবে ইজারা নির্ধারণ করা যেতে পারে। ওই জমি ছেড়ে দেওয়ার জন্য উক্ত আইনের ১১১ ধারায় তাকে নোটিশ দিতে হবে। যদি ওই নোটিশের বিষয় প্রতিপালনে অপারগ হন, তার বিরুদ্ধে বেদখল মামলা দায়ের করা যেতে পারে।

২৩৪। কমিশনার তাঁর সিদ্ধান্তের কারণ লিপিবদ্ধ করার পর, পাঁচ বছরের অনধিক সময়ের জন্য স্বল্পমেয়াদী ইজারা নবীকরণ করতে পারেন। এই ধরনের নবীকরণ অনুমোদনের আগে তিনি যত্নসহ পরীক্ষা করবেন যে দীর্ঘমেয়াদী ইজারা দেওয়ার সমস্ত দিকগুলি নিঃশ্বেষ হয়ে গিয়েছে কিনা।

২৩৫। ভাড়া প্রদান [Payment of rent] ঃ প্রতিবছর ভাড়া দিতে হবে বাংলা বছর অনুযায়ী, এমনকি গ্রহীতাকে অনধিক দুটি কিস্তিতে ভাড়া দেওয়ার অনুমতি দেওয়া যেতে পারে। কিন্তু বাৎসরিক ভাড়া বা তার কোন অংশ বাংলা বছরের শেষ দিন বা তার আগে জমা না দিলে বকেয়া ধরা হবে।

২৩৬। (১) ইজারাগ্রহীতা ভাড়া জমা দিতে পারেন ভূমি সহায়কের কাছে বা সরাসরি কোষাগারে বা উপ-কোষাগারে নগদে বা ডাক বিভাগের মনি অর্ডার মারফৎ। তাঁর কাছে দেওয়া নগদ জমার ক্ষেত্রে ভূমি সহায়ক তাঁর স্বাক্ষরযুক্ত রসিদ প্রদান করবেন, যে রসিদ নির্ধারিত আছে পরিশিষ্টে ২ নং খাতা ও ৩ নং খাতা জমার পরে ঠিকঠিকভাবে লিখবেন।

(২) ডাক মনি অর্ডার হবে ভাড়া মনি অর্ডারের নিদর্শে। যখন ভূমি সহায়ক এ ধরনের রসিদ পাবেন, তিনি মনি অর্ডারে জমা দেওয়ার যে পদ্ধতি সেই পদ্ধতি অনুসরণ করবেন।

(৩) যখন নগদ বা মনি অর্ডারে সরাসরি কোষাগার বা উপকোষাগারে টাকা জমা হবে, হিসাব রক্ষক চালানের একটি প্রতিলিপি সংশ্লিষ্ট ব্লক ভূমি ও ভূমি সংস্কার আধিকারিকের কাছে পাঠাবেন, একটি উপদেশ তালিকাসহ চালান ভূমি সহায়কের কাছে পাঠানো হবে। সংশ্লিষ্ট ভূমি সহায়ক ওই

চালান ও উপদেশ তালিকা মন্তব্যসহ পাঠিয়ে দেবেন, মন্তব্য দেবেন এই মর্মে যে চালানে জমা দেওয়া অর্থ তিনি ২ নং খাতায় ও ৩ নং খাতায় নথিভুক্ত করেছেন।

২৩৭। ইজারাগ্রহীতা ভাড়া জমা দেওয়ার সময় কোন বছর বা বছরগুলির জন্য ভাড়া জমা দিচ্ছেন তা উল্লেখ করতে পারেন এবং সেই অনুসারে জমা হবে। কিন্তু যদি তিনি এ ধরনের কোন উল্লেখ না করেন তবে যে বছর বা বছরগুলির জন্য বকেয়া আছে সেই অনুসারে জমা হবে।

২৩৮। অনুমোদিত দখলকারদের বন্দোবস্ত [Settlement with unauthorised occupants]ঃ প্রায়ই দেখা যায় দীর্ঘদিন ধরে কোন ইজারা ছাড়াই কোন কোন ব্যক্তি অকৃষি উদ্দেশ্যে ব্যবহৃত জমি দখল করছেন। যদি দেখা যায় প্রায় বারো বছরের বেশি কোন ব্যক্তি এরকম দখলে রয়েছেন, তিনি রাজী হলে দীর্ঘমেয়াদী ইজারার প্রস্তাব তাকে দেওয়া যেতে পারে। [পশ্চিমবঙ্গ অকৃষি প্রজাস্বত্ব আইন ১৯৪৯ বাতিল হওয়ায় পরবর্তী অংশ নিষ্প্রয়োজন।]

২৩৯। সাধারণ নির্দেশ [General Instructions] ঃ সমাহর্তার লিখিত অনুমতি ছাড়া ইজারাগ্রহীতা বন্দোবস্তকৃত জমি বা তার কোন অংশ গচ্ছিত বা হস্তান্তর করতে পারবেন না। সমাহর্তা/জেলা ভূমি ও ভূমি সংস্কার আধিকারিক স্বল্পমেয়াদী ইজারার ক্ষেত্রে এই ধরনের অনুমতি দেবেন।

২৪০। সমাহর্তা/জেলা ভূমি ও ভূমি সংস্কার আধিকারিকের অনুমতি ছাড়াই যদি স্বল্পমেয়াদী ইজারার বন্দোবস্তকৃত জমি ভাড়া বা হস্তান্তর করা হয় তা হলে সঙ্গে সঙ্গে ওই ইজারাগ্রহীতাকে উচ্ছেদ করার ব্যবস্থা গ্রহণ করতে হবে এবং দীর্ঘমেয়াদী ইজারা দেওয়ার জন্য ওই জমি খাস দখলে আনতে হবে।

২৪১। স্বল্পমেয়াদী ইজারাকৃত জমিতে যদি কোন পাকা নির্মাণ করা হয়, ওই ইজারাগ্রহীতাকে উচ্ছেদ করার প্রয়োজনীয় ব্যবস্থা নিতে হবে যদি না তিনি লিখিতভাবে জানান যে সরকার দ্বারা স্থির করা সেলামী ও ভাড়া জমা দিয়ে তিনি দীর্ঘমেয়াদী ইজারা গ্রহণে ইচ্ছুক।

২৪২। যে এলাকায় ১৮৮২ সালে সম্পত্তি হস্তান্তর আইন প্রযোজ্য, সেখানে কোন ইজারা দেওয়ার সিদ্ধান্ত হলে ইজারাগ্রহীতাকে ওই আইনের ১১১ ধারায় ওই জমি ছেড়ে দেওয়ার জন্য নোটিশ দিতে হবে। ইজারাগ্রহীতার বিরুদ্ধে উচ্ছেদের মামলা দায়ের করতে হবে ওই নোটিশ অনুযায়ী কাজ করতে ব্যর্থ হলে। সেই এলাকায় এটা ঘটতে পারে যেখানে কিছু লোক দীর্ঘ দিন ধরে কোন ইজারা না কার্যকর করেই অকৃষি জমি দখল করছেন। এইসব ক্ষেত্রে পুরাতন ইতিহাস পর্যালোচনা করে দেখতে হবে যে ওই লোকগুলি ওই জমি দখল করায় কোন অধিকার অর্জন করেছে কিনা। যদি না থাকে, এই বিধানগুলি অধীনে ওই ব্যক্তিদেরকে সুবিধাজনক প্রস্তাব দিতে হবে। যদি তাঁরা রাজী না থাকে তাঁদের সরানোর জন্য প্রয়োজনীয় ব্যবস্থা নিতে হবে।

২৪৩। অকৃষি উদ্দেশ্যে ব্যবহৃত সমস্ত জমির নথি হাল সময় পর্যন্ত রাখতে হবে। ব্লক ভূমি ও ভূমি সংস্কার আধিকারিক এই উদ্দেশ্যে বিভিন্ন রকম খাতা, বিবরণী ইত্যাদি রক্ষণাবেক্ষণ করবেন যেগুলি ভূমি লেখ্য ও জরিপ অধিকর্তা স্থির করেছেন।

২৪৪। [পশ্চিমবঙ্গ অকৃষি প্রজাস্বত্ব আইন বাতিল হওয়ায় নিষ্প্রয়োজন]।

২৪৫। এই অধ্যায়ের বিভিন্ন বিধানে যাই থাক না কেন সরকার নির্ধারিত শর্তাবলী সাপেক্ষে কোন দীর্ঘমেয়াদী ইজারা ৩০ বছরের বেশি দেওয়া যেতে পারে সরকারের আগাম অনুমোদন সাপেক্ষে। যদি সরকার এই মত পোষণ করেন যে—যে উদ্দেশ্যে বন্দোবস্ত অনুমোদন করা হচ্ছে তা ৩০ বছরের বেশি না হলে ব্যর্থ হবে।

ষোড়শ অধ্যায়
Chapter 16
হাট ও বাজার (Hats and Bazars)

২৪৬। হাট ও বাজারগুলি নিয়ন্ত্রিত বাজার কমিটি ও পঞ্চায়েতকে হস্তান্তর [Transfer of hats and bazars to Regulated Market Committee and Panchayats] ঃ অধিকাংশ সরকারে ন্যস্ত হাট ও বাজারগুলি নিয়ন্ত্রিত বাজার কমিটিকে আগেকার কর্মরত কর্মচারীসহ হস্তান্তর করা হয়েছে ইতোমধ্যেই। অন্য দিকে পঞ্চায়েত এলাকার মধ্যে অবস্থিত বাকী হাট ও বাজারগুলির ব্যবস্থাপনার জন্য পঞ্চায়েত সংস্থাগুলিকে দেওয়া হয়েছে। সুতরাং সরকারের নিয়ন্ত্রণে থাকা হাট ও বাজারের সংখ্যা খুব কম। যে সব হাট ও বাজারগুলি সরাসরি সরকারের নিয়ন্ত্রণে রয়েছে সেইগুলিতে এই অধ্যায়ের বিধানগুলি প্রযোজ্য হবে।

[১]**২৪৬ক।** সাধারণভাবে সরকারের নিয়ন্ত্রণে কোন হাট, বাজার থাকবে না। সরকারের অধীনে থাকা এইসব সংস্থাগুলি জেলা ভূমি ও ভূমি সংস্কার আধিকারিক বন্দোবস্ত দেবেন নিলামের মাধ্যমে সমবায় সমিতি বা ২৬৬ক বিধান অনুযায়ী গঠিত অংশীদারী প্রতিষ্ঠানগুলিকে। যখনই হাট, বাজার ইত্যাদির ইজারার মেয়াদ শেষ হবে তখন ওই সমবায় সমিতি বা অংশীদারী প্রতিষ্ঠানকে বন্দোবস্ত দিতে হবে।

[১]**২৪৭। নূতন হাট ও বাজার স্থাপন [Establishment of new hats & bazars]** ঃ সরকারী জমিতে নূতন হাট, বাজার স্থাপন করতে হবে খুবই কম। যাই হোক, নূতন কোন কিছুর প্রতিষ্ঠার প্রয়োজন হলে জেলা ভূমি

১ বিজ্ঞপ্তি নং ৪৬৫০-এল. রেফ্./১ এফ.-২০/০১ জি ই (এম), তাং ১০.১২.২০০১ দ্বারা এই অংশটি অন্তর্ভুক্ত করা হয়েছে।

ও ভূমি সংস্কার আধিকারিক স্থান বাছাই করবেন এবং বিভাগীয় কমিশনারের মাধ্যমে ভূমি ও ভূমি সংস্কার দপ্তরে প্রস্তাব পাঠাবেন। প্রস্তাব অনুমোদনের পরে, জেলা ভূমি ও ভূমি সংস্কার আধিকারিক ২৬৬ক বিধি অনুযায়ী গঠিত সমবায় সমিতি এবং অংশীদারী প্রতিষ্ঠানগুলিকে নিলামের মাধ্যমে ওই হাট, মার্কেট বা বাজার বন্দোবস্ত দেবেন।

২৪৮। হাট এবং বাজার থেকে আদায় [Receipts from hats and markets] ঃ হাট ও বাজার থেকে আদায় তিন রকম হবে—

[২][(ক) সমবায় সমিতি বা অংশীদারী সংস্থাকে দেওয়া ইজারার ভাড়া।]

(খ) দোকানের ভাড়া; এবং

(গ) নিয়মিত আদায়।

কিভাবে হিসাব হবে সমস্ত ধরনের আদায় ৭ নং খাতায় নথিভুক্ত করা হবে এবং (ক) ও (খ)-এর ক্ষেত্রে ৬ নং খাতাতেও নথিভুক্ত করতে হবে।

২৪৯। উপরোক্ত বিজ্ঞপ্তি দ্বারা বাদ দেওয়া হয়েছে।

২৫০। ইজারা বন্দোবস্ত দেওয়ার শর্ত [Condition of lease of Ijara settlement] ঃ নিম্নলিখিত শর্তে ইজারা বন্দোবস্ত দেওয়া হবে—

[২][(ক) বন্দোবস্ত দেওয়া হবে তিন বছরের জন্য। ওই সময়সীমা পাড় হয়ে গেলে অন্যান্য বিষয়গুলি ঠিক থাকলে ইজারাগ্রহীতা পরবর্তী তিন বছরের জন্য ইজারা নবীকরণের সুযোগ পাবেন।]

(খ) সরকারী পাওনা হিসাবে বকেয়া আদায় করা হবে।

(গ) [২][বন্দোবস্তগ্রহীতা] হাট, বাজার পরিষ্কার পরিচ্ছন্ন রাখবেন।

(ঘ) তিনি বিক্রেতাদের কাছ থেকে কেবলমাত্র উপশুল্ক আদায় করবেন।

২ বিজ্ঞপ্তি নং ৪৬৫০-এল. রেফ্./১ এফ.-২০/০১ জি ই (এম), তাং ১০.১২.২০০১ দ্বারা এই অংশটি যুক্ত হয়েছে।

(ঙ) তিনি হাট বাজারের প্রতিদিনের আদায়ের পূর্ণাঙ্গ ও প্রকৃত হিসাব রাখবেন এবং ত্রৈমাসিক ভিত্তিতে ভূমি ও ভূমি সংস্কার দপ্তরের কর্মচারীর কাছে পরীক্ষার জন্য উপস্থিত করবেন।

(চ) [৩][বন্দোবস্তগ্রহীতা] উপরোক্ত শর্তাবলী না মানলে জেলা ভূমি ও ভূমি সংস্কার আধিকারিক ইজারা বন্দোবস্ত বাতিল করতে পারেন।

(ছ) এছাড়া জেলা ভূমি ও ভূমি সংস্কার আধিকারিক উপযুক্ত মনে করলে আরো কিছু শর্ত আরোপ করতে পারেন।

২৫১। হাটের ইজারা বন্দোবস্ত অনুমোদনের ক্ষমতা [Powers to sanction Ijara settlement of hats] ঃ জেলা ভূমি ও ভূমি সংস্কার আধিকারিক [কোন বন্দোবস্ত][৩] অনুমোদন করতে পারেন, যার ভাড়া ২৫০০ (দুই হাজার পাঁচশত) টাকার বেশি নয়। যে বন্দোবস্তের ভাড়া ২০,০০০ (কুড়ি হাজার) পর্যন্ত সেইগুলির অনুমোদন দেবেন বিভাগীয় কমিশনার। জেলা ভূমি ও ভূমি সংস্কার আধিকারিক [এইসব বন্দোবস্ত][৩] বিষয়ে সমাহর্তাকে সবকিছু জানাবেন।

[৩][**২৫২। সরকার দ্বারা নির্মিত দোকান [Shops constructed by Government] ঃ** কোন হাট বা বাজারে সরকার নির্মিত কোন দোকান থাকলে, যে জমির উপর সেটি আছে সেই জমির লাইসেন্স দেওয়া হবে। এই লাইসেন্স দেওয়ার ক্ষেত্রে অগ্রাধিকার পাবে সমবায় সমিতি বা অংশীদারী সংস্থাগুলি। বেশির ভাগ দোকান এখন ব্যক্তিগত লাইসেন্সে চলে। যখনই এই লাইসেন্স শেষ হবে বা নূতন দোকান গঠিত হবে সেক্ষেত্রে নূতন লাইসেন্স ২৬৬ক বিধান অনুযায়ী গঠিত সমবায় সমিতি বা অংশীদারী প্রতিষ্ঠানকে দিতে হবে।]

২৫৩। লাইসেন্সের নিদর্শ [Form of licence] ঃ হাট বা বাজারের দোকানদারদের লাইসেন্সের চুক্তিপত্র করা হবে পরিশিষ্ট ৪-এ দেওয়া

৩ বিজ্ঞপ্তি নং ৪৬৫০-এল. রেফ./১ এফ.-২০/০১ জি ই (এম), তাং ১০.১২.২০০১ দ্বারা এই অংশটি যুক্ত হয়েছে।

৪ নং নিদর্শে। ওই নিদর্শেই শর্তাবলী উল্লেখ করা আছে। এই ধরনের লাইসেন্স সাধারণতঃ দেওয়া হয় না।

[৪][**২৫৪। সাবলেট করা [Subletting]** ঃ লাইসেন্স বা ইজারার সাবলেট করা কঠোরভাবে নিষিদ্ধ এবং যদি কোন লাইসেন্সগ্রহীতা বা ইজারাগ্রহীতা তার লাইসেন্স/ইজারা সাবলেট করেন ওই লাইসেন্স/ইজারা বাতিল বলে গণ্য হবে।]

[৪][**২৫৫। লাইসেন্সের হস্তান্তর [Transfer of licence]** ঃ পরম্পরা অনুযায়ী বা উত্তরাধিকার ছাড়া লাইসেন্স হস্তান্তরযোগ্য নয়। এই ধরনের পরম্পরা বা উত্তরাধিকার বিষয় না থাকলে অথবা লাইসেন্সপ্রাপ্ত ব্যক্তি ব্যবসা চালাতে ব্যর্থ হলে একমাত্র আগের উল্লিখিত পদ্ধতিতে সমবায় সমিতি বা অংশীদারী প্রতিষ্ঠানকে লাইসেন্স দেওয়া যেতে পারে। এক্ষেত্রে সমবায় সমিতি অগ্রাধিকার পাবে।]

২৫৬। লাইসেন্স ফি [Licence Fee] ঃ সাধারণতঃ সম্পূর্ণ বাজার মূল্যে লাইসেন্স ফি ধার্য করা হবে।

২৫৭। জবর দখলকারী [Squatter defined] ঃ জবর দখলকার বলতে বোঝাবে যে সাধারণ বিক্রেতা যার কোন দোকান নেই অথবা নির্দিষ্ট দোকান ঘর নেই এবং যে তাঁর জিনিষপত্র রাস্তার ধারে অথবা ছাউনির নীচে সাজিয়ে রাখে।

২৫৮। জবর দখলকারীদের কাছ থেকে সংগ্রহ [Collection from squatters] ঃ (১) জেলা ভূমি ও ভূমি সংস্কার আধিকারিক দ্বারা উল্লিখিত ও কমিশনার দ্বারা অনুমোদিত একটি হাট বা অনেক হাটের দরের তালিকা অনুযায়ী জবর দখলকারদের কাছ থেকে আদায় করা হবে।

(২) ছোট ছোট চিরকুট বা টিকিটে জবরদখলকারীদের কাছ থেকে অর্থ আদায় করা হবে। এই চিরকুটে আগেই সই এবং ছিদ্র করবেন হাট মোহরার। বাজারের তহশিলদার এই চিরকুট/টিকিটগুলি রাখবেন অথবা

৪ বিজ্ঞপ্তি নং ৪৬৫০-এল. রেফ্./১ এফ.-২০/০১ জি ই (এম), তাং ১০.১২.২০০১ দ্বারা এই অংশটি যুক্ত হয়েছে।

কোন অনুমোদিত আধিকারিক ১০০০টি করে বাণ্ডিল করে পরপর ক্রমিক সংখ্যা দেবেন এবং ৭১ নং খাতায় এবং ৯৪ নং খাতায় লিখে রাখবেন।

২৫৯। **অব্যবহৃত চিরকুট [Unused slips etc.]** ঃ প্রতিটি বাজার দিনের পরে অব্যবহৃত চিরকুট/টিকিট মোহরার দেবেন বাজার তহশিলদারের কাছে, যিনি ৭১/৯৪ নং খাতা পরীক্ষা করে ওই সংখ্যাগুলি লিখবেন। এছাড়া মোহরার নির্দিষ্ট আদায় চালান পূরণ করে আদায় বাজার তহশিলদারের কাছে দেবেন।

২৬০। **রসিদ জমা [Credit of receipts]** ঃ বাজার তহশিলদার আদায় করা অর্থ ৪ নং খাতায় অর্থাৎ ক্যাশ বইতে লিখবেন স্থায়ী দোকানদার এবং নৈমিত্তিক দোকানদারদের কাছ থেকে আলাদা আলাদাভাবে। চালান নিদর্শের প্রাপ্তি স্বীকার; চালান আলাদা করা; প্রতিপত্র অংশ হাটমুহুরীকে দেওয়া এবং আলাদা করা চালানগুলি অফিসে রাখবেন।

২৬১। **দোকানের ফি-র জন্য রসিদ [Receipts for fees of shops]** ঃ প্রমাণ ভাড়া রসিদে দোকান ভাড়ার প্রাপ্তি স্বীকার করতে হবে এবং ওই নিদর্শ "বিবিধ" হিসাবে লিখতে হবে।

২৬২। **পরিদর্শন [Inspection]** ঃ রাজস্ব আধিকারিকগণ ও ব্লক ভূমি ও ভূমি সংস্কার আধিকারিক হাটগুলি অনবরত পরিদর্শন করবেন এবং আদায় প্রসঙ্গে যাবতীয় লেখা এবং রসিদের পরিচ্ছন্নতা পরীক্ষা করবেন। তারা এটাও নিশ্চিত করবেন যে বিক্রির জন্য যেসব জিনিস রাখা হয়েছে তাদের রক্ষা বিষয়ে সমস্ত ব্যবস্থা রয়েছে।

২৬৩। **কর্মচারী নিয়োগ ইত্যাদি [Appointment etc. of staff]** ঃ হাটের কর্মচারীদের নিয়োগ, ছুটি এবং শৃঙ্খলা বিষয়গুলি চালু নিয়মগুলি দ্বারা পরিচালিত হবে।

২৬৪। **আয় ব্যয়ের হিসাব [Profit and Loss Account]** ঃ প্রতি বছরের জন্য প্রতিটি হাটের দিনের হিসাব বাজার তহশিলদার নিম্নলিখিত নিদর্শে রক্ষণাবেক্ষণ করবেন—

মোট মূলধনী ব্যয়ঃ

(ক) সজ্জা-পরিকল্পনা, নিকাশী, কূপ ইত্যাদি ....

(খ) কাঠামো এবং ছাউনি যদি থাকে ....

বছর .... মাস ....

আয়		ব্যয়	
	টাকা		টাকা
১। দোকান ফি	....	সংস্থা	....
২। নৈমিত্তিক আদায়	....	নৈমিত্তিক	....
		সারাই ও রক্ষণাবেক্ষণ	
		সেস	....
মাসের মোট	....	মাসের মোট	....
জের যোগ	....	জের যোগ	....
মাসের শেষ পর্যন্ত মোট	....	মাসের শেষ পর্যন্ত মোট	....

প্রতি বছরের বাৎসরিক হিসাব রাজস্ব পর্যদের কাছে পাঠাতে হবে ত্রিশে এপ্রিলের মধ্যে। ওই হিসাব পাওয়ার পরই পর্যদ একত্রিত হিসাব প্রস্তুত করবেন এবং পঃ বঃ মহাগাণনিকের কাছে পাঠাবেন প্রতিটি হাটের জন্য আলাদা করে।

২৬৫। রাজস্ব পর্যদ নির্দেশিকা জারি করতে পারেন [Board of Revenue may issue instruction] ঃ কোন আইন ও নিয়মের বিরোধী নয় এরকম নির্দেশিকা হাট বাজারের ব্যবস্থাপনা বিষয়ে পঃ বঃ রাজস্ব পর্যদ জারি করতে পারেন।

সপ্তদশ অধ্যায়
Chapter 17

ফেরি, মাছ চাষ এবং অন্যান্য সৈরতি স্বার্থ
(Ferries, Fisheries and other Sairati Interests)

[1][**২৬৬। পঞ্চায়েত সংস্থাগুলিকে হস্তান্তর করা [Handover to Panchayat Institutions]** ঃ রাজ্য সরকারের নিয়ন্ত্রণাধীন জমি বা অধিকারের ক্ষেত্রে নিম্নলিখিতগুলি অন্তর্ভুক্ত হবে ঃ

(ক) জলাশয়, মাছ চাষের জন্য জলাশয়, নদীসদৃশ-মাছচাষ, স্রোতযুক্ত নদী, হাট, বাজার, ফেরি, টোল ও অন্যান্য সৈরতি এবং খুটাগাড়ি অধিকার;

(খ) আম, লিচু অন্যান্য ফলকর যদি থাকে;

(গ) মাছচাষ, খাল, মৃত নদী, জলা জায়গা;

(ঘ) বালি, সাধারণ মাটি, ইঁটের মাটি, মোরাম, পাথর, টালির মাটি, চীনা মাটি ইত্যাদি।

পশ্চিমবঙ্গ রাজস্ব পর্ষদের আদেশ অনুসারে ৫ একর পর্যন্ত ফেরি, মাছচাষ, জলাশয়, জলা জায়গা এবং অন্যান্য খুটাগাড়ি অধিকার ব্যবস্থাপনা পঞ্চায়েতের কাছে হস্তান্তরিত হয়েছে নিম্নলিখিতগুলি বাদে—

(১) নদী;

(২) বড় জলা জায়গা (৫ একরের বেশি);

১ বিজ্ঞপ্তি নং ৪৬৫০-এল. রেফ্./১ এফ.-২০/০১, তাং ১০.১২.২০০১ দ্বারা অংশগুলি অন্তর্ভুক্ত হয়েছে।

(৩) নদী সদৃশ মাছচাষ;

(৪) আংশিক সরকারে ন্যস্ত হওয়া জলা জায়গা;

(৫) ১৮৮৫ সালের বঙ্গীয় ফেরি আইনের অধীন ঘোষিত ফেরি; এবং

(৬) যেসব ক্ষেত্রে পঞ্চায়েত সুবিধাজনকভাবে নিয়ন্ত্রণে আনতে পারেনি সেগুলি।

উপরের (খ), (গ), (ঘ)-তে উল্লিখিত বিষয়গুলি কেবলমাত্র সমাহর্তার নিয়ন্ত্রণেই থাকবে। এর মধ্যে কতগুলি অন্য কোন সরকারী বা আধা সরকারী সংস্থাকে হস্তান্তর করা যায়।]

[২][**২৬৬ক**। সরকারের ঘোষিত নীতি হল সম্পদগুলির সবচেয়ে বেশি ব্যবহার দ্বারা সবচেয়ে বেশি স্বনিযুক্তি তৈরি করা, এই নীতির দিকে লক্ষ্য রেখে এটা সিদ্ধান্ত নেওয়া হয়েছে যে সমস্ত রকমের সম্পদ জলা জায়গা বাদে অর্থাৎ মাছচাষ, জলাশয় মাছচাষ, জলাশয় ইত্যাদি পূর্বোক্ত বিধান অনুযায়ী বন্দোবস্ত দিতে হবে সমবায় সমিতিগুলি, অংশীদারী প্রতিষ্ঠানগুলির মধ্যে যেগুলি তৈরি হবে স্থানীয় শিক্ষিত যুবকদের দ্বারা। এইগুলি তৈরি হবে কমপক্ষে ৩ জন দ্বারা যার মধ্যে অন্ততঃ দুইজন থাকবে দারিদ্র্যসীমার নীচে বসবাসকারী পরিবারের সদস্য এবং একজন দারিদ্র্যসীমার নীচে নয় এই পরিবারের থাকতে পারবে। প্রতিক্ষেত্রে দারিদ্র্যসীমার নীচের যুবক এবং দারিদ্র্যসীমার নীচের নয় এরকম যুবকের অনুপাত হবে ২ : ১। এটা খুবই প্রশংসনীয় হবে যদি অনুপাতের বেশির ভাগই দারিদ্র্যসীমার নীচে পরিবারের যুবকরা থাকে। এই ধরনের সমবায় সমিতি বা অংশীদারী প্রতিষ্ঠানগুলির সদস্যদের ৩০% হতে হবে মাধ্যমিক বা সমতুল্য শিক্ষা যোগ্যতার—ন্যূনতম পক্ষে।

তবে এই শর্তে যে যদি স্থানীয় দারিদ্র্যসীমার নীচের বেকার যুবকদের সংখ্যা যদি যথেষ্ট সংখ্যায় অমিল হয় তখন ওই সীমারেখার নীচের উচ্চ

২ বিজ্ঞপ্তি নং ৪৬৫০-এল. রেফ্./১ এফ.-২০/০১, তাং ১০.১২.২০০১ দ্বারা অংশগুলি অন্তর্ভুক্ত হয়েছে।

স্তরের থাকা পরিবারের শিক্ষিত বেকার যুবকদের দিয়ে সেই ঘাটতি মেটাতে হবে।

তবে সবসময় চেষ্টা চালাতে হবে যাতে দারিদ্র্যসীমার নীচের যুবকদের খুঁজে বার করা যায় এবং দ্বিতীয় বাছাই হিসাবে দারিদ্র্যসীমার নীচের উচ্চস্তরে থাকা যুবকরা।

ব্যাখ্যা ঃ যে সমস্ত ব্যক্তিদের পরিবারের আয় বার্ষিক ১৫,৯৭৬ টাকার নীচে গ্রামীণ এলাকায় এবং শহর এলাকায় ২১,২০৬ টাকার নীচে তাঁদের দারিদ্র্যসীমার (BPL) নীচে ধরা হবে, এবং যাঁদের পারিবারিক বার্ষিক আয় গ্রামীণ এলাকায় ৩১,৯৫২ টাকা এবং শহর এলাকায় ৪২,৪১২ টাকা তাঁদের ধরা হবে "দারিদ্র্যসীমার নীচের উচ্চস্তরের" (DBPL)। ব্যাখ্যায় যে সংজ্ঞা দেওয়া হয়েছে তা পঞ্চায়েত ও গ্রামীণ উন্নয়ন দপ্তর দ্বারা মাঝে মাঝে পরিবর্তিত হতে পারে। পঞ্চায়েত ও গ্রামীণ উন্নয়ন দপ্তর দ্বারা মাঝে মাঝে পরিবর্তিত হতে পারে। পঞ্চায়েত ও গ্রামীণ উন্নয়ন দপ্তর যখন এই ধরনের পরিবর্তন করবেন তখন জেলা ভূমি ও ভূমি সংস্কার আধিকারিক ওই পরিবর্তন গ্রহণ করবেন।]

২৬৬খ। যখনই ব্লক ভূমি ও ভূমি সংস্কার আধিকারিক/মহকুমা ভূমি ও ভূমি সংস্কার আধিকারিক/জেলা ভূমি ও ভূমি সংস্কার আধিকারিক কোন কিছু নিলাম করবেন, তখন বিজ্ঞপ্তি অনুযায়ী ২৬৬ক নিয়ম অনুসারে গঠিত সমবায় সমিতি বা অংশীদারী প্রতিষ্ঠানগুলিকে অগ্রাধিকার দিতে হবে অন্যদের চেয়ে। সমবায় দপ্তর পঃ বঃ সমবায় সমিতি আইন পরিবর্তনের চেষ্টা করছে যাতে সমবায় সমিতি গঠনের ন্যূনতম সদস্য সংখ্যা তিন (৩) করা যায়। যতক্ষণ না তা হচ্ছে পূর্ব বর্ণিত ২৬৬ক বিধিমতে গঠিত অংশীদারী প্রতিষ্ঠানগুলিকে নিবন্ধীকৃত সমিতিগুলির সমতুল্য বলে গণ্য করা হবে ওই নিলামে বাছাই-এর জন্য। ইজারাযোগ্য জায়গা পাওয়ার উপর ভিত্তি করে প্রতিটি ব্লকে উৎপাদন, লেনদেন ও ব্যবসার জন্য প্রয়োজনীয় সংখ্যক সমবায় সমিতি/অংশীদারী প্রতিষ্ঠানগুলি গড়ে তুলতে হবে। সমষ্টি উন্নয়ন আধিকারিকের কাছে দারিদ্র্যসীমার নীচে থাকা পরিবারের তথ্য থাকে। তিনি তার ব্লকের সমবায় পরিদর্শকের সাহায্যে ওই সমবায় সমিতি/অংশীদারী প্রতিষ্ঠান গঠনের উপযুক্ত কর্তৃপক্ষ হিসাবে

কাজ করবেন। এটা আশা করা যায় যে, উক্ত সমবায় সমিতি/অংশীদারী প্রতিষ্ঠান আগেই তৈরি হবে যাতে সঠিক সময়ে তাঁরা নিলামে অংশগ্রহণ করতে পারে তার জন্য অপেক্ষায় থাকবে।

বড় জলা জায়গা বাদে অন্য সৈরতি স্বার্থের জন্য যেমন মাছচাষ, মাছ চাষের জন্য জলাশয়, জলাশয় ইত্যাদি এবং যে কোন প্রকারের খনন, ইত্যাদির আকার এবং সংখ্যার উপর ভিত্তি করে যথেষ্ট সংখ্যক সমবায় সমিতি গড়ে তুলতে হবে। যেগুলিতে দারিদ্র্যসীমারেখার নীচের এবং স্বচ্ছল পরিবারের সদস্যসংখ্যার অনুপাত হবে ২ : ১। এইসব ক্ষেত্রে সমষ্টি উন্নয়ন আধিকারিক পঞ্চায়েত সমিতির সভাপতি, সমবায় পরিদর্শক প্রভৃতির সহায়তায় এবং ব্লক ভূমি ও ভূমি সংস্কার আধিকারিকের সাহায্য নেবেন।

[৩][**২৬৬গ। পঞ্চায়েতে হস্তান্তরিত জলাশয় ও অন্য স্বার্থ জড়িত ক্ষেত্রগুলির ব্যবস্থাপনা পদ্ধতি [Manners of operation of tanks and other interests transferred to Panchayat] ঃ** জলাশয় এবং অন্য স্বার্থ জড়িত ক্ষেত্রগুলি যা পঞ্চায়েতগুলিকে হস্তান্তরিত করা হয়েছে তা সক্রিয় প্রাথমিক মৎস্যজীবী সমবায় সমিতি অথবা মৎস্য উৎপাদনকারী গোষ্ঠী অথবা স্বনির্ভর গোষ্ঠীগুলিকে ২৭২ নং বিধিতে বর্ণিত পদ্ধতি অনুসারে ইজারা দেওয়া হবে। কোন ব্যক্তিবিশেষকে পঞ্চায়েত ওইগুলি ইজারা দেবেন না। কোন ব্যক্তিবিশেষকে ইজারা দেওয়া হলেও ইজারার মেয়াদ শেষ হলে আর নবীকরণ করবেন না এবং জলাশয়ের আয়তন অনুসারে তা ইজারা ও বন্দোবস্ত দেওয়া হবে স্থানীয় প্রাথমিক মৎস্যজীবী সমবায় সমিতি অথবা মৎস্য উৎপাদন গোষ্ঠী অথবা স্বনির্ভর গোষ্ঠীকে।

ব্যাখ্যা ঃ পঞ্চায়েতে হস্তান্তরিত জলাশয় এবং অন্য স্বার্থজড়িত ক্ষেত্রগুলি বন্দোবস্তের উদ্দেশ্যে উল্লিখিত স্বনির্ভর গোষ্ঠী বলতে সেই স্বনির্ভর গোষ্ঠীকে বোঝাবে যারা ব্যাঙ্ক এবং পশ্চিমবঙ্গ সরকারের পঞ্চায়েত ও গ্রামোন্নয়ন বিভাগ আয়োজিত নির্ধারিত মান অতিক্রমে সফল হয়েছেন।

৩ বিজ্ঞপ্তি নং ৫২৩-এল. আর. তাং ২০/২/২০০৬ দ্বারা ২৬৬গ উপবিধিটি সংশোধিত হয়েছে।

পঞ্চায়েতগুলিকে যেসব জলাশয় এবং অন্যান্য স্বার্থগুলি দেওয়া হয়েছে সেগুলি ২৭২ নং বিধান অনুযায়ী চালু প্রাথমিক মৎস্যজীবীদের সমবায় বা মৎস্য উৎপাদন গোষ্ঠীকে ইজারা দিতে হবে। কোন ব্যক্তিবিশেষকে পঞ্চায়েত ইজারা দেবেন না। যদি কোন ব্যক্তি বিশেষকে ইজারা দেওয়া হয়ে থাকে তবে তার নবীকরণ করা হবে না মেয়াদ পূর্ণ হওয়ার পরে এবং জলাশয়ের আয়তন অনুযায়ী চালু প্রাথমিক মৎস্যজীবী সমবায় বা মৎস্য উৎপাদন গোষ্ঠীকে ইজারা দিতে হবে।]

[৪][**২৬৭**। পঞ্চায়েতকে হস্তান্তর করা হয়নি এমন জলকর/মৎস্যচাষ ক্ষেত্রগুলির ক্ষেত্রে এই অধ্যায়ের পরবর্তী নিয়মগুলি প্রযোজ্য।]

[৪][**২৬৮**। স্রোতযুক্ত/জোয়ার ভাটা নিয়ন্ত্রিত নদীগুলি প্রকৃতির সম্পদ এবং স্বাধীনভাবে সাধারণের উপভোগের জন্য রাখতে হবে। সাধারণ মানুষকে বঞ্চিত করে এগুলি কোন সমবায় সমিতি/অংশীদারী প্রতিষ্ঠান/ব্যক্তিবিশেষদেরকে ইজারা দেওয়া যাবে না। চালু আছে এরকম কোন ইজারার মেয়াদ শেষ হলে ওই বহতা নদী সাধারণ মানুষের উপভোগের জন্য মুক্ত রাখতে হবে।]

২৬৯। নদীর গতিপথ পরিবর্তন [Varies with the flow of a river] ঃ সমস্ত জলকরের মাছ ধরার প্রদত্ত অধিকার নদীর ধারা পরিবর্তনের সাথে বদল হয়।

[৫][**২৭০। মৃত অ্যাডজ্যাঙ্কট্ বা মরা খাল বন্দোবস্তের পদ্ধতি [Mode of settlement of dead "adjunct" or dead canal] ঃ** মরা নদী বা খালগুলিকে স্থানীয় সক্রিয় মৎস্যজীবী সমবায় সমিতিকে বা এগুলির অনুপস্থিতিতে মৎস্য উৎপাদন গোষ্ঠী বা স্বনির্ভর গোষ্ঠীকে ইজারা দেওয়া যাবে। তবে কোন "অ্যাডজাঙ্কট্"-কে ইজারা দেওয়া যাবে না যদি এই ধরনের ইজারা নদীর প্রবাহের ব্যাঘাত ঘটায় বা ব্যাঘাত ঘটানোর সম্ভাবনা

৪ বিজ্ঞপ্তি নং ৪৬৫০-এল. রেফ্./১ এফ.-২০/০১, তাং ১০.১২.২০০১ দ্বারা অংশগুলি অন্তর্ভুক্ত হয়েছে।

৫ বিজ্ঞপ্তি নং ৫২৩-এল. আর, তাং ২০.২.২০০৬ দ্বারা ২৭০ নং বিধিটি সংশোধিত হয়েছে।

তৈরি করে। সংশ্লিষ্ট জেলার সমাহর্তার নিকট থেকে সদর্থক ইঙ্গিত পাওয়ার পরই এই ধরনের ইজারার অনুমোদন দেওয়া যেতে পারে।

ব্যাখ্যা ঃ এই বিধির উদ্দেশ্যের জন্য ''অ্যাডজ্যাঙ্ক্ট্'' শব্দটির অর্থ বোঝাবে সেই ধরনের জলাধার যা নদী জলকরের সাথে সারাবছর ধরে যুক্ত থাকবে। যখন এরকম এধরনের যোগাযোগ বন্ধ হয়ে যাবে ওই জলাধারটি অ্যাডজাঙ্ক্ট্-এ পরিণত হবে এবং মৃত নদী বা মৃত খাল হিসাবে পরিগণিত হবে।

''অ্যাড্জাঙ্কট্'' বলতে সেইরকম জলাধার বোঝাবে যা নদী জলকরের সাথে সারাবছর ধরেই যুক্ত থাকবে এমনকি খরার সময়েও। যখন এরকম বর্ষজীবী সংযোগ বন্ধ হয়ে যাবে তখন জলাধারটিকে আর ''অ্যাড্জাঙ্কট্'' বলা যাবে না, সেটি মৃত নদী বলতে হবে। বিভিন্ন এলাকায় মৃত খাল থাকে। ওই ধরনের মৃত নদী/মৃত খাল স্থানীয় চালু মৎস্যজীবীদের সমবায় সমিতি বা ওই ধরনের সমবায় সমিতির অভাবে স্থানীয় মৎস্য উৎপাদন গোষ্ঠীকে বন্দোবস্ত দেওয়া যেতে পারে। তবে কোন অ্যাড্জ্যাঙ্ক্ট্কে ইজারা দেওয়া যাবে না যদি এই ধরনের ইজারা নদীর প্রবাহের ব্যাঘাত ঘটায় বা ব্যাঘাত ঘটানোর সম্ভাবনা তৈরি করে। ইজারা দেওয়ার আগে জেলা/রাজ্য পর্যায়ের সেচ ও জলপথ দপ্তর থেকে ছাড়পত্র সংগ্রহ করতে হবে।]

২৭১। ইজারার নিদর্শ [Form of lease] ঃ পরিশিষ্ট ৪-এ উল্লিখিত ৫ নং নিদর্শে জলকর বা ফিসারির ইজারা দিতে হবে। ব্যক্তিগত অংশীদারের অধীন আংশিক সরকারে ন্যস্ত জলা জায়গার বন্দোবস্তের ক্ষেত্রে রাজস্ব পর্ষদের স্মারক নং ৫০৭৮/১৭ জি ই (এম), তারিখ ২.৫.১৯৮১-তে উল্লিখিত নিদর্শ অনুসরণ করতে হবে (৪ নং পরিশিষ্টের ৭ নং নিদর্শ দ্রষ্টব্য)। সাব লেট (Sub-let) করা বিষয়ে বিধিনিষেধ এবং মাছ ধরার পদ্ধতি প্রয়োজন অনুযায়ী মৎস্যদপ্তরের আধিকারিকদের সাথে আলোচনা করে ইজারা দেওয়ার সময় জেলা ভূমি ও ভূমি সংস্কার আধিকারিক ইজারায় সংযুক্ত করবেন। এই নিয়মে সাবলেট বলতে এটা বোঝাবে না যে কেন্দ্রীয় মৎস্যজীবীদের সমবায় সমিতি দ্বারা তাঁর স্বীকৃত প্রাথমিক সমিতিগুলির মধ্যে জলকর বণ্টন এবং একইরকমভাবে প্রাথমিক সমিতিগুলি তার সদস্যদের মধ্যে বণ্টন।

২৭২। জলকর বন্দোবস্তের পদ্ধতি [Mode of settlement of fisheries] ঃ [৬][(১) সরকারী জলকরগুলি কোন ব্যক্তিবিশেষকে ইজারা বা বন্দোবস্ত দেওয়া যাবে না। জেলা সমাহর্তাকে সভাপতি করে জেলা ভূমি ও ভূমি সংস্কার আধিকারিক এবং সহ মৎস্য অধিকর্তাকে নিয়ে তৈরি কমিটি প্রত্যেক জলকরের গড় নীট আয় হিসাব করবেন পূর্ববর্তী তিন বছরের নীট আয়ের উপর ভিত্তি করে। এই আয়ের ২৫% ওই জলকরের আর্থিক ভাড়া হিসাবে স্থির করা হবে।]

(২) (ক) জেলা ভূমি ও ভূমি সংস্কার আধিকারিক বছরের শুরুতে তাঁর জেলার পঃ বঃ জলকর অধিকর্তা এবং পঃ বঃ সহ জলকর অধিকর্তাকে জলকরের তালিকা দেবেন। প্রতিটি ক্ষেত্রে ইজারার মেয়াদ শেষ হওয়ার তারিখ উল্লেখ করা থাকবে যাতে করে সক্রিয় প্রাথমিক মৎস্যজীবী সমবায় সমিতি অথবা মৎস্য উৎপাদন গোষ্ঠীগুলিকে চিহ্নিত করা যায় এবং ইজারা শেষ হলে পুনরায় বন্দোবস্তের সময় ওই জলকরগুলি ইজারার জন্য তারা আবেদন করতে পারেন। ওই একইরকম তালিকা জেলার সমাহর্তাকে দেওয়া হবে যাতে করে জেলার মধ্যে অবস্থিত স্বনির্ভর গোষ্ঠীগুলিকে তিনি চিহ্নিত করতে পারেন এবং ইজারা শেষ হওয়া মাত্র তারা পুনরায় বন্দোবস্ত পাওয়ার জন্য আবেদন করতে পারেন।

(খ) জেলা ভূমি ও ভূমি সংস্কার আধিকারিক পঃ বঃ মৎস্য অধিকর্তার কাছ থেকে প্রাথমিক মৎস্যজীবী সমবায় সমিতি অথবা তাঁর জেলার মৎস্য উৎপাদন গোষ্ঠীর তালিকা সংগ্রহ করবেন এবং তাঁর মতে ওই জলকর বন্দোবস্ত পাওয়ার যোগ্যতা অর্জন করবে কারা তা স্থির করবেন।

(গ) ওই জেলার মধ্যেকার স্বনির্ভর গোষ্ঠীর তালিকাও সংগ্রহ করবেন জেলা ভূমি ও ভূমি সংস্কার আধিকারিক। ওই গোষ্ঠী বন্দোবস্ত গ্রহণে পর্যাপ্ত যোগ্যতা অর্জন করেছে কিনা তার মতামত তিনি দেবেন।

(ঘ) ওই জেলার সহ মৎস্য অধিকর্তা এবং জেলা মৎস্য অধিকর্তাকে ওই জলকর বন্দোবস্ত দেওয়ার সময় উপস্থিত থাকতে অনুরোধ করা যেতে পারে।

৬ বিজ্ঞপ্তি নং ৫২৩-এল. আর., তাং ২০.২.২০০৬ দ্বারা ২৭২ নং বিধিটি সংশোধিত হয়েছে।

(৩) (ক) উপবিধি (২) অনুসারে প্রাথমিক মৎস্যজীবী সমবায় সমিতি বা মৎস্য উৎপাদন গোষ্ঠী বা স্বনির্ভর গোষ্ঠীগুলির কাছ থেকে সিল করা দরপত্র আমন্ত্রণ করা যেতে পারে। সংরক্ষিত মূল্য থেকে কম না হলে সর্বোচ্চ দরপত্রকে সাধারণভাবে গ্রহণ করা হবে। যা (১) উপবিধি মতে স্থিরকৃত আর্থিক ভাড়ার সমান।

(খ) যে কোন জলাশয় বন্দোবস্ত দেওয়ার জন্য স্থানীয় কোন সক্রিয় প্রাথমিক মৎস্যজীবী সমবায় সমিতিকে অগ্রাধিকার দিতে হবে। যাই হোক না কেন ওই এলাকার যে কোন সক্রিয় প্রাথমিক মৎস্যজীবী সমবায় সমিতির কেবলমাত্র অনুপস্থিত থাকলে ওই জলাশয় যে কোন স্থানীয় মৎস্য উৎপাদন গোষ্ঠী অথবা স্বনির্ভর গোষ্ঠীকে বন্দোবস্ত দেওয়া যেতে পারে।

তবে একথা বলা যেতে পারে যে যদি কোন স্থানে একটিমাত্র সক্রিয় প্রাথমিক মৎস্যজীবী সমবায় সমিতি থাকে এবং যদি সেখানে কোন মৎস্য উৎপাদন গোষ্ঠী অথবা স্বনির্ভর গোষ্ঠী না থাকে তবে ওই জলাশয় ওই স্থানীয় সক্রিয় প্রাথমিক মৎস্যজীবী সমবায় সমিতিকে দেওয়া যেতে পারে। তা দেওয়া হবে উপবিধি (১) অনুসারে স্থিরকৃত আর্থিক ভাড়ার উপর ভিত্তি করে এবং প্রয়োজনে পুনরায় দরপত্র আহ্বান করা যেতে পারে।

(৪) যদি সর্বোচ্চ দরপত্রটি সংরক্ষিত অর্থের চেয়ে কম হয় তখন নিলাম করে ওই জলকর বন্দোবস্ত দেওয়া হবে। ওই নিলাম হবে প্রাথমিক মৎস্যজীবী সমবায় সমিতি অথবা মৎস্য উৎপাদন সংস্থা অথবা স্বনির্ভর গোষ্ঠীর মধ্যে যারা দরপত্র জমা দিয়েছিল এবং সর্বোচ্চ দরদাতাকে চূড়ান্ত বন্দোবস্ত দেওয়া হবে। বলা বাহুল্য, ওই দর (bid) সংরক্ষিত মূল্যের 50% কম যেন না হয়।

(৫) বন্দোবস্ত দেওয়ার সময় প্রথম বছর ধার্য ভাড়ার 25% জমা দিতে হবে এবং বাকী অর্থ বছরের শুরুতে জমা দিতে হবে। পরবর্তী বছরগুলির বার্ষিক ভাড়া (rent) প্রতি বছর আরম্ভের সময়ই দিতে হবে। উপরোক্ত উপবিধির যে কোন শর্ত পূরণে ব্যর্থ হলে ওই ইজারা বাতিল করা হবে।

(৬) প্রতিটি প্রাথমিক মৎস্যজীবী সমবায় সমিতি অথবা মৎস্য উৎপাদন গোষ্ঠী অথবা স্বনির্ভর গোষ্ঠী যাদেরকে ইজারা দেওয়া হবে তারা

ওই জলাশয়কে সবচেয়ে ভালোভাবে কাজে লাগানোর জন্য সর্বোচ্চ প্রয়াস নেবেন। পরপর দুই বছর পশ্চিমবঙ্গ সরকারের মৎস্য বিভাগ দ্বারা নির্ধারিত হেক্টর প্রতি মৎস্য উৎপাদনের সর্বনিম্ন পরিমাণ পূরণে ব্যর্থ হলে ওই ইজারা বাতিল করার যোগ্য হবে। যে প্রাথমিক মৎস্যজীবী সমবায় সমিতি বা মৎস্য উৎপাদন গোষ্ঠী বা স্বনির্ভরগোষ্ঠীকে ইজারা দেওয়া হবে নূতন বছর আরম্ভের অন্ততঃ ১৫ দিন আগে থেকে জেলার সহকারী মৎস্য অধিকর্তার মাধ্যমে জেলা ভূমি ও ভূমি সংস্কার আধিকারিকের কাছে উৎপাদনের হিসাব জমা দেবেন।]

২৭৩। আংশিক ন্যস্ত হওয়া জলাশয় [Part-vested tank] ঃ আংশিকভাবে সরকারে ন্যস্ত জলাশয়ের বন্দোবস্ত ৩০ বছরের জন্য ওই পুকুরের অংশীদারকে দেওয়া যেতে পারে, যদি তিনি যেভাবে অকৃষিজমির ইজারা দেওয়া হয় সেইভাবে সেলামী ও বার্ষিক ভাড়া জমা দেন। এই ধরনের ইজারা দেওয়ার ক্ষেত্রে ৪ নং পরিশিষ্টের ৭ নং নিদর্শ ব্যবহার করা যেতে পারে। খাসমহল জলাশয়, বন্ধ খাল বা বন্ধ বড় খালের ক্ষেত্রে ৪ নং পরিশিষ্টের ৬ নং নিদর্শ ব্যবহার করা যেতে পারে।

[৭][তবে শর্ত যাই থাক না কেন ব্যক্তি মালিকানা পুকুরের ৫০% -এর বেশি সরকারে ন্যস্ত হয় ওই জলাশয় ব্যক্তিগত অংশীদারদের মধ্যে বন্দোবস্ত দেওয়া যাবে না। তার পরিবর্তে অংশীদারগণ যথেষ্ট সংখ্যক স্থানীয় মৎস্যজীবীদের নিয়ে মৎস্য উৎপাদন গোষ্ঠী গঠন করবেন এবং যদি স্থানীয় মৎস্যজীবীদের না পাওয়া যায় তবে দারিদ্র্যসীমার নীচে বসবাসকারী পরিবার থেকে স্থানীয় বেকারদের নিয়ে গোষ্ঠী গঠন করবেন এবং বন্দোবস্ত নেবেন। এই বন্দোবস্ত ৭ বছরের বেশি হবে না। সহ মৎস্য অধিকর্তার সাহায্য নিয়ে উৎপাদনের বাজার দরের ১০% বার্ষিক ভাড়া স্থির করবেন জেলার সমাহর্তা/জেলা ভূমি ও ভূমি সংস্কার আধিকারিক।]

২৭৪। মৎস্য দপ্তরকে হস্তান্তর [Transfer to Fishery Department] ঃ জেলা সমাহর্তার কাছে জানিয়ে বড় জলাশয় বা জলা জায়গা জেলা ভূমি

৭ বিজ্ঞপ্তি নং ৪৬৫০-এল. রেফ্./১ এফ.-২০/০১, তাং ১০.১২.২০০১ দ্বারা অংশগুলি অন্তর্ভুক্ত হয়েছে।

ও ভূমি সংস্কার আধিকারিক অস্থায়ীভাবে মৎস্য দপ্তরের চাহিদা অনুসারে অনধিক [১০ বছরের][৮] জন্য হস্তান্তর করতে পারেন। যদি চাহিদা আরো অধিক সময়ের জন্য হয়, তবে কমিশনারের মাধ্যমে বিষয়টি অনুমোদনের জন্য রাজস্ব পর্ষদের কাছে পাঠাতে হবে।

২৭৫। বন্দোবস্তের সময়সীমা [Period of settlement] ঃ সরকারে আংশিক ন্যস্ত জলা জায়গার ব্যক্তিগত অংশীদারদের বন্দোবস্ত বাদে, সমস্ত বন্দোবস্তের মেয়াদ হবে [অনধিক ১০ বছর][৮]।

[৮][**২৭৫ক।** কোন ইজারার মেয়াদ এক বছরের অধিক সময় হলে, সমস্ত ক্ষেত্রেই ভাড়া বার্ষিক ৫% (পাঁচ শতাংশ) হারে বৃদ্ধি পাবে।]

২৭৬। বিশেষ রকম বন্ধক বাদে ইজারা হস্তান্তরের বিধিনিষেধ [Prohibition of transfer of lease except by way of certain kind of mortgage] ঃ যে ব্যক্তিকে কোন জলা জায়গা ইজারা দেওয়া হয়েছে তিনি কিছু ব্যাঙ্কে বা সমবায় সমিতি বা নিগমে বা কেন্দ্র বা রাজ্য সরকার বা উভয় সরকার দ্বারা নিয়ন্ত্রিত সংস্থায় স্বত্ব দলিল রেখে সাধারণ বন্ধক ছাড়া তাঁর অধিকার হস্তান্তরের অধিকারী হবেন না। তবে ওই নির্দিষ্ট সংস্থাগুলিতে বন্ধক দেবেন ওই জলা জায়গার উন্নয়নের জন্য।

২৭৭। রাজস্ব আদায় [Credit of Revenue] ঃ জলকর থেকে রাজস্বকে বিবিধ দাবি হিসাবে ধরা হবে এবং ৬ নং ও ৭ নং খাতায় তা লেখা হবে।

২৭৮। বন্দোবস্ত নিশ্চিত করার মুখ্য ক্ষমতা [Principal power to confirm settlement] ঃ যে সমস্ত জলকরের ভাড়া (rent) ২৫০০ টাকার অধিক নয় সেগুলির বন্দোবস্ত নিশ্চিত করার ক্ষমতা দেওয়া হয়েছে জেলা ভূমি ও ভূমি সংস্কার আধিকারিককে এবং ২০,০০০ টাকার অধিক নয় এরকম ভাড়ার ক্ষেত্রে ক্ষমতা দেওয়া আছে কমিশনারকে। সরকারে ন্যস্ত আংশিক জলা জায়গার দীর্ঘমেয়াদী বন্দোবস্তের প্রস্তাব পাঠাতে হবে রাজস্ব পর্ষদের কাছে অনুমোদনের জন্য।

৮ বিজ্ঞপ্তি নং ৪৬৫০-এল. রেফ্./১ এফ.-২০/০১, তাং ১০.১২.২০০১ দ্বারা অংশগুলি অন্তর্ভুক্ত হয়েছে।

২৭৯। ১২ নং খাতা [Registered XII] ঃ জলকর বন্দোবস্তের প্রস্তাবগুলি ১২ নং খাতায় নথিভুক্ত করতে হবে।

২৮০। ফেরির সংজ্ঞা [Definition of ferry] ঃ ফেরি বলতে বোঝাবে একাধিক নৌকার সেতু, ভেলার সেতু, দোলনা সেতু, ভাসমান সেতু, অস্থায়ী সেতু এবং ভাসমান/ভূমিতে স্থাপিত মঞ্চ।

২৮১। সরকারী ফেরি এবং বেসরকারী ফেরি [Public ferries and non-public ferries] ঃ (১) ১৮৮৫ সালের বঙ্গীয় ফেরি আইন অনুযায়ী যে ফেরিগুলি সরকারী ফেরি হিসাবে ঘোষণা করা হয়েছে সেগুলির সম্পূর্ণ নিয়ন্ত্রণ থাকবে কমিশনারের নির্দেশক্রমে জেলা সমাহর্তার কাছে। এগুলি এখন পূর্ত বিভাগের শাসনাধীনে আছে।

অন্যান্য সরকারে ন্যস্ত এবং খাসমহল ফেরিগুলি এই নিয়মের (২) থেকে (৮) নং উপবিধি অনুযায়ী পরিচালিত হবে।

[৯][(২) ফেরি বন্দোবস্তের পদ্ধতি জেলা ভূমি ও ভূমি সংস্কার আধিকারিক প্রকাশ্য নিলামের মাধ্যমে ফেরির বন্দোবস্ত সম্পাদন করবেন, বন্দোবস্ত কার্যকর হওয়ার অন্ততঃ তিন মাস আগে এই নিলামের ব্যবস্থা করতে হবে। ২৬৬ক বিধির মত নিলাম সীমাবদ্ধ থাকবে সমবায় সমিতিগুলি বা অংশীদারী প্রতিষ্ঠানগুলির মধ্যে।

(৩) উত্তরাধিকার সূত্রে প্রাপ্ত পাটনিদের ছাড়—যেক্ষেত্রে সর্বোচ্চ নিলামের দর ২০০০ টাকার অধিক নয়, সেক্ষেত্রে বন্দোবস্ত বংশগত পাটনির পক্ষে দিতে হবে যদি ওই বংশগত পাটনির দেওয়া নিলাম দর সর্বোচ্চ দরের ৮৫%-এর কম না হয়।

(৪) ফেরির বন্দোবস্ত অনুমোদনের ক্ষমতা যে ফেরির আয় [১০,০০০ টাকার][৯] অধিক নয় তার বন্দোবস্ত দেওয়ার ক্ষমতা দেওয়া হয়েছে জেলা ভূমি ও ভূমি সংস্কার আধিকারিককে এবং যে ফেরির রাজস্ব আয় [৫০,০০০ টাকার][৯] বেশি নয় তার বন্দোবস্ত দেওয়ার ক্ষমতা দেওয়া আছে কমিশনারের।

৯ বিজ্ঞপ্তি নং ৪৬৫০-এল. রেফ্./১ এফ.-২০/০১, তাং ১০.১২.২০০১ দ্বারা অংশগুলি অন্তর্ভুক্ত হয়েছে।

(৫) ফেরি ইজারার নিদর্শ—৪ নং পরিশিষ্টের ৮ নং নিদর্শে ফেরির ইজারা কার্যকর করা হবে। এই ইজারা নিবন্ধীকরণ করতে হবে।

(৬) ফেরিতে পারানি—কমিশনারের অনুমোদনক্রমে সমাহর্তা ফেরিতে যাতায়াতের পারানির হার স্থির করবেন, ফেরির মাধ্যমে সমস্ত মানুষ, জীব জন্তু, যানবাহন বা অন্য সামগ্রী ফেরির মাধ্যমে নদী পারাপারের জন্য ইজারাগ্রহীতাকে ওই অর্থ দেবেন। রাজস্ব পর্যদ আদেশ দ্বারা কোন ব্যক্তি, জীবজন্তু, যানবাহন বা অন্য জিনিসকে ওই ধরনের পারানি দেওয়া থেকে ছাড় দিতে পারেন।

(৭) পারানির তালিকা—পারানির তালিকা বাংলায় বোঝার মত করে হাতে লিখে বা ছাপিয়ে প্রকাশ্যস্থানে ইজারাগ্রহীতা টাঙিয়ে রাখবেন। এছাড়া কমিশনার চাইলে ইংরাজিতেও তা টাঙাতে হবে। এছাড়া সমাহর্তা বা তাঁর অনুমোদিত কোন আধিকারিক দ্বারা স্বাক্ষরিত পারানির তালিকা দাবীমত উপস্থিত করতে বাধ্য থাকবেন।

(৮) খুঁটিগাড়ি অধিকার—খুঁটিগাড়ি অধিকার বন্দোবস্ত দেওয়া হবে ফেরি বন্দোবস্ত দেওয়া হয় যেভাবে সেই একই পদ্ধতিতে। ফেরিঘাটে খুঁটিগাড়ি অধিকার এবং ফেরি চলাচলের অধিকার সাধারণতঃ একই ব্যক্তিকে বন্দোবস্ত দেওয়া হয়। যদি এটা না হয়, খুঁটিগাড়ি ইজারাগ্রহীতা খুঁটিগাড়ি কর ফেরি ইজারাগ্রহীতার কাছ থেকে আদায় করবেন না, ফেরিগ্রহীতার নৌকা ফেরিঘাটে বাঁধার জন্য।

(৯) পোত চালনার উপযুক্ত নদীর পাড়ের সরকারের অধিকার—জোয়ার ভাঁটা যুক্ত নদীর পাড়ের এবং বড় খাল, নদীতটের উপর সরকারের পূর্ণ অধিকার আছে।]

২৮২। নদীপাড় নির্মাণ এবং খনন [Construction and excavation on river bed] ঃ নদীর পাড়ে কোন খনন বা নির্মাণ কাজ (যেমন—জেটি, চুল্লি ঘাট) করতে হলে সংশ্লিষ্ট সমাহর্তার কাছে প্রয়োজনীয় অনুমতি নিতে হবে। হুগলি নদীর ধারে কলকাতা বন্দর এলাকার মধ্যে হলে কলকাতা বন্দর কর্তৃপক্ষের কাছে আবেদন করতে হবে। এই ধরনের কোন দরখাস্ত পেয়ে সমাহর্তা প্রয়োজনীয় তদন্ত করাবেন এবং কোন বিশেষ ক্ষেত্রে তিনি

স্থানীয় সেচ দপ্তরের সাথে আলোচনা করবেন। যদি তিনি বিবেচনা করেন যে ওই নির্মাণ/খননের ফলে নৌচলাচল অথবা সাধারণ মানুষের নদী ব্যবহারের ক্ষেত্রে কোন মারাত্মক সমস্যা তৈরি হবে না, তাহলে তিনি ওই কাজ করতে, লিখিত অনুমতির আদেশ দিতে পারেন, এছাড়া নিম্নলিখিত শর্তাগুলি ওই পক্ষ মানতে যদি রাজী থাকেন—

(ক) কোন ক্ষতিপূরণ ছাড়া কোন জবরদখল এবং ওই স্থানের কোন কাঠামো জনসেবার্থে যে কোন সময় সরিয়ে দেওয়া হতে পারে।

(খ) সমাহর্তা যেমন স্থির করবেন সেই রকম লাইসেন্স ফি আবেদনকারী জমা দেবেন।

সমাহর্তার আদেশটি সেচদপ্তরের আধিকারিকের মতামতসহ সমাহর্তা কমিশনার ও রাজস্ব পর্যদের কাছে পাঠিয়ে দেবেন খুব দ্রুত। লাইসেন্স গ্রাহক ৪ নং পরিশিষ্টের ৯ নং নিদর্শে একটি চুক্তিপত্র সম্পাদন করবেন।

(গ) জবরদখলের ফি—সমাহর্তা যেমন স্থির করবেন সেই রকম একবছর অথবা আরো কম সময়ের জন্য ধার্য করা হবে। সাধারণতঃ ফি হবে ১০ টাকা ও ৫০০ টাকার মধ্যে, কিন্তু সমাহর্তা তাঁর নিজস্ব ক্ষমতা প্রয়োগ করতে পারেন কোন ব্যতিক্রমী ক্ষেত্রে। ফি নির্ধারণের সময় জবরদখলের এলাকা; নদীর মধ্যবর্তী অভিক্ষিপ্ত দৈর্ঘ্য; জবরদখলকারীর গুরুত্ব; নৌ চলাচল বা নদীতট ব্যবহারকারীদের কোন বাধা আসবে কিনা এবং অন্যান্য সংশ্লিষ্ট বিষয়গুলি সমাহর্তা বিবেচনা করবেন।

১লা মে মাসের মধ্যে লাইসেন্স ফি দিতে ব্যর্থ হলে ওই জবরদখল সরানোর প্রয়োজনীয় ব্যবস্থা নেওয়া হবে।

(ঘ) লাইসেন্স ফি আদায়—ওই ধরনের জবরদখলকারীর তালিকা রাখা হবে সমাহর্তার অফিসে এমনকি জেলা ভূমি ও ভূমি সংস্কার আধিকারিকের অফিসে। আদায় করা ফি ৪ নং খাতা এবং ৭ নং খাতায় নথিভুক্ত করা হবে।

(ঙ) জবরদখলের জন্য শাস্তি—নদী পাড়ে বিনা অনুমতিতে জবরদখল করলে, ওই দখল বিমুক্তের জন্য সমস্ত রকম ব্যবস্থা নেবেন সমাহর্তা। ভারতীয় দণ্ডবিধির ২৮৩ ধারায় ফৌজদারী শাস্তি হতে পারে ওই জবরদখল সরানোর জন্য। ১৮৬৪ সালের বঙ্গীয় কাটা খাল আইনের ২ নং ধারায় নদীর ওই অংশ জ্ঞাপিত হলে ওই আইনের ১৬ ধারা অনুযায়ী শাস্তি দেওয়া হবে। যেক্ষেত্রে ১৮৮২ সালের বঙ্গীয় বাঁধ আইন প্রযোজ্য সেক্ষেত্রে ওই আইনের ৭৯(ঘ) ধারায় ব্যবস্থা নেওয়া হবে। উপরোক্ত আইন দুটি নদীর যে অংশে প্রযোজ্য হবে ১৯২৬ সালের সেচ নির্দেশিকার ১ নং খণ্ডের ২ নং ও ৩ নং অংশ সেক্ষেত্রে প্রাসঙ্গিক। এছাড়া আরো যুক্ত করা যায় যে, অবৈধ জবরদখলকারীদের কাছ থেকে অবৈধ জবরদখলের জন্য সমাহর্তার ক্ষতিপূরণ আদায়ের ক্ষমতা আছে।

২৮৩। পশ্চিমবঙ্গ পর্ষদ এই বিষয়ে নির্দেশিকা জারি করতে পারে যেগুলি কোন আইন, বিধি বা এই নির্দেশিকার সাথে বিরোধী নয়।

[১]সপ্তদশ-ক অধ্যায়
Chapter 17A
'ফলকরের' বন্দোবস্ত
(Settlement of 'Falkars')

২৮৩ক। ইতোমধ্যে সরকারের অধীন কিছু আম, লিচু বা অন্যান্য 'ফলকর' (ফলের বাগান) রয়েছে। ১৯৫৫ সালের পঃ বঃ ভূমি সংস্কার আইনের ২খ অধ্যায়ের সম্পূর্ণ প্রয়োগের ফলে বিভিন্ন জেলায় এ ধরনের কোন কিছু বড় ফলের বাগান সরকারের অনুকূলে ন্যস্ত হবে। এই বাগানগুলি ২৬৬ক বিধানমত বেকার যুবকদের দ্বারা গঠিত সমবায় সমিতি বা অংশীদারী প্রতিষ্ঠানের মধ্যে নিলামের মাধ্যমে বন্দোবস্ত দিতে হবে এবং সমবায় সমিতিগুলিকে অগ্রাধিকার দিতে হবে। বন্দোবস্ত কার্যকর হওয়ার দুই মাস আগেই বন্দোবস্ত প্রক্রিয়া শেষ করতে হবে।

২৮৩খ। 'ফলকরের' বন্দোবস্ত কার্যকর করা হবে ৪ নং পরিশিষ্টের ৫ নং নিদর্শে, ওই নিদর্শে ব্যক্তির জায়গায় সমবায় সমিতি বা অংশীদারী প্রতিষ্ঠানের নাম বসিয়ে সামান্য পরিবর্তন করতে হবে। কোন ইজারাগ্রহীতা সমবায় সমিতি বা অংশীদারী প্রতিষ্ঠান অন্য কাউকে দর-ইজারা (Sub-lease) কোনভাবে দিতে পারবেন না। তবে যাই হোক জেলা ভূমি ও ভূমি সংস্কার আধিকারিকের আগাম অনুমতি সাপেক্ষে সমপর্যায়ের অন্য সমবায় সমিতি বা অংশীদারী প্রতিষ্ঠানকে হস্তান্তর করাকে 'সাবলেট' (Sub-let) হিসাবে গণ্য করা হবে না। ওই ইজারা হবে নিবন্ধীকৃত।

১ বিজ্ঞপ্তি নং ৪৬৫০-এল. রেফ্./১ এফ ২০/০১, জি ই (এম), তাং ১০.১২.২০০১ দ্বারা এই অধ্যায়টি যুক্ত করা হয়েছে।

২৮৩গ। যেক্ষেত্রে 'ফলকরের' রাজস্ব অনধিক ৫০০০ (পাঁচ হাজার) টাকা জেলা ভূমি ও ভূমি সংস্কার আধিকারিক ওই বন্দোবস্ত কার্যকর করার পক্ষে ক্ষমতাপ্রাপ্ত এবং অনধিক ৩০,০০০ (ত্রিশ হাজার) টাকা রাজস্ব যুক্ত ফলকরের বন্দোবস্ত কার্যকর করার ক্ষমতা আছে কমিশনারের।

২৮৩ঘ। এই বন্দোবস্তের মেয়াদ হবে তিন বছরের অধিক নয়।

২৮৩ঙ। (১) জেলা উদ্যানপালন (Horticulture) আধিকারিকের বা তাঁর অনুপস্থিতিতে প্রয়োজনে মুখ্য কৃষি আধিকারিকের সাহায্য নিয়ে জেলা ভূমি ও ভূমি সংস্কার আধিকারিক ওই 'ফলকরের' সংরক্ষিত মূল্য নির্ধারণ করবেন। সংরক্ষিত মূল্যের ৭৫% কম মূল্যে কোন বন্দোবস্ত কার্যকর করা যাবে না। ফলকরের পূর্ববর্তী তিন বছরের আয় সংগ্রহ করে তার ভিত্তিতে সংরক্ষিত মূল্য নির্ধারণ করতে হবে।

(২) ইজারার টাকা বার্ষিক ভিত্তিতে আদায় করা হবে। নিলাম হওয়ার ১৫ দিনের মধ্যে ৫০% টাকা জমা দিতে হবে, বাকী ৫০% তার চার মাসের মধ্যে জমা দিতে হবে। নির্দিষ্ট সময়ের মধ্যে টাকা দিতে ব্যর্থ হলে ইজারা বাতিল হিসাবে গণ্য করা হবে এবং পুনরায় ইজারার জন্য নিলামের ব্যবস্থা করা হবে। জমা দেওয়া ইজারা অর্থ ফেরত দেওয়া হবে না।

অষ্টাদশ অধ্যায়
Chapter 18

ফসল চাষ ও কাটা সম্পর্কিত বিবাদের নিষ্পত্তি
(Settlement of Disputes Relating to Cultivation and Harvesting)

২৮৪। প্রারম্ভিক [Preliminaries] ঃ সংহত কাঠামোতে চাষ ও ফসল কাটা বিষয়ে প্রস্তাব ও ওই বিবাদ সংক্রান্ত বিষয়ে একটি গুরুত্বপূর্ণ ভূমিকা রয়েছে।

২৮৫। পাট্টা ও বর্গা জমিতে বিবাদ [Disputes over patta and barga land] ঃ চাষ ও ফসল কাটার সমস্যাগুলো মূলতঃ কোন জমির উপর ন্যায়সংগত অধিকার ও দখল বিষয়ের বিশেষ করে বর্গাদারের অধীনের জমিগুলি এবং পাট্টাদারদের বন্দোবস্তকৃত জমিগুলি।

২৮৬। বিতর্কিত এলাকাগুলির শনাক্তকরণ ও বিবাদের প্রকৃতি [Identification of vulnerable areas and nature of disputes] ঃ (১) চাষ ও ফসল কাটা মরশুম আরম্ভের কমপক্ষে এক মাস আগে, ব্লক ভূমি ও ভূমি সংস্কার আধিকারিক রাজস্ব পরিদর্শককে যে জমিগুলিতে চাষ ও ফসল কাটা বিষয়ে বিবাদ হতে পারে সেগুলি শনাক্ত করতে বলবেন।

(২) সরেজমিন দেখার পরে রাজস্ব পরিদর্শক ওই শনাক্তকরণের কাজ করবেন। তিনি স্থানীয় পঞ্চায়েতকে এই শনাক্তকরণের কাজে সঙ্গে নেবেন। সরেজমিন দেখার সময় রাজস্ব পরিদর্শক প্রকৃত বিবাদের কারণ খোঁজার চেষ্টা করবেন অর্থাৎ সেটা ন্যায়সঙ্গত অধিকার বিষয়ে না দখল বিষয়ের।

২৮৭। **ব্লক ভূমি ও ভূমি সংস্কার আধিকারিককে প্রতিবেদন [Report to B.L.L.R.O.]** ঃ এলাকা শনাক্তকরণের পর রাজস্ব পরিদর্শক একটি প্রতিবেদন পাঠাবেন ব্লক ভূমি ও ভূমি সংস্কার আধিকারিককে। ওই প্রতিবেদনে জমি বিষয়ে বিস্তারিত বিবরণ এবং স্বত্বলিপি থেকে পরে ওই জমির রেকর্ডগত অবস্থান লিপিবদ্ধ করবেন।

২৮৮। **বিবাদীয় জমিগুলির রেকর্ডগত অবস্থান [Recorded status of disputed plots]** ঃ স্বত্বলিপি থেকে শনাক্ত করা দাগগুলির বিস্তারিত বিবরণ সংগ্রহ করতে হবে এবং যত্নসহ রক্ষণাবেক্ষণ করতে হবে যাতে খুব অল্প সময়ের মধ্যে স্থানীয় থানা ও পঞ্চায়েতকে দেওয়া যায়।

২৮৯। **জেলা ভূমি ও ভূমি সংস্কার আধিকারিককে প্রতিবেদন [Report to B.L.L.R.O.]** ঃ যে সমস্ত এলাকার আইনশৃঙ্খলা চাষ ও ফসল কাটার সময়ে উদ্বেগজনক হতে পারে ওই এলাকার বিস্তারিত বিবরণ ব্লক ভূমি ও ভূমি সংস্কার আধিকারিক পাঠাবেন মহকুমা ভূমি ও ভূমি সংস্কার আধিকারিকের মাধ্যমে জেলা ভূমি ও ভূমি সংস্কার আধিকারিকের কাছে যাতে জেলা ভূমি ও ভূমি সংস্কার আধিকারিক জেলা পর্যায়ের সভায় ওই বিবরণ পেশ করতে পারেন।

২৯০। **ক্ষতযুক্ত এলাকা দর্শন [Visit to vulnerable areas]** ঃ যতটা সম্ভব ব্লক ভূমি ও ভূমি সংস্কার আধিকারিক স্থানীয় পঞ্চায়েত রাজ্য প্রতিনিধির সাথে যৌথভাবে ক্ষত এলাকাগুলি চাষ ও ফসল কাটা মরশুম আরম্ভের আগেই পরিদর্শন করবেন এবং স্থানীয় থানাকে গুরুত্বপূর্ণ বিবাদ বিষয়ে নজর রাখতে বলবেন।

২৯১। **প্রাথমিক পর্যায়ে বিবাদ বিভাজন [Diffusion of dispute at early stage]** ঃ এটা মনে রাখা উচিত যে কখনো কখনো খুব ছোটখাটো বিবাদ ভয়ঙ্কর আইনশৃঙ্খলার সমস্যা তৈরি করে। ওই সমস্ত বিবাদগুলির খুব প্রাথমিক পর্যায়ে ব্যবস্থা নিয়ে এইগুলির সমাধান/বিভাজন করা যায়।

২৯২। **অন্য কর্তৃপক্ষের সাথে সংযোগ [Liaison with other authorities]** ঃ সমষ্টি উন্নয়ন আধিকারিকের সাথে ব্লক ভূমি ও ভূমি

সংস্কার আধিকারিক অবিরাম সংযোগ রক্ষা করবেন। এছাড়া চাষ ও ফসল কাটার পুরো মরশুম জুড়ে পঞ্চায়েত সমিতির সভাপতি ও স্থানীয় থানার ভারপ্রাপ্ত আধিকারিকের সাথে অবিরাম সংযোগ রক্ষা করবেন ব্লক ভূমি ও ভূমি সংস্কার আধিকারিক।

২৯৩। **সভা [Meeting]** ঃ চাষ ও ফসল কাটা বিষয়ে ডাকা কোন সভায় ব্লক ভূমি ও ভূমি সংস্কার আধিকারিক বা তাঁর দ্বারা অনুমোদিত কোন আধিকারিক অবশ্যই যাবেন এবং বিবাদীয় জমির রেকর্ডগত অবস্থা সঙ্গে সঙ্গে পেশ করবেন।

২৯৪। **মহকুমা আধিকারিকের সাথে সংযোগ [Liaison with S.D.O.]** ঃ চাষ ও ফসল কাটার যাবতীয় বিবাদ বিষয়ে মহকুমা শাসকের সাথে অবিরাম সংযোগ রক্ষার দায়িত্ব নেবেন ব্লক ভূমি ও ভূমি সংস্কার আধিকারিক। যোগাযোগের সমস্ত প্রতিলিপি, বিশেষ করে আইনশৃঙ্খলা সম্পর্কিত বিষয়কগুলি মহকুমা শাসকের কাছে পেশ করতে হবে। তাঁর সাথে আলোচনা করে বিবাদের সমাধান করার জন্য যতদূর সম্ভব ব্যবস্থা গ্রহণ করতে হবে।

২৯৫। **নির্দেশিকা [Guideline]** ঃ চাষ ও ফসল কাটা বিষয়ক সমস্ত বিবাদের নিষ্পত্তি করতে হবে রাজস্ব পর্ষদের জারি করা বর্তমান নির্দেশিকা অনুসারে (৯ নং পরিশিষ্ট দ্রষ্টব্য)।

উনবিংশ অধ্যায়
Chapter 19

রাজস্ব, সেস, কর এবং অন্যান্য সরকারী প্রাপ্য আদায় এবং তার হিসাব সংরক্ষণ
(Collection of Revenue, Cesses, Rent and Other Government Demands and Dues and Maintenance of Accounts thereof)

২৯৬। (১) এই নির্দেশিকার অন্য অধ্যায়ে যাই থাক না কেন, এই অধ্যায়ের বিধানগুলি জমি সংক্রান্ত সরকারী পাওনা আদায় বিষয়ে প্রযোজ্য হবে।

(২) পশ্চিমবঙ্গ রাজস্ব পর্যদের বিভিন্ন সময়ে জারি করা সংশ্লিষ্ট আইন, নিয়ম এবং নির্দেশ অনুসারে ধার্য্য করা রাজস্ব রায়তের কাছ থেকে রাজস্ব হিসাবে আদায় করা হবে।

২৯৭। কর্তব্য ও দায়িত্ব [Duty and Responsibility] ঃ সরকারী ঋণের কিস্তি, ভূমি রাজস্ব, ভূমি রাজস্বের উপর ধার্য সেস সহ অন্য সরকারী বকেয়া আদায়ের প্রাথমিক দায় ভূমি সহায়কের। রাজস্ব পরিদর্শক ও তাঁর ঊর্দ্ধতন পদস্থ ব্যক্তিগণেরও অন্যতম প্রধান দায়িত্ব। সারা বছর ধরে আদায়ের সময়, কিন্তু চূড়ান্ত সংগ্রহ মরশুম হল—বাংলা পৌষ, মাঘ, ফাল্গুন এবং চৈত্রমাস। এই সময়ে বিভিন্ন সংগ্রহ শিবির আয়োজন, প্রচারপত্র বিলির দ্বারা ও অন্যান্য উপায়ে সরকারী পাওনা প্রদান বিষয়ে জনগণকে সচেতন করার উদ্যোগ নিতে হবে। সংগ্রহ মরশুমের চূড়ান্ত সময়ে সর্বাধিক সংগ্রহের লক্ষ্যে পঞ্চায়েতের সহযোগিতা নিতে হবে।

২৯৮। নিম্নলিখিত যে কোন একটি উপায়ে অর্থ প্রদান করা হতে পারে—

(ক) ভূমি সহায়কের কাছে স্বেচ্ছায় নগদে বা মনি অর্ডারে অর্থ প্রদান;

(খ) কোষাগার/উপ-কোষাগারে স্বেচ্ছায় সরাসরি অর্থ প্রদান;

(গ) সার্টিফিকেট অফিসে সার্টিফিকেট মামলায় অর্থ প্রদান;

(ঘ) সার্টিফিকেট জারি হওয়ার পর প্রসেস জারি পিওনের কাছে প্রদান;

(ঙ) সার্টিফিকেট জারির পরে ভূমি সহায়কের কাছে প্রদান।

২৯৯। **অনুমোদিত রসিদ [Receipt to be granted]** ঃ ভূমি রাজস্ব ও সেস প্রদানের ক্ষেত্রে রায়তকে নির্দিষ্ট নিদর্শে রাজস্ব রসিদ দিতে হবে [নিদর্শ ঘ/Form D, পরিশিষ্ট ও দ্রষ্টব্য]। মনি অর্ডারে প্রদত্ত জমা বাদে অন্যান্য ক্ষেত্রে উক্ত নিদর্শে রসিদ দিতে হবে। প্রতিটি আলাদা জমার ক্ষেত্রে আলাদা আলাদা রসিদ দিতে হবে। কোন অর্থ চেক মারফৎ জমা হলে রসিদ এবং তার পরিপূরকের (Counter foil) নীচে চেকের পূর্ণ বিবরণ রাখতে হবে।

৩০০। **মনি অর্ডারে অর্থপ্রদান [Payment by money order]** ঃ কোন ভূমি সহায়ক বা কোন অন্য আধিকারিক যদি মনি অর্ডারে কোন রাজস্বের অর্থ গ্রহণ করেন তবে তিনি আলাদা কোন রসিদ দেবেন না। মনি অর্ডারের নিদর্শে উল্লিখিত স্থানে স্বাক্ষর করবেন মাত্র।

৩০১। **প্রদত্ত অর্থ খাতায় নথিভুক্ত করা [Entries of payments in registers]** ঃ যে কোন অর্থ প্রদান তা সে ব্যক্তিগতভাবে বা মনি অর্ডারে যাই হোক না কেন সঙ্গে সঙ্গে নির্দিষ্ট খাতায় নথিভুক্ত করতে হবে। ডাক যোগে মনি অর্ডারের বেলায়, মনি অর্ডার নিদর্শের ক্রমিক সংখ্যা ও তারিখ খাতায় লিখতে হবে। গ্রহণকারী আধিকারিক সংক্ষিপ্ত স্বাক্ষরসহ ওই কুপন চালানের গার্ড ফাইলে সংরক্ষণ করবেন।

৩০২। **রসিদ বিষয়ে নোটিশ [Notice regarding receipt]** ঃ প্রতিটি রাজস্ব পরিদর্শকের অফিসে যেখানে সাধারণ মানুষ যায় সেখানকার

দেওয়ালে বাংলায় ৩ নং পরিশিষ্টের নিদর্শ-গ অনুযায়ী সাধারণ নোটিশ টাঙিয়ে দিতে হবে।

৩০৩। **বকেয়ার উপর সুদ [Interest on arrears]** ঃ বকেয়া ভূমি রাজস্বের ও সেসের উপর বার্ষিক ৬$\frac{১}{৪}$% হারে সুদ আদায় করা হবে বিবিধ প্রাপ্য হিসাবে। ৩১শে চৈত্র বা তার আগে ভূমি রাজস্ব/সেস প্রদান করলে কোন সুদ দিতে হবে না।

৩০৪। **যেক্ষেত্রে সার্টিফিকেট তৈরি হয়েছে তার সুদ [Interest where certificate has been made]** ঃ সার্টিফিকেট জারির সময়, সার্টিফিকেট তৈরির সময় থেকে আদায়ের তারিখ পর্যন্ত সুদ আদায়ের সময় নিম্নলিখিত বিষয়গুলি মনে রাখতে হবে যে নির্দেশগুলি আছে ১৯৫৩ সালের সার্টিফিকেট নির্দেশিকার ৭২ পৃষ্ঠার ২৮(২) নং নির্দেশে—

(ক) প্রতি তিন মাসের জন্য সুদ হিসাব করতে হবে।

(খ) ১৩ টাকার কম অর্থের জন্য কোন সুদ ধার্য্য করা হবে না।

(গ) যে সমস্ত ক্ষেত্রে সার্টিফিকেট প্রস্তুতি ও অর্থ আদায়ের মধ্যবর্তী সময়সীমা চার মাসের কম, সেক্ষেত্রে কোন সুদ ধার্য্য করা হবে না। কিন্তু যেক্ষেত্রে সময়সীমা চার মাস বা তার বেশি সেক্ষেত্রে পুরো সময়ের জন্য সুদ ধার্য্য করা হবে।

(ঘ) ওই সুদ লিখতে হবে অ্যাটাচমেন্ট নোটিশে বা বিক্রির ওয়ারেন্টে।

৩০৫। **সুদ ধার্য্য হবে না, সমাহর্তা ঘোষণা করতে পারেন [Collector may declare that interest shall not be charged]** ঃ কমিশনারের আগাম সম্মতিতে সমাহর্তা সাধারণ বা বিশেষ আদেশ বলে যে কোন শ্রেণীর বা যে কোন শ্রেণীর রায়তদের সুদ ধার্য্য না করার ঘোষণা করতে পারেন। যেক্ষেত্রে কোন এলাকার ফসলের সাধারণ ক্ষতি হয়েছে সমস্ত পক্ষের জন্য এই ধরনের আদেশ দিতে পারেন, ১৯৪০ সালের তৌজি নির্দেশিকার ১৭২ থেকে ১৮৯ এবং ১৯৬ নং নিয়ম দ্রষ্টব্য (৫ নং পরিশিষ্টের ২ নং দ্রষ্টব্য)।

৩০৬। ব্লক ভূমি ও ভূমি সংস্কার আধিকারিকের ক্ষমতা [Power to B.L.L.R.O.] ঃ বিশেষ কোন শ্রেণীর লোকেদের সুদ লাঘব করা বিষয়ে সমাহর্তা সাধারণ আদেশ জারি করলে, ব্লক ভূমি ও ভূমি সংস্কার আধিকারিক ওই আদেশ বলে কোন বিশেষ শ্রেণীর সুদ মকুব করার বিষয়ে ক্ষমতাপ্রাপ্ত।

৩০৭। রায়ত ও প্রজাদের হিসাব সংশোধন [Correction of accounts of raiyats and tenants] ঃ যখন কোন রায়ত বা প্রজা কোন অর্থ জমা দেন, তাকে জিজ্ঞাসা করা হয় হিসাবের পরিচ্ছন্নতা তিনি মেনে নেন কিনা। যদি তিনি তা না করেন তবে ২ নং খাতা বা ৬ নং খাতায় তা নথিভুক্ত করা হয়। ভূমি সহায়ক এটি করেন। জেলা ভূমি ও ভূমি সংস্কার আধিকারিক বিভিন্ন সময়ে যেমন নিদর্শ এবং সময়সীমা বলেছেন সেই অনুযায়ী দাখিল করা বিভিন্ন আপত্তি ব্লক ভূমি ও ভূমি সংস্কার আধিকারিকের কাছে পেশ করা হবে।

৩০৮। কোষাগারে সরাসরি জমা [Direct payment to treasury] ঃ যখন সরাসরি নগদ বা মনি অর্ডারে কোন অর্থ কোষাগার বা উপ-কোষাগারে জমা হবে, হিসাব রক্ষক চালানের একটি প্রতিলিপি সংশ্লিষ্ট ব্লক ভূমি ও ভূমি সংস্কার আধিকারিকের কাছে পাঠাবেন, ব্লক ভূমি ও ভূমি সংস্কার আধিকারিক একটি উপদেশ তালিকাসহ চালানের একটি প্রতিলিপি রাজস্ব পরিদর্শকের কাছে পাঠাবেন। রাজস্ব পরিদর্শক ওইগুলি ব্লক ভূমি ও ভূমি সংস্কার আধিকারিকের কাছে এই মন্তব্যসহ ফেরৎ পাঠাবেন যে উপযুক্ত খাতায় ওই প্রদত্ত অর্থ নথিভুক্ত করা হয়েছে। ভূমি সহায়ক সংশ্লিষ্ট খাতায় নথিভুক্ত করার কাজটি করবেন।

৩০৯। সার্টিফিকেট অফিস দ্বারা আদায় [Realisation by certificate office] ঃ সার্টিফিকেট পদ্ধতিতে যখন কোন বকেয়া আদায় করা হবে এবং এটি কোষাগার বা উপকোষাগারে জমা হবে, সংশ্লিষ্ট সার্টিফিকেট আধিকারিক একটি উপদেশ তালিকাসহ চালানের একটি প্রতিলিপি রাজস্ব পরিদর্শকের কাছে পাঠাবেন, যিনি পূর্বের নিয়ম অনুসারে কাজ করবেন।

৩১০। সার্টিফিকেটের পরে ভূমি সহায়কের কাছে অর্থ প্রদান [Payment to Bhumi Sahayak after certificate] ঃ সার্টিফিকেট পেশ করার পরে ভূমি সহায়কের কাছে অর্থ প্রদান করলে ভূমি সহায়কের কাছে রায়ত অবশ্যই সার্টিফিকেটের নোটিশ দেখাবেন এবং রাজস্ব পরিদর্শক সার্টিফিকেট আধিকারিকের কাছে অর্থ আদায়ের চার দিনের মধ্যে অর্থ আদায় বিষয়ক ঘটনা জানাবেন। সার্টিফিকেট আধিকারিক তখন তার খাতায় প্রয়োজনীয় নথি লিখবেন। তিনি সম্পূর্ণ সন্তুষ্ট হলে ওই কার্যাবলী বন্ধ করে দেবেন। যদি আংশিক অর্থ প্রদান হয় বাকী অর্থ আদায়ের ব্যবস্থা করবেন। ভূমি সহায়ক তাঁর খাতায় প্রয়োজনীয় তথ্য লিখবেন।

৩১১। ভূমি সহায়ক দ্বারা অর্থ প্রদান [Remittance of cash by Bhumi Sahayak] ঃ (১) যখন ভূমি সহায়ককে কোন অর্থ প্রদান করা হয়, যদি তিনি সদরে থাকেন (Headquarter) তিনি ওই দিন-ই ওই অর্থ কোষাগারে জমা দেবেন অথবা যদি কোষাগার বন্ধ হয়ে গিয়ে থাকে তবে পরের দিন জমা দেবেন। যদি তিনি সদরে না থাকেন, জেলা ভূমি ও ভূমি সংস্কার আধিকারিক যেমন স্থির করবেন সেইরকম সময় ব্যবধানে কোষাগারে জমা দেবেন। ভূমি সহায়কের হাতে যদি এক সাথে দুই হাজার টাকার বেশি থাকে তবে তিনি ওই অর্থ তৎক্ষণাৎ কোষাগারে জমা দেবেন। জেলায় অথবা কোন এলাকায় যেখানে জাতীয় কোন ব্যাঙ্কের শাখায় ভূমি সহায়ক দ্বারা আদায় করা টাকা জমা দেওয়ার জন্য অনুমোদিত, সেখানে ভূমি সহায়ক যেদিন অর্থ আদায় করবেন তার পরদিনই জমা দেবেন। রাজস্ব পর্যদ এই নিয়মের শিথিল করতে পারে যেখানে ব্যতিক্রমী ঘটনা আছে।

(২) ভূমি সহায়ক তার পাশবই (৫ নং খাতা) এবং চালানের প্রতিরূপ কোষাগারে (Treasury) পাঠাবেন। পাশ বই হবে তাঁর ভাউচার নিম্নলিখিত বিষয়গুলির জন্য আলাদা পাশ বই এবং আলাদা চালান লাগবে—

(ক) ভূমি রাজস্ব, ভূমি রাজস্ব ও সেসের বকেয়ার উপর সুদ;

(খ) বিবিধ রসিদ, বিস্তারিত তালিকা যুক্ত করা আছে ৫ নং পরিশিষ্টে।

৩১২। নগদান [Cash Book] ঃ প্রতিদিনের শেষে, ভূমি সহায়ক সমস্ত রসিদ এবং অর্থ প্রদান তাঁর নগদানে (Cash Book) নথিভুক্ত করবেন (৪ নং খাতা)।

৩১৩। ভূমি সহায়কের হিসাব পরীক্ষা [Checking of Bhumi Sahayak's Accounts] ঃ (১) ভূমি সহায়কদের হিসাব পরীক্ষার জন্য দায়ী থাকবেন রাজস্ব পরিদর্শক, ভূমি ও ভূমি সংস্কার আধিকারিক দ্বারা অনুমোদিত কোন রাজস্ব আধিকারিক এবং ভূমি ও ভূমি সংস্কার আধিকারিক নিজে। এই উদ্দেশ্যে, ব্লক ভূমি ও ভূমি সংস্কার আধিকারিক এমনভাবে আগাম পরিকল্পনা করবেন যাতে কোন ভূমি সহায়কের হিসাব এক মাসের বেশি অপরীক্ষিত না থাকে। মাসে অন্ততঃ দুই বার রাজস্ব পরিদর্শক তাঁর অফিসে বহাল ভূমি সহায়কের হিসাব পরীক্ষা করবেন। প্রতি মাসে ব্লক ভূমি ও ভূমি সংস্কার আধিকারিক এই মর্মে মহকুমা ভূমি ও ভূমি সংস্কার আধিকারিককে প্রতিবেদন পেশ করবেন যে তাঁর এলাকার মধ্যের সমস্ত ভূমি সহায়কদের হিসাব পরীক্ষা করা হয়েছে পূর্ববর্তী মাসের জন্য এই পরীক্ষা করেছেন তিনি নিজে অথবা রাজস্ব আধিকারিক এবং ভূমি সহায়ক দ্বারা সংগৃহীত সমস্ত অর্থ গণনা করা হয়েছে।

(২) ব্লক ভূমি ও ভূমি সংস্কার আধিকারিক/রাজস্ব পরিদর্শক ভূমি সহায়কের হিসাব পরীক্ষা করার আগে ৯৪ নং খাতা থেকে জেনে নেবেন কতগুলি রসিদ বই ভূমি সহায়ককে দেওয়া হয়েছে। তিনি রসিদ বই-এর সাথে দৈনিক আদায় খাতা (৩ নং খাতা) পরীক্ষা করবেন এবং নগদান যা ভূমি সহায়ক রক্ষণাবেক্ষণ করেন তা থেকে নিশ্চিত হবেন যে যা আদায় করা হয়েছে তা দৈনিক আদায় খাতায় নথিভুক্ত করা হয়েছে (৩ নং খাতা) এবং এক সাথে ভূমি সহায়ক কোন সময় ২০০০ টাকার অধিক হাতে রাখেন নি। পরীক্ষার পরে ব্যবহৃত প্রতি রসিদ বই-এর শেষ পাতায় একটি শংসাপত্র দেবেন "পরীক্ষিত হাল সময় পর্যন্ত" তারিখসহ পূর্ণ স্বাক্ষর করবেন, একই রকম শংসাপত্র দেবেন দৈনিক আদায় খাতায়।

(৩) ভূমি ও ভূমি সংস্কার আধিকারিক এবং রাজস্ব আধিকারিক রায়তদের কাছ থেকে কিন্তু রসিদ এলোমেলোভাবে সংগ্রহ করবেন এবং ওই রসিদের পরিপূরক অনুলিপির সাথে পরীক্ষা করবেন তারপর রায়তকে

তাঁর রসিদ ফিরিয়ে দেবেন। যদি মূল রসিদ এবং তার অনুলিপি না মেলে, ভূমি সহায়কের কাছে বকেয়া সমস্ত নথি-কাগজপত্র নিয়ে নেবেন। খুব দ্রুত জেলা ভূমি ও ভূমি সংস্কার আধিকারিকের কাছে প্রতিবেদন পাঠাবেন।

(৪) প্রতি তিন মাস অন্তর ভূমি সহায়ক তাঁর আদায় সংক্রান্ত কাগজপত্র নিয়ে ব্লক ভূমি ও ভূমি সংস্কার আধিকারিকের অফিসে উপস্থিত হবেন, যে সহায়ক ৯৪ নং খাতা রক্ষণাবেক্ষণ করেন, তিনি সমস্ত ব্যবহৃত বা অব্যবহৃত সমস্ত রসিদ বই খুঁটিয়ে পরীক্ষা করে ভূমি সহায়কের হাতে দেবেন। তিনি দেখবেন যেন সম্পূর্ণ ব্যবহৃত কোন রসিদ বই ভূমি সহায়কের কাছে না থাকে, কোন রসিদ বই-এর কোন পৃষ্ঠা যেন খোলা না হয়ে থাকে; বাতিল করা প্রতিটি পৃষ্ঠার সাথেই যেন তার অনুলিপি (Duplicate) টি থাকে এবং অনুলিপিটিও যেন বাতিল করা থাকে। উপরোক্ত বিষয়গুলি সম্পর্কে সন্তুষ্ট হয়ে তিনি একটি শংসাপত্র লিখবেন রসিদ বই-এর উপরে তারিখ ও স্বাক্ষরসহ।

৩১৪। কিছু ক্ষেত্রে মঞ্জুর হওয়া রসিদের নিদর্শ [Form of receipt to be granted in certain cases] ঃ কিছু আপত্তি ও অন্যান্য কারণের জন্য ভূমি সহায়ক নির্ধারিত নিদর্শে রসিদ মঞ্জুর করতে পারেন না, ওই রসিদ মঞ্জুর করা হবে ১৯৪০ সালের পঃ বঃ ব্যবহার ও পদ্ধতি নির্দেশিকার ২ নং পরিশিষ্টের ৮৭ পাতায় বর্ণিত নিদর্শ অনুযায়ী এবং ওই আপত্তির চূড়ান্ত নিষ্পত্তি বা সমস্যার চূড়ান্ত সিদ্ধান্ত না নেওয়া পর্যন্ত ওই অর্থ রেখে দিতে হবে। তখন ওই পরিমাণ স্থানান্তরিত হবে এবং উপযুক্ত খাতে জমা হবে এবং তা ২ নং, ৩ নং বা ৬ নং এবং ৭ নং খাতায় যেমন দরকারে হবে লিখতে হবে। কিন্তু ওই অর্থ ৪ নং খাতায় দেখাতে হবে।

৩১৫। প্রাকৃতিক দুর্যোগের জন্য রেহাই এবং সংশোধন [Suspension and revision on account of natural calamities] ঃ কৃষি দুর্যোগের কারণে ভূমি রাজস্বের রেহাই বা সংশোধন সম্পর্কিত যে নিয়ম উল্লেখ করা আছে ১৯৪০ সালের তৌজি নির্দেশিকার চতুর্দশ অধ্যায়ে তা অনুসরণ করতে হবে। তবে প্রাকৃতিক দুর্যোগের কারণে স্বাভাবিক উৎপাদনের ৬০% যদি প্রধান শষ্য কম হয় তবেই ভূমি রাজস্বের সম্পূর্ণ রেহাই মঞ্জুর করা

হবে। তৌজি নির্দেশিকার চতুর্দশ অধ্যায় থেকে সারাংশ দেওয়া আছে ৫ নং পরিশিষ্টের ২ নং ক্রমাঙ্কে।

৩১৬। তহবিল তছরূপ বিষয়ে প্রতিবেদন [Report regarding defalcation] ঃ (১) কোন সরকারী তহবিল তছরূপ বা ভূমি রাজস্ব সহ সরকারী অর্থের ক্ষতি হলে পঃ বঃ মহাগাণনিকের নিকট প্রতিবেদন পাঠাতে হবে। যখন বিষয়টির তদন্ত সম্পূর্ণ শেষ হবে, পুনরায় আর একটি প্রতিবেদন পাঠাতে হবে কতগুলি বিষয় উল্লেখ করে যেমন, ক্ষতির প্রকৃতি ও ব্যাপ্তি, ওই ক্ষতি হয়েছে সম্ভাব্য কোন নিয়মের ভুল বা অবহেলার জন্য, অর্থ উদ্ধারের সম্ভাবনা ইত্যাদি। ছোটোখাটো ঘটনা, যেক্ষেত্রে দুইশত টাকার অধিক ক্ষতি যুক্ত নয় সেক্ষেত্রে মহাগাণনিকের কাছে প্রতিবেদন পাঠানোর প্রয়োজন নেই, যদি না বিষয়টির গুরুত্ব বিবেচনা করে তদন্ত ও বিবেচনার প্রয়োজন হয়।

(২) তহবিল তছরূপের সমস্ত ঘটনা জেলা ভূমি ও ভূমি সংস্কার আধিকারিক জানাবেন রাজস্ব পর্ষদ ও অর্থ দপ্তরকে পঃ বঃ ভূমি লেখ্য ও জরিপ অধিকর্তার মাধ্যমে যখনই বিষয়গুলি আবিষ্কৃত হবে। ওই প্রতিবেদনের প্রতিলিপি জেলা সমাহর্তা ও কমিশনারের কাছেও পাঠাতে হবে। যে বিষয়গুলি ইতোমধ্যে নির্ণয় করা হয়েছে বিশেষ করে বর্তমান পদ্ধতিতে কোন ভুলভ্রান্তি দেখা গিয়েছে কিনা তা প্রতিবেদনে উল্লেখ করতে হবে এবং কোন ক্ষতির বিষয় কেটে বাদ দেওয়া হয়েছে কিনা।

৩১৭। তহবিল তছরূপ মামলার পদ্ধতি [Procedure in cases of defalcation] ঃ (১) জেলা ভূমি ও ভূমি সংস্কার আধিকারিক সন্দেহভাজন আধিকারিক ও কর্মচারীদের তাঁদের নির্ধারিত দায়িত্ব থেকে অব্যাহতি দেবেন সংশ্লিষ্ট নথিতে অবৈধ হস্তক্ষেপ বন্ধ করার জন্য এবং তাদের বিরুদ্ধে দপ্তরের কার্যাবলী আরম্ভ করবেন পুলিশের প্রতিবেদন বা কোন মামলা আদালতে দায়ের হয়ে থাকলে তার সিদ্ধান্তের অপেক্ষায় না থেকে। নিয়মিত কর্মচারীদের দিয়ে ওই হিসাবে অ-প্রযুক্তিগত পরীক্ষার ব্যবস্থা করতে হবে। ওই পরীক্ষায় যদি দেখা যায় যে ওই বিষয়টি বিশেষভাবে জটিল অথবা সাধারণ সাবধানতা ছাড়াও ওই ধরনের ভুল হতে পারে,

পঃ বঃ মহাগাণনিক্ দ্বারা বিশেষ পরীক্ষার জন্য প্রস্তাব পাঠানো যেতে পারে। রাজস্ব পর্ষদ ওই ঘটনার সমস্ত নথি রক্ষণাবেক্ষণ করবেন অর্থ দপ্তরের পাঠানো নির্ধারিত নিদর্শে।

(২) সরকারী ক্ষতির দায়ভার স্থির করার নির্দেশ দেওয়া রয়েছে পঃ বঃ অডিট নির্দেশিকার ১ নং খণ্ডের ১৫ এবং ১৬ নং অনুচ্ছেদে। যেক্ষেত্রে ফৌজদারী আদালতের শাস্তির প্রয়োজন হবে প্রয়োজনে অর্থ দপ্তরের স্মারক নং ৫টি, তাং ২৫.০৪.১৯৩৫ (পরিশিষ্ট ৮ দ্রষ্টব্য) অনুসরণ করতে হবে।

৩১৮। দাবি তালিকা [Demand list] ঃ ২ নং খাতা যে নিদর্শ অনুযায়ী প্রস্তুত হয় সেই নিদর্শে প্রতিটি ব্লক ভূমি ও সংস্কার অফিসে মৌজাভিত্তিক দাবি তালিকা প্রস্তুত করতে হবে এবং তালিকার অংশবিশেষ পাঠাতে হবে সংশ্লিষ্ট গ্রাম পঞ্চায়েত অফিসে এবং রাজস্ব পরিদর্শকের অফিসে টাঙানোর জন্য। তালিকায় দেখানো দাবির বিরুদ্ধে কিছু আপত্তি থাকলে রায়তের পক্ষ থেকে দাখিল করা হলে তা রাজস্ব আধিকারিক দ্বারা নিষ্পত্তি করা হবে এবং কোন আপীল দাখিল করা হলে তা নির্দিষ্ট সময়ের মধ্যে ব্লক ভূমি ও ভূমি সংস্কার আধিকারিক নিষ্পত্তি করবেন, যাতে কৃষিবর্ষের মধ্যে সরকারী রাজস্ব আদায় কোন ক্ষতি না হয়।

৩১৯। সার্টিফিকেট মামলা [Certificate cases] ঃ সংহত ভূমি সংস্কার কাঠামোয় রাজস্ব ও সেস ইত্যাদি আদায় করা অন্যতম প্রধান কাজ। সরকারী প্রাপ্য হিসাবে ভূমি রাজস্ব ইত্যাদির বকেয়া আদায় করার প্রয়োজন হয়। তুলনামূলকভাবে পদ্ধতিটি খুব সরল এবং দ্রুত এবং আইনানুগ পদ্ধতিতে সময় বাঁচায় এবং আদায়ের জন্য প্রয়োজনে অন্য সমস্যা দেখা যায়।

৩২০। ভূমি রাজস্বের ও বকেয়া আদায়ের জন্য সরকারী পাওনা হিসাবে বঙ্গীয় সরকারী পাওনা আদায়-আইনের ৩(৩) ধারায় ক্ষমতাপ্রাপ্ত সার্টিফিকেট আধিকারিক ভূমি ও ভূমি সংস্কার প্রশাসনে কাজ করবেন। কর্মকর্তাগণ ভূমি রাজস্ব ও ভূমি রাজস্বের উপর সেস আদায়ের ক্ষেত্রে সার্টিফিকেট কার্যাবলী আরম্ভ করবেন।

৩২১। আধিকারিকগণ নিজেদেরকে বঙ্গীয় সরকারী প্রাপ্য আইনের বিভিন্ন ধারা এবং তার নিয়মাবলী এবং রাজস্ব পর্ষদের নিয়মাবলী যা সার্টিফিকেট নির্দেশিকায় অন্তর্ভুক্ত আছে সেগুলির সাথে খুব ভালভাবে অভ্যস্ত করবেন।

৩২২। ব্লক ভূমি ও ভূমি রাজস্ব আধিকারিক এটা নিশ্চিত করবেন যে সরকারী বকেয়া আদায়ের ক্ষেত্রে শেষ উপায় হিসাবে সার্টিফিকেট কার্যাবলী করা হচ্ছে এবং সাধারণ উপায়গুলি এক্ষেত্রে সফল হয়নি ওই পাওনা আদায়ের ক্ষেত্রে নির্দিষ্ট সময়ের মধ্যে। একই সময়ে তিনি নিশ্চিত করবেন যে যে ক্ষেত্রে বকেয়ার পরিমাণ সামান্য সেইসব ক্ষেত্রে সার্টিফিকেটের মাধ্যমে আদায় করা সঙ্গত হবে না।

৩২৩। **খাতা [Registers] ঃ** ভূমি রাজস্ব এবং বিভিন্ন অন্য সরকারী পাওনা আদায় বিষয়ে নিম্নলিখিত খাতাগুলি রক্ষণাবেক্ষণ করা হয়—

(ক) **১ নং খাতা ঃ** এটি হল জমাবন্দী খাতা বা রাজস্ব খাজনা তালিকা। এই খাতায় কোন বিবিধ দাবি লেখা হয় না যেমন, জলকর, হাট, বনজ সম্পদ ইত্যাদি যদি মৌজার খাতিয়ানে রাজস্ব নথিভুক্ত করা থাকে তবে কোন মৌজার সর্বশেষ চূড়ান্ত প্রকাশিত স্বত্বলিপিকে ১ নং খাতা হিসাবে বাঁধানো অবস্থায় রাখা যায়। অদলবদল ও অতিরিক্ত লেখার জন্য কিছু ফাঁকা খতিয়ান রাখা থাকে। খাতার উপরের পাতায় কতগুলি পৃষ্ঠা আছে সেই বিষয়ে একটি শংসাপত্র দেবেন ব্লক ভূমি ও ভূমি সংস্কার আধিকারিক বা রাজস্ব আধিকারিক।

জেলা ভূমি ও ভূমি সংস্কার আধিকারিকের আদেশ বলে যদি কোন খাতা লেখা হয়, তবে এটা অবশ্যই ব্লক ভূমি ও ভূমি সংস্কার আধিকারিক দ্বারা নিয়োজিত কোন রাজস্ব আধিকারিক দ্বারা মিলিয়ে নিতে হবে। প্রতিটি পৃষ্ঠায় ওই আধিকারিক স্বাক্ষর করবেন এবং এই মর্মে তিনি শংসাপত্র দেবেন যে সমস্ত লেখা তিনি মিলিয়েছেন এবং সঠিক দেখেছেন।

পশ্চিমবঙ্গ ভূমি সংস্কার আইনের ৫০ বা ৫১ ধারা অনুসারে লিখিত আদেশ ছাড়া কোন খতিয়ানে অদলবদল বা সংযুক্তি করা যাবে না এবং এই ধরনের কোন অদলবদল বা সংযুক্তি রাজস্ব আধিকারিক দ্বারা প্রত্যয়িত হতে হবে।

প্রতিটি মৌজার জন্য একটি খাতা থাকবে। প্রতিটি খাতার সাথে একটি মৌজা মানচিত্র ও দাগের সূচী রাখতে হবে।

রাজস্ব পরিদর্শকের অফিসে ওই খাতা রাখতে হবে।

যেক্ষেত্রে কোন মৌজা একাধিক গ্রাম পঞ্চায়েতে অবস্থিত, মৌজার প্রচলিত সংযুক্তি ও বিভাজন বন্ধ রেখে গ্রাম পঞ্চায়েত অনুযায়ী খাতার বিভাজন করতে হবে ভূমি লেখ্য ও জরিপ অধিকর্তার জারি করা নির্দেশ অনুযায়ী।

(খ) **২ নং খাতা** ঃ এটি হল রায়তের খতিয়ান। রাজস্ব পরিদর্শকের অফিসে এটি রক্ষণাবেক্ষণ করা হয় এবং মৌজাভিত্তিক সাজানো হয়। প্রতি রায়ত/প্রজার জন্য আলাদা আলাদা পৃষ্ঠা বরাদ্দ করা হয়। নিম্নলিখিত পদ্ধতিতে খাতায় লেখা হয় ঃ

(১) যে বছরের সাথে লেখা সম্পর্কিত তা মোটা হরফে লেখা হয় পৃষ্ঠার আড়াআড়ি এবং সেই বছরের লেখাগুলি তার নীচে থাকে।

(২) সমস্ত দাবি, বকেয়া দাবিসহ, বর্তমান বছরের দাবি। বর্তমান বছর সম্পর্কিত অগ্রিম অর্থপ্রদান যা আগের বছরে করা হয়েছে এবং বর্তমান বছরে দাবিতে কোন সংযুক্তি ঘটলে তা লাল কালিতে লেখা হবে। সুদ প্রদানের পরে এটা কালো কালিতে লিখতে হবে।

(৩) সমস্ত অর্থ প্রদান এবং রেহাই কালো কালিতে লিখতে হবে।

(৪) বকেয়া অর্থ বিষয়ে যে বছরের সাথে ওই বকেয়া যুক্ত সেই ঘরে লিখতে হবে।

(৫) বছরের একেবারে শেষে ওই সব লেখাগুলি যোগ করা হবে।

(৬) বছরের শেষে কোন বাকি থাকলে, জমা পরিমাণের নীচে সমস্ত ঘরে ওই পরিমাণ কালো কালিতে লিখতে হবে।

(৭) জমা দেওয়ার পূর্ব দিন পর্যন্ত বকেয়ার উপর সুদ হিসাব করতে হবে।

আইন অনুযায়ী রাজস্বের পুনঃনির্ধারণের উপরে ভিত্তি করে ১ নং ও ২ নং খাতা সংশোধন করতে হবে। এই ধরনের ঘটনায়, যৌথ জমা প্রয়োজনে বিভাজন করতে হবে। নূতন জমা যা তৈরি হল তার নূতন সংখ্যা দিতে হবে এক্ষেত্রে লব হিসাবে থাকবে পুরাতন রায়তের সংখ্যা এবং হর হিসাবে থাকবে মৌজার শেষ রায়তের সংখ্যার জের।

২ নং খাতায় প্রতিটি নূতন লেখা রাজস্ব পরিদর্শক পরীক্ষা করবেন এবং ১০% পরীক্ষা করবেন রাজস্ব আধিকারিক। প্রতিটি পৃষ্ঠায় (নূতন খাতার) একটি শংসাপত্র লিখবেন শংসাপত্র আধিকারিক এইরকমভাবে—

"পূর্ববর্তী বছরের পরিপূরক লেখার সাথে পরীক্ষা করা হল এবং সঠিক দেখা গেল।"

(খ) **৩ নং খাতা ঃ** পরপর প্রতিদিনের ভূমি রাজস্ব ও সেস আদায়গুলি লেখা হয় এই খাতায়। অর্থ প্রদানের বিস্তারিত বিবরণ একই সাথে ২ নং খাতা ও ৩ নং খাতায় লেখা হয়। যেসব অর্থ প্রদান উপদেশ সাপেক্ষে হয় ভূমি সহায়ক কেবলমাত্র গ্রহণ করবেন, লাল কালিতে সরাসরি অর্থ প্রদানের পর লিখবেন।

(ঘ) **৪ নং খাতা ঃ** প্রতি অফিসের নগদান (Cash Book) এটি। প্রতিদিন এর বাকি হিসাব হয় এবং লেখা সমাপ্ত করা হয়

এবং প্রতি ঘরের বাকির সাথে হাতে কত অর্থ আছে তার সাথে মেলানো হয় এবং যে আধিকারিক অর্থের জন্য দায়িত্বপ্রাপ্ত তিনি ওই বিষয়ে শংসাপত্র দেন। এই খাতার ৩ ও ৮ নং ঘর কোষাগারে প্রেরণ ও ৩ নং/৭নং খাতায় সমস্ত আদায় দেখায়। এই দুই খাতা থেকে প্রাপ্ত প্রতিদিনের আদায় কেবলমাত্র নগদানে লিখতে হবে এবং প্রতি রায়ত দ্বারা জমা দেওয়া আলাদা জমা নয়।

(ঙ) **৫ নং খাতা ঃ** এটা কোষাগার পাশ বই।

(চ) **৬ নং খাতা ঃ** আবর্তক (recurring) প্রকৃতির বিবিধ দাবির খাতা এটি অর্থাৎ গোচারণ অধিকারের ইজারা, নদীতট জমির ফি, হাট ও ফেরির ইজারা ইত্যাদি। যদি প্রয়োজন হয়, বিভিন্ন প্রকার দাবির জন্য আলাদা আলাদা খণ্ড খোলা যেতে পারে। অন্যথায় প্রতিটি আবর্তক দাবির জন্য আলাদা পৃষ্ঠা বরাদ্দ করা যেতে পারে। মোট আদায়ের নীচে প্রতি বছরের শেষে জের হিসাব করা যেতে পারে।

(ছ) **৭ নং খাতা ঃ** ২ নং খাতায় যে আদায় লেখা হয় সেগুলি বাদে অন্য সমস্ত আদায় এই খাতায় লেখা হয় এবং ওইগুলি সহ ৬ নং খাতায় তোলা হয়।

(জ) **১১ নং খাতা ঃ** রাজস্ব রেহাই এবং হ্রাস মঞ্জুর বিষয়ক খাতা এটি। মহকুমা ভূমি ও ভূমি সংস্কার আধিকারিকের অফিসে এবং জেলা ভূমি ও ভূমি সংস্কার আধিকারিকের অফিসে এটি রাখা হয়। প্রতিটি ব্লক ভূমি ও ভূমি সংস্কার অফিসের জন্য আলাদা আলাদা পৃষ্ঠা বরাদ্দ করা থাকে।

কোন হ্রাস মঞ্জুর অতীত বীক্ষণ (retrospective) ফল দেওয়া হয় না। যখন কোন আদেশ দেওয়া হবে তখন থেকে বছর শেষ পর্যন্ত রাজস্ব হ্রাসের ফল দেওয়া হবে। বর্তমান বছর বা আগের বছরের রাজস্বের হ্রাস খাতায় রেহাই ঘরে লিখতে হবে।

৩২৪। বিবরণী [Return] ঃ (১) বিবরণীর নিদর্শ দেওয়া আছে ২ নং পরিশিষ্টে।

(২) ১ নং বিবরণীতে (পরিশিষ্ট ২) যে সব আদায় ৩ নং/৭ নং খাতায় লেখা আছে সেগুলি দেখাতে হবে। জেলা ভূমি ও ভূমি সংস্কার আধিকারিক তাঁর অফিসে অধস্তন অফিসগুলিকে বিবরণী জমা দেওয়ার দিন স্থির করবেন যাতে করে তিনি তাঁর জেলার জন্য রাজস্ব পর্ষদের কাছে পরবর্তী বাংলা মাসের ১৫ তারিখের মধ্যে জমা দিতে পারেন।

ভূমি রাজস্ব ইত্যাদির রসিদ দেওয়া আছে ৩ নং পরিশিষ্টের ঘ নিদর্শে।

(৩) বছর শেষ হওয়ার পরে যত দ্রুত সম্ভব ভূমি সহায়ক রাজস্ব পরিদর্শকের মাধ্যমে ব্লক ভূমি ও ভূমি সংস্কার আধিকারিকের কাছে ২ নং বিবরণীতে (২ নং পরিশিষ্ট) খেলাপকারীদের তালিকা জমা দেবেন। ব্লক ভূমি ও ভূমি সংস্কার অফিসে ওই বিবরণী পরীক্ষা করা হবে এবং খেলাপকারীদের বিরুদ্ধে বিশেষ বিশেষ ক্ষেত্রে সার্টিফিকেট জারি করা হবে। বৈশাখ মাসের শেষে সার্টিফিকেট আরম্ভ করা হবে এবং আষাঢ় মাসের মধ্যে শেষ করতে হবে।

(৪) ২টি অনুলিপিতে ২ নং বিবরণী জমা দিতে হবে। এর সাথে, একটি খসড়া প্রতিলিপি ভূমি সহায়ক রাখবেন। সার্টিফিকেট স্বাক্ষর ও তাতে ক্রমিক সংখ্যা লেখার পর, ভূমি সহায়কের কাছে তার প্রতিলিপি পাঠাতে হবে সার্টিফিকেটের নথি হিসাবে।

বিংশতি অধ্যায়
Chapter 20
বর্গাদার ও পাট্টা প্রাপকদের প্রতিষ্ঠানগত আর্থিক সাহায্য
(Institutional Finance to Bargadars and Assignees of Vested Lands)

৩২৫। উদ্দেশ্যে [Objectives] ঃ এই পরিকল্পনার উদ্দেশ্য হল সহজ শর্তে বর্গাদার ও সরকারে ন্যস্ত জমি প্রাপকদের আর্থিক সাহায্য দিয়ে তাঁদের আর্থিক অবস্থার উন্নতি ঘটানো, জমির উৎপাদন ক্ষমতা বাড়ানো। সরকারী সংস্থাগুলি থেকে আর্থিক সাহায্য দিয়ে তাঁদের বিবেক বর্জিত সুদখোরদের হাত থেকে রক্ষা করা এবং তাঁদের আর্থিক অবস্থার উন্নতি ঘটানো।

৩২৬। যোগ্যতা [Eligibility] ঃ যে সমস্ত বর্গাদার ও পাট্টা প্রাপকদের জমি এক একরের কম এবং বার্ষিক আয় ৩,৫০০ টাকার বেশি নয় তাঁরা এই পরিকল্পনায় বিবেচিত হতে পারেন।

বর্গাদার এবং পাট্টাদাররা সাধারণতঃ এই পরিকল্পনায় বিবেচিত হবেন না যদি তাঁদের দখলকৃত জমির পরিমাণ ০.২০ একরের কম হয়। যাই হোক, তাঁরা বিবেচিত হতে পারেন যদি তারা শাক সব্জি এবং অন্য অর্থকারী শস্য উৎপাদন করেন এবং যদি জেলা পর্যায়ের ব্যাঙ্ক সমন্বয় কমিটি মনে করে যে তাঁদের দখলকৃতজমি টিকে থাকতে সক্ষম আর্থিকভাবে।

আগের বছরে এই পরিকল্পনার অন্তর্গত খেলাপকারীরা যতক্ষণ না এই ঋণ সম্পূর্ণ পরিশোধ না করছেন তাঁদেরকে আর বিবেচনা করা হবে না।

৩২৭। যোগ্যতার তালিকা [Eligibility list] ঃ ব্লকের যোগ্য ব্যক্তিদের তালিকা প্রস্তুত করবেন ব্লক ভূমি ও ভূমি সংস্কার আধিকারিক এবং ওই তালিকা পাঠিয়ে দেবেন ব্লক উন্নয়ন আধিকারিকের কাছে।

প্রতিবছর মার্চ মাসে তালিকা হালতক করতে হবে।

৩২৮। প্রতিষ্ঠানগত সমর্থন [Organisational support] ঃ রাজস্ব পর্যদ এই পরিকল্পনার প্রশাসনিক দায়িত্বে আছেন রাজ্য পর্যায়ে ব্যাঙ্কগুলির কমিটির সাথে আলোচনা করে তাদের সক্রিয় সমর্থন আদায় করে।

৩২৯। জেলা পর্যায়ের ব্যাঙ্কগুলির সমন্বয় কমিটি এবং জেলার প্রধান ব্যাঙ্কের সক্রিয় সহযোগিতায় জেলা সমাহর্তা অথবা কোন অতিরিক্ত জেলা সমাহর্তা অথবা জেলা ভূমি ও ভূমি সংস্কার আধিকারিক যিনি সমাহর্তা দ্বারা অনুমোদিত হয়েছেন তিনি এই পরিকল্পনার কাজ সমাহর্তার পক্ষে করবেন।

৩৩০। ব্লক উন্নয়ন আধিকারিক যিনি আবার পঞ্চায়েত সমিতির নির্বাহী আধিকারিকও বটে, তিনি তাঁর ব্লকে এই পরিকল্পনা রূপায়িত করবেন পঞ্চায়েত সমিতি, গ্রাম পঞ্চায়েত, ব্লক ভূমি ও ভূমি সংস্কার আধিকারিক এবং ব্যাঙ্ক ও সমবায় সমিতিগুলির সাহায্য নিয়ে।

৩৩১। উপকৃত গোষ্ঠীকে অনুপ্রেরণা দিয়ে, নথিপত্র পৌঁছিয়ে, ব্যাঙ্ক এবং/অথবা সমবায় সমিতিগুলির সাথে সমন্বয়ের মাধ্যমে রাজস্ব পরিদর্শক এই পরিকল্পনা রূপায়ণে সহায়তা করবেন।

৩৩২। বিভাগীয় কমিশনার সমাহর্তাকে এই পরিকল্পনা রূপায়ণ করে পূর্ণভাবে জড়িত করে ভূমি সংস্কার উপকৃতদের প্রয়োজনীয় প্রতিষ্ঠানগত সমর্থন দেওয়ার বিষয়ে সুনিশ্চিত করবেন।

৩৩৩। খারিফ ঋতুর জন্য লক্ষ্যমাত্রা [Target for Khariff season] ঃ রাজস্ব পর্যদ প্রতি বছর মার্চ মাসে বিগত আর্থিক বছরের এই পরিকল্পনার কাজকর্মের অগ্রগতি বিষয়ে রাজ্য পর্যায়ের ব্যাঙ্ক কমিটির সাথে সভা করে এবং সম্পূর্ণ রাজ্যের জন্য লক্ষ্যমাত্রা স্থির করে, বাণিজ্যিক ব্যাঙ্কের সাথে এবং সমবায় সমিতির সাথে ব্যক্তিগত লক্ষ্যমাত্রা স্থির করে খারিফ ঋতুর

জন্য। জেলাভিত্তিক লক্ষ্যমাত্রার সাথে উদ্ভূত/সংশোধিত নির্দেশিকা খুব দ্রুত সমাহর্তাদের পাঠিয়ে দেওয়া হয়।

৩৩৪। রাজ্য পর্যায়ের ব্যাঙ্ক কমিটি বিভিন্ন রাষ্ট্রায়ত্ব ব্যাঙ্ক এবং গ্রামীণ ব্যাঙ্কগুলিকে জেলা ভিত্তিক লক্ষ্যমাত্রা স্থির করে দেয়।

৩৩৫। জেলা সমাহর্তা মার্চ মাসের শেষ সপ্তাহে অথবা এপ্রিল মাসের প্রথম সপ্তাহে জেলা পর্যায়ের ব্যাঙ্কগুলির সমন্বয় কমিটির সভা ডাকেন। নিম্নলিখিত বিষয়গুলির জন্য ওই সভায় ব্লক ভিত্তিক এবং ব্যাঙ্ক ভিত্তিক লক্ষ্যমাত্রা স্থির করা হয় সময়ের সাথে—

(১) ব্লক উন্নয়ন আধিকারিকের কাছে আবেদনপত্রগুলি পৌঁছানো;

(২) পরিপূর্ণ আবেদন পত্রগুলি পেশ করা;

(৩) ঋণ বণ্টন করা।

৩৩৬। ঋণের প্রকৃত বণ্টন খারিফ শস্যের জন্য শেষ করা হয় সাধারণতঃ ৩১শে জুলাই-এর মধ্যে। যেসব জেলায় প্রতিরোপণ/রোপণের কাজ সাধারণতঃ আগে হয় সেখানে জেলা পর্যায়ের সমন্বয় কমিটি সময়সীমা বা আগামের শেষ তারিখ বাড়াতে পারে।

৩৩৭। ব্যক্তিগত শস্যের জন্য আর্থিক বরাদ্দের মাপকাঠি চূড়ান্ত করবে জেলা পর্যায়ের সমন্বয় কমিটি। যে যে বিষয়গুলি মাপকাঠি হিসাবে সাধারণত বিবেচনা করা হয় সেগুলি হল বীজ, সার/কৃষি সার, কীটনাশক, সেচ, ভূমি কর্ষণ এবং শ্রমিক ইত্যাদি।

৩৩৮। **কার্যসম্পাদনের নির্দেশিকা [Operational Guidelines]** ঃ জেলা সমাহর্তা ব্লক ভিত্তিক লক্ষ্য মাত্রা এবং সময়-সারণী দেবেন সংশ্লিষ্ট ব্লক উন্নয়ন আধিকারিকদের এবং এর প্রতিলিপি দেবেন সহসমবায় সমিতি নিবন্ধীকার, জেলা কেন্দ্রীয় সমবায় ব্যাঙ্ক এবং পঃ বঃ রাজ্য সমবায় ব্যাঙ্কের শাখাকে।

এই বার্তা সাধারণতঃ ১৫ই এপ্রিলের আগে দিতে হয়।

৩৩৯। ব্লক ভিত্তিক লক্ষ্যমাত্রা পেয়ে সংশ্লিষ্ট ব্লক উন্নয়ন আধিকারিক দেখা করবেন পঞ্চায়েত সমিতির সভাপতি, জেলা কেন্দ্রীয় সমবায় ব্যাঙ্ক/রাজ্য

সমবায় ব্যাঙ্কের ম্যানেজার, বাণিজ্যিক ব্যাঙ্কের শাখা ম্যানেজার/গ্রামীণ ব্যাঙ্কের শাখা ম্যানেজারের সাথে এবং তাঁদের মধ্যে লক্ষ্যমাত্রা ভেঙে ভেঙে দেবেন পঞ্চায়েতের মধ্যে।

৩৪০। প্রয়োজনীয় নিদর্শ, প্রধানতঃ আবেদনের নিদর্শ, পঞ্চায়েত সমিতির কাছে ১৫ই মে-র মধ্যে পাঠাতে হবে।

ছাপানো নিদর্শ যদি না পাওয়া যায়, আবেদনপত্র সাদা কাগজে করা যেতে পারে।

৩৪১। ব্লক উন্নয়ন আধিকারিক, তাঁর এলাকার গ্রাম পঞ্চায়েতের প্রধানদের এবং ব্লক ভূমি ও ভূমি সংস্কার আধিকারিকের সাহায্য নিয়ে এবং রাজস্ব পরিদর্শক উপকৃতদের শনাক্তকরণ করবেন এবং তাঁদের দ্বারা নিদর্শগুলি পূরণ করে গ্রহণ করবেন।

৩৪২। নিদর্শগুলি পূরণ করার সময় বিশেষ নজর দিতে হবে নিম্নলিখিত নথিগুলি সংযুক্ত করার জন্য।

(১) কোন আবেদনকারী তফসিলী জাতি/উপজাতি হলে জাতি শংসাপত্র;

(২) আয়ের শংসাপত্র এবং দখলকৃত জমির পরিমাণ;

(৩) জমি দখলের শংসাপত্র;

(৪) 'না দাবি', 'না আপত্তি' শংসাপত্র।

উপরোক্ত শংসাপত্রগুলি দিতে পারেন গ্রাম পঞ্চায়েতের প্রধান বা পঞ্চায়েত সমিতির সভাপতি/সহ সভাপতি/নির্বাহী আধিকারিক।

৩৪৩। (১) সংশ্লিষ্ট ব্লক উন্নয়ন আধিকারিক পূর্ণ আবেদন পত্রগুলি ১৫ থেকে ২০টি গুচ্ছ তৈরি করে প্রয়োজনীয় শংসাপত্রসহ বিভিন্ন তারিখে, সাধারণতঃ ৩০শে জুনের আগে পর্যন্ত সংশ্লিষ্ট ব্যাঙ্কের শাখা/প্রাথমিক কৃষি সমবায় সমিতিগুলির কাছে বিবেচনার জন্য পাঠাবেন।

(২) প্রস্তাব করা নিদর্শগুলি পঞ্চায়েত সমিতিগুলির কাছ থেকে পাওয়ার পর ওই ব্যাঙ্কগুলি প্রক্রিয়াকরণের (processing) জন্য গ্রহণ করবেন।

আবেদনপত্র পাওয়ার পর যদি কোন তাৎক্ষণিক খরচ হয়, তবে তা শাখাগুলি বহন করবে।

৩৪৪। পঞ্চায়েত সমিতিগুলির সাথে আলোচনা করে ব্যাঙ্কগুলি ঋণ বণ্টনের জন্য অনুষ্ঠানের আয়োজন করবেন যাতে করে পঞ্চায়েত সমিতি এবং গ্রাম পঞ্চায়েতের প্রতিনিধিগণ ঋণ বণ্টনের দিন উপস্থিত থাকতে পারেন।

৩৪৫। **সুদের হার [Rate of interest]** ঃ এই পরিকল্পনার জন্য ভারতীয় রিজার্ভ ব্যাঙ্ক স্থিরকৃত প্রভেদক (differential) হারে সুদ নেওয়া হবে।

৩৪৬। **সুদে ভর্তুকি [Interest Subsidy]** ঃ রাজ্য সরকার একটি পরিকল্পনা করেছে কোন ঋণের উপর ১০০% সুদ মকুব করার, কোন ঋণগ্রহীতা ৩১শে মার্চ মাসের মধ্যে বকেয়া ঋণ সম্পূর্ণ শেষ করে দিলে সম্পূর্ণ সুদ মকুব করা হবে।

ঋণদাতা আর্থিক প্রতিষ্ঠানকে রাজ্য সরকার ওই মকুব করা সুদ পরিশোধ করে দেবে।

৩৪৭। **তফসিলীজাতি/উপজাতিদের জন্য ভর্তুকি [Subsidy for S.Cs. and S.Ts.]** ঃ এই পরিকল্পনাটি বিশেষ পরিকল্পনা এবং রাজ্য সরকারের উপজাতিসহ পরিকল্পনার মধ্যে একত্রীকরণের চেষ্টা করেছে যাতে করে তফসিলী জাতি/উপজাতিভুক্ত উপকৃতগণ ভর্তুকি মঞ্জুরীর সুফল ভোগ করেন।

৩৪৮। আর্থিক সংস্থাগুলি উপকৃতদের অর্থ দেওয়ার ক্ষেত্রে একটি সাধারণ মানও গ্রহণ করেছেন। যাই হোক, নিম্নলিখিত মান অনুযায়ী তাঁরা ভর্তুকি পাওয়ার যোগ্য—

১ম বছর	২৫০	টাকা	প্রতি	একর
২য় ”	২২৫	”	”	”
৩য় ”	২০০	”	”	”
৪র্থ ”	১৫০	”	”	”
৫ম ”	১০০	”	”	”
৬ষ্ঠ ”	কোন ভর্তুকি নয়			

৩৪৯। রাজ্য সরকার সমাহর্তার কাছে উপযুক্ত পরিমাণ অর্থ বরাদ্দ করেন, যিনি ওই ভর্তুকির অর্থ ১৫ই জুনের মধ্যে সংশ্লিষ্ট ব্যাঙ্কের জেলা সদর শাখায় পঃ বঃ তফসিলী জাতি ও উপজাতি উন্নয়ন এবং অর্থ নিগমের সেভিংস অ্যাকাউন্টে জমা করবেন। যাতে প্রতি ঋণগ্রহীতা পিছু প্রতি একরে ২৫০ টাকা হারে ব্যাঙ্কের লক্ষ্যমাত্রা ৬০% ভিত্তিতে অর্থ জমা হবে।

৩৫০। নিগমের জেলা পরিচালক (manager) সমস্ত ব্যাঙ্কের শাখাগুলিকে অনুমোদন দেবেন যাতে ঋণগ্রহীতার পক্ষে ভর্তুকি অর্থের সমন্বয় হয়।

৩৫১। মঞ্জুরী করার পর, বণ্টনকারী শাখা ভর্তুকির জন্য যোগাযোগকারী শাখাকে অর্থ দেবেন এবং একই সাথে তা বণ্টন করবেন।

বণ্টনের সময় ভর্তুকির জন্য উপকৃতদের কাছ থেকে স্ট্যাম্পযুক্ত রসিদ সংগ্রহ করা হবে এবং ভর্তুকি বণ্টন বিষয়ে নিগমের জেলা শাখাকে প্রতিবেদন পাঠাতে হবে।

৩৫২। **রবি ও বোরো শস্যের জন্য প্রতিষ্ঠানগত অর্থ সাহায্য [Institutional finance for Rabi and Boro crops]** ঃ এই সমস্ত নিয়মে বর্ণিত নির্দেশগুলি পরিবর্তন সাপেক্ষে বর্গাদার ও সরকারে ন্যস্ত জমির পাট্টাদারদের প্রতিষ্ঠানগত সাহায্য দিতে হবে।

৩৫৩। রবি ও বোরো মরশুমের জন্য বিভিন্ন পর্যায়ের পরিকল্পনার সময় সারণী দেওয়া হল ঃ

	রবি	বোরো
ব্যাঙ্ক দ্বারা আবেদন গ্রহণে শেষ দিন	১৫ই ডিসেম্বর	১৫ই জানুয়ারি
ব্যাঙ্ক দ্বারা অর্থ বণ্টনের শেষ দিন	৩১শে ডিসেম্বর	৩১শে জানুয়ারি

৩৫৪। **প্রতিবেদন পাঠানো [Reporting]** ঃ সংশ্লিষ্ট সমাহর্তা এই উদ্দেশ্যের জন্য নির্দিষ্ট নিদর্শে বণ্টন শেষ হওয়ার পরে রাজস্ব পর্ষদকে প্রতিবেদন পাঠাবেন।

এই প্রতিবেদন রাজস্ব পর্ষদের কাছে পাঠাতে হবে রবিশস্যের জন্য ৩০শে সেপ্টেম্বর বা তার আগে এবং বোরো শস্যের জন্য ২৪শে ফেব্রুয়ারি বা তার আগে।

৩৫৫। শোধ করা উদ্যোগ [Repayment drive] ঃ জেলা সমাহর্তা ঋণ শোধের উদ্যোগ নেওয়ার জন্য সভা আহ্বান করবেন। তাতে উপস্থিত থাকবেন পঞ্চায়েত সমিতিগুলির সভাপতিগণ এবং আধিকারিকগণ; জেলা পরিষদের সভাধিপতি এবং ব্যাঙ্কের আধিকারিকগণ। তাঁরা যৌথভাবে ব্যবস্থা গ্রহণ করবেন।

এই সভা হবে অক্টোবর এবং ফেব্রুয়ারি মাসের দ্বিতীয় সপ্তাহে যথাক্রমে রবি ও বোরো মরশুমের জন্য।

৩৫৬। পঞ্চায়েত অফিসের কর্মচারীগণ এবং মাঠ প্রচার শাখাদেরকে ব্যবহার করা যেতে পারে জানুয়ারি থেকে মার্চের মধ্যে ঋণশোধের প্রচার কাজের জন্য।

৩৫৭। যখন দাবির ৫০% কম পরিশোধ হবে তখন জেলা সমাহর্তা নিজে সংশ্লিষ্ট ব্যাঙ্কগুলির নাম করে, গ্রাম ও খেলাপকারীর নাম উল্লেখ করে ব্যক্তিগতভাবে নজর দেবেন।

ওই এলাকায় প্রচার করে ঋণ পরিশোধের বিশেষ শিবিরের ব্যবস্থা করবেন জেলা সমাহর্তা।

৩৫৮। অন্য পরিকল্পনার সাথে সমন্বয় [Coordination with other schemes] ঃ জেলা সমাহর্তা এই পরিকল্পনাটিকে অন্য পরিকল্পনার সাথে জুড়ে দেবেন, যেমন—মিনিকিট বণ্টন, বাঁশ চালিত গভীর নলকূপ তৈরি ইত্যাদি যখন যেটি প্রাসঙ্গিক হবে উপকৃতদের আর্থিক অবস্থার উন্নতি ঘটানোর লক্ষ্যে করতে হবে।

একবিংশ অধ্যায়

Chapter 21

খনন ও গৌণ খনিজ উত্তোলন

(Mining and Quarrying Minor Minerals)

৩৫৯। ১৯৫৭ সালের খনি ও খনিজ (প্রণীয়ম ও উন্নয়ন) আইনের ৩(ঙ) ধারা অনুযায়ী "গৌণ খনিজ" বলতে বোঝাবে বাড়ি তৈরির পাথর, কাঁকর, সাধারণ মাটি, নির্ধারিত ব্যবহার ছাড়া সাধারণ বালি, ইঁট তৈরির মাটি, মোরাম এছাড়া অন্য খনিজ যেগুলি সরকারী গেজেটে কেন্দ্র সরকার "গৌণ খনিজ" হিসাবে ঘোষণা করবেন।

৩৬০। **গৌণ খনিজ উত্তোলন [Extraction of minor minerals] ঃ** গৌণ খনিজ উত্তোলন করা যেতে পারে ১৯৭৩ সালের পঃ বঃ গৌণ খনিজ নিয়ম অনুযায়ী—

(১) খনি ইজারা দ্বারা;

(২) খনিজ দ্রব্য তোলার অনুমতি গ্রহণ দ্বারা।

[১][৩৬১। **অনুমতি বা খনিজ ইজারা ছাড়া খনন চালানো নিষিদ্ধ [Prohibition of mining operation without permit or mining lease] ১৯৭৩ সালের পঃ বঃ গৌণ খনিজ নিয়মের ৪ নং বিধি [Rule 4 of W.B. Minor Minerals Rules 1973] ঃ** ভারতীয় সংবিধানের ৩৯(খ) অনুচ্ছেদ এই নির্দেশ দেয় যে সমাজের সম্পদের মালিকানা ও নিয়ন্ত্রণ এমনভাবে বণ্টন করতে হবে যাতে সাধারণের মধ্যে

১ বিজ্ঞপ্তি নং ৪৬৫০-এল. রেফ্./১ এফ. জি. ই. (এম)/১ এফ.-২০/০১, তাং ১০.১২.২০০১ দ্বারা অংশগুলি অন্তর্ভুক্ত হয়েছে।

সর্বাধিক পরিষেবা দেওয়া যায়। ওই বিধি রূপায়ণের দিকে লক্ষ্য রেখে এবং স্থানীয় শিক্ষিত যুব সম্প্রদায়ের মধ্যে সর্বাধিক কর্ম সৃষ্টির জন্য ইঁট তৈরির মাটি ছাড়া অন্য গৌণ খনিজের জন্য উত্তোলনের অনুমতি দেওয়া হবে সমবায় সমিতি বা অংশীদারী প্রতিষ্ঠানকে অগ্রাধিকারের ভিত্তিতে যার পদ্ধতি ২৬৬ ক বিধিতে নির্দিষ্ট করা আছে। এই ধরনের সমিতি বা অংশীদারী প্রতিষ্ঠান ওই বিধি অনুযায়ী শর্তাবলী মেনে খননের চালুর কাজ নেবেন। ইঁট তৈরির মাটি বাদে কোন ব্যক্তিবিশেষকে কোন গৌণ খনিজ উত্তোলনের অনুমতি দেওয়া হবে না।]

৩৬২। খনন ইজারা [Mining lease] ঃ পশ্চিমবঙ্গ সরকারের বাণিজ্য ও শিল্পযন্ত্রক খননের ইজারার অনুমোদন দেবেন। মুখ্য খনি আধিকারিকের মাধ্যমে আবেদনপত্র জমা দিতে হবে বাণিজ্য ও শিল্প দপ্তরে।

৩৬৩। খনন ইজারা অনুমোদন বিষয়ে গ্রহণীয় পদ্ধতি [Procedure to be followed in respect of grant of a mining lease] ঃ কোন ব্যক্তি রাজ্যের কোন খনন ইজারা মোট ৩ বর্গ কিলোমিটারের অধিক জায়গা নিতে পারবেন না। এই ইজারার মেয়াদ পাঁচ বছরের অধিক হবে না। রাজ্য সরকার এই বিধান শিথিল করতে পারেন। খনন ইজারা নবীকরণের বিধান আছে। মুখ্য খনি আধিকারিকের মাধ্যমে রাজ্য সরকারের (বাণিজ্য ও শিল্প দপ্তর) কাছে ক-নিদর্শে খনন ইজারার জন্য আবেদন করতে হবে। ওই ধরনের আবেদন পাওয়ার পর সরকার জেলা কর্তৃপক্ষের কাছ থেকে প্রাপ্যতা বিষয়ে প্রতিবেদন নেবেন। খনন ইজারার কোন আবেদনপত্র জমা হওয়ার এক বছরের মধ্যে নিষ্পত্তি করতে হবে [১৯৭৩ সালের পঃ বঃ গৌণ খনিজ বিধির ৭(১) নিয়ম]।

৩৬৪। প্রাপ্যতা প্রতিবেদন পেশ [Submission of availability report] ঃ সরকার যখন প্রাপ্যতা প্রতিবেদন চাইবেন সংশ্লিষ্ট ব্লক ভূমি ও ভূমি সংস্কার আধিকারিক তা দেখবেন, যথাযথ মাধ্যমে তা জেলা কর্তৃপক্ষের কাছে পাঠাবেন জেলা কর্তৃপক্ষ চাওয়ার এক মাসের মধ্যে। ব্লক ভূমি ও ভূমি সংস্কার আধিকারিকের কাছ থেকে প্রতিবেদন পাওয়ার পর যত দ্রুত সম্ভব, জেলা কর্তৃপক্ষের অফিসে ওই প্রতিবেদন খুঁটিয়ে

পরীক্ষা করা হবে। জেলা কর্তৃপক্ষ তাঁর মতামতসহ ওই প্রতিবেদন মুখ্য খনি আধিকারিকের কাছে পাঠাবেন যাতে ওই প্রাপ্যতা প্রতিবেদন দ্রুত পাঠানো যায়, যথাসম্ভব জেলা কর্তৃপক্ষের অফিসে জমা হওয়ার তিন মাসের মধ্যে পাঠাতে হবে।

৩৬৫। সরকারী পাওনা আদায় [Realisation of Government dues] ঃ ইজারাগ্রহীতাকে তিন প্রকারের সরকারী পাওনা জমা দিতে হবে ঃ

(১) হয় রয়ালটি অথবা অপ্রচলিত খাজনা

(২) বহির্পৃষ্ঠের খাজনা

(৩) সেস

এছাড়া ইজারাগ্রহীতাকে আবেদন ফি দিতে হবে এবং নিয়মে বর্ণিত নির্দিষ্ট জামিন অর্থ জমা রাখতে হবে। ইজারাগ্রহীতাকে হয় অপ্রচলিত খাজনা অথবা রয়ালটি যেটি অধিক সেটি জমা দিতে হবে, কিন্তু উভয়ই দিতে হবে না। রয়ালটি এবং অপ্রচলিত খাজনা নির্ধারণ করবেন মুখ্য খনি আধিকারিক এবং জেলা কর্তৃপক্ষের দায়িত্ব হল এটা দেখা যে নির্ধারিত পরিমাণ ইজারাগ্রহীতার কাছ থেকে আদায় করা হয়েছে কিনা। জেলা কর্তৃপক্ষ বা তাঁর দ্বারা অনুমোদিত অন্য কোন আধিকারিক এটা নিশ্চিত করবেন যে, খনন ইজারা দেওয়ার খাতাটি ঠিক ঠিকভাবে রক্ষণাবেক্ষণ হচ্ছে (১৯৭৩ সালের পঃ বঃ গৌণ খনিজ নিয়মের ২৩ নং বিধি দ্রষ্টব্য)।

৩৬৬। ইজারাদারের মাসিক হিসাব দাখিল [Submission of monthly accounts of lessee] ঃ পশ্চিমবঙ্গ গৌণ খনিজ নিয়মের ৬ নং অংশের ৩ নং দফা অনুসারে ইজারা দলিল হবে ঙ-নিদর্শে। প্রতিমাসে ইজারাগ্রহীতা হিসাব দাখিল করবেন তাঁর মজুত, বিক্রি, পাঠানো, স্থানীয় ব্যয়, বকেয়া রয়ালটি ও খাজনা এবং পরবর্তী মাসের ১৫ দিনের মধ্যে জমা করা অর্থ ইত্যাদি বিষয়ে। প্রতিটি বিষয়ের অবিকল প্রতিলিপি ইজারাগ্রহীতা বা তাঁর অনুমোদিত কোন ব্যক্তি সই করবেন এবং (১) রাজ্য সরকার, (২) মুখ্য খনি আধিকারিক, (৩) জেলা কর্তৃপক্ষের কাছে ৭ দিনের মধ্যে পাঠাবেন।

রয়ালটি আদায়ের ভারপ্রাপ্ত আধিকারিক প্রতি নিয়ত খনন ইজারা খাতাটি পরিদর্শন করবেন কোন ইজারাদারের কাছে সরকারী পাওনা বকেয়া আছে কিনা।

৩৬৭। উত্তোলনের অনুমতি প্রদান [Issue of quarry permit] ঃ ১৯৭৩ সালের পঃ বঃ গৌণ খনিজ নিয়মের ৩(খ) নিয়মে উল্লিখিত জেলা কর্তৃপক্ষ অথবা রাজ্য সরকার দ্বারা এই উদ্দেশ্যে নিয়োজিত অন্য কোন আধিকারিক উক্ত নিয়মের ৩ নং তফসিলে বর্ণিত পদ্ধতিতে অনুমতি দেবেন। ১৯৭৩ সালের পঃ বঃ গৌণ খনিজ নিয়মের চ নিদর্শে কোন ব্যক্তিকে উক্ত নিয়মের ১ নং তফসিলে উল্লিখিত অর্থ আগাম জমা সাপেক্ষে গৌণ খনিজ উত্তোলন বা স্থানান্তরণ করার পদ্ধতি বলা আছে।

৩৬৮। নির্দিষ্ট খনিজ উত্তোলনের অনুমতি দেওয়া যেতে পারে পাঁচ একরের অধিক নয় এরকম আয়তনের জন্য। এই অনুমতি তিন মাসের জন্য দেওয়া হতে পারে এবং পরিমাণ নির্ধারণ করবেন জেলা কর্তৃপক্ষ বা এই কাজের উদ্দেশ্যে রাজ্য সরকার দ্বারা নিয়োজিত কোন আধিকারিক।

৩৬৯। খনিজ উত্তোলনের অনুমতি প্রদানের পদ্ধতি [Procedure to be followed in respect of quarry permits] ঃ খনিজ পদার্থ তোলার অনুমতি চেয়ে আবেদনপত্র জমা দিতে হবে জেলা কর্তৃপক্ষ অথবা রাজ্য সরকার দ্বারা এই কাজের জন্য নিয়োজিত কোন আধিকারিকের কাছে ছ-নিদর্শে (Form G) (যেমন নিয়মে উল্লেখ করা আছে)। এর সাথে নির্দিষ্ট পদ্ধতিতে আবেদন ফি হিসাবে চালানে ৫০ টাকা জমা দিতে হবে।

৩৭০। কোন আবেদনকারীর পূর্বের কোন বকেয়া থাকলে তাকে আর উত্তোলনের অনুমতি দেওয়া হবে না, যতক্ষণ না তিনি বকেয়া মিটিয়ে দিচ্ছেন।

৩৭১। রায়তের জমির ক্ষেত্রে, জমির মালিকের কাছ থেকে এই মর্মে শংসাপত্র দাখিল করতে হবে যে উত্তোলনের অনুমতি দিনে তাঁর কোন ‘‘আপত্তি নাই’’।

৩৭২। নিয়মে বর্ণিত পদ্ধতির ৩ নং ও ৪ নং তফসিলে উল্লিখিত নিয়ম ছাড়া আবেদন ফি এবং রয়ালটি ফেরৎ দেওয়া হবে না।

৩৭৩। ১৯৭৩ সালের উক্ত নিয়মের ২৪ নং বিধি অনুসারে দেওয়া প্রতিটি অনুমতি দেওয়া হবে ওই নিয়মের ৪ নং তফসিলের উল্লেখ করা শর্ত সাপেক্ষে।

৩৭৪। উত্তোলনের অনুমতির আবেদনপত্র পেয়ে, জেলা ভূমি ও ভূমি সংস্কার অফিসের ভারপ্রাপ্ত করণিক নির্ধারিত খাতায় লিখবেন এবং আবেদনকারীকে প্রাপ্তি স্বীকার করে রসিদ দেবেন। খনিজ পদার্থের আলাদা আলাদা শ্রেণীর জন্য আলাদা আলাদা খাতা রক্ষণাবেক্ষণ করতে হবে। আবেদনপত্র যত্নসহ পরীক্ষার পর ভারপ্রাপ্ত করণিক জেলা কর্তৃপক্ষের সামনে পেশ করবেন। জেলা কর্তৃপক্ষ এটিকে তদন্ত ও প্রতিবেদনের জন্য সংশ্লিষ্ট ব্লক ভূমি ও ভূমি সংস্কার অফিসে পাঠাবেন। ব্লক ভূমি ও ভূমি সংস্কার আধিকারিক তাঁর দৃষ্টিভঙ্গিসহ ওই প্রতিবেদন জেলা কর্তৃপক্ষের কাছে পাঠিয়ে দেবেন। জেলা ভূমি ও ভূমি সংস্কার আধিকারিকের অফিসে এই আবেদনপত্র জমা হওয়ার পনের দিনের মধ্যে নিষ্পত্তি করতে হবে। সেই কারণে ব্লক ভূমি ও ভূমি সংস্কার আধিকারিক যত দ্রুত সম্ভব অল্প সময়ের মধ্যে প্রতিবেদন পাঠাতে চেষ্টা করবেন।

৩৭৫। **পশ্চিমবঙ্গ ভূমি সংস্কার আইনের ৪গ ধারায় অনুমতি [Permission under section 4C of the W.B.L.R. Act] ঃ** (১) খনিজ উত্তোলনের অনুমতির আবেদনপত্র যদি সেই জমির সাথে সম্পর্কিত হয় যেটি আগে কোন খনিজ এমনকি গৌণ খনিজ তোলার জন্য ব্যবহৃত হয়নি, ওই জমির ক্ষেত্রে উত্তোলনের অনুমতি দেওয়া হবে না যতক্ষণ না রায়ত সমাহর্তার কাছ থেকে পঃ বঃ ভূমি সংস্কার আইনের ৪গ ধারায় শ্রেণী পরিবর্তনের অনুমতি নিচ্ছে। যেক্ষেত্রে এই ধরনের জমির ক্ষেত্রে ইতিমধ্যে শ্রেণী পরিবর্তনের আবেদন করা হয়েছে এর নিষ্পত্তির জন্য বকেয়া রয়েছে, অথবা এই ধরনের আবেদনপত্র একই সাথে খনিজ উত্তোলনের অনুমতির আবেদনের সাথেই জমা দেওয়া হয়েছে, ওই দুই আবেদনপত্র একইসাথে নিষ্পত্তি করা যেতে পারে যেহেতু একই ব্যক্তি ১৯৫৫ সালের

পঃ বঃ ভূমি সংস্কার আইনের অধীন সমাহর্তা হিসাবে এবং ১৯৭৩ সালের পঃ বঃ গৌণ খনিজ নিয়মের অধীন জেলা কর্তৃপক্ষ হিসাবেও নিয়োজিত।

(২) যাই হোক, পঃ বঃ ভূমি সংস্কার আইনের ৪গ ধারায় রাজস্ব নথিতে জমির শ্রেণী পরিবর্তন বিষয়ে অনুমতি মঞ্জুর করা হবে না ওই জমি থেকে গৌণ খনিজ তোলা বিষয়ে রাজস্ব পর্ষদের আগাম অনুমতি ছাড়া যদি না ২৭.৭.১৯৮৫ তারিখ থেকে বা তার আগে থেকে ওই জমি ইঁটভাটার বৈধ অনুমতি থাকে অর্থাৎ ১৯৭৩ সালের পঃ বঃ গৌণ খনিজ নিয়মের ৪নং বিধির সংশোধন কার্যকর হওয়ার দিন।

৩৭৬। ১৯৭৩ সালের পঃ বঃ গৌণ খনিজ নিয়মের ৩ নং তফসিলে বর্ণিত শর্তগুলি যতক্ষণ না পূরণ হচ্ছে খনিজ তোলার কোন অনুমোদন দেওয়া হবে না এবং গৌণ খনিজ উত্তোলন করার কোন অনুমতি ওই জমি থেকে দেওয়া হবে না যদি কোন রাস্তা, রেল বা বাঁধ বা জনসেবার্থে ব্যবহৃত কোন জিনিস ইত্যাদির বিপদজনক ক্ষতি হওয়ার যথেষ্ট কারণ আশঙ্কা থাকে অথবা সাধারণের সুখাধিকার (easement right) বা পরিবেশের ক্ষতির আশঙ্কা থাকে।

৩৭৭। **খনিজ উত্তোলনের অনুমতি প্রাপককে সরকারী পাওনা দিতে হবে [Government dues to be paid by quarry permit holders]** ঃ ব্লক ভূমি ও ভূমি সংস্কার আধিকারিকের প্রতিবেদন বিবেচনা করে সন্তুষ্ট হয়ে, জেলা কর্তৃপক্ষ আবেদনকারীকে পঃ বঃ গৌণ খনিজ নিয়মের অধীন ১ নং তফসিলে বর্ণিত হারে অগ্রিম রয়ালটি জমা দিতে বলবেন।

৩৭৮। **খনিজ উত্তোলনের অনুমতি মঞ্জুরী [Grant of quarry permit]** ঃ চালান পরীক্ষা করে অনুমোদিত আধিকারিক নথিটি জেলা কর্তৃপক্ষের কাছে পেশ করবেন যিনি চ-নিদর্শে খনিজ উত্তোলনের অনুমতি মঞ্জুর করবেন। ওই অনুমতিপত্র দেওয়া হবে আটটি প্রতিলিপি তৈরি করে, যার প্রথমটি দেওয়া হবে আবেদনকারীকে। প্রতিটি প্রতিলিপিতে আলাদা করে অনুমতি প্রদানকারী কর্তৃপক্ষের অফিসের সিলমোহর সহ স্বাক্ষর

করবেন। একটি করে প্রতিলিপি পাঠাতে হবে মুখ্য খনি আধিকারিক, সেস উপ সমাহর্তা, বাণিজ্যকর আধিকারিক, মহকুমা ভূমি ও ভূমি সংস্কার আধিকারিক, ব্লক ভূমি ও ভূমি সংস্কার আধিকারিক ইত্যাদির কাছে। জেলা কর্তৃপক্ষ মহকুমা ভূমি ও ভূমি সংস্কার আধিকারিক বা ব্লক ভূমি ও ভূমি সংস্কার আধিকারিক বা সমপর্যায় আধিকারিককে খনিজ উত্তোলনের অনুমতি প্রদান করার অনুমোদন দিতে পারেন।

৩৭৯। **খনিজ উত্তোলনের পরিদর্শন ও পরীক্ষা [Inspection and checking of extraction of mineral]** ঃ যে জমির উপরে খনিজ উত্তোলনের অনুমতি দেওয়া হয়েছে ব্লক ভূমি ও ভূমি সংস্কার আধিকারিক সেখানে ঘন ঘন পরিদর্শন করবেন এবং উত্তোলিত গৌণ খনিজ বা তোলা মাটি পরিমাপ করবেন। এই পরিমাপ খনিজ তোলার সময় প্রতি মাসে একবার যথাসম্ভব করবেন।

৩৮০। যদি ব্লক ভূমি ও ভূমি সংস্কার আধিকারিক অবৈধ উত্তোলন বিষয়ে কোন প্রতিবেদন পাঠান, মহকুমা ভূমি ও ভূমি সংস্কার আধিকারিক বা যেখানে দরকার জেলা ভূমি ও ভূমি সংস্কার আধিকারিক সরেজমিন গিয়ে ওই প্রতিবেদন পরীক্ষা করবেন।

৩৮১। নিয়মিত পরীক্ষার অতিরিক্ত জেলা ভূমি ও ভূমি সংস্কার আধিকারিক এবং মহকুমা ভূমি ও ভূমি সংস্কার আধিকারিক অতর্কিতে পরীক্ষা করবেন।

৩৮২। **অনুনোমোদিত উত্তোলনের মামলাগুলি কিভাবে করতে হবে [How to deal with cases of unauthorised extraction]** ঃ ১৯৭৩ সালের পঃ বঃ গৌণ খনিজ নিয়মের (৪) নং বিধি অমান্য করে থাকলে অনুনোমোদিত উত্তোলনের বিরুদ্ধে শাস্তির ব্যবস্থা গ্রহণ করতে হবে। এই ব্যবস্থা নিতে হবে ১৯৫৭ সালের খনি ও খনিজ (প্রণীয়ম ও উন্নয়ন) আইন, ১৯৭৩ সালের পঃ বঃ গৌণ খনিজ নিয়ম ও ভারতীয় দণ্ড সংহিতা অনুযায়ী প্রয়োজন মত।

৩৮৩। অতিরিক্ত উত্তোলন [Excess extraction] ঃ উত্তোলন অনুমতিতে যতটা খনিজ উত্তোলনের অনুমতি দেওয়া ছিল যদি দেখা যায় কোন অনুমতিগ্রহীতা তার চেয়ে অধিক খনিজ তুলেছেন, পরিদর্শন আধিকারিক সঙ্গে সঙ্গে জেলা কর্তৃপক্ষের কাছে পরিমাপ তালিকাসহ প্রতিবেদন পাঠাবেন এবং অনুমতিগ্রহীতাকে পুনরায় খনিজ উত্তোলন করা থেকে বিরত থাকতে বলবেন যতক্ষণ না জেলা কর্তৃপক্ষের কাছ থেকে পুনরায় আদেশ না পাচ্ছেন। অনুমোদিত আধিকারিক বিষয়টি জেলা কর্তৃপক্ষের কাছে পেশ করবেন, জেলা কর্তৃপক্ষ পঃ বঃ গৌণ খনিজ বিধি অনুযায়ী অতিরিক্ত অর্থ জমা দেওয়ার জন্য আদেশ করবেন।

৩৮৪। উত্তোলন অনুমতি তামাদি হওয়ার পর উত্তোলন [Extraction after lapse of quarry permit] ঃ খনিজ উত্তোলনের অনুমতি তামাদি হওয়ার পরেও যখন অনুমতিগ্রহীতা খনিজ উত্তোলন করেন, পরিদর্শন আধিকারিক সঙ্গে সঙ্গে জেলা কর্তৃপক্ষকে পরিমাপ তালিকাসহ প্রতিবেদন পাঠাবেন, যেখানে জেলা কর্তৃপক্ষ ১৯৭৩ সালের পঃ বঃ গৌণ খনিজ নিয়ম অনুযায়ী তাঁর স্থির করা অতিরিক্ত অর্থ জমা দেওয়ার আদেশ করবেন। অনুমতিগ্রহীতাকে একটা স্বাধীনতা দেওয়া হয় আবেদন ফি নিয়মিতকরণের আবেদন করতে। জেলা কর্তৃপক্ষ নূতন উত্তোলন অনুমতি দিতে পারেন, কিন্তু অবৈধ যে পরিমাণ তুলেছেন তা।

৩৮৫। উত্তোলনের অনুমতি ছাড়া খনিজ উত্তোলন [Extraction of mineral without a quarry permit] ঃ যখন কোন বৈধ অনুমতি ছাড়া খনিজ উত্তোলন করা হয়েছে, তখন ১৯৫৭ সালের খনি ও খনিজ (প্রণীয়ম ও উন্নয়ন) আইনের ২১(৪) ধারা অনুযায়ী ব্যবস্থা গ্রহণ করা হবে। ভারতীয় দণ্ডবিধির ৩৭৯ ধারা, ১৯৫৭ সালের খনি ও খনিজ (প্রণীয়ম ও উন্নয়ন) আইনের ২১ নং ধারা এবং ১৯৭৩ সালের পঃ বঃ গৌণ খনিজ নিয়মের ৩০ নং বিধি অনুযায়ী স্থানীয় থানায় প্রথম এত্তেলা (FIR) দাখিল করতে হবে।

৩৮৬। ২১(৫) ধারায় শাস্তি [Penalty under section 21(5)] ঃ কোন ব্যক্তি, আইনগত আধিকারিক ছাড়া জমি থেকে কোন খনিজ তুললে, ওই

তোলা খনিজ অথবা ইতিমধ্যেই যে খনিজ বিক্রি করা হয়ে গিয়েছে তার জন্য আইনের ২১(৫) ধারা অনুযায়ী তার মূল্য, তার সাথে খাজনা, রয়ালটি বা কর যেটা প্রযোজ্য হবে তা আদায় করতে হবে, আইনসঙ্গত কোন অধিকার ছাড়া ওই জমিতে রাখার জন্য।

৩৮৭। গৌণ খনিজের উপর সেস [Cess on minor minerals] ঃ রয়ালটির সাথে গৌণ খনিজ তোলার জন্য সেসও দিতে হবে। ১৮৮০ সালের সেস আইনের ৭২ ধারা ও ১৯৮৪ সালের পঃ বঃ সেস (সংশোধন) আইন অনুযায়ী কোন খনি থেকে খনিজ তোলার জন্য সেস দিতে হবে। গৌণ খনিজ বিষয়ে, কোন খনিজ তোলার অনুমতি বা খনি ইজারার জন্য সেস প্রদান করতে হবে। বিভিন্ন আইনের অধীন চার প্রকারের সেস আরোপ করা হয়েছে।

(১) পূর্ত কাজের জন্য সেস (২) রাস্তার সেস	১৮৮০ সালের সেস আইনের অধীন দিতে হবে।
(৩) প্রাথমিক শিক্ষা সেস	১৯৭৩ সালের পঃ বঃ প্রাথমিক শিক্ষা আইনের অধীন দিতে হবে।
(৪) গ্রামীণ কর্মসংস্থান সেস	১৯৭৬ সালের গ্রামীণ কর্মসংস্থান (উৎপাদন ও উন্নয়ন) আইন অনুযায়ী দিতে হবে।

৩৮৮। উত্তোলন অনুমতি বাতিল [Revocation of a quarry permit] ঃ ১৯৭৩ সালের পঃ বঃ গৌণ খনিজ নিয়মের ৪ নং তফসিলে উল্লেখিত যে কোন একটি কারণের জন্য খনিজ উত্তোলনের অনুমতি বাতিল হতে পারে।

দ্বাবিংশ অধ্যায়

Chapter 22

কৃষি শুমারী

(Agricultural Census)

৩৮৯। রাজস্ব পর্ষদ কেন্দ্রীয় সংস্থা [Board of Revenue is the nodal agency] ঃ কৃষি শুমারী হল কেন্দ্রীয় সরকারের পরিকল্পনা এবং দেশের অন্য রাজ্যের সাথে পশ্চিমবঙ্গে পাঁচ বছর অন্তর এটি সম্পাদিত হয়। কৃষি অধিকর্তার সাথে মিলিতভাবে রাজস্ব পর্ষদ এটি করে থাকেন, রাজস্ব পর্ষদ হল কেন্দ্রীয় সংস্থা।

৩৯০। প্রারম্ভিক [Preliminaries] ঃ (১) নিম্নলিখিত আলাদা আলাদা বৈশিষ্ট্যসহ কৃষি শুমারী সম্পাদিত হয় ঃ

(ক) প্রধান শুমারী; এবং

(খ) জোগান জরিপ।

(২) দুটি কাজ পর্যায়ক্রমে সম্পন্ন হয়। পরবর্তী বছরে প্রধান শুমারী জোগান জরিপ অনুসরণ করে।

৩৯১। তথ্য সংগ্রহ করতে হবে [Information to be collected] ঃ (১) নিম্নলিখিত ৬টি খাতে প্রতিটি সক্রিয় দাগের তথ্য সংগ্রহ করতে হবে প্রধান শুমারীর কাজ হিসাবে—

(ক) সংখ্যা ও আয়তন;

(খ) সময়সীমা ও প্রজাস্বত্বের মর্যাদা;

(গ) জমির ব্যবহার;

(ঘ) সেচের প্রসঙ্গে;

(ঙ) কূপ ও নলকূপের সংখ্যা; এবং

(চ) শস্যের অধীন আয়তন।

(২) প্রধান শুমারীর ঘর—নির্দিষ্ট ঘর কাটা নিদর্শে তথ্য উপস্থিত করতে হবে। ১৩টি বিভিন্ন আকারের ঘর বিশিষ্ট নিদর্শ আছে। ন্যূনতম আয়তন হল ০.০৫ হেক্টর এবং সর্বাধিক হল ৫০ হেক্টর এবং তার বেশি।

৩৯২। জোগান জরিপের জন্য তথ্য সংগ্রহ করতে হবে [Information to be collected for Input Survey] ঃ (১) নিম্নলিখিত বিষয়গুলির উপরে জোগান জরিপের জন্য তথ্য সংগ্রহ করতে হবে—

(ক) কৃষি জোগান যেমন রাসায়নিক সার, সার এবং কীটনাশক;

(খ) পশুসম্পদ;

(গ) বহুশস্য উৎপাদনের বিস্তৃতি; এবং

(ঘ) প্রতিষ্ঠানগত ঋণ।

(২) জোগান জরিপের ঘর—পাঁচটি আকৃতির ২০০টিরও অধিক ঘরে যে ফলাফল পাওয়া যাবে তা লিখতে হবে। ন্যূনতম ১.০ হেক্টর এবং সর্বাধিক ১০.০ হেক্টরও তার অধিক।

৩৯৩। (১) প্রধান শুমারী ও জোগান জরিপ উভয়ই এই রাজ্যের ক্ষেত্রে নমুনা ভিত্তিক করা হয়।

(২) নমুনা ভিত্তিতে মৌজা বাছাই—পরিসংখ্যান নকশা অনুসরণ করে কোন ব্লকে ১৫%—২০% মৌজা বাছাই করা হয়।

(৩) জোগান জরিপের জন্য মৌজার শতাংশ হল ৭।

৩৯৪। (১) সংহত কাঠামোর কর্মচারীগণকে মাঠ-তথ্য সংগ্রহের জন্য নিযুক্ত করা হয়েছে।

(২) ভূমি সহায়ক দ্বারা গণনা—কোন ব্লকের নির্বাচিত মৌজাগুলি এক বা একাধিক ভূমি সহায়ককে ধার্য্য করতে হবে এবং মৌজায় সক্রিয়

জোতগুলির মালিকের সাথে সাক্ষাৎ করা ভূমি সহায়কের দায়িত্ব হবে এবং তাঁদের সাথে কথাবার্তা বলে তথ্য সংগ্রহ করতে হবে।

(৩) গণনার নিদর্শ—রাজস্ব পর্ষদ ও ভারত সরকারের সাথে আগাম আলোচনা করে কৃষি অধিকর্তা নির্ধারিত নির্দিষ্ট নিদর্শে তথ্যগুলি লিখতে হবে।

৩৯৫। **তত্ত্বাবধান [Supervision] ঃ** ভূমি সহায়কদের কাজের তত্ত্বাবধান করবেন রাজস্ব পরিদর্শক, রাজস্ব আধিকারিক, ব্লক ভূমি ও ভূমি সংস্কার আধিকারিক এবং রাজস্ব পর্ষদ মনোনিত অন্য আধিকারিক। সর্বোপরি জেলা ভূমি ও ভূমি সংস্কার আধিকারিক জেলার কাজ তদারকি করবেন।

৩৯৬। **তালিকার পরীক্ষা [Scrutiny of schedules] ঃ** (১) গণনা করা সম্পূর্ণ তালিকা ঠিকভাবে পরীক্ষা করা হবে এবং খুঁটিয়ে দেখা হবে।

(২) কোন ভুল দেখা গেলে, প্রয়োজনে আবার মাঠ পরিদর্শন করে তা সংশোধন করা হবে।

(৩) কৃষি অধিকর্তার জেলা অফিসে প্রেরণ—প্রক্রিয়াকরণ এবং সারণী বন্ধনের (tabulation) জন্য এর পরে সংশ্লিষ্ট জেলার কৃষি অধিকর্তার জেলা অফিসে পাঠিয়ে দেওয়া হবে।

৩৯৭। **প্রশিক্ষণ [Training] ঃ** (১) যখনই প্রধান শুমারীর সময় স্থির হবে এবং জোগান জরিপের কাজ করার সিদ্ধান্ত চূড়ান্ত হবে রাজ্য, জেলা, মহকুমা এবং ব্লক পর্যায়ের বিভিন্ন স্তরের কর্মচারীদের প্রশিক্ষণ ক্লাসের ব্যবস্থা করতে হবে।

(২) নির্দেশিকা পুস্তিকা—প্রশিক্ষণের সময় বিভিন্ন বিস্তারিত নির্দেশিকা ও ব্যাখ্যা সম্বলিত পুস্তিকা ছাপিয়ে কর্মচারীদের মধ্যে বিতড়ন করতে হবে।

৩৯৮। **প্রাধান্য ও সূক্ষ্মতা [Importance and accuracy] ঃ** বিভিন্ন আকৃতির চালু জোতের ক্ষেত্রে কৃষি শুমারী বিভিন্ন নির্ভরযোগ্য তথ্য জোগান দেয়। এই তথ্যগুলি উন্নয়ন স্থির করার ক্ষেত্রে ব্যাপকভাবে দাবি করে। কৃষি শুমারীর ক্ষেত্রে যুক্ত সমস্ত কর্মচারীরা এই লক্ষ্য নিয়ে কাজ করবেন যাতে সর্বাধিক সম্ভাব্য নির্ভুল তথ্য সংগ্রহ করা যায়।

ত্রয়োবিংশ অধ্যায়
Chapter 23
আদালতের মামলাগুলি (Court Cases)

৩৯৯। রাজস্ব মুন্সীখানা ও আইন উপশাখা [Revenue Munshikhana and Law Cell] ঃ প্রতিটি সমাহর্তালয়ে একটি রাজস্ব মুন্সীখানা আছে যেটি দেওয়ানি মামলার প্রতিদ্বন্দ্বীতার সমন্বয় করা এমনকি ভূমি ও ভূমি সংস্কারের কাজ বিষয়ে কেন্দ্রীয় সংস্থা হিসাবে কাজ করে। জেলা ভূমি ও ভূমি সংস্কার অফিসে একটি আইন উপশাখা আছে (Law Cell) যার শীর্ষে থাকবেন বিশেষ রাজস্ব আধিকারিক, পর্যায় ২ পদমর্যাদার এক জন আধিকারিক। তাঁকে সাহায্য করবেন তাঁর সমতুল্য পদমর্যাদার এক বা একাধিক আধিকারিক অথবা রাজস্ব আধিকারিক, জেলা ভূমি ও ভূমি সংস্কার আধিকারিক ওই উপশাখার কাজের পরিমাণ ও গুরুত্ব অনুধাবন দ্বারা তাঁদের রাখবেন।

৪০০। বিশেষ উপশাখা [Special Cell] ঃ জেলার সমাহর্তা ও জেলা ভূমি ও ভূমি সংস্কার আধিকারিক একটি বিশেষ উপশাখা গঠন করবেন, ৩৯৯ নং বিধিতে উল্লিখিত জেলার সরকারী উকিলের সাথে যোগাযোগ রক্ষা করার জন্য রাজস্ব মুন্সীখানা এবং আইন উপশাখার কর্মচারীদের নিয়ে এই উপশাখা গঠিত হবে।

এই বিশেষ উপশাখা গঠনের উদ্দেশ্য হল জেলার সরকারী উকিলের অফিসের সাথে সাধারণ পত্রালাপ ন্যূনতম করা, রাজস্ব মুন্সীখানা ও জেলা ভূমি ও ভূমি সংস্কার আধিকারিক আলোচনার দ্বারা সমস্যার সমাধান করবেন এবং সরকারী উকিল বিভিন্ন সময়ে যেমন প্রয়োজনীয় নথিপত্র চাইবেন তা তাঁর কাছে পেশ করবেন।

৪০১। জেলা ভূমি ও ভূমি সংস্কার আধিকারিক একনাগাড়ে জেলার সমাহর্তা ও সরকারী উকিলের সাথে সম্পর্ক রাখার চেষ্টা করে যাবেন দেওয়ানি মামলা ও অন্য কার্যাবলীর আদেশগুলি নিশ্চিত করার যেক্ষেত্রে ভূমি ও ভূমি সংস্কার বিষয়গুলি যুক্ত আছে এবং সময়মত নিষ্পত্তি করাকে সুনিশ্চিত করা।

৪০২। **মামলার বিভিন্ন প্রকার [Types of cases]** ঃ জেলা ভূমি ও ভূমি সংস্কার অফিসের আইন উপশাখা নিম্নলিখিত মামলাগুলি বিষয়ে কাজ করবেন—

(ক) দেওয়ানি মামলা,

(খ) জেলা আদালতে দাখিল করা আপীল,

(গ) উচ্চ ন্যায়ালয়ের আপীল,

(ঘ) সুপ্রিম কোর্টের আপীল,

(ঙ) সংবিধানের অধীন মামলাগুলি, এবং

(চ) অন্যান্য বিবিধ কার্যাবলী।

৪০৩। **খাতা [Registers]** ঃ জেলা ভূমি ও ভূমি সংস্কার আধিকারিক তাঁর অধিকার ক্ষেত্রের মধ্যেকার সম্পর্কযুক্ত বিভিন্ন আদালতের মামলাগুলির হালতক অবস্থা দেখিয়ে খাতা রক্ষণাবেক্ষণ করবেন। ৪০২ নং বিধি অনুসরণ করে সম্ভব হলে প্রত্যেক রকম মামলার জন্য আলাদা আলাদা খাতা রক্ষণাবেক্ষণ করবেন যদি সম্ভব হয়। খাতা বিভাজনের সময় মামলাগুলির আইনগত অবস্থা অগ্রাধিকার দিতে হবে।

৪০৪। **আইন-উপশাখার ভারপ্রাপ্ত আধিকারিক [Officer-in-charge of the Law Cell]** ঃ আইন-উপশাখার ভার প্রাপ্ত আধিকারিকের ব্যক্তিগতভাবে দায় রয়েছে খাতা হাল নাগাদ (up date) করা বিষয়ে। প্রতিমাসে বকেয়া মামলাগুলির অবস্থা জেলা ভূমি ও ভূমি সংস্কার আধিকারিকের কাছে পেশ করবেন এবং আইন বিষয়ে উপদেষ্টার ভূমিকা পালন করবেন।

৪০৫। সরকারের বিরুদ্ধে দেওয়ানি মামলা [Civil Suits against Government] : (১) যখনই জেলা ভূমি ও ভূমি সংস্কার আধিকারিক দেওয়ানি কার্যবিধির ৮০ ধারায় কোন নোটিশ পাবেন; অনুচ্ছেদ অনুযায়ী অবস্থার বর্ণনা তৈরি করতে হবে এবং ওই নোটিশ পাওয়ার পনের দিনের মধ্যে সরকারী উকিলের কাছে পাঠিয়ে দেবেন এবং রাজস্ব মুন্সীখানায় একটি প্রতিলিপি পাঠাবেন।

(২) জেলার সমাহর্তা যখন ভূমি ও ভূমি সংস্কার বিষয়ে কোন এই ধরনের নোটিশ পাবেন। তিনি ওই নোটিশ জেলা ভূমি ও ভূমি সংস্কার আধিকারিককে তা পাঠিয়ে দেবেন যিনি ওই বিষয়টি পাওয়ার পনের দিনের মধ্যে অনুচ্ছেদ অনুযায়ী অবস্থায় বর্ণনা তৈরি করে সমাহর্তাকে পাঠিয়ে দেবেন এবং একটি প্রতিলিপি দেবেন রাজস্ব মুন্সীখানাকে।

(৩) যখন সরকারী উকিল কোন মামলায় বিবাদী হিসাবে সরকারের পক্ষে কোন সমন পাবেন, তিনি সমনের পিছনে গ্রহণ করার তারিখ দেবেন এবং সঙ্গে সঙ্গে জেলার সমাহর্তাকে আরজির প্রতিলিপি সহ ওই সমন পাঠিয়ে দেবেন।

(৪) ভূমি ও ভূমি সংস্কার বিষয়ে কোন আরজি যদি সরকারী উকিল পাঠিয়ে থাকেন। সমাহর্তা ওই আরজি পাওয়ার পর পরই জেলা ভূমি ও ভূমি সংস্কার আধিকারিকের কাছে পাঠিয়ে দেবেন যাতে তিনি ওই মামলার অবস্থার বর্ণনা প্রস্তুত করতে পারেন।

(৫) জেলা ভূমি ও ভূমি সংস্কার আধিকারিক অবস্থার বর্ণনা প্রস্তুত করবেন এবং সংশ্লিষ্ট বিষয়গুলির সংক্ষিপ্ত লিখে পাঠাবেন। এছাড়া ওই মামলা বিষয়ে খুঁটিনাটি বিষয় যেমন, এর ক্রমিক সংখ্যা, আদালতের নাম ইত্যাদি সরকারী উকিলের কাছে পাঠাবেন এবং সমাহর্তাকে প্রতিলিপি দেবেন ওই কাগজপত্র পাওয়ার এক মাসের মধ্যে।

(৬) আরজিতে দাবি করা বর্ণনাগুলি সরকারী উকিল পরীক্ষা করবেন এবং দেওয়ানি কার্যবিধির ৮০ নং ধারায় নোটিশ এবং খসড়া লিখিত বর্ণনা ইত্যাদি পরীক্ষা করবেন এবং জেলা ভূমি ও ভূমি সংস্কার আধিকারিকের কাছে পাঠিয়ে দেবেন। সমাহর্তাকে আদালতে মামলা দাখিল করার নির্ধারিত তারিখ জানাবেন।

(৭) সরকারী উকিল যদি কোন অতিরিক্ত তথ্য বা নথি প্রয়োজন বোধ করেন, বিশেষ উপশাখাকে বিষয়টি জানাতে হবে ওই প্রয়োজনীয় অতিরিক্ত তথ্যগুলির প্রকৃতি বিষয়ে যাতে পত্রালাপের মাধ্যমে সময় খরচ এড়ানো যায়।

(৮) বিশেষ উপশাখার পরিষেবা ব্যবহৃত হবে সরকারী উকিল দ্বারা অথবা জেলা ভূমি ও ভূমি সংস্কার আধিকারিক ব্যবহার করবেন ওই উপশাখাকে কাগজপত্র প্রেরণের জন্য এবং সমন্বয় রক্ষণাবেক্ষণের জন্য।

(৯) লিখিত বর্ণনা প্রস্তুত না হওয়া পর্যন্ত সরকারী উকিল আদালত থেকে মুলতুবি চেয়ে নেবেন। যদি তিনি এই মতামত দেন যে, লিখিত বর্ণনার খসড়া তৈরির জন্য আরো ঘটনা নির্ণয় করা দরকার, তিনি জেলা ভূমি ও ভূমি সংস্কার অফিসের উপযুক্ত ব্যক্তিদের পরিষেবা চাইবেন, যিনি ওই মামলা বিষয়ে ঘটনাগুলি খুব ভালোভাবে অবগত আছেন।

(১০) আদালতে লিখিত বর্ণনা পেশ করার পর, জেলা ভূমি ও ভূমি সংস্কার আধিকারিকের দায়িত্ব আইন উপশাখা বা বিশেষ উপশাখার কোন একজনকে যুক্ত করা যিনি সরকারী উকিলের সাথে মামলা বিষয়ে আলোচনা চালিয়ে যাবেন।

(১১) জেলা ভূমি ও ভূমি সংস্কার আধিকারিক প্রধান মামলাগুলির একটি তালিকা প্রস্তুত করবেন এবং ওই মামলাগুলির প্রতিদ্বন্দ্বীতা বিষয়ে বিভিন্ন পর্যায়ের অগ্রগতি তত্ত্বাবধান করবেন।

(১২) যদি কোন সমস্যা থাকে, তবে তার সমাধানের জন্য নির্দিষ্ট সময় অন্তর জেলা ভূমি ও ভূমি সংস্কার আধিকারিক সরকারী উকিলের সাথে সভা করবেন।

৪০৬। সরকার দ্বারা দেওয়ানি মামলা [Civil Suits by Government] : (১) যখন জেলা ভূমি ও ভূমি সংস্কার আধিকারিক রাজ্য সরকারের পক্ষে কোন দেওয়ানি মামলা দায়ের করার প্রস্তাব করেন, তিনি ওই মামলার ঘটনার বর্ণনা তৈরি করেন এবং ওই ঘটনার পক্ষে বিভিন্ন প্রমাণপত্র সংগ্রহ করবেন এবং সরকারী উকিলের কাছে সমস্ত নথিপত্র পাঠিয়ে দেবেন।

(২) সরকারী উকিল তাঁর মতামত দিয়ে সমাহর্তার অধীনে সমস্ত নথিপত্র পাঠিয়ে দেবেন। যদি তিনি এই মতামত দেন যে ওই মামলা দায়ের করা উচিত, তিনি দেওয়ানি কার্যবিধির ১৪ নং আদেশের ৭ নং আদেশ বলে সমস্ত নথিপত্রসহ আরজির একটি প্রতিলিপি খসড়াও পাঠাবেন।

(৩) জেলা ভূমি ও ভূমি সংস্কার আধিকারিকের একটা দায়িত্ব আরজি শুনানীর বিভিন্ন পর্যায়ে তদারকি করা।

৪০৭। জেলা আদালতে আপীল [Appeals to the District Courts] ঃ যখন কোন মামলায় সরকারের বিরুদ্ধে কোন খারাপ রায় হয়, সরকারী উকিল, যত দূর সম্ভব কম দেরি করে, রায়ের প্রতিলিপি সংগ্রহ করবেন এবং সমাহর্তার কাছে পাঠিয়ে দেবেন, জেলা ভূমি ও ভূমি সংস্কার আধিকারিককে এই মর্মে সংবাদ দেবেন। যদি তিনি বিবেচনা করেন যে আপীল দায়ের করা দরকার, রায় বা আদেশ এবং ডিক্রির শংসায়িত প্রতিলিপি তিনি সংগ্রহ করবেন এবং আপীলের কারণ প্রস্তুত করবেন এবং একসাথে তাঁর মন্তব্যসহ মামলার সাথে পাঠিয়ে দেবেন।

৪০৮। উচ্চ আদালতে আপীল [Appeals to the High Court] ঃ (১) যে সমস্ত মামলার ক্ষেত্রে সরকার উচ্চ ন্যায়ালয়ে আপীল করতে চায় পূর্বের নিয়মগুলি সেক্ষেত্রেও প্রযোজ্য হবে।

(২) যখন জেলা ভূমি ও ভূমি সংস্কার আধিকারিক, সরকারের বিরুদ্ধে উচ্চ ন্যায়ালয়ে দাখিল করা কোন আপীলের নোটিশ পান, তিনি বিধি নির্দেশক (Legal Remembrancer) কে রাজ্য সরকারের পক্ষে উকিল নিয়োগ করতে বলেন, যে উকিলগণ বিধি নির্দেশকের অফিস দ্বারা উকিলদের নাম তালিকা থেকে (panel) নির্বাচিত হন।

৪০৯। জেলা ভূমি ও ভূমি সংস্কার আধিকারিকের কর্তব্য [Duties of D.L.L.R.Os.] ঃ নিম্নলিখিত বিষয়গুলির জন্য জেলা ভূমি ও ভূমি সংস্কার আধিকারিক দায়ী থাকবেন—

(ক) তাঁর অধিকার ক্ষেত্রের সাথে যুক্ত মামলাগুলির প্রতিদ্বন্দ্বীতা করার জন্য আইনজীবী নিয়োগ করা।

(খ) রাজ্যের বিরুদ্ধে এক তরফা আদেশ এড়ানো।

(গ) মামলাগুলির বিভিন্ন পর্যায় সম্পর্কে উপযুক্ত আলোচনা চালানো।

(ঘ) কোন অন্তর্বর্তী আদেশের বেলায় বদল/সংশোধিত আবেদনপত্র দাখিলের স্বাধীনতা পেলে সেই অনুযায়ী তা দাখিল করা।

(ঙ) যখন সরকারের বিরুদ্ধে কোন রায়/আদেশ যায়, তখন আপীলের প্রস্তাব পাঠানো।

(চ) খুব দ্রুত ওই ধরনের রায়/আদেশের শংসায়িত প্রতিলিপি পাওয়ার চেষ্টা করা।

(ছ) স্থগিতাদেশের আবেদনসহ আপীলের দরখাস্ত দাখিল করা এবং প্রয়োজনমত যেখানে প্রযোজ্য হবে বিলম্ব খণ্ডনের জন্য আবেদন করা।

(জ) বিধি নির্দেশকের অফিসের সাথে সমন্বয় রক্ষা করা।

(ঝ) সরকারী উকিলকে প্রয়োজনীয় সমস্ত নথিপত্র সরবরাহ করা এবং তাঁর সাথে প্রতিনিয়ত সমন্বয় রক্ষা করা।

(ঞ) যখন কোন গুরুত্বপূর্ণ মামলা আদালতে শুনানীর জন্য আসে তখন তাঁর অফিসের আইন উপশাখার আধিকারিকদের আদালতে উপস্থিত হওয়ার জন্য নিয়োগ করা।

(ট) কোন গুরুত্বপূর্ণ মামলায় প্রতিদ্বন্দ্বীতা করার জন্য ভূমি ও ভূমি সংস্কার দপ্তরের দেওয়ানি বিধি (C.R.) বিভাগের উপদেশ ও সাহায্য চাওয়া।

(ঠ) এছাড়া অন্যান্য কোন ব্যবস্থা গ্রহণ করা যেগুলি সরকারের স্বার্থ রক্ষার জন্য প্রয়োজন হবে।

৪১০। আপীল দাখিল করতে সময় প্রতিবন্ধক যেন না হয় সেই বিষয়ে যত্ন নিয়ে সুনিশ্চিত করতে হবে [Care should be taken to ensure that appeals are not time-barred] ঃ জেলা ভূমি ও ভূমি সংস্কার আধিকারিকের বিশেষ দায়িত্ব আছে এটা দেখার জন্য যে সরকারের বিরুদ্ধে

যে রায়/আদেশ হবে তাঁর সাপেক্ষে আপীল দাখিল করতে যেন সময় প্রতিবন্ধক হয়ে না দাঁড়ায়।

৪১১। যেক্ষেত্রে রাজস্ব পর্ষদ বা ভূমি ও ভূমি সংস্কার দপ্তরকে জানাতে হবে [Where the Board of Revenue or the L. & L.R. Department should be informed] ঃ (১) কোন বিশেষ বিশেষ মামলার বিশেষ করে সরকারের অন্য দপ্তরের সাথে প্রতিদ্বন্দ্বীতা হলে তার অগ্রগতি বিষয়ে রাজস্ব পর্ষদ বা ভূমি ও ভূমি সংস্কার দপ্তরকে অবশ্যই অবগত করতে হবে।

(২) সরকারী উকিল নিয়োগের ক্ষেত্রে কোন সমস্যা হলে এবং কোন গুরুত্বপূর্ণ মামলার আপীল দাখিল করতে দেরী হলে অবশ্য রাজস্বপর্ষদ এবং/অথবা ভূমি ও ভূমি সংস্কার দপ্তর অথবা জেলার সমাহর্তার দৃষ্টি গোচরে আনতে হবে, যখন যেটি প্রযোজ্য হবে।

৪১২। সরকারের বিরুদ্ধে সরকারী কর্মচারী দ্বারা দাখিল করা মামলা [Cases by Government employees against the Government] ঃ বিশেষ নজর দিতে হবে যখন কোন সরকারী কর্মচারীরা সরকারের বিরুদ্ধে কোন মামলা দাখিল করেন, এমনও হতে পারে এককভাবে দাখিল করা কোন মামলার খারাপ রায় একই রকম কয়েকশত মামলার সৃষ্টি করতে পারে। যা সরকারের প্রচুর আর্থিক ক্ষতির সম্মুখীন হতে হয়। তার জন্য যত্নশীল হতে হবে।

৪১৩। সেই মামলাগুলি যেক্ষেত্রে আর্থিকভাবে দুর্বল শ্রেণীর স্বার্থ জড়িত [Cases where interests of economically weaker sections are involved] ঃ (১) একইরকমভাবে বিশেষ নজর দিতে হবে সেইসব মামলাগুলিতে যেক্ষেত্রে আর্থিকভাবে দুর্বল শ্রেণী যেমন—বর্গাদার, পাট্টাদারের স্বার্থজড়িত।

(২) জেলা ভূমি ও ভূমি সংস্কার আধিকারিক এটাও চেষ্টা করবেন যাতে ওই শ্রেণীর লোকেরা বিনামূল্যে আইনগত সাহায্য পাওয়ার পাশাপাশি সরকারের পক্ষে আইনজীবীদের নিয়োগ করবেন।

৪১৪। ভূমি ও ভূমি সংস্কার মামলায় দক্ষ আইনজীবীর শনাক্তকরণ [Identification of lawyers having expertise in land and land reforms cases] ঃ (১) ভূমি ও ভূমি সংস্কার বিষয়ের মামলায় দক্ষ আইনজীবীদের শনাক্ত করতে পারেন জেলা ভূমি ও ভূমি সংস্কার আধিকারিক এবং প্রধান প্রধান মামলায় তাঁদের নিয়োগ চাইতে পারেন।

(২) রাজস্ব পর্ষদ ও ভূমি ও ভূমি সংস্কার দপ্তর এই ধরনের নিয়োগ গ্রহণ করবেন, সেসব মামলা উচ্চ ন্যায়ালয়ে বকেয়া আছে, বিধি নির্দেশকসহ।

৪১৫। দায়িত্ব স্থির করা [Fixing up responsibility] ঃ কোন আধিকারিক বা কোন কর্মচারীর খেয়ালী আচরণের জন্য সরকারের স্বার্থ ক্ষুণ্ণ হলে, ওই কর্মচারী বা আধিকারিকের ব্যক্তিগত বা সমষ্টিগত দায় স্থির করা নিশ্চিত করতে হবে। গুরুত্বপূর্ণ মামলায় শাস্তিমূলক কার্যক্রম আরম্ভ করা যেতে পারে।

৪১৬। ব্লক ভূমি ও ভূমি সংস্কার অফিস পরিদর্শনের সময় বকেয়া মামলা বিষয়ে বিশেষ নজর দিতে হবে [During inspection of B.L.L.R.O.'s office special attention to be paid to pending court cases] ঃ ব্লক ভূমি ও ভূমি সংস্কার অফিস পরিদর্শনের সময়, জেলা ভূমি ও ভূমি সংস্কার আধিকারিক এবং মহকুমা ভূমি ও ভূমি সংস্কার আধিকারিক বিশেষ নজর দেবেন এটা দেখার জন্য যে ব্লক অফিস নির্দিষ্ট সময়ের মধ্যে জেলা অফিস বা সরকারী উকিলের কাছ থেকে চিঠি পাওয়ার পর কোন আদালতের মামলার বিষয়ে অবস্থার বর্ণনা পাঠিয়েছেন।

৪১৭। ব্লক ভূমি ও ভূমি সংস্কার আধিকারিকের দায়িত্ব [Duties of the B.L.L.R.Os.] ঃ (১) ওই ব্লকের সাথে সম্পর্কিত মামলাগুলির বিস্তারিত বিবরণ দেখিয়ে ব্লক ভূমি ও ভূমি সংস্কার আধিকারিক খাতা রক্ষণাবেক্ষণ করবেন।

(২) ব্লক ভূমি ও ভূমি সংস্কার আধিকারিক বিশেষভাবে সুনিশ্চিত করবেন যে, অবস্থার বর্ণনা বা মামলার সঙ্গে সম্পর্কিত কোন নথিপত্র চাইলে দুই দিনের মধ্যে তা পাঠাবেন।

(৩) যখনই সরকারী আইনজীবীর অফিস অথবা জেলা অথবা মহকুমা ভূমি ও ভূমি সংস্কার আধিকারিকের অফিস চাইবেন ব্লক ভূমি ও ভূমি সংস্কার আধিকারিকের অফিসের কোন আধিকারিক/কর্মচারীকে সরকারী উকিল বা তালিকাভুক্ত আইনজীবীর সাথে প্রতিনিয়ত যোগাযোগ রক্ষার জন্য নিয়োগ করতে যিনি ওই মামলার ঘটনা বিষয়ে বিশেষভাবে অবগত আছেন, তখন নির্দিষ্ট সময়ের মধ্যে ওই আদেশ প্রতিপালন করবেন।

(৪) সরকারের বিরুদ্ধে খারাপ কোন সিদ্ধান্ত উকিলের কাছ থেকে ব্লক ভূমি ও ভূমি সংস্কার আধিকারিক পেয়ে তা জেলা ভূমি ও ভূমি সংস্কার আধিকারিককে পাঠাবেন। মামলার বিস্তারিত বিবরণসহ ওই মামলার সিদ্ধান্ত কার্যকর করা বিষয়ে নির্দেশ চাইবেন অথবা কোন আপীল করতে চাইবেন ওই সিদ্ধান্তের বিরুদ্ধে।

(৫) বরং আরো ভালো হয় যে আইনজীবীর কাছ থেকে ওই রায়/আদেশ সংক্রান্ত চিঠি পেয়েছেন তাঁর কাছে ওই রায়/আদেশের শংসায়িত প্রতিলিপি চাওয়া।

৪১৮। ভূমি লেখ্য ও জরিপ অধিকর্তার অফিসে আইন উপশাখা [Law Cell in the office of the D.L.R.S.] ঃ ভূমি লেখ্য ও জরিপ অধিকর্তার অফিসে আইন উপশাখা আছে। গুরুত্বপূর্ণ দাখিল করা মামলা বিষয়ে জেলা ভূমি ও ভূমি সংস্কার আধিকারিক ওই আইন উপশাখার সাথে যোগাযোগ রক্ষা করবেন এবং সুপ্রিম কোর্ট ও উচ্চন্যায়ালয়ের বকেয়া মামলা বিষয়েও যোগাযোগ রাখবেন। ওই আইন উপশাখা এটা সুনিশ্চিত করবেন যে ওই সমস্ত মামলাগুলি উপযুক্তভাবে প্রতিদ্বন্দ্বীতা করা হচ্ছে।

৪১৯। রাজ্য পর্যায়ে দেওয়ানি বিধি উপশাখা [C.R. Cell at State level] ঃ রাজস্ব পর্যদ ও ভূমি ও ভূমি সংস্কার দপ্তর যৌথভাবে দেওয়ানি বিধি উপশাখা গঠন করেছে যে উপশাখার কাজকর্ম সরাসরি নিয়ন্ত্রিত এবং তদারকি হয় বিশেষ আধিকারিক (আইন) এবং পদসূত্রে ভূমি ও ভূমি সংস্কার দপ্তরের যুগ্ম সচিবের অধীনে।

নিম্নলিখিত কাজগুলি দেওয়ানি বিধি উপশাখা সম্পাদন করেন—

(ক) সুপ্রিম কোর্ট ও উচ্চ ন্যায়ালয়ে ভূমি ও ভূমি সংস্কার বিষয়ে যে মামলাগুলি প্রতিদ্বন্দ্বীতা করা হচ্ছে তা তদারকি করা;

(খ) জেলা অফিসগুলিকে আইন বিষয়ে উপদেশ দেওয়া;

(গ) বিভিন্ন গুরুত্বপূর্ণ মামলায় বিধি নির্দেশকের সাথে সম্পর্ক রাখা;

(ঘ) গুরুত্বপূর্ণ মামলায় রাজ্য সরকারের উকিলের সাথে সম্পর্ক রাখা;

(ঙ) আপীল দাখিল করা বিষয়ে জেলা আধিকারিকদের পাঠানো প্রস্তাবগুলি পরীক্ষা করা এবং গুরুত্বপূর্ণ মামলাগুলির ক্ষেত্রে আলোচনার ফল জানানো; এবং কোন আদালতে দায়ের করা মামলা প্রতিদ্বন্দ্বীতা করতে জেলা আধিকারিকদের ত্রুটি বিচ্যুতি দূর করে সম্পূর্ণতা দেওয়া।

৪২০। উপরোক্ত নিয়মগুলিতে যে পদ্ধতিগুলির নির্দেশ দেওয়া আছে তা প্রয়োজনমত পরিবর্তন করা যেতে পারে বিভিন্ন আইনের বিবিধ কার্যাবলীতে যেগুলি বিশেষভাবে এই অধ্যায়ে উল্লিখিত হয়নি।

৪২১। কোন আধিকারিককে তাঁর দায়িত্ব প্রতিপালনের জন্য তাঁর নামে (by name) কোন মামলা তাঁর বিরুদ্ধে করা হলে জেলা ভূমি ও ভূমি সংস্কার আধিকারিক বিশেষ যত্ন নেবেন দেওয়ানি মামলা ও লেখ (writ) আবেদন উপযুক্ত প্রতিদ্বন্দ্বীতা করার জন্য বরিষ্ঠ আইনজীবী নিয়োগের জন্য।

৪২২। কোন আধিকারিকের ব্যক্তিগতভাবে আদালত অবমাননার মামলা বিষয়ে দ্রুত ব্যবস্থা নেওয়া প্রয়োজন। আইনজীবী নিয়োগের ক্ষেত্রে যত্নসহ তদারকি, ব্যক্তিগত উপস্থিতি নির্ধারণ করা, বিরুদ্ধপক্ষে উত্তর দাখিল, আপীল দাখিল ইত্যাদি বিষয়গুলি জেলা ভূমি ও ভূমি সংস্কার অফিস, রাজ্য পর্যায়ের দেওয়ানি বিধি উপশাখা থেকে করা হবে।

চতুর্বিংশ অধ্যায়
Chapter 24
প্রশাসনিক সীমানা
(Administrative boundaries)

৪২৩। মৌজা সীমানা [Village boundary] ঃ কোন মৌজার স্বত্বলিপির সর্বশেষ আইন অনুযায়ী প্রকাশিতের সময় প্রস্তুত ও প্রকাশিত মানচিত্রে যে মৌজা দেখানো রয়েছে তাকেই সাধারণতঃ পরবর্তী ক্ষেত্রে মানচিত্র ও স্বত্বলিপি সংশোধনের সময় জরিপের একক ধরা হবে।

৪২৪। কোন জরিপের একক বা এককগুলি তৈরির জন্য নিম্নলিখিত কারণে কোন মৌজার সীমানা পরিবর্তিত হতে পারে।

(ক) যখন কোন মৌজার আয়তন খুব ছোট হয়, যেমন ৪০ হেক্টর;

(খ) যখন সম্পূর্ণ মৌজাটি অন্য মৌজা দ্বারা পরিবৃত;

(গ) ধীরে ধীরে কোন নদী বা সমুদ্র সরে গেলে, কোন মৌজার সাথে কিছু জমি যুক্ত হতে পারে, তবে শর্ত এই যে ওই জমির পরিমাণ ৪০ হেক্টরের অধিক নয়;

(ঘ) যখন কোন মৌজা একাধিক জেলা বা থানা বা গ্রাম পঞ্চায়েতের মধ্যে অবস্থিত হয়; এবং

(ঙ) যখন কোন মৌজা অস্বাভাবিক রকমের বড় (অর্থাৎ ২০০ হেক্টর) প্রশাসনিক দৃষ্টিকোণ থেকে জরিপের একক হিসাবে নূতন মৌজা তৈরি করা যেতে পারে।

৪২৫। কিভাবে মৌজা সীমার পরিবর্তন হয় [How to change a village boundary] ঃ (ক) যখন আগের নিয়মে উল্লিখিত ঘটনাগুলি বিবেচনাধীন হবে, জেলা ভূমি ও ভূমি সংস্কার আধিকারিক যিনি অতিরিক্ত পদমর্যাদা হিসাবে সেটেলমেন্ট আধিকারিকও বটে, যদি তিনি এই মতামত দেন যে কোন মৌজার আয়তন পরিবর্তন করা দরকার, তিনি সংশ্লিষ্ট মৌজার মানচিত্র পরীক্ষা করবেন এবং সংশ্লিষ্ট মৌজার প্রয়োজনীয় তদন্ত করবেন এবং তাঁর সুপারিশসহ প্রয়োজনীয় তথ্য জমা দেওয়ার জন্য প্রস্তুত করবেন।

(খ) উপরে বর্ণিত বর্ণনা জমা দেবেন ভূমি লেখ্য ও জরিপ অধিকর্তার কাছে প্রস্তাবিত এককের মানচিত্রসহ।

(গ) ভূমি লেখ্য ও জরিপ অধিকর্তার অনুমোদন পাওয়ার পর, তাঁর অধিকার ক্ষেত্রের একজন রাজস্ব আধিকারিক একটি কার্যাবলী আরম্ভ করবেন। সংশ্লিষ্ট সমস্ত পক্ষকে নোটিশ জারি করবেন, যেমন সমাহর্তা, পুলিশ সুপার, জেলা পরিষদের সভাধিপতি, পঞ্চায়েত সমিতির সভাপতি, গ্রাম পঞ্চায়েতের প্রধান। পাশাপাশি, সংশ্লিষ্ট মৌজার রায়তদের নোটিশ দেবেন। কোন আপত্তি দাখিল হলে, সেগুলি বিবেচনা করতে হবে, কোন সরেজমিন তদন্তের প্রয়োজন হলে তা সম্পন্ন করতে হবে, এরপর একটি প্রস্তাব পাঠাতে হবে যে আয়তনকে জরিপের একক হিসাবে বিবেচ্য হবে এবং ওই কার্যাবলী জেলা ভূমি ও ভূমি সংস্কার আধিকারিকের কাছে পেশ করতে হবে যথাযথ প্রণালীর মাধ্যমে। ভূমি লেখ্য ও জরিপ অধিকর্তার মাধ্যমে জেলা ভূমি ও ভূমি সংস্কার আধিকারিক তাঁর মন্তব্য সহ ওই প্রস্তাব রাজস্ব পর্ষদের কাছে পাঠাবেন। প্রতিটি ওই ধরনের প্রস্তাবের সঙ্গে নিম্নলিখিত নিদর্শ অনুযায়ী বর্তমান এবং প্রস্তাবিত জরিপের এককের পূর্ণ বিবরণ দিতে হবে—

বিভাজন ও সংযুক্তির আগে				বিভাজন ও সংযুক্তির পরে				মন্তব্য
থানা ও জেলা	মৌজার নাম	জে. এল. নং	আয়তন	থানা ও জেলা	মৌজার নাম	জে. এল. নং	আয়তন	

(ঘ) ওই কার্যাবলীতে থাকবে (১) নূতন মৌজা হিসাবে একক/এককগুলির তৈরির সার সংক্ষেপ বিশিষ্ট কারণ, এবং (২) সমস্ত গৃহীত আপত্তি এবং তাদের নিষ্পত্তি।

(ঙ) যদি প্রস্তাব রাজস্ব পর্ষদ দ্বারা অনুমোদিত হয়, তবে ১৯৫৫ সালের পঃ বঃ ভূমি সংস্কার আইনের অধীন পঃ বঃ ভূমি ও ভূমি সংস্কার দপ্তর দ্বারা বিজ্ঞাপন প্রকাশের জন্য এটিকে ভূমি ও ভূমি সংস্কার দপ্তরে পাঠাতে হবে এবং নূতন মৌজার একক/এককগুলি গ্রহণ করার জন্য কলিকাতা গেজেটে ১৮৭৪ সালের পঃ বঃ নিবন্ধন আইন অনুযায়ী বিজ্ঞাপন প্রকাশের জন্য পাঠাতে হবে।

(চ) এর মধ্যে রাজস্ব পর্ষদ এই প্রস্তাব অনুমোদন করেছে এই তথ্য পেয়ে জেলা ভূমি ও ভূমি সংস্কার আধিকারিক ১৯৬৫ সালের পশ্চিমবঙ্গ ভূমি সংস্কার বিধির সংশ্লিষ্ট বিধান অনুযায়ী ওই মৌজার মানচিত্র ও স্বত্বলিপির প্রয়োজনীয় পরিবর্তন করার জন্য প্রয়োজনীয় ব্যবস্থা গ্রহণ করবেন। কিন্তু যখন পঃ বঃ ভূমি সংস্কার আইনের ৫১ ধারামতে স্বত্বলিপির সংশোধনের কাজ চালু আছে, তখন রাজস্ব পর্ষদের অনুমোদন নিয়ে স্বত্বলিপির তজ্‌দিকের কাজ আরম্ভ করতে হবে।

৪২৬। 'চর' জমির তৈরির কারণে মৌজার সীমানা পরিবর্তন [Change of village boundary due to appearance of 'char' land] ঃ ধীরে ধীরে অভিগমন দ্বারা প্রাপ্তজমি, কোন নদী বা সমুদ্র ধীরে ধীরে সরে যাওয়ার ফলে প্রাপ্ত জমি যে মৌজার সাথে যুক্ত হয়েছে তার সংযুক্তি ঘটতে পারে অথবা অন্য মৌজা হিসাবে গণ্য হতে পারে। যদি ওই জমি পূর্বে ওই মৌজার অন্তর্ভুক্ত ছিল এরকম হয়, অথবা ওই জমির পরিমাণ যদি ৪০ হেক্টরের কম হয়, তখন ওই জমি ওই মৌজার সাথে সংযুক্ত হবে এবং ওই উদ্দেশ্যে পূর্ব নিয়মে উল্লিখিত পদ্ধতি অনুসরণ করা হবে। অন্যদিকে, যদি ওই জমি ওই মৌজার অংশ না হয়ে থাকে আগে এবং ওই জমির আয়তন ৪০ হেক্টরের অধিক হয়, তখন পরবর্তী নিয়মে উল্লিখিত পদ্ধতি অনুসরণ করা হবে।

৪২৭। (ক) কোন সূত্র ধরে যখন জেলা ভূমি ও ভূমি সংস্কার আধিকারিক এই মর্মে কোন তথ্য পান যে কোন নদীতে একটি দ্বীপ তৈরি হয়েছে, তিনি আন্দাজমত তার আয়তন জানিয়ে একটি প্রতিবেদন প্রস্তুত করবেন এবং ওই দ্বীপের অবস্থান, সমাহর্তা, জেলা পরিষদের সভাধিপতির সাথে আলোচনা করে একটি নাম সুপারিশ করে পাঠাবেন ওই দ্বীপকে নূতন জরিপের একক হিসাবে ভূমি লেখ্য ও জরিপ অধিকর্তার কাছে।

(খ) ভূমি লেখ্য ও জরিপ অধিকর্তা ওই প্রতিবেদন তাঁর মন্তব্য সহ রাজস্ব পর্ষদের কাছে পাঠাবেন ১৮৭৫ সালের বঙ্গীয় জরিপ আইনের ৩ ধারা অনুযায়ী ওই দ্বীপকে জরিপের একক হিসাবে ধরে বিজ্ঞপ্তি জারির জন্য।

(গ) রাজস্ব পর্ষদের আদেশ পেয়ে, ওই দ্বীপের জরিপ কাজ আরম্ভ করা হবে। রাজস্ব আধিকারিক একটি কার্যাবলী আরম্ভ করবেন তাঁর অধিকার ক্ষেত্রের মধ্যে ওই দ্বীপকে নূতন জরিপের একক হিসাবে বিবেচনা করার জন্য এবং ৪২৫ নং বিধি অনুযায়ী স্বার্থ সংশ্লিষ্ট সমস্ত পক্ষকে নোটিশ দেবেন। জরিপ শেষ হলে, জরিপের দ্বারা ওই দ্বীপে পাওয়া আয়তন উল্লেখ করে এবং ওই থানায় ওই দ্বীপের জন্য একটি জে. এল. ক্রমাঙ্ক নির্দিষ্ট করে কার্যাবলীসহ রাজস্ব পর্ষদের কাছে পাঠাবেন যথাযথ পদ্ধতিতে ১৯৫৫ সালের পঃ বঃ ভূমি সংস্কার আইন অনুযায়ী এবং ১৮৭৪ সালের বঙ্গীয় ভূমি নিবন্ধীকরণ আইন অনুযায়ী বিজ্ঞপ্তি জারির জন্য।

৪২৮। **থানার সীমানা [Police station boundary]** ঃ ১৯৭৩ সালের ফৌজদারী কার্যবিধি (১৯৭৪ সালের ২ নং আইন) ২(ধ) ধারায় থানার অধিকার ক্ষেত্রের সংজ্ঞা বর্ণনা করা আছে।

৪২৯। **কিভাবে থানার সীমানা পরিবর্তিত হয় [How P.S. boundary may be altered]** ঃ কোন থানার বিভাজন করে যখন কোন নূতন থানা তৈরির ইচ্ছা প্রকাশ করা হয় অথবা এক বা একাধিক মৌজা অন্য থানা থেকে স্থানান্তর করে বর্তমান থানায় এনে করা হয়, পুলিশের মহা নির্দেশক দ্বারা একটি প্রস্তাব ওই উদ্দেশ্যে পাঠানো হয় সরকারের স্বরাষ্ট্র দপ্তরে।

যদি ওই প্রস্তাব অনুমোদিত হয়, মহানির্দেশক ও মহা-আরক্ষা-পরিদর্শক ওই নোটিশের খসড়া প্রযুক্তিগত ও ভৌগোলিক দৃষ্টিতে পরীক্ষার জন্য ভূমি লেখ্য ও জরিপ অধিকর্তার কাছে পাঠাবেন পরবর্তী ব্যবস্থা গ্রহণের জন্য। ওই বিজ্ঞপ্তিতে থাকবে ক্রমিক সংখ্যাসহ ওই প্রস্তাবিত থানার মৌজার নামগুলি এবং ওই থানার সীমানা বর্ণনা পার্শ্ববর্তী মৌজাগুলিকে সীমানা বর্ণনাসহ যাই হোক, কোন থানার সীমানা যদি একই জেলার সাথে পরপর থাকে, তবে এটা যথেষ্ট হবে জেলা সীমানাসহ আগের সীমানা বর্ণনা করা।

৪৩০। থানার সীমানা পরিবর্তন যখন কোন মৌজার সীমানায় আংশিক যুক্ত হয় [When change in P.S. boundary involves a part of a village] ঃ এড়ানো যায় না এরকম পরিস্থিতিতে যদি, কোন থানার সীমানা পরিবর্তন কোন মৌজার আংশিক যুক্ত হয়, তবে যে যে দাগগুলি ওই থানার মধ্যে পড়বে বিজ্ঞপ্তিতে তাদের সংখ্যাগুলি উল্লেখ করা থাকবে। এছাড়াও, এক্ষেত্রে সীমানা হবে, যে দাগগুলি ওই থানার মধ্যে আছে তাদের বাইরের সীমানা, যা এই থানা স্পর্শ করেছে।

৪৩১। কোন জেলার অস্থির সীমানা পরিবর্তনের জন্য থানার সীমানা পরিবর্তন [Change in P.S. boundary consequent to change in a fluctuating boundary of a district] ঃ কোন জেলার সীমানা যদি অনবরত পরিবর্তন হতে থাকে তবে ওই সীমানা পরিবর্তনের জন্য থানার সীমানারও বদল হবে। মৌজার নামসহ খসড়া বিজ্ঞপ্তি, তাদের আয়তনসহ জে. এল. নং এবং যে থানায় ওই মৌজাগুলি যুক্ত হবে তা ভূমি লেখ্য ও জরিপ অধিকর্তা প্রস্তুত করবেন এবং রাজস্ব পর্ষদের মাধ্যমে স্বরাষ্ট্র দপ্তরে পাঠাবেন বিজ্ঞপ্তি জারির জন্য।

৪৩২। কোন নূতন মৌজা অন্তর্ভুক্তির জন্য থানার অধিকার ক্ষেত্রের পরিবর্তন প্রয়োজন হলে, ভূমি লেখ্য ও জরিপ অধিকর্তা ওই মৌজার জে. এল. নং নাম লিখে খসড়া বিজ্ঞপ্তি পাঠাবেন রাজস্ব পর্ষদের মাধ্যমে স্বরাষ্ট্র দপ্তরে।

৪৩৩। মহকুমা সীমানা [Sub-Division boundary] ঃ ১৯৭৩ সালের ফৌজদারী কার্যবিধির ৭ নং ধারায় মহকুমার সংজ্ঞা উল্লিখিত আছে। কোন জেলার সীমানা পরিবর্তনের যে নিয়ম সেই একই নিয়মে নোটিশ জারি করে নূতন মহকুমার সীমানা পরিবর্তন অথবা এক বা একাধিক মহকুমার সীমানা পরিবর্তন করতে হবে।

৪৩৪। জেলা সীমানা [District boundary] ঃ জেলার সীমানা উল্লিখিত আছে ১৮৩৬ সালের বঙ্গীয় জেলা আইন (১৮৩৬ সালের ২১ নং আইন) এবং তৎসহ ১৮৬৪ সালের বঙ্গীয় জেলা আইন (১৮৬৪ সালের ৪ নং আইন) অনুযায়ী।

৪৩৫। জেলা সীমানা পরিবর্তনের পদ্ধতি [The procedure for changing district boundary] ঃ (ক) কোন জেলার সীমানা সাধারণতঃ নির্দিষ্ট। কোন কোন ক্ষেত্রে এক বা একাধিক কারণে এটি পরিবর্তনশীল হতে পারে (যেমন, কোন নদীর প্রধান ধারার মধ্যবর্তী রেখা)। কোন জেলার সীমানা পরিবর্তনের জন্য বিজ্ঞপ্তি জারি করতে হবে ১৮৩৬ সালের বঙ্গীয় জেলা আইন ও তৎসহ ১৮৬৪ সালের বঙ্গীয় জেলা আইনের অধীন। উপরোক্ত বিজ্ঞপ্তি জারি করবেন ভূমি লেখ্য ও জরিপ অধিকর্তা। আবার ফৌজদারী দণ্ডবিধির ৭ নং ধারা অনুসারে বিজ্ঞপ্তি প্রকাশ করবেন স্বরাষ্ট্র দপ্তর।

(খ) কোন জেলার নির্দিষ্ট সীমানা পরিবর্তন সংক্রান্ত বিজ্ঞপ্তিতে কোন মৌজার বাইরের দিকের সীমানা ধরা হবে যে মৌজাটি ওই জেলায় অবস্থিত। কিন্তু যদি বর্তমানে ওই সীমানা সংক্রান্ত বর্তমান বিজ্ঞপ্তিতে, ওই পদ্ধতিতে সীমানা সংজ্ঞায়িত হয় এবং ওই পরিবর্তন ঘটে থাকে এক জেলা থেকে অন্য জেলায় কোন মৌজা বা থানা স্থানান্তরের ফলে অথবা নূতন কোন মৌজা সংযোজনের ফলে, ওই মৌজাগুলির নাম এবং তাদের জে. এল. নং স্থানান্তরের আগের থানার নাম, অথবা যেক্ষেত্রে সম্পূর্ণ থানা স্থানান্তরিত হবে তার নাম উল্লেখ করতে হবে ওই বিজ্ঞপ্তিতে। অন্যদিকে যে ক্ষেত্রে সীমানা পরিবর্তনশীল। পরিষ্কার করে উল্লেখ করতে হবে কোথা দিয়ে সীমানা যাচ্ছে অর্থাৎ নদীর মূল ধারার মধ্য বরাবর অথবা নদী তীর বরাবর অথবা অন্য কিছু।

৪৩৬। কোন জেলার অস্থির সীমানা সরে আসা [Shifting of the fluid boundary of a district] ঃ কিছু জমি এক জেলা থেকে অন্য জেলায় চলে যাওয়ার ফলে কোন জেলার সীমানা পরিবর্তন হয় ওই জেলার পরিবর্তনশীল সীমানার জন্য (যেমন ঃ নদীর প্রধান ধারার মধ্য রেখা) কোন নোটিশ জারি করা এক্ষেত্রে প্রয়োজন নেই, সীমানা রেখার পরিবর্তনের সাথে সাথে স্বয়ংক্রিয় এবং সঙ্গে সঙ্গেই সীমা পরিবর্তিত হয়েছে ধরা হবে। যাই হোক, এইসব ক্ষেত্রে বিস্তারিত প্রস্তাব মৌজার সংযোজন ও বিভাজনের জন্য (যেসব মৌজা এক জেলা থেকে অন্য জেলায় গিয়েছে) প্রতিটি জেলার সাপেক্ষে যাদের পরিবর্তনশীল সীমানা আছে তা সংশ্লিষ্ট রাজস্ব আধিকারিক আরম্ভ করবেন এবং জেলা ভূমি ও ভূমি সংস্কার আধিকারিকের মাধ্যমে ভূমি লেখ্য ও জরিপ অধিকর্তার কাছে পাঠাবেন। ভূমি লেখ্য ও জরিপ অধিকর্তা ওই প্রস্তাব পরীক্ষা করবেন এবং দুটি প্রস্তাব একত্রিত করে, রাজস্ব পর্ষদের কাছে অনুমোদন ও প্রয়োজনীয় বিজ্ঞপ্তি জারির জন্য পাঠাবেন।

৪৩৭। পৌরসভার সীমানা [Municipal boundary] ঃ স্থানীয় সরকার ও নগর উন্নয়ন দপ্তর পৌরসভার সীমানা বিষয়ে বিজ্ঞপ্তি জারি করবেন। ওই বিজ্ঞপ্তির খসড়া, প্রয়োজনে পাঠানো যেতে পারে ভূমি লেখ্য ও জরিপ অধিকর্তার কাছে প্রযুক্তিগত ও ভৌগোলিক দৃষ্টিকোণ থেকে পরীক্ষা করার জন্য।

৪৩৮। সীমানা চিহ্ন [Boundary marks] ঃ জেলা ভূমি ও ভূমি সংস্কার আধিকারিক বছরে অন্ততঃ একবার নিম্নলিখিত চিহ্নগুলি পরিদর্শন করবেন—

(ক) আন্তঃরাজ্য সীমানা স্তম্ভগুলি, যদি থাকে

(খ) জি.টি.এস. চিহ্ন, যদি থাকে

(গ) স্থায়ী ট্রাভার্স জরিপ চিহ্ন, যদি থাকে।

৪৩৯। কোন সীমানা স্তম্ভ, জি.টি.এস. স্তম্ভ বা স্থায়ী ট্রাভার্স স্টেশন যদি ক্ষতিগ্রস্ত দেখা যায় বা নেই এরকম দেখা যায় তবে জেলা ভূমি ও ভূমি সংস্কার আধিকারিক সঙ্গে সঙ্গে তা ভূমি লেখ্য ও জরিপ অধিকর্তার কাছে

প্রতিবেদন আকারে পাঠাবেন উর্দ্ধতন কর্তৃপক্ষের কাছে বিষয়টি জানানোর জন্য। যদি কোন সীমানা স্তম্ভ ক্ষতিগ্রস্ত বা নেই দেখা যায় জেলা সমাহর্তাকে তা জানাতে হবে। একইরকমভাবে, যদি কোন জি.টি.এস. চিহ্ন ক্ষতিগ্রস্ত বা নেই দেখা যায়, তবে ভারতীয় জরিপের, পূর্বাঞ্চলকে সংবাদ দিতে হবে।

৪৪০। জেলার সমাহর্তা ও আন্তঃরাজ্য এবং আন্তর্জাতিক সীমানা স্তম্ভগুলির অবস্থা বিষয়ে খোঁজ খবর নেবেন। যদি থাকে এবং উর্দ্ধতন কর্তৃপক্ষের কাছে প্রতিবেদন পাঠাবেন যদি কোন সীমানা স্তম্ভ ক্ষতিগ্রস্ত বা নেই এরকম দেখা যায়।

পঞ্চবিংশ অধ্যায়
Chapter 25

অধিকার ক্ষেত্রের তালিকা (Jurisdiction List)

৪৪১। থানা অধিকার ক্ষেত্রের তালিকা [Thana jurisdiction list] ঃ পশ্চিমবঙ্গের সমস্ত থানার সাপেক্ষে থানা অনুযায়ী মৌজাগুলির অধিকার ক্ষেত্রের তালিকা তৈরি করা হয়েছে। এই তালিকায়, কোন থানায় প্রতিটি মৌজার জন্য আলাদা আলাদা অধিকার ক্ষেত্রের ক্রমিক সংখ্যা দেওয়া আছে ওই থানার সাপেক্ষে। কোন থানা মানচিত্রের উত্তর-পশ্চিম কোণা থেকে আরম্ভ করে পর পর দিয়ে দক্ষিণ-পূর্ব পর্যন্ত দেওয়া হয়েছে।

৪৪২। অধিকার ক্ষেত্রের তালিকা রক্ষণাবেক্ষণ [Maintenance of J.L.] ঃ নিম্নলিখিত নিদর্শ অনুসারে তাঁর জেলার অধিকার ক্ষেত্রের হাল তালিকা রক্ষণাবেক্ষণ করবেন জেলা ভূমি ও ভূমি সংস্কার আধিকারিক যিনি আবার ওই জেলার সেটেলমেন্ট আধিকারিক ঃ

যে থানার অধিকার ক্ষেত্রের তালিকা সেই থানার নাম ....

(মৌজার ক্ষেত্রাধিকারের তালিকা, থানা ....

২০ .... থেকে .... সালের জরিপের সাপেক্ষে)

জে.এল. নং	মৌজার নাম (ইংরাজিতে)	মৌজার নাম (বাংলায়)	মৌজার আয়তন		শেষ জরিপের জে.এল্. নং		মন্তব্য
			একরে	হেক্টরে	জে.এল. নং	মৌজার নাম (ইংরাজিতে)	
(১)	(২)	(৩)	(৪)	(৫)	(৬)	(৭)	(৮)

৪৪৩। কিভাবে ক্ষেত্রাধিকারের তালিকা (জে. এল.) দেখানো হয় [How J.L. No. is shown] ঃ কোন থানার মধ্যেকার কোন মৌজার জে. এল. নং দেখানো হয় সেই থানা মানচিত্রে ওই মৌজার সীমানার মধ্যে।

৪৪৪। জে. এল. ক্রমাঙ্কে পরিবর্তন [Change in J.L. Number] ঃ কোন থানার অধিকার ক্ষেত্রের সীমানার পরিবর্তন হতে পারে যখন সরকার কোন বিজ্ঞপ্তি দ্বারা ওই সীমানার পরিবর্তন করবেন নিম্নলিখিত কারণে—

(ক) পাশের থানার এক বা একাধিক মৌজার সংযোজন বা ওই থানার মধ্যেই নূতন কোন মৌজা তৈরি; অথবা

(খ) ওই থানা থেকে এক বা একাধিক মৌজার বিয়োজন; অথবা

(গ) এক বা একাধিক থানা বিভক্ত করে নূতন থানা গঠন করেন।

৪৪৫। জে.এল.-এর সংশোধন [Correction of J.L.] ঃ (১) কোন থানার জে. এল. সংখ্যার পরিবর্তন হলে, জেলা ভূমি ও ভূমি সংস্কার আধিকারিক অধিকার ক্ষেত্রের মানচিত্র ও থানার তালিকার প্রয়োজনীয় সংশোধন করবেন।

(২) কোন মৌজা এক থানা থেকে অন্য থানায় পরিবর্তিত হলে, যে থানা থেকে এটি চলে যাচ্ছে সেখানে এটাকে বাদ দেখাতে হবে এবং যেখানে এর সংযুক্তি হচ্ছে তার নামও লিখতে হবে।

(৩) যে থানায় মৌজাটির সংযুক্তি হচ্ছে ওই থানায় মৌজাটির নাম লিখতে হবে এবং যে থানা থেকে এটি এসেছে তার নামও লিখতে হবে। এই মৌজার ক্ষেত্রে ভগ্নাংশ ক্রমাঙ্ক দিতে হবে, লবে লিখতে হবে ক্রমিক সংখ্যা এবং হরে লিখতে হবে পার্শ্ববর্তী মৌজার সংখ্যা।

(৪) গ্রহণ করা নূতন কোন মৌজা যদি কোন থানায় অন্তর্ভুক্তি হয় তবে তার ক্ষেত্রেও ভগ্নাংশ সংখ্যা দিতে হবে।

(৫) এই সংশোধন করা হবে ভূমি লেখ্য ও জরিপ অধিকর্তার বিভিন্ন সময়ে পাঠানো নির্দেশ অনুসারে।

৪৪৬। নূতন থানার জে.এল. নং [J.L. No for a new police station] ঃ যখন নূতন কোন থানা তৈরি হয়, তখন ওই থানার এলাকা দেখিয়ে এবং জে. এল. সহ মানচিত্র তৈরি হয় সংশ্লিষ্ট জেলা ভূমি ও ভূমি সংস্কার আধিকারিক দ্বারা। এটি নূতন করে ছাপার জন্য ভূমি লেখ্য ও জরিপ অধিকর্তার কাছে পাঠানো হয়।

৪৪৭। নূতন জে.এল. তৈরি [Fresh preparation of J.L.] ঃ যখন বেশ ভালো সংখ্যক মৌজা কোন থানার সাথে যুক্ত হয় বা থানা থেকে বেড়িয়ে যায় এবং তার ফলে, বেশ কিছু ভগ্নাংশ সংখ্যা তৈরি হয় এবং কিছু সংখ্যা ছুট হয়ে যায় যার ফলে আগের মানচিত্রটি এবং তালিকাটি অপ্রাসঙ্গিক হয়ে যায়। জেলা ভূমি ও ভূমি সংস্কার আধিকারিক নূতনভাবে তৈরি ক্ষেত্রাধিকার মানচিত্র ও থানার তালিকা ভূমি লেখ্য ও জরিপ অধিকর্তার কাছে পাঠাবেন নূতন করে আবার প্রস্তুতের জন্য।

৪৪৮। ভূমি লেখ্য ও জরিপ অধিকর্তার কাছে সরকারী বিজ্ঞপ্তির প্রতিলিপি পাঠাতে হবে [Copies of Government notification to be sent to D.L.R.S.] ঃ কোন থানার ক্ষেত্রাধিকার পরিবর্তন সংক্রান্ত বিভিন্ন বিজ্ঞপ্তিগুলি স্বরাষ্ট্র (পুলিশ) দপ্তর ভূমি লেখ্য ও জরিপ অধিকর্তার কাছে পাঠাবে। যিনি বিভিন্ন সংশোধন পত্র তৈরি করবেন সর্বশেষ ছাপা জে. এল.-এর জন্য এবং সমাহর্তার কাছে ওই সংশোধন পত্রগুলি পাঠাবেন। জেলা ভূমি ও ভূমি সংস্কার আধিকারিক ও অন্যান্য কর্তৃপক্ষের কাছেও পাঠাবেন যাঁদের কাছে ক্ষেত্রাধিকারের তালিকা পাঠানো হয়েছে।

৪৪৯। ভূমি লেখ্য ও জরিপ অধিকর্তা তাঁর অফিসে একটি খাতা রক্ষণাবেক্ষণ করবেন যেখানে সময়ে সময়ে জে. এল. এর পরিবর্তনের জন্য যেসব বিজ্ঞপ্তি জারি হয়েছে সেগুলি রাখবেন প্রয়োজনে শুমারী অধিক্ষকের কাছে পাঠাবেন।

৪৫০। ক্ষেত্রাধিকারের তালিকা বিষয়ে কোন ধোঁয়াশা থাকলে, জেলা ভূমি ও ভূমি সংস্কার আধিকারিক তার ব্যাখ্যার জন্য বিষয়টি ভূমি লেখ্য ও জরিপ অধিকর্তার নিকট পাঠাবেন। ভূমি লেখ্য ও জরিপ অধিকর্তা

প্রয়োজন বোধ করলে ওই বিষয়টি রাজস্ব পর্যদের কাছে পাঠাবেন নির্দেশের জন্য, রাজস্ব পর্যদ উপযুক্ত মনে করলে ওই বিষয়ে নির্দেশ পাঠাতে পারেন।

৪৫১। প্রযুক্তি উপদেষ্টার দায় [Responsibility of the Technical Adviser]ঃ জেলা ভূমি ও ভূমি সংস্কার আধিকারিকের অফিসে বহাল প্রযুক্তি উপদেষ্টা কোন জেলার ক্ষেত্রাধিকার তালিকা (জে. এল.) প্রস্তুতি ও রক্ষণাবেক্ষণের জন্য দায়ী থাকবেন সরাসরি জেলা ভূমি ও ভূমি সংস্কার আধিকারিকের তত্ত্বাবধানে।

ষড়বিংশ অধ্যায়
Chapter 26
ভাণ্ডার (Stores)

৪৫২। পশ্চিমবঙ্গ আর্থিক নিয়মের ১ নং খণ্ডের ৯৮ নং বিধির নীচের টীকা অনুসারে ভাণ্ডার (Stores) বলতে বোঝাবে ক্রয় করা সমস্ত মাল ও জিনিসপত্র অথবা সরকারী কাজে ব্যবহৃত অন্যভাবে পাওয়া জিনিসপত্র, কেবলমাত্র ব্যয় করা এমন এবং পাঠানো যায় এরকম বিশেষ কাজের জন্য বস্তু নয় কিন্তু অন্য বস্তু যা অবিক্রেয়-মজুত (dead-stock) যেমন—উৎপাদনাগর (plant), যন্ত্রপাতি, আসবাব, সরঞ্জাম, দৃঢ় সংলগ্ন বস্তু ইত্যাদি এমনকি পশুসম্পদ।

৪৫৩। জেলা ভূমি ও ভূমি সংস্কার আধিকারিকের অফিসে এবং জেলায় তাঁর অধস্তন আধিকারিকদের অফিসগুলিতে প্রতিদিনের কাজের জন্য অথবা দীর্ঘমেয়াদী ব্যবহারের জন্য বিভিন্ন জিনিসপত্র কেনা হয় বা অর্জন করা হয়। ধীরে ধীরে সমস্ত জিনিসপত্র এবং প্রয়োজনীয় নিদর্শ যা প্রতিদিনের কাজের জন্য ব্যবহৃত হয় এবং অবিক্রেয়-মজুতগুলি একবার কেনা হয় দীর্ঘমেয়াদী ব্যবহারের জন্য।

৪৫৪। যে সমস্ত আধিকারিকগণ ভাণ্ডারের জিনিস কিনতে পারেন [Officers who may purchase stores] ঃ জেলা ভূমি ও ভূমি সংস্কার আধিকারিকগণ ও মহকুমা ভূমি ও ভূমি সংস্কার আধিকারিকগণ ১৯৭৭ সালের আর্থিক ক্ষমতা অর্পণ বিধি অনুযায়ী ভাণ্ডারের জিনিসপত্র কেনার জন্য অনুমোদিত যাঁরা এই কাজের জন্য ক্ষমতাপ্রাপ্ত। ব্লক ভূমি ও ভূমি সংস্কার আধিকারিক, রাজস্ব আধিকারিক এবং রাজস্ব পরিদর্শকগণ তাঁদের জন্য কোন জিনিস কেনার অনুমোদিত নন। ব্লক ভূমি ও ভূমি

সংস্কার আধিকারিক, খুব ছোট খাটো কোন জিনিস কেনা বা সারাই করতে পারেন মহকুমা ভূমি ও ভূমি সংস্কার আধিকারিকের আগাম অনুমতি নিয়ে। আসবাব, নিদর্শ এবং অন্য নিত্যপ্রয়োজনীয় জিনিসপত্রের চাহিদা জানিয়ে প্রতি মাসে সংশ্লিষ্ট ব্লক ভূমি ও ভূমি সংস্কার আধিকারিক মহকুমা ভূমি ও ভূমি সংস্কার আধিকারিককে লিখবেন যিনি ওই জিনিসপত্রগুলি কিনে বা অন্যভাবে অর্জন করে জোগান দেওয়ার ব্যাপারে নিশ্চিত করবেন।

৪৫৫। অবিক্রেয় মজুত জিনিসপত্রের সংগ্রহ [Procurement of articles of dead-stock] ঃ অবিক্রেয় মজুত জিনিসপত্রের জোগান বিষয়ে জেলা ভূমি ও ভূমি সংস্কার আধিকারিক এবং মহকুমা ভূমি ও ভূমি সংস্কার আধিকারিক সাধারণতঃ মালপত্র জোগান দেওয়ার জন্য আদেশ দেবেন সরকার স্বীকৃত কোন সংস্থার কাছে—যেমন পশ্চিমবঙ্গ ক্ষুদ্র শিল্প নিগম, সরকারী কাঠ শিল্প ইত্যাদি। নির্দিষ্ট সময়ের মধ্যে ওই সংস্থাগুলি যদি কোন জিনিস জোগান দিতে ব্যর্থ হয়, পশ্চিমবঙ্গ আর্থিক নিয়মের ১ নং খণ্ডের বিধি কঠোরভাবে অনুসরণ করে ভূমি লেখ্য ও জরিপ অধিকর্তার আগাম অনুমতি নিয়ে তা স্থানীয় ভিত্তিতে ক্রয় করা যেতে পারে। কোন জেলা ভূমি ও ভূমি সংস্কার আধিকারিক বা মহকুমা ভূমি ও ভূমি সংস্কার আধিকারিক তাঁর নিজের জন্য জরিপ কাজে ব্যবহৃত কোন যন্ত্রপাতি যার মূল্য ১০০ টাকার বেশি তা কিনবেন না একবারে। ওই জিনিসপত্রগুলি কেনার বিষয়ে ব্যবস্থা নেবেন ভূমি লেখ্য ও জরিপ অধিকর্তা। জেলা ভূমি ও ভূমি সংস্কার আধিকারিকের জরিপ যন্ত্রপাতি সারাই করার ক্ষমতা আছে তাঁর আর্থিক ক্ষমতার মধ্যে। বছর শুরুর প্রথমেই নিত্য প্রয়োজনীয় জিনিসপত্র জোগান দেওয়ার জন্য চাহিদা জানাতে হয় নিদর্শ ও জিনিসপত্র মহা অধীক্ষকের কাছে। নিদর্শ ও লেখ সামগ্রী অফিস যদি নির্দিষ্ট সময়ের মধ্যে চাহিদা মত কোন জিনিস দিতে ব্যর্থ হয় তবে জেলা ভূমি ও ভূমি সংস্কার আধিকারিক বা মহকুমা ভূমি ও ভূমি সংস্কার আধিকারিক ১৯৭৭ সালের আর্থিক ক্ষমতা অর্পণ বিধি অনুযায়ী স্থানীয়ভাবে কিনতে পারেন, তবে প্রাধান্য দিতে হবে সমবায় সমিতিগুলিকে। জিনিসপত্র কেনার খরচ যদি জেলা ভূমি ও ভূমি সংস্কার

আধিকারিকের ক্ষমতার চেয়ে অধিক হয়, ওই জিনিস কেনার জন্য প্রস্তাব পাঠাতে হবে ভূমি লেখ্য ও জরিপ অধিকর্তার কাছে, যিনি ওই জিনিসগুলি কেনার জন্য প্রয়োজনীয় ব্যবস্থা নেবেন। ভূমি লেখ্য ও জরিপ অধিকর্তা সংস্থা, সার্ভে ও সেটেলমেন্ট কাজ এবং জেলার ব্যবস্থাপনা কাজের জন্য প্রয়োজনীয় জিনিসপত্র জোগানের বিষয়ে তীক্ষ্ণ তত্ত্বাবধান রাখবেন। ভূমি লেখ্য ও জরিপ অধিকর্তার নির্দেশ অনুসারে কিছু নিদর্শ বিভাগীয় মুদ্রণ বিভাগে ছাপা হয়। কিছু কিছু পরিস্থিতিতে কিছু নিদর্শ স্থানীয়ভাবে ছাপার দরকার হতে পারে ভূমি লেখ্য ও জরিপ অধিকর্তার আগাম অনুমতি সাপেক্ষে যেগুলি নির্দিষ্ট সময়ের মধ্যে পাওয়া যায় নি, এমন কি ভূমি লেখ্য ও জরিপ অধিকর্তার কাছে তলবীপত্র জমা দেওয়ার পরও। জেলা অফিস থেকে প্রতি মাসের প্রয়োজনীয় জিনিসপত্র চেয়ে তলবীপত্র ভূমি লেখ্য ও জরিপ অধিকর্তার অফিসে যাতে প্রতি মাসের ১৫ তারিখের মধ্যে পৌঁছায় তা নিশ্চিত করতে হবে।

৪৫৬। **খরচের মানদণ্ড [Scale of consumption]** ঃ বিভিন্ন নিদর্শ বা লেখ সামগ্রী ব্যবহারের মানদণ্ড বা ভাণ্ডারের সীমা বিষয়ে জেলা ভূমি ও ভূমি সংস্কার আধিকারিক তাঁর অফিস এবং তাঁর অধস্তন অফিসগুলির জন্য মান স্থির করবেন। আদেশ জোগান বিষয়ে সংশ্লিষ্ট আধিকারিক এই মর্মে শংসাপত্র দেবেন যে নির্ধারিত মানদণ্ড বা সীমার অধিক হয় নি।

৪৫৭। **জিনিসপত্রের প্রাপ্তি স্বীকার [Receipt of articles]** ঃ সমস্ত মালপত্র নেওয়ার সময় পরীক্ষা করতে হবে, গুণতে হবে, মাপতে হবে বা ওজন করতে হবে, মালপত্র গ্রহণ করার সময় যখন যেটি প্রযোজ্য হবে। কোন একজন দায়িত্বশীল সরকারী আধিকারিক এটি বুঝে নেবেন, যিনি দেখবেন যে প্রয়োজনীয় সংখ্যা সঠিক এবং তাদের গুণগত মান ভাল এবং ওই বিষয়ে তিনি শংসাপত্র দেবেন। ভাণ্ডার গ্রহণের জন্য আধিকারিক তিনটি বিল/বিলগুলির প্রতিলিপিতে এই মর্মে শংসাপত্র দেবেন যে তিনি যথার্থই জিনিসপত্রগুলি গ্রহণ করেছেন এবং ওইগুলি যথাযথভাবে সংশ্লিষ্ট খাতায় নথিভুক্ত করা হয়েছে নির্দিষ্ট শীলমোহর ও নির্ধারিত আধিকারিকের স্বাক্ষরসহ।

৪৫৮। ভাণ্ডার, নিদর্শ ও জিনিসপত্রের বর্ণনামূলক তালিকা [Inventory of stores, forms and articles] ঃ জেলা ভূমি ও ভূমি সংস্কার আধিকারিকের অফিস এবং তাঁর অধস্তন সমস্ত অফিসগুলি তাঁদের অফিসের অবিক্রেয় মজুত, ভাণ্ডার, নিদর্শ ও লেখ সামগ্রীর বর্ণনামূলক তালিকা প্রস্তুত করবেন। অফিস প্রধান বা অন্য কোন আধিকারিক যিনি ওই বিষয়ের সাথে যুক্ত থাকবেন তিনি বিশেষ যত্ন নেবেন ওই জিনিসপত্রগুলি নিরাপদভাবে রাখার, ভাল ও বিভিন্ন অবস্থায় তাদের রাখার, ক্ষয়ক্ষতি, হারানো বা অবনতি যাতে না হয় তার দিকে নজর দেবেন। মূল্যবান সামগ্রী এবং দাহ্য বস্তুগুলিকে রাখার উপযুক্ত বন্দোবস্ত করবেন। জেলা ও মহকুমা অফিসগুলিতে যাতে ভাণ্ডারগুলি স্তূপাকৃতি না হয় বিশেষ করে আসবাবপত্র এবং যন্ত্রপাতিগুলি তার দিকে নজর দিতে হবে। যেক্ষেত্রে বিশেষ পরিস্থিতিতে অবিক্রেয় মজুত প্রচুর সংখ্যায় রাখা প্রয়োজন সেক্ষেত্রে ভূমি লেখ্য ও জরিপ অধিকর্তার মাধ্যমে রাজস্ব পর্ষদের আগাম অনুমতি নিয়ে তা করতে হবে। বিভিন্ন প্রকার জিনিস/নিদর্শ/ আসবাবপত্রের জন্য আলাদা আলাদা খাতা রাখতে হবে এবং প্রতি বছর নির্ধারিত আধিকারিক/ আধিকারিক ওই মজুত সরেজমিনে পরীক্ষা করবেন উপযুক্ত শীলমোহর ও স্বাক্ষর সহ।

৪৫৯। নিদর্শের সংগ্রহ [Procurement of forms] ঃ জেলা ভূমি ও ভূমি সংস্কার আধিকারিকের বিভিন্ন অফিসে প্রতিদিন ব্যবহারের জন্য বিভিন্ন রকম নিদর্শ সংগ্রহ করবেন ভূমি লেখ্য ও জরিপ অধিকর্তার কাছ থেকে অথবা ভূমি লেখ্য ও জরিপ অধিকর্তার কাছ থেকে আগাম অনুমতি নিয়ে স্থানীয়ভাবে ছাপাবেন যদি মহকুমা ভূমি ও ভূমি সংস্কার অফিসে পাঠানোর জন্য কোন নিদর্শ না পাওয়া যায়। ব্লক ভূমি ও ভূমি সংস্কার আধিকারিক ওই নিদর্শগুলি তাঁর অফিসে এবং রাজস্ব পরিদর্শকের অফিসে ব্যবহারের জন্য মহকুমা ভূমি ও ভূমি সংস্কার আধিকারিকের অফিস থেকে সংগ্রহ করবেন।

৪৬০। ব্লক ভূমি ও ভূমি সংস্কার অফিস ও রাজস্ব পরিদর্শকের অফিসে সূক্ষ্ম জরিপের যন্ত্র দেওয়া হবে না [Sophisticated survey instrument shall not be supplied to B.L.L.R.O.'s and R.I.'s

offices] ঃ সূক্ষ্ম জরিপের যন্ত্র যেমন থিওডোলাইট, ই ডি এম যন্ত্র, টেলিস্কোপিক সাইট ভেন, প্লেনিমিটার, প্যান্টোগ্রাফ ইত্যাদি ব্লক ভূমি ও ভূমি সংস্কার আধিকারিকের অফিসে এবং রাজস্ব পরিদর্শকের অফিসে দেওয়া হবে না। রাজস্ব পরিদর্শকের অফিসে কেবলমাত্র আমিনের যন্ত্রপাতি এবং প্রতি ব্লক অফিসে দুই বা তিনটি সাইট ভেন থাকবে আমিন যন্ত্রপাতির সঙ্গে। কোন যন্ত্র যদি সারাই করার দরকার হয় তাড়াতাড়ি তা মহকুমা ভূমি ও ভূমি সংস্কার আধিকারিকের অফিসে পাঠাতে হবে পাল্টানোর জন্য।

৪৬১। লেখ সামগ্রীর জিনিসপত্র ব্লক ভূমি ও ভূমি সংস্কার আধিকারিক, তাঁর এবং রাজস্ব পরিদর্শক অফিসগুলির ব্যবহারের জন্য মহকুমা ভূমি ও ভূমি সংস্কার আধিকারিকের অফিস থেকে সংগ্রহ করবেন।

৪৬২। রাজস্ব পরিদর্শকের অফিসে মানচিত্র-তথা-নথি বাক্স দিতে হবে আলমারীর পরিবর্তে। এই বাক্সের উচ্চতা হতে পারে ৪ $\frac{১'}{২}$ থেকে ৫', ১' উঁচু উপরের অংশে নাড়াচাড়াযোগ্য ড্রয়ার থাকবে মানচিত্র সংরক্ষণ করার জন্য। নীচের অংশ নথিপত্র রাখার কাজে ব্যবহৃত হবে। অন্য পৃথক বাক্স অফিসের যন্ত্রপাতি রাখার জন্য ব্যবহৃত হবে সমতল টেবিল বাদে। এ বাদে, প্রতি অফিসে টাকা রাখার বাক্স জোগান দিতে হবে।

৪৬৩। বিভিন্ন সামগ্রীর তালিকা বিষয়ে পঃ বঃ অর্থ নিয়মের দ্বিতীয় খণ্ডের ১৩ নং পরিশিষ্টে বিভিন্ন ধারাগুলির বিধান সমস্ত সংশ্লিষ্ট আধিকারিকগণ কঠোরভাবে মেনে চলবেন।

৪৬৪। **বছরের দেখানো বাজেটের চেয়ে খরচ যেন অধিক না হয় [Expenditure shall not exceed the amount shown in the year's budget]** ঃ বছরে জেলা ভূমি ও ভূমি সংস্কার আধিকারিক তাঁর এবং তাঁর অধস্তন অফিসগুলির যন্ত্রপাতি, জরিপযন্ত্র, অফিস সামগ্রী ইত্যাদি কেনার জন্য খরচ যেন ওই বছরে নির্দিষ্ট খাতে দেওয়া অর্থের চেয়ে কোনমতেই অধিক না হয়।

সপ্তবিংশ অধ্যায়
Chapter 27
বিবিধ বিধানগুলি
(Miscellaneous Provisions)

৪৬৫। রাস্তার পাশের জমি [Roadside lands] ঃ রাস্তার পাশের জমি যার রক্ষণাবেক্ষণ হয় রাজ্য সরকার দ্বারা, তা সে পূর্ত বিভাগের হোক বা জেলা পরিষদের হোক, ওইগুলি পরিচালিত হবে ১৯২৫ সালের বঙ্গীয় রাজপথ আইন ও সেই সংক্রান্ত নিয়ম দ্বারা। ওই জমিগুলি ইজারা দেওয়া বিষয়ে সমাহর্তা পূর্ত বিভাগ এবং জেলা পরিষদের আধিকারিকদের পূর্ণ সহযোগিতা করবেন।

৪৬৬। ভূমি ও ভূমি সংস্কার দপ্তরের নিয়ন্ত্রণের অধীন রাস্তার পাশের জমি [Roadside lands under the management of the Land & Land Reforms Department] ঃ পূর্ত বিভাগ নিজে রাস্তার পাশের জমি ব্যবস্থাপনা করতে পারে অথবা ভূমি সংস্কার দপ্তরে অধিকার ছেড়ে দিয়ে বা না দিয়ে হস্তান্তর করতে পারে সরাসরি। যখন ব্যবস্থাপনা ভূমি ও ভূমি সংস্কার দপ্তরে হস্তান্তরিত হবে ওই সমস্ত জমির বন্দোবস্ত দেওয়ার ক্ষেত্রে নিম্নলিখিত নীতি মেনে চলতে হবে—

(ক) সরকারী জমি বন্দোবস্ত দিলে দখলকারের পক্ষে কিছু আইনগত অধিকার তৈরি করে। প্রতিটি ক্ষেত্রে আলাদাভাবে যত্নশীল হতে হবে এটা মনে রেখে যে ওই বন্দোবস্ত দিলে জনগণের স্বার্থ যেমন রাস্তা চওড়া করতে কোন অসুবিধা না হয়। ওই জমি যদি এমন অবাঞ্ছিত ব্যক্তি দখল করে থাকে যাকে বন্দোবস্ত দেওয়া যাবে না অথবা যেখানে ওই জমি সরকারের প্রয়োজনে লাগতে পারে ওই দখলকারকে বেদখল করার জন্য

১৯৬২ সালের পঃ বঃ জমি (অনুনোমোদিত দখলকার উচ্ছেদ) আইন অনুযায়ী প্রয়োজনীয় পদক্ষেপ নিতে হবে।

(খ) শহর এলাকায় বা কাছাকাছি এলাকার জমি কৃষি উদ্দেশ্যে বন্দোবস্ত দেওয়া যাবে না।

(গ) যে জমি ভূমি ও ভূমি সংস্কার বিভাগের পক্ষে ছেড়ে দেওয়া হয়নি তা অকৃষি উদ্দেশ্যে দীর্ঘমেয়াদী ভিত্তিক ইজারা দেওয়া যাবে না।

(ঘ) রাস্তার পাশের কৃষি জমি এমনকি নূতন চর জমি অল্প সময়ের জন্য বন্দোবস্ত করে দেওয়া যেতে পারে কিন্তু স্থায়ী রায়তের ভিত্তিতে নয়।

৪৬৭। কাছারি এলাকা—পূর্ত বিভাগের বিধি [Cutchery compounds—Public Works Department Code] ঃ কাছারি এলাকার জমি ব্যবস্থাপনা বিষয়ে নিয়ম উল্লেখ করা রয়েছে পূর্ত বিভাগের বইতে, পূর্ত বিভাগের বিধির ৭ নং পরিশিষ্টে ওই নিয়ম আছে।

৪৬৮। কোন প্রতিষ্ঠান ইত্যাদিকে সরকারী জমি হস্তান্তর [Transfer of Government land to institute etc.] ঃ সরকারী জমি কোন ব্যক্তি বিশেষকে বিক্রি করা যাবে না। বিক্রির প্রস্তাব দেওয়া যেতে পারে স্থানীয় কর্তৃপক্ষ, আইন দ্বারা বিধিবদ্ধ সংস্থা এবং জনসাধারণের কোন সংস্থা ইত্যাদিকে যদি রাজস্ব পর্যদ বিবেচনা করে। বিভাগীয় কমিশনারের মাধ্যমে রাজস্ব পর্যদের কাছে বিক্রির প্রস্তাব পেশ করতে হবে, জমির বাজার মূল্য ও অন্যান্য তথ্য জানিয়ে।

৪৬৯। জমির আন্তর্বিভাগ হস্তান্তর [Inter-departmental transfer of land] ঃ (১) রাজ্য সরকারের এক দপ্তরের জমি রাজ্য সরকারের অন্য দপ্তরে হস্তান্তরের প্রস্তাব বিভাগীয় কমিশনারের মাধ্যমে পাঠাতে হবে। যে দপ্তরের জন্য প্রস্তাব পাঠানো হবে তার উদ্দেশ্যও প্রস্তাব পাঠানোর শর্তগুলির সাথে থাকবে। এছাড়া জমির আয়তন, বাজার মূল্য এবং বাৎসরিক খাজনা হিসাব করে দিতে হবে।

(২) উপরোক্ত প্রস্তাব যদি প্রশাসনিক দপ্তর অনুমোদন করে, তবে প্রথমে যে দপ্তর থেকে ওই জমি হস্তান্তরের প্রস্তাব করা হয়েছে তার সাথে আলোচনা করতে হবে। যে দপ্তরের জমি, তাদের ঐক্যমত নিয়ে ভূমি ও ভূমি সংস্কার দপ্তরে ওই প্রস্তাব পাঠাতে হবে। ভূমি ও ভূমি সংস্কার দপ্তর ওই বিষয়টি প্রশাসনিক দপ্তরে ওই জমি হস্তান্তরের অনুমতিসহ স্মারক লিপি ফেরত পাঠাবেন এবং হস্তান্তরের কোন শর্ত থাকলে তাও জানাবেন। প্রশাসনিক দপ্তর তখন ওই স্মারকলিপির একটি প্রতিলিপি সংশ্লিষ্ট সমস্ত আধিকারিকদের কাছে পাঠাবেন যাঁরা এই বিষয়টির সাথে যুক্ত।

৪৭০। **অন্য দপ্তরের দ্বারা রাখা সরকারী জমির ইজারা [Lease of Government land held by other departments]** ঃ ভূমি ও ভূমি সংস্কার দপ্তর বাদে সরকারি জমির ইজারা যদি স্থানীয় সংস্থা, উন্নয়ন সংস্থা, সরকারী সংস্থা, ব্যক্তিগত ইত্যাদিকে দিতে হয় তবে তার পদ্ধতি হবে আগের নিয়মের (২) নং নিয়মে বর্ণিত পদ্ধতি অনুসরণ করে। কেবলমাত্র একটি-ই ব্যতিক্রমী তা হল সংশ্লিষ্ট দপ্তরের পরিবর্তে রাজস্ব পর্যদের কাছে প্রস্তাবাদি পাঠাতে হবে। ওই প্রস্তাবে যদি কোন আপত্তি না থাকে রাজস্ব পর্যদ তাহলে ওই ইজারার অনুমোদন দিতে পারে। যেক্ষেত্রে কোন জমি যদি অন্য দপ্তরের অধীন হয়, রাজস্ব পর্যদ ওই দপ্তরকে ভূমি ও ভূমি রাজস্ব দপ্তরের মাধ্যমে ওই জমি ভূমি ও ভূমি সংস্কার দপ্তরকে ছেড়ে দিতে বলবেন, যদি ওই প্রস্তাবে কোন আপত্তি না থাকে। ছেড়ে দেওয়া ওই জমি, রাজস্ব পর্যদ নির্দিষ্ট নিয়ম অনুসরণ করে দীর্ঘমেয়াদী ইজারা বন্দোবস্ত দিতে পারে।

৪৭১। **কেন্দ্র সরকার ও রাজ্য সরকারের মধ্যে জমি হস্তান্তর [Transfer of land between Central Government and State Government]** ঃ কেন্দ্র সরকার ও রাজ্য সরকারের মধ্যে জমি হস্তান্তরের পদ্ধতির নির্দেশ দেওয়া আছে জমি অধিগ্রহণ নির্দেশিকার জমি হস্তান্তর নিয়মে।

৪৭২। **চুক্তি সম্পাদন [Execution of contracts]** ঃ ভারতীয় সংবিধানের ২৯৯(১) অনুচ্ছেদে প্রদত্ত ক্ষমতা অনুযায়ী এবং পূর্ববর্তী

আদেশগুলি অতিক্রম করে মহামান্য রাজ্যপাল নিম্নলিখিত শ্রেণীর চুক্তি ও আশ্বাস তাঁর পক্ষে আধিকারিকগণ সম্পাদন করবেন—

(১) চুক্তি ও আশ্বাস—লাইসেন্স, ইজারা, বিক্রি বা জমির পুনঃহস্তান্তর ইত্যাদি।	জেলা সমাহর্তা বা জেলা ভূমি ও ভূমি সংস্কার আধিকারিক দ্বারা।
(২) নিম্নলিখিত প্রসঙ্গে চুক্তি বা স্বীকারপত্র—	
(ক) খাস ও সরকারে ন্যস্ত জমির রায়তি বন্দোবস্তের অনুমোদন।	জেলার সমাহর্তা, জেলা ভূমি ও ভূমি সংস্কার আধিকারিক, মহকুমা শাসক, মহকুমা ভূমি ও ভূমি সংস্কার আধিকারিক এবং ব্লক ভূমি ও ভূমি সংস্কার আধিকারিক
(খ) খাস ও সরকারে ন্যস্ত জমির লাইসেন্স নবীকরণের অনুমোদন।	—ঐ—
(গ) সইরতি স্বার্থ বিষয়ে লাইসেন্স বা ইজারা নবীকরণের অনুমোদন।	—ঐ—

৪৭৩। স্ট্যাম্প কর থেকে রেহাই [Exemption from stamp duty] ঃ বিজ্ঞপ্তি নং ৬-এসটি. তাং ১২.০৯.১৯৩১-এর অধীন সরকার যদি বর্তমান জমি দখলকারীকে সরাসরি বন্দোবস্ত দেয় এবং যদি কোন জরিমানা বা প্রিমিয়াম না দেওয়া হয় ওই ইজারা বা তার প্রতিকল্প (counterpart) কার্যকর করার সময়, তবে উক্ত বিজ্ঞপ্তি অনুসারে তিনি স্টাম্পকর দেওয়া থেকে রেহাই পাবেন। ১৮৯৯ সালের ২ নং স্ট্যাম্প আইনের ৩ নং ধারার দ্বিতীয় অনুচ্ছেদের ১ নং দফা অনুসারে সরকারের দ্বারা অথবা তার হয়ে অথবা তার পক্ষে কোন নথি (instrument) কার্যকর হয় তবে স্ট্যাম্পকর প্রযোজ্য হবে না, কিন্তু এই ধরনের রেহাই-এর জন্য, সরকারের পক্ষ থেকে ওই নথির উপরে স্ট্যাম্পকর দেওয়ার দায় বর্তাবে।

৪৭৪। কার্শিয়াং, কালিম্পং এবং দার্জিলিং জেলার সদর মহকুমায় গাছ কাটা বিষয়টি নিয়ন্ত্রিত হবে ৭ নং পরিশিষ্টে উল্লিখিত নিয়ম দ্বারা।

৪৭৫। সমাহর্তার সাথে আলোচনা [Consultation with the Collector] ঃ (১) ফেরি, হাট এবং অন্য সইরতি স্বার্থ ইজারা দেওয়া

প্রসঙ্গে জেলা ভূমি ও ভূমি সংস্কার আধিকারিক অবশ্যই সমাহর্তার সঙ্গে আলোচনা করবেন।

(২) আইন ও শৃঙ্খলা বিষয়ে সমস্ত ক্ষেত্রে জেলা ভূমি ও ভূমি সংস্কার আধিকারিক সমাহর্তার সঙ্গে আলোচনা করবেন।

৪৭৬। জেলা প্রশাসনকে সহায়তা দিতে হবে [Assistance to be rendered to district administration] ঃ ভূমি ও ভূমি সংস্কার বিভাগের বিভিন্ন পর্যায়ের আধিকারিকগণ প্রয়োজনে জেলা প্রশাসনের সহায়তা চাইবেন আইন শৃঙ্খলা বিষয়ে বিশেষতঃ ভোগস্বত্ব, দখলস্বত্ব বা জমির চাষবাস বিষয়ে।

৪৭৭। সরকারী জমি সাময়িক ব্যবহারের অনুমতির আবেদন [Applications for permission for temporary use of Government land] ঃ (১) সরকারী জমি সাময়িকভাবে ব্যবহারের জন্য যেমন যাত্রা, সভা, মেলা, উৎসব, অনুষ্ঠান ইত্যাদি আবেদন করতে হবে জেলা সদরের বাইরে হলে ওই জমি যে এলাকায় সেখানকার মহকুমা ভূমি ও ভূমি সংস্কার আধিকারিকের কাছে এবং জেলা সদরের ক্ষেত্রে জেলা ভূমি ও ভূমি সংস্কার আধিকারিকের কাছে। এছাড়া যদি আবেদনপত্র অন্য কোন আধিকারিকের কাছে দাখিল করা হয় যেমন—ব্লক ভূমি ও ভূমি সংস্কার আধিকারিক, তিনি তাঁর মন্তব্যসহও আবেদনপত্র যে আধিকারিক নিষ্পত্তি করবেন তাঁর কাছে পাঠিয়ে দেবেন।

(২) আবেদন করার পদ্ধতি—ওই ধরনের দরখাস্ত পরিষ্কার করে দাগ নং, ব্যবহারের সময় সীমা, কি উদ্দেশ্যে ব্যবহার করা হবে ইত্যাদি লিখতে হবে।

৪৭৮। খাতা [Register] ঃ সরকারী জমি সাময়িক ব্যবহারের জন্য আবেদনপত্র মহকুমা ভূমি ও ভূমি সংস্কার আধিকারিকের অফিসে বা জেলা ভূমি ও ভূমি সংস্কার আধিকারিকের অফিসে নির্দিষ্ট খাতা নথিভুক্ত করতে হবে। আবেদনপত্র এবং খাতায় আবেদনপত্র পাওয়ার তারিখ, সময় লিখতে হবে আবেদনপত্র ও খাতার উপরের অংশে।

৪৭৯। আবেদনপত্র নিষ্পত্তির ক্ষমতা [Power to dispose of applications] ঃ সরকারী জমি সাময়িক ব্যবহারের অনুমতিপত্র মঞ্জুর বা বাতিল করতে পারেন মহকুমা ভূমি ও ভূমি সংস্কার আধিকারিক মহকুমা শাসক বা জেলা ভূমি ও ভূমি সংস্কার আধিকারিক জেলা সমাহর্তার আগাম অনুমতি নিয়ে যেখানে যেমন প্রযোজ্য। আবেদনপত্র বিবেচনার সময় নিম্নলিখিত বিষয়গুলি মনে রাখতে হবেঃ

(ক) যথার্থ উদ্দেশ্যে আবেদন করা হয়েছে কিনা,

(খ) প্রস্তাবিত ব্যবহার ওই জমির সাময়িক বা স্থায়ী ক্ষতির কারণ হবে কিনা,

যদি ক্ষতি সাময়িক ও ছোটখাটো হয় তবে অনুমতি দেওয়া যেতে পারে এই শর্তে যে—সাময়িক ব্যবহারের পরে আবেদনকারী জমির পূর্বাবস্থা ফিরিয়ে দেবেন।

(গ) প্রস্তাবিত ব্যবহার জনগণের বিরক্তি বা শান্তিপূর্ণ অবস্থানের বিঘ্ন বা সম্প্রদায়ের কোন শ্রেণীর লোকের অসন্তুষ্টির কারণ হবে কিনা।

(ঘ) যদি এরকম দেখা যায় ওই জমি একই সময়ে ব্যবহারের জন্য একের অধিক আবেদনপত্র জমা পড়েছে, কোন আবেদনপত্রটি মঞ্জুর করা হবে।

(ঙ) পৌরসভা, পুলিশ ইত্যাদির কাছ থেকে প্রয়োজনীয় অনুমতি মিলেছে কিনা।

৪৮০। সরকারী জমি সাময়িক ব্যবহারের জন্য ফি [Fees for temporary use of Government land] ঃ (১) জেলা সমাহর্তার আগাম অনুমতি নিয়ে সরকারী জমি সাময়িক ব্যবহারের জন্য নির্ধারিত ফি অগ্রিম আদায় করবেন জেলা ভূমি ও ভূমি সংস্কার আধিকারিক। এটা সিদ্ধান্ত হয়েছে যে আবেদন অন্যভাবেও মঞ্জুর হতে পারে, ওই নির্ধারিত ফি জমা সাপেক্ষে। বিভিন্ন এলাকা, জমির বিভিন্ন শ্রেণী বা বিভিন্ন ব্যবহারের উপর ভিত্তি করে ফি বিভিন্ন রকম হতে পারে।

(২) সমাহর্তার অনুমতি সাপেক্ষে জেলা ভূমি ও ভূমি সংস্কার আধিকারিক ওই ফি সম্পূর্ণ বা আংশিক মকুব করতে পারেন। জেলা ভূমি ও ভূমি সংস্কার আধিকারিকের সাধারণ আদেশের প্রেক্ষিতে মহকুমা ভূমি ও ভূমি সংস্কার আধিকারিক মহকুমা শাসকের আগাম অনুমতি নিয়ে কোন পৃথক ক্ষেত্রে মকুব অনুমোদন করতে পারেন।

(৩) ৭ নং খাতায় সংগৃহীত অর্থ লিখতে হবে। প্রতিটি ফি আদায়ের ক্ষেত্রে কার্বনের প্রতিলিপি রসিদ দিতে হবে।

৪৮১। (১) যদি সরকারী জমি প্রচুর লোকের সমাবেশের জন্য ব্যবহৃত হয় তবে পুলিশ বিভাগকে ওই অনুমতির বিষয়ে জানাতে হবে।

(২) অনুমতি দেওয়ার পরেও সমাহর্তা বা মহকুমা শাসক তা বাতিল করতে পারেন যদি জনগণের শৃঙ্খলা রক্ষা বা বিভিন্ন শ্রেণীর মানুষের সম্প্রীতি রক্ষার জন্য ওই বাতিলের প্রয়োজন হয়।

(৩) অফিসগুলির পরিদর্শন—কোন বিভাগের কমিশনার বা ভূমি লেখ্য ও জরিপ অধিকর্তা ভূমি ও ভূমি সংস্কার দপ্তরের বিভিন্ন পর্যায়ের অফিস পরিদর্শনের বিষয়ে নির্দেশিকা জারি করতে পারেন। ভূমি ও ভূমি সংস্কার প্রশাসনের প্রতিটি অফিসে একটি পরিদর্শন বই রাখতে হবে।

অষ্টবিংশ অধ্যায়
Chapter 28
খাতা (Registers)

৪৮২। (১) এই অধ্যায়ের শেষে একটি তালিকায় দেখানো আছে বিভিন্ন ভূমি ও ভূমি সংস্কার অফিসে যে সমস্ত খাতা ও নিদর্শ রক্ষণাবেক্ষণ করা হয়—

(২) **১ নং খাতা**—*রাজস্ব/খাজনার তালিকা* **(Register I—Revenue/Rent Roll)**—এটি জমা বন্দী খাতা বা রাজস্ব/খাজনার তালিকা এবং রায়তদের নাম লেখা আছে এতে, তাছাড়া তাঁদের মর্যাদা, ভূমি রাজস্ব/খাজনা, সারচার্জ এর সেস এবং জমির আয়তন এবং শ্রেণী ইত্যাদি লেখা থাকে। কোন বিবিধ দাবি যেমন জলকর, হাট, ফেরি, বনজ উৎপাদন ইত্যাদি লেখা থাকে না। যদিও এগুলি আবর্তক (recurring) বার্ষিক দাবি। যখন স্বত্বলিপি প্রস্তুত হয়, চূড়ান্ত প্রকাশিত খতিয়ানের বাঁধানো খণ্ডগুলিই ১ নং খাতা হিসাবে গণ্য হয়।

(৩) ১ নং খাতার প্রতিটি পৃষ্ঠায় রাজস্ব আধিকারিকের স্বাক্ষর থাকবে। যদি এটা হাতে লেখা হয়, এটি অবশ্যই রাজস্ব পরিদর্শক সযত্নে মূল নথির সাথে তুলনা করবেন (compare) অথবা রাজস্ব আধিকারিকও তা করতে পারেন। তিনি অবশ্যই প্রতিটি পৃষ্ঠায় স্বাক্ষর করবেন এবং এই মর্মে শংসাপত্র দেবেন যে তিনি প্রতি লেখা তুলনা করেছেন এবং দেখেছেন সেগুলি সঠিক।

(৪) ব্লক ভূমি ও ভূমি সংস্কার আধিকারিকের আদেশ ছাড়া ১ নং খাতায় কোন পরিবর্তন বা সংযুক্তি করা যাবে না। প্রতিটি পরিবর্তন অবশ্যই রাজস্ব আধিকারিক দ্বারা প্রত্যায়িত হতে হবে।

৪৮৩। ২ নং খাতা—রায়তের খতিয়ান [Register II—Tenants' Ledger] ঃ (১) ২ নং খাতা হল রায়তের খতিয়ান। প্রতি প্রজাস্বত্বের জন্য আলাদা আলাদা পৃষ্ঠা বরাদ্দ করা আছে।

(২) জমির আয়তন, জমির বার্ষিক রাজস্ব/খাজনা দাবি, সারচার্জ ও সেস, রায়তের নাম এবং বাসস্থান, এবং অন্য পরিবর্তন যা উপযুক্ত অনুমোদন দ্বারা ১ নং খাতায় লেখা হয়েছে তা উপরে নির্ধারিত স্থানে লিখতে হবে।

(৩) যখন খাতার কোন তথ্যের পরিবর্তন করা হবে তখন যে আদেশ অনুযায়ী তা করা হবে সেটা সূত্র হিসাবে লিখতে হবে।

(৪) 'গ' ঘরে কর্তৃপক্ষ ভূমি রাজস্ব/খাজনার রেহাই হয়ে থাকলে তা লিখবেন।

(৫) ভূমি রাজস্ব/খাজনা, সারচার্জ ও সেস এবং সুদ জমা হলে যত দ্রুত সম্ভব জমার পর পর ২ নং খাতায় লিখতে হবে। ২ নং ঘরে ভূমি সহায়ক ভূমি রাজস্ব রসিদের ক্রমিক সংখ্যা লিখবেন, এছাড়া মনি অর্ডারের ক্রমাঙ্ক তারিখসহ লিখবেন যদি ভূমি রাজস্ব মনি অর্ডারে দেওয়া হয় অথবা কোষাগার বা উপকোষাগারে সরাসরি জমা হলে চালান নং লিখতে হবে।

(৬) যে বছরের জন্য রায়তের হিসাব লেখা হবে তা খাতায় আড়াআড়িভাবে লেখা হবে এবং তার নীচে সমস্ত লেখা লিখতে হবে।

(৭) সমস্ত দাবি লাল কালিতে লিখতে হবে এমনকি পুরাতন বছরের বকেয়া সহ, বর্তমান বার্ষিক দাবি, কোন অগ্রিম জমা পুরাতন বছরের, এবং বছরের অন্য কোন দাবি। যতক্ষণ সুদ জমা না হচ্ছে তা লেখা হবে না; সুতরাং সমস্ত লেখাগুলি যা জমা হবে তা কালো কালিতে করা হবে।

(৮) সমস্ত জমা ও মকুব কালো কালিতে লেখা হবে।

(৯) বকেয়া জমার ক্ষেত্রে যে বছরের ঘরের সাথে সম্পর্কযুক্ত সেটা লিখতে হবে।

(১০) বছরের একেবারে শেষে সমস্ত কিছু মোট হিসাব করা হবে।

(১১) বছরের শেষে জের থাকলে (balance) সমস্ত ঘরের মোট জমার নীচে কালো কালিতে লেখা হবে।

(১২) পূর্ব জমার আগের দিন পর্যন্ত ৬.২৫% হারে বকেয়ার উপর সুদ হিসাবে করতে হবে।

(১৩) ১ নং খাতা ও ২ নং খাতার সংশোধন—আইন অনুযায়ী পুনঃনির্ধারণ দরকার হলে ১ নং খাতা ও ২ নং খাতার সংশোধন করতে হবে।

(১৪) কোন রায়ত "রেহাই"-এর যোগ্য হলে 'প্রতি-উল্লেখ' (cross-reference) লিখতে হবে বিভিন্ন জমার ক্ষেত্রে যেখানে সে বা তাঁর পরিবারের সদস্যরা যুক্ত আছে।

(১৫) ২ নং খাতার প্রতিটি লেখা রাজস্ব পরিদর্শক আগের খাতার সাপেক্ষে পরীক্ষা করবেন এবং ১০% লেখা পরীক্ষা করবেন রাজস্ব আধিকারিক। একটি শংসাপত্র নিম্নলিখিত নিদর্শে রাজস্ব পরিদর্শক এবং রাজস্ব আধিকারিক নূতন খাতার প্রতিটি পৃষ্ঠায় দেবেন যা তাঁরা পরীক্ষা করলেন ঃ পুরাতন খাতার পরিপূরক লেখার সাপেক্ষে পরীক্ষা করা হল এবং সঠিক হিসাব শংসায়িত করা হল।

(১৬) দাবি তালিকা করা হবে মৌজা ভিত্তিক ও ব্লক ভিত্তিক। ওই তালিকার সংক্ষিপ্তসার পঞ্চায়েত সমিতির অফিসে টাঙানো হবে, প্রথম পদক্ষেপ হিসাবে। সেখান থেকে কোন রায়ত/প্রজাকে যে পুনঃনির্ধারিত সময়ে ওই সারাংশ ভূমি সহায়কের কাছেও পাঠাতে হবে তার এলাকার মধ্যেকার অংশগুলি।

৪৮৪। ৩ নং খাতা—রাজস্ব ইত্যাদি পূর্ণ বিবরণ [Register III—Details of payment of revenue etc.] ঃ ভূমি সহায়কের এলাকার প্রতিদিনের রায়ত এবং প্রজাদের কাছ থেকে ক্রমপর্যায়ে রাজস্ব, খাজনা, সেস এবং সুদ আদায় লেখা থাকে এই খাতায়। জমার পূর্ণ বিবরণ একই সাথে ২ ও ৩ নং খাতায় লেখা হয়। যেসব ক্ষেত্রে উপদেশ দেওয়া হয় কেবল সেই ক্ষেত্রে সরাসরি জমার পরে লাল কালিতে লেখা হয়। ৪১ নং ঘরে প্রতি দিনের মোট আদায় ওই দিনের শেষ জমার সাথে লিখতে হবে। অন্য কোথাও জমা হলে মোট থেকে বাদ দিতে হবে। ৬ থেকে ৪০ নং ঘরের ক্রমিক যোগফল প্রতি পাতার নীচে লিখতে হবে এবং পরের পাতায় উপরে জের হিসাবে লেখা হবে।

এইভাবে যে কোন সময় যে কোন খাতের আদায় নির্ণয় করা যাবে। ৪১ নং ঘরের ক্ষেত্রে লেখা তথ্যগুলির ক্রমিক যোগফল করা হবে না।

৪৮৫। ৪ নং খাতা—নগদান [Register IV—Cash Book] ঃ প্রতিটি অফিসের নগদান হল ৪ নং খাতা। পঃ বঃ আর্থিক নিয়মের অধীন প্রমাণ নিদর্শে এই খাতা রক্ষণাবেক্ষণ করা হবে এবং সমস্ত জমা ও খরচ এই খাতায় লেখা হবে। প্রতিদিন এটি খোলা হবে এবং জের লেখা হবে এবং প্রতি ঘরের জের পরীক্ষা হবে হাতে থাকা টাকার পরিমাণের সাথে পরীক্ষা করে। এই বিষয়ে একটি শংসাপত্র নথিভুক্ত করা হবে যে আধিকারিক অর্থের সাথে দায়িত্বশীল তিনি স্বাক্ষর করবেন।

৪৮৬। ৫ নং খাতা—কোষাগার পাশ বই [Treasury Pass Book] ঃ ৫ নং খাতা হল কোষাগার পাশ বই এবং সেই সমস্ত ভূমি সহায়ক রাখতে পারবেন এটা যাঁদেরকে ব্যবহারের জন্য ক্ষমতা দিয়েছেন জেলা ভূমি ও ভূমি সংস্কার আধিকারিক।

৪৮৭। ৬ নং খাতা—বিবিধ দাবি খাতা [Miscellaneous demand Register] ঃ আবর্তক প্রকৃতির বিবিধ দাবির খাতা হল এটি অর্থাৎ গোচারণ অধিকারের ইজারা, বনজ উৎপাদন, নদীতট ও জেটির জন্য ফি, এবং যেগুলি নিয়মিত আবর্তক নয় এরকম বিবিধ দাবি, যেগুলি বড় অঙ্কে জমা হয় না অর্থাৎ যেক্ষেত্রে কিস্তি অনুমোদন করা হয়েছে সেই রকম সেলামী। হাট বা ফেরির ইজারা দেওয়া হলে তার বার্ষিক বন্দোবস্তের অর্থও লেখা হবে।

৪৮৮। ৭ নং খাতা—বিবিধ আদায় খাতা [Miscellaneous Collection Register] ঃ (১) ২ নং খাতায় লেখা ভূমি রাজস্ব/খাজনা, সেস বা সুদ বাদে অন্য আদায়গুলি এই খাতায় লেখা হয়। কম বেশি যেসবগুলি আবর্তক প্রকৃতির যা ৬ নং খাতায় লেখা হয় যেগুলি সাধারণভাবে পরবর্তী অনুচ্ছেদে বলা আছে সেইগুলিই বিবিধ আদায়। বিবিধ প্রকৃতির সমস্ত আদায় প্রতিদিন গ্রহণ করা হবে এবং ক্রমিক যোগফল করা হবে।

(২) সাধারণ বিবিধ আদায় বলতে বোঝা হবে জলকর, বড় সংখ্যার জমা দেওয়া সেলামী, গোচারণ ফি, পতিত গাছ, ধান, গম, ইত্যাদি, কিন্তু ভূমি রাজস্ব/খাজনার বা সেসের উপর সুদকে ধরা হবে না, যেগুলি

অন্তর্ভুক্ত হয়েছে ৩ নং ও ৪ নং খাতায়। হাট থেকে আয়ও এর মধ্যে ধরতে হবে।

আলাদাভাবে হাট থেকে আয়ের জন্য খাতা রাখলে, তখনই কেবলমাত্র প্রতিদিনের যোগফল দেখানো যাবে।

৪৮৯। ৮ নং খাতা—সরকারে ন্যস্ত, পুনরায় গ্রহণ করা জমির খাতা [Register VIII—Register of vested land, resumed land, etc.] ঃ (১) ৮ নং খাতা হল অনধিকৃত সরকারী জমির খাতা এবং চারটি ভাগে এটি রক্ষণাবেক্ষণ করা হয়—

(ক) যেগুলি জনসাধারণ দ্বারা ব্যবহৃত হয় এবং বন্দোবস্ত হবে না অর্থাৎ রাস্তা, পানীয় জলের জলাশয়, গোচারণভূমি, শ্মশান, কবরস্থান, ভাগার ইত্যাদি;

(খ) কৃষি জমি;

(গ) অকৃষি জমি;

(ঘ) সৈরতি স্বার্থ যুক্ত;

(২) যে সমস্ত জমি এই খাতায় নথিভুক্ত থাকবে নির্দিষ্ট সময় অন্তর রাজস্ব পরিদর্শক অবশ্যই তার পরিদর্শন করবেন এবং খাতার ৬ নং ঘরে ওই পরিদর্শন বিষয়ে লেখা হবে। ব্লক ভূমি ও ভূমি সংস্কার আধিকারিক তাঁর এলাকায় যথাযথভাবে ঘুরবেন এটা দেখতে যে সমস্ত তথ্য ঠিকঠাক লেখা হয়েছে। যেহেতু এটা একটি অন্যতম প্রধান খাতা, জেলা ভূমি ও ভূমি সংস্কার আধিকারিকও ওই কাজ তত্ত্বাবধান করবেন যাতে খাতাটি উপযুক্তভাবে রক্ষণাবেক্ষণ করা হয়।

(৩) ন্যস্ত হওয়া, পুনরায় গ্রহণ করা বা পরিত্যক্ত হওয়ার সংবাদ পাওয়ার সাথে ন্যস্ত হওয়া, পুনরায় গ্রহণ করা জমি এবং পরিত্যক্ত জমি খাতায় লিখতে হবে এবং নির্ধারিত পদ্ধতিতে বন্দোবস্ত দেওয়ার জন্য প্রয়োজনীয় ব্যবস্থা গ্রহণ করতে হবে খুব দ্রুত।

(৪) কোন জমি বণ্টন করার অনুপযুক্ত কিনা বা আদালতের নিষেধাজ্ঞার কারণে বন্দোবস্তের অনুপযুক্ত কিনা তা মন্তব্য ঘরে লিখতে হবে।

৪৯০। ৯ নং খাতা—নাম পত্তন খাতা [Register IX—Mutation Register] ঃ ৯ নং খাতা হল মিউটেশানের খাতা। দুই অংশে এটি রাখা হবে—প্রথম অংশে থাকবে উত্তরাধিকার সূত্রে মিউটেশানের আবেদনগুলি এবং জমি দ্বিখণ্ডনের ফলে মিউটেশানের আবেদন ব্লক ভূমি ও ভূমি সংস্কার আধিকারিকের কাছে জমা হয়। দ্বিতীয় অংশে থাকে সেই আবেদনগুলি যেগুলি হস্তান্তর, দানপত্র ইত্যাদির নোটিশ গ্রহণ করা হয় উপ-নিবন্ধক বা আদালতের কাছ থেকে।

৪৯১। ১০ নং খাতা—ইজারা/লাইসেন্স খাতা [Register X—Leases/ Licences Register] ঃ (১) কয়েক বছরের মেয়াদের জন্য ইজারা/লাইসেন্স-এর খাতা হল ১০ নং খাতা। দুই অংশে এই খাতাটি রক্ষণাবেক্ষণ করা হয়। প্রথম অংশে থাকে সেইসব জমি যেগুলি অন্য দপ্তরের যা সমাহর্তা বা জেলা ভূমি ও ভূমি সংস্কার আধিকারিক পরিচালনা করেন। দ্বিতীয় অংশে থাকে অন্য সব জমি এবং অন্য সম্পত্তি যেমন—হাট, ফেরি, জলকর, কয়েক বছরের মেয়াদে ইজারা বা লাইসেন্স দেওয়া হয় যেগুলি। প্রতিটি ব্লকে মৌজা ভিত্তিক এটি রক্ষণাবেক্ষণ করা হয়। এর উদ্দেশ্য হল এটা নিশ্চিত করা যে কোন ইজারার নির্দিষ্ট সময়ে মেয়াদ শেষ হলে যাতে সময়মত পুনরায় বন্দোবস্তের ব্যবস্থা গ্রহণ করা যায়।

(২) ইজারা/লাইসেন্স কার্যকর করার সময় প্রয়োজনীয় তথ্যগুলি খাতায় নথিভুক্ত করতে হবে যেগুলির ব্যবস্থা করবেন প্রজাস্বত্ব এবং ক্রমপর্যায় সূচীতে যেগুলি ইজারা/লাইসেন্সের মেয়াদ শেষ হওয়ার বছর অনুযায়ী লেখা হবে। বছরের শুরুতে ব্লক ভূমি ও ভূমি সংস্কার আধিকারিকের এটা দায়িত্ব যে—যে সকল ইজারা/লাইসেন্সের মেয়াদ বর্তমান বছরে শেষ হচ্ছে সেইগুলির বন্দোবস্ত শুরু করার।

৪৯২। ১১ নং খাতা—রেহাই ও অবসান খাতা [Register XI—Remission and abatement register] ঃ (১) অনুমোদিত রেহাই ও অবসানের জন্য ১১ নং খাতা। এটি রক্ষণাবেক্ষণ করা হয় সদর অফিসে এবং সেই সাথে মহকুমা ভূমি ও ভূমি সংস্কার আধিকারিকের অফিসে। যখনই রেহাই ও অবসানের অনুমোদন মিলবে, এটা খাতায় নথিভুক্ত হবে এবং ক্রমিক যোগফল করা হবে প্রতিটি পাতার নীচে।

(২) প্রসঙ্গ শুরুতেই রেহাই ও অবসানের সুপারিশ করবেন ব্লক ভূমি ও ভূমি সংস্কার আধিকারিক। প্রচুর সংখ্যক সুপারিশ একসাথে হবে, বাদ দেওয়ার জন্য, একইরকম ১১ নং খাতা নিদর্শে ব্যবহৃত হতে পারে, পৃষ্ঠার নীচে সুপারিশের কারণগুলি লিখতে হবে।

(৩) প্রজাস্বত্বের বিলুপ্তি ও হস্তান্তরের পর পরই রেহাই ও অবসানের সুপারিশ করা হবে। এই ধরনের রেহাই-এর অনুমোদন আদেশ পেয়েই ১ নং ও ২ নং খাতা থেকে প্রজাস্বত্ব বাদ দিতে হবে এবং ৩ নং খাতায় তা লিখে রাখতে হবে।

(৪) মহকুমা ভূমি ও ভূমি সংস্কার আধিকারিকের কোন রায়তের ভূমি রাজস্বের মকুবের অনুমোদন দেওয়ার ক্ষমতা আছে অথবা কোন অংশ পয়স্তির কারণে ক্ষতি হলে তার মকুব তিনি করতে পারেন।

(৫) অন্য ক্ষেত্রে প্রতি বছরে ১৫০০ টাকা পর্যন্ত রেহাই অনুমোদনের ক্ষমতা আছে সমাহর্তার। এই বিষয়ে কমিশনারের ক্ষমতা ৫০০০ টাকা পর্যন্ত। অন্য ক্ষেত্রে রাজস্ব পর্যদের অনুমোদন নিতে হবে।

৪৯৩। ১২ নং খাতা—বন্দোবস্তের প্রস্তাব [Register XII—Proposals for settlement] ঃ (১) বন্দোবস্তের প্রস্তাবের জন্য হল ১২ নং খাতা। বন্দোবস্তের সমস্ত প্রস্তাব এই খাতায় লেখা হবে, খাস জমির, সরকারে ন্যস্ত জমির বা পরিত্যক্ত জমির অথবা মেয়াদ শেষ হওয়া জলকরের ইজারা যাই হোক না কেন।

(২) প্রতিটি বন্দোবস্তের ক্ষেত্রে, আলাদা নথিপত্র আরম্ভ করতে হবে। ব্লক ভূমি ও ভূমি সংস্কার আধিকারিক বন্দোবস্তের যে সুপারিশ করবেন তার জন্য কোন নির্দিষ্ট নিদর্শ না থাকলেও খাতার প্রয়োজনীয় সমস্ত তথ্য প্রতিবেদনে উল্লেখ করা থাকবে।

৪৯৪। ১৩ নং খাতা—আবেদনের খাতা [Register XIII—Petition Register] ঃ সমাহর্তার খাতা ও নির্দেশিকার ৮ নং খাতাই হল ১৩ নং খাতা। ভূমি ও ভূমি সংস্কার দপ্তরে সমস্ত আবেদনপত্র জমা নেওয়ার জন্য এই খাতাকে রক্ষণাবেক্ষণ করা হয় যার জন্য আলাদা কোন বিশেষ খাতা নির্দিষ্ট করা নেই।

৪৯৫। ১৪ নং খাতা [Register XIV] ঃ কোন আবেদন বা কাগজ স্থানীয় তদন্ত বা প্রতিবেদনের জন্য কোন আধিকারিকের কাছে পাঠালে কোন ব্যবস্থা নেওয়া না হলে ওই নথিগুলি হারানো থেকে রেহাই পাওয়া যায়। যখন কোন আবেদনপত্র পাওয়া যায় প্রতিবেদন প্রাপ্তির সম্ভাব্য তারিখ স্থির করা হয় এবং আদেশপত্র প্রস্তুত করা হয়। ওই আদেশপত্রের একটি প্রতিলিপি রাখা হয় জেলা বা মহকুমা অফিসের নির্দেশিকা নথিতে। অথবা, এই ধরনের আবেদনপত্র সংখ্যায় অনেক হলে ১ নং পরিশিষ্টে উল্লেখিত ১৪ নং খাতায় লিখতে হবে।

৪৯৬। এই নির্দেশিকার অন্য বিধানগুলির সাপেক্ষে নীচে বর্ণিত ১ নং ঘরের খাতাগুলি রক্ষণাবেক্ষণ করা হয় (২), (৩), (৪), (৫) নং ঘরের অফিসগুলিতে তাদের সংশ্লিষ্ট অধিকার ক্ষেত্রে।

খাতা	কোন অফিসে এগুলি রক্ষণাবেক্ষণ করা হবে			
	জেলা ভূমি ভূঃ সঃ আঃ	মহকুমা ভূমি ভূঃ সঃ আঃ	ব্লক ভূমি ভূঃ সঃ আঃ	রাজস্ব পরিদর্শকের অফিস
(১)	(২)	(৩)	(৪)	(৫)
১ নং খাতা	—	—	হ্যাঁ	হ্যাঁ
২ নং ”	—	—	—	হ্যাঁ
৩ নং ”	—	—	—	হ্যাঁ
৪ নং ”	হ্যাঁ	হ্যাঁ	হ্যাঁ	হ্যাঁ
৫ নং ”	—	—	—	হ্যাঁ
৬ নং ”	—	—	—	হ্যাঁ
৭ নং ”	—	—	হ্যাঁ	হ্যাঁ
৮ নং ”	—	—	—	হ্যাঁ
৯ নং ”	—	—	হ্যাঁ	—
১০ নং ”	—	—	হ্যাঁ	—
১১ নং ”	হ্যাঁ	হ্যাঁ	হ্যাঁ	—
১২ নং ”	—	—	হ্যাঁ	—
১৩ নং ”	হ্যাঁ	হ্যাঁ	হ্যাঁ	—
১৪ নং ”	হ্যাঁ	হ্যাঁ	হ্যাঁ	—
৯ নং ” শংসাপত্র	হ্যাঁ	হ্যাঁ	হ্যাঁ	—
২৬ নং খাতা	হ্যাঁ	হ্যাঁ	হ্যাঁ	হ্যাঁ
সীমানা নির্ধারণ খাতা	হ্যাঁ	হ্যাঁ	হ্যাঁ	—
নির্দেশিকা নথি	হ্যাঁ	হ্যাঁ	হ্যাঁ	হ্যাঁ

ব্যবহৃত ইংরাজী শব্দের বাংলা পরিভাষা

Action—ক্রিয়া, কাজ, নালিশ, ব্যবস্থা গ্রহণ, মামলা, ব্যবহার

Acquire—অর্জন করা

Acquisition—অধিগ্রহণ

Affidavit—হলফনামা

Agreement—স্বীকারপত্র

Allow—অনুমতি দেওয়া, মঞ্জুর করা

Appeal—উত্তর বিচার, আপীল

Area Adjust—ক্ষেত্রফল সমন্বয়

Article—অনুচ্ছেদ

Assessment—নির্দ্ধারণ

Authorised—অনুমোদিত

B.L. & L.R.O.—ব্লক ভূমি ও ভূমি সংস্কার আধিকারিক

Beneficiary—উপকৃত

Bengal Public Demand Recovery Act—বঙ্গীয় সরকারী প্রাপ্য আদায় আইন

Bhagchas Conciliation Board—ভাগচাষ সালিশী পর্ষদ

Board of Revenue (BOR)—রাজস্ব পর্ষদ

Bona fide—প্রকৃত, বৈধ

Case Record—মামলার নথি

Cash Book—নগদান

Certificate Case—সার্টিফিকেট কেস

Certificate—শংসাপত্র

Certified Copy—প্রত্যয়িত প্রতিলিপি, প্রত্যয়িত নকল

Cess—উপকর, সেস

Charitable Endowment Act 1890—১৮৯০ সালের দাতব্য উৎসর্গ আইন

Circle Inspector—মণ্ডল পরিদর্শক

Circular—প্রচার বিজ্ঞপ্তি, সার্কুলার

Civil Court—দেওয়ানি আদালত

Civil Procedure Code (CPC)—দেওয়ানি কার্যবিধি

Clause—দফা, প্রকরণ

Cognizable—আদালত গ্রাহ্য

Collector—সমাহর্তা

Consolidated—একীকৃত

Contract—চুক্তি

Corporation—নিগম

Counterpart—প্রতিপূরক

Court fee stamp—কোর্ট ফি স্ট্যাম্প

Cross objection—পাল্টা আপত্তি

D.L. & L.R.O.—জেলা ভূমি ও ভূমি সংস্কার আধিকারিক

D.L.R.&S.—ভূমি লেখ্য ও জরিপ অধিকর্তা

De novo—নূতন করে

Dead stock—অবিক্রেয় মজুত

Declaration—ঘোষণাপত্র, হলফ

Default—খেলাপ

Deputy District Land & Land Reforms Officer (Dy. D.L. & L.R.O.)—উপ-জেলা ভূমি ও ভূমি সংস্কার আধিকারিক

Designation—পদনাম

Diary—দোহশালা

Dismiss—খারিজ করা

Dispose—নিষ্পত্তি করা

Divisional Commissioner—বিভাগীয় কমিশনার, ভুক্তিপতি

Drop—স্থগিত

Easement right—সুখাধিকার

Establishment—সংস্থা

Ex parte—এক তরফা

Excravation—খনন

Executive Authority—নির্বাহী প্রাধিকারী

FIR—প্রথম এত্তেলা

File—নথি

Finding—সিদ্ধান্ত

Firm Line—টানা দাগ

Fishery—জলকর

Fund—তহবিল

Grant—অনুদান, মঞ্জুরী

Group Badar—দল বদল

Group Line—দলবদ্ধ রেখা

Guard File—নির্দেশিকা নথি

Hearing—শুনানী

Hierarchy—ক্রমোচ্চ শ্রেণীবিভাগ

High Court—উচ্চ আদালত

High way—রাজপথ

Hindu Adoptation and Maintenance Act—হিন্দু দত্তক ও ভরণপোষণ আইন

In the interest of public service—জনসেবার্থে

Indian Evidence Act—ভারতীয় সাক্ষ্য আইন

Information Slip—তথ্য চিরকুট

Injunction—নিষেধাজ্ঞা, স্থগিতাদেশ

Interim restraint—অন্তর্বর্তী নিষেধাজ্ঞা

Interlinked—সংযুক্ত

J.L.R.O.—কনিষ্ঠ ভূমি সংস্কার আধিকারিক

Junch Form—পরীক্ষা নিদর্শ

L.R. Advisory Committee—ভূমি সংস্কার উপদেষ্টা পরিচারণ সমিতি

L.R.O.—ভূমি সংস্কার আধিকারিক

Legal Remembrance—বিধি নির্দেশক

Licence—অনুজ্ঞাপত্র, লাইসেন্স

Limitation Act—তামাদি আইন

Live Stock—পশু সম্পদ

Magistracy—শাসকবর্গ

Maintenance—রক্ষণাবেক্ষণ

Management—পরিচালনা, ব্যবস্থাপনা

Management Manual—পরিচালন নির্দেশিকা

Manual—নির্দেশিকা

Mark Register—চিহ্ন খাতা

Measure—বিধান

Memorandum—স্মারক বিবৃতি

Merit—গুণাগুণ

Modified—সংশোধিত

Municipal Corporation—পৌর নিগম

Muslim Personal Law—মুসলিম ব্যক্তিগত আইন

Natural justice—স্বাভাবিক ন্যায় বিচার

Notice Board—বিজ্ঞপ্তি ফলক

Order Sheet—আদেশপত্র

Ordinance—অধ্যাদেশ

Physical possession—বাস্তব দখল

Plaint—আরজি

Plead—ওকালতি

Point—বিষয়, প্রশ্ন

Police—পুলিশ, আরক্ষা

Poultry farming—হাঁস-মুরগির খামার

Premium—প্রিমিয়াম

Priority—অগ্রাধিকার

Proceedings—কার্যাবলি

Process fee—জারি খরচ

Provided that—এই শর্তে যে

Proviso—অনুবিধি

Quasi-judicial—বিচারকল্প

Rank—পদস্তর

Re-open—পুনর্উন্মোচন

Record manual—নথি নির্দেশিকা

Recording—লিপিবদ্ধ করা

Recurring—আবর্তক

Register—খাতা

Registration—নিবন্ধীকরণ

Regulation—প্রণীয়ম

Relinquish—ছেড়ে দেওয়া, পরিত্যাগ করা

Requisition—তলব, যাচন

Respondent—বিবাদী

Retrospective—অতীত বীক্ষণ

Return—বিবরণী

Revenue Inspector—রাজস্ব পরিদর্শক

Revenue Officer—রাজস্ব আধিকারিক

Revenue—রাজস্ব

Review—পর্যালোচনা

Revision—পুনরীক্ষণ, সংশোধন

Rough—খাকা

Rule—নিয়ম, বিধি

S.D.L. & L.R.O.—মহকুমা ভূমি ও ভূমি সংস্কার আধিকারিক

Schedule—তফসিল

Section—ধারা

Set aside—বাতিল

Signature—সই

Special Leave Petition (SLP)—বিশেষ অনুমতি আবেদন

Stationary—লেখ সামগ্রী

Store—ভাণ্ডার

Sub-lease—দর ইজারা

Sub-section—উপধারা

Sub-soil—নীচের মাটি

Summon—সমন

Tabulation—সারণী বন্ধন

Tank—জলাশয়

Tank fishery—জলাশয় জলকর

Technical Advisor—প্রযুক্তি উপদেষ্টা

Title page—নাম পৃষ্ঠা

Title—সম্পত্তির উপর ন্যায় সংগত অধিকার

Toll—উপশুল্ক

Toll in Ferry—ফেরিতে পারানি

Tour—সফর

Treasury—কোষাগার

Treatment—ব্যবস্থা, আচরণ

Trial—বিচার

Tribunal—ন্যায় পীঠ

Trustee—অছি

Trust—অছি

Unoccupied—অনধিকৃত

Urban Land (Ceiling and Regulation) Act 1976—১৯৭৬ সালের শহর জমি (ঊর্দ্ধসীমা ও প্রণীয়ম) আইন

Verification—সত্যতা যাঁচাই

Vest—বর্তানো, ন্যস্ত হওয়া

Voucher—ভাউচার

Volume—খণ্ড

Water area—জলা জায়গা

W.B. Estate Manual—পশ্চিমবঙ্গ জমিদারী নির্দেশিকা

West Bengal Restoration of Alienated Land Act—পশ্চিমবঙ্গ হস্তান্তরিত জমি পুনরুদ্ধার আইন

Will—ইচ্ছাপত্র

Working sheet—কার্য মানচিত্র

Writ—লেখ

বাংলা হইতে ইংরাজীতে রূপান্তরের সংকেত

ক—A
খ—B
গ—C
ঘ—D
ঙ—E
চ—F
ছ—G
জ—H
ঝ—I
ঞ—J

ট—K
ঠ—L
ড—M
ঢ—N
ণ—O
ত—P
থ—Q
দ—R
ধ—S
ন—T

প—U
ফ—V
ব—W
ভ—X
ম—Y
য—Z

APPENDIX I

REGISTER I—Jamabandi Register or Revenue/Rent Roll

[*See* Rules 323(*a*) & 482]

Sub-division: Block: Mouza:

Consecutive number of tenancy	Nature of tenancy	Name of the owner of the tenancy with father's name and residence	Total area of holding	Khatian and Plot Nos.	Land			Land Revenue and Cesses					Rural Employment cess and surcharge	(1) Date of Patta	(2) Period of current lease and date from which it took effect	(3) Number of Cases	(4) Date of Order	Number in/Register II.	Remarks (Also mention the previous revenue)
					Area of each plot														
					Agricultural		Non-Agricultural												
					Irrigated Area Hectare/ Acre	Un-irrigated Area Hectare/ Acre	Area Hectare/ Acre	Land Revenue	Surcharge	Road Cess	P.W. Cess	Education Cess							
								R.P.	R.P.	R.P.	R.P.	R.P.							
1	2	3	4	5	6	7	8	9	10	11	12	13	13A	14				15	16

APPENDIX I—*contd.*

REGISTER II—Tenant's Ledger

[*See* Rules 201, 323(*b*) & 483]

Name of Mouza:

Annual Demand

	Area		Authority for changes	Land Revenue	Sur-charge	Cesses				Total
	Year	Hectare/ Acre				Road	P.W.	Education	Rural Employment with surcharge	
	A	B	C	D	E	F	G	H	I	J
1.										
2.										
3.										
4.										

Holding No.

Name of Tenant:

Father's Name:

Residing in Mouza:

No. in Register I:

No. of Khatian:

Changes in tenant's name and residence

APPENDIX I—*contd.*

REGISTER II—Tenant's Ledger—*contd.*

Collection		The name of the person making payment	Land Revenue				
Date	No. of rent receipt, money order or challan		More than 3 years' arrears	Third preceding year's arrears	Second preceding year's arrears	Previous year's arrears	Interest on arrears
1	2	3	4	5	6	7	8

Land Revenue		Surcharge						
Current	Advance	More than 3 years' arrears	Third preceding year's arrears	Second preceding year's arrears	Previous year's arrears	Interest on arrears	Current	Advance
9	10	11	12	13	14	15	16	17

APPENDIX I—*contd.*

REGISTER II—Tenant's Ledger—*contd.*

Road Cess						
More than 3 years' arrears	Third preceding year's arrears	Second preceding year's arrears	Previous year's arrears	Interest on arrears	Current	Advance
18	19	20	21	22	23	24

P.W. Cess						
More than 3 years' arrears	Third preceding year's arrears	Second preceding year's arrears	Previous year's arrears	Interest on arrears	Current	Advance
25	26	27	28	29	30	31

APPENDIX I—*contd.*

REGISTER II—Tenant's Ledger—*contd.*

Education Cess						
More than 3 years' arrears	Third preceding year's arrears	Second preceding year's arrears	Previous year's arrears	Interest on arrears	Current	Advance
32	33	34	35	36	37	38

Rural Employment Cess with Surcharge							
More than 3 years' arrears	Third preceding year's arrears	Second preceding year's arrears	Previous year's arrears	Interest on arrears	Current	Advance	Remarks
32A	33A	34A	35A	36A	37A	38A	39

APPENDIX I—*contd.*

REGISTER III—Register of collections on account of ... Gram Panchayat under ... Block Land & Land Reforms Office in the district of ... for the year ...

[*See* Rules 323(*c*) and 484]

Date	No. of Counter-foil Receipt	As per Register II		Name of the Owner of the tenancy	Land Revenue						
		Mouza	Number		More than three years' arrears	Third year's arrears	Second year's arrears	Previous year's arrears	Interest on arrears	Current	Advance
1	2	3	4	5	6	7	8	9	10	11	12

Surcharge							Road Cess			
More than three years' arrears	Third year's arrears	Second year's arrears	Previous year's arrears	Interest on arrears	Current	Advance	More than three years' arrears	Third year's arrears	Second year's arrears	Previous year's arrears
13	14	15	16	17	18	19	20	21	22	23

APPENDIX I—*contd.*

REGISTER III—*contd.*

Road Cess			Public Works Cess						
Interest on arrears	Current	Advance	More than three years' arrears	Third year's arrears	Second year's arrears	Previous year's arrears	Interest on arrears	Current	Advance
24	25	26	27	28	29	30	31	32	33

Education Cess						
More than three years' arrears	Third year's arrears	Second year's arrears	Previous year's arrears	Interest on arrears	Current	Advance
34	35	36	37	38	39	40

APPENDIX I—*contd.*

REGISTER III—*contd.*

Rural employment cess and surcharge							Total of each tenant	Total of each receipt of the day	Remarks
More than three years' arrears	Third year's arrears	Second year's arrears	Previous year's arrears	Interest on arrears	Current	Advance			
34A	35A	36A	37A	38A	39A	40A	41	42	43

1. At the bottom of each page the progressive total of columns 6 to 41 should be struck and this should be carried forward to the top of the next page. The total of column 42 should not be so struck.

2. By the term "Advance" is meant a payment in excess of the year's total demand after arrears, if any, have been paid up. It does not mean an advance for a later *kist* of the same year.

3. All the entries relating to payments made otherwise than in cash to the Bhumi Sahayak and of which the Bhumi Sahayak receives advice will be made in red ink and will be excluded from the daily total in column 42.

APPENDIX I—*contd.*

REGISTER IV—Cash Book of ... Office in the district of ... for the year 20...

[*See* Rules 323(*d*) and 485]

Receipts						Payments					
Date	Particulars of receipt	Amount creditable to the Treasury	Permanent advance recouped from the Treasury	Amount due to others (whether received from the Treasury or from other sources)	Total	Particulars of payment	Amount remitted to the Treasury	Out of permanent advance	Amount paid to others (whether received from the Treasury or other sources)	Total	Remarks
1	2	3	4	5	6	7	8	9	10	11	12
		Rs. P.	Rs. P.	Rs. P.	Rs. P.		Rs. P.	Rs. P.	Rs. P.	Rs. P.	
	Total of receipts					Total of payments					
	Opening balance					Closing balance					
	Grand Total					Grand Total					

Clerk-in-charge *Officer-in-charge*

APPENDIX I—*contd.*

REGISTER V—Pass Book

[*See* Rules 323(*c*) & 486]

The Treasury of .... in account current .... with khasmahal collection of the .... district.

Date	Number of challan	Amount	Initials or signature of Treasury Officer
1	2	3	4
		Rs. P.	

REGISTER VI—Miscellaneous Demand Register

[*See* Rules 323(*f*) & 487]

Sl. No. of the register	Nature of the demand	Name of the person from whom due	Period of demand	Amount of demand	Amount paid with challan No.	Date of payment	Remarks
1	2	3	4	5	6	7	8

REGISTER VII—Miscellaneous Collections

[*See* Rules 323(*g*) & 488]

Serial No. & Date	Name of person paying	Description of payment	Serial No. in Register VI	No. of Challan	Amount	Interest
1	2	3	4	5	6	7

APPENDIX I—*contd.*

REGISTER VIII—Government Lands

[*See* Rules 114 & 489]

Block Land & Land Reforms Office: Village:

Part I—Lands in use by the public and not to be settled

Part II—Agricultural lands

Part III—Non-agricultural lands

Part IV—Sairati interests

Serial No.	No. of plot	Area of the plot	Description	Date of entry	Date of inspection	Settlement case number as per Register XII & date of settlement	Remarks
1	2	3	4	5	6	7	8

N.B. (A) In remarks column, the following shall be noted:

(*i*) The Case No. and date of vesting of the land in the State.

(*ii*) If there is any Civil Rule/Civil Order, the number and year of the same.

(*iii*) If any non-agricultural land has been distributed for agricultural purpose (this is relevant to Part III only).

(*iv*) If it has been settled on patta/lease/licence.

(*v*) This register shall be maintained mouzawise.

REGISTER IX—Mutation Register

[*See* Rules 58, 244 and 490]

Part I—Inheritance etc.

Part II—Transfer, Gift, etc.

Serial No.	Date of application	Name of applicant for mutation	Plot No.	Name and number of recorded tenant	Name of transferor	Nature of mutation applied for	Date of enquiry	Date of order	Abstract of orders	Date of issue of mutation certificate	Date of correction of records	Signature of officer verifying the correction	Remarks of reference to Register VII when salami is collected
1	2	3	4	5	6	7	8	9	10	11	12	13	14

APPENDIX I—*contd.*

REGISTER X—Register of leases for a term of years

[*See* Rules 227 and 491]

Village : Thana : District :

Sl. No.	Number of holding or other description of subject-matter of lease	Department to which the land belong	Name, father's name, caste & residence of lease	Date of commencement of period of lease	Date of expiry of period of lease	Annual rent	Date of settlement	Date of execution of lease	Date of renewal, if any	Remarks
1	2	3	4	5	6	7	8	9	10	11

Chronological index of dates of expiry of leases

Leases expiring in the year 20........

Name of the mouza	Serial No. of lease in register	Date of expiry of lease
1	2	3

APPENDIX I—*contd.*

REGISTER XI—Abatement and Remission

[*See* Rules 323(*h*) & 492]

Name of Block:

Serial No.	No. of holding in Registers I and II	Name of mouza	Name of tenant	Abatement				
				Annual Demand				
				Land Revenue/ Rent	Surcharge	Road and Public Works Cess	Education Cess	Rural Employment Cess with Surcharge
1	2	3	4	5	6	7	8	8A
				Rs. P.	Rs. P.	Rs. P.	Rs. P.	Rs. P.

Remission					Arrear Demand				
Arrear Demand					More than two years				
More than three years									
Land Revenue/ Rent	Surcharge	Road and Public Works Cess	Education Cess	Rural Employment Cess with Surcharge	Land Revenue/ Rent	Surcharge	Road and Public Works Cess	Education Cess	Rural Employment Cess with Surcharge
9	10	11	12	12A	13	14	15	16	16A
Rs. P.	Rs. P.	Rs. P.	Rs. P.	Rs. P.	Rs. P.	Rs. P.	Rs. P.	Rs. P.	Rs. P.

APPENDIX I—*contd.*

REGISTER XI—Abatement and Remission—*contd.*

[*See* Rules 323(*h*) & 492]

Second Year					Previous Year				
Land Revenue/ Rent	Surcharge	Road and Public Works Cess	Education Cess	Rural Employment Cess with Surcharge	Land Revenue/ Rent	Surcharge	Road and Public Works Cess	Education Cess	Rural Employment Cess with Surcharge
17	18	19	20	20A	21	22	23	24	24A
Rs. P.	Rs. P.	Rs. P.	Rs. P.	Rs. P.	Rs. P.	Rs. P.	Rs. P.	Rs. P.	Rs. P.

Current Demand					Date of Collector's Order	Date of correction of record	Remarks
Land Revenue/ Rent	Surcharge	Road and Public Works Cess	Education Cess	Rural Employment Cess with Surcharge			
25	26	27	28	28A	29	30	31
Rs. P.	Rs. P.	Rs. P.	Rs. P.	Rs. P.			

APPENDIX I—*contd.*

REGISTER XII—Proposal for Settlement

[*See* Rules 218(*ii*) and 493]

Sl. No.	Name of mouza and holding No.	Area for settle-ment & descrip-tion	Date of proposal	Old revenue of rent, if any	Proposed revenue or rent	Order No	Date of order	Salami, if any	Date of realising salami	Date of Patta or lease	Date of correc-tion of record	Date of return to B.L.L. R.O.	Remarks
1	2	3	4	5	6	7	8	9	10	11	12	13	14

In column 3 it should be stated whether the proposal relates to settlement of an estate due for a settlement or to unoccupied land or purchased holding. In the case of latter, plot number and area or khatian area and date of purchase should be given for reference. In the case of a purchased holding the old revenue would be entered in column 3.

APPENDIX I—*contd.*

REGISTER XIII—Miscellaneous Cases

[*See* Rule 494]

Serial No.	Name of petitioner or nature of document occasioning the case	Abstract of case	Date of institution	Date of order	Abstract of order	Remarks
1	2	3	4	5	6	7

Note : Enter in this register all cases for which no specific register is provided.

REGISTER XIV—Petitions etc. sent out for local enquiry

[*See* Rule 495]

Serial No.	Date of case	Nature of case	Date of despatch	Date when returnable	Date of return	Remarks
1	2	3	4	5	6	7

APPENDIX II

Return No. I

Progress Statement of Collections for the month of ...., 14 ... B.S.

[*See* Rule 324(*ii*)]

District ....

	Land Revenue			Sur-charge			Road Cess			P.W. Cess			Edu-cation Cess			Rural Employ-ment Cess with Sur-charge				
	1			2			3			4			5			5A			6	7
	Arrear	Current	Total	Arrear	Current	Total	Arrear	Current	Total	Arrear	Current	Total	Arrear	Current	Total	Arrear	Current	Total	Total of cols.1(c) & 2(c)	Total of cols. 3(c), 4(c), 5(c) & 5A(c)
	a	b	c	a	b	c	a	b	c	a	b	c	a	b	c	a	b	c		
I. Demand on 1st Baisakh .... B.S.																				
II. Collection up to previous month																				
III. Collection during the month under report																				
IV. Total collection up to date																				
V. Remission sanctioned																				
VI. Balance																				
VII. Total Collection up to the same month of previous year																				

APPENDIX II—*contd.*

Return No. I—*contd.*

		Interest on								Miscellaneous									
8	9	10							11	12						13	14	15	
Total of cols. 6 & 7	Percentage of Collection of 8(IV) on 8(1)	Land Revenue	Surcharge	Road Cess	P.W. Cess	Education Cess	Rural Employment Cess with Surcharge	Total of Columns a, b, c, d, e and f	Total Realisation of cols. 8 & 10(f)	Licence Fee from Khas Lands	Sairati Interest	Salami	Royalty	Others	Total of cols. a, b, c & d	Total of cols. 8 & 12(e)	Percentage of 13(V) on 13(1)	Grand Total of cols. 11 and 12	
		a	b	c	d	e	f			a	b	c	d	e	f				
																			A. Total arrears demand of Land Revenue, Surcharge and Cesses Cols. 1(a), 2(a), 3(a), 4(a) and 5(a)—
																			B. Total current demand of Land Revenue, Surcharge and Cesses [Cols. 1(b), 2(b), 3(b), 4(b) and 5(b)] Grand Total .... [Items A & B]
																			C. Total of arrear collections up to date of Land Revenue, Surcharge and Cesses [Cols. 1(a), 2(a), 3(a), 4(a) and 5(a) against item IV] ....
																			D. Total current collection up to date of Land Revenue, Surcharge and Cesses [Cols. 1(b), 2(b), 3(b), 4(b) and 5(b) and 5A(b)] against item IV] ....
																			Grand Total .... (Items C & D)

APPENDIX II—*contd.*

Return No. II—List of Defaulters

[Rule 324(III)]

Serial No. in this list		Annual Demand					Land Revenue and Surcharge					Road and Public Works cesses					Education Cess					Rural Employment cess and surcharge						Whether certificate pending/dues paid after close of year	Order of the Block Land and Land Reforms Officer	Remarks
	Name of tenant	No. of tenant in Register II or Register VI	Land Revenue and surcharge	Road and Public Works Cesses	Education Cess	Rural Employment cess and surcharge	Third year's and more than three years' arrears	Second year's arrears	Previous year's arrears	Interest on arrears	Current	Third year's and more than three years' arrears	Second year's arrears	Previous year's arrears	Interest on arrears	Current	Third year's and more than three years' arrears	Second year's arrears	Previous year's arrears	Interest on arrears	Current	Third year's and more than three years' arrears	Second year's arrears	Previous year's arrears	Interest on arrears	Current	Total dues			
1	2	3	4	5	6	6A	7	8	9	10	11	12	13	14	15	16	17	18	19	20	21	17A	18A	19A	20A	21A	22	23	24	25

APPENDIX III

Form A

A Certificate of Mutation

[*See* Rule 363]

To ....

(Name and address of the applicant)

Reference ....

He/She is informed that his/her name has been mutated in respect of the land described in the schedule below:

The Schedule

1. District ....
2. Police Station ....
3. Mouza ....
4. J.L. No. ....
5. Khatian No. ....
6. Plot No. ....
7. Area ....

Prescribed Authority u/s. 50 of the
West Bengal Land Reforms Act 1955

Form B

[*See* Rule 70]

To ....

(Name and address of the applicant)

Reference ....

He/She is informed that his/her name has been recorded in respect of the land described in the schedule below:

The Schedule

1. District ....
2. Police Station ....
3. Mouza ....
4. J.L. No. ....
5. Khatian No. ....
6. Plot No. ....
7. Area ....

Prescribed Authority u/s. 50 of the
West Bengal Land Reforms Act 1955

APPENDIX III—*contd.*

Form C

General Notice regarding granting of receipt (in Bengali)

[*See* Rule 302]

যেখানে সাধারণে যাইতে পারে, প্রত্যেক কাছারির দেওয়ালে এমন একটি স্থানে সুস্পষ্টভাবে নিম্নলিখিত নোটিসটি টাঙ্গাইয়া রাখিতে হইবেঃ

"খাজনা, সেস, ইত্যাদি বাবদ কোন টাকা প্রদান করিলে প্রত্যেক প্রজাই সেজন্য তৎক্ষণাৎ উপযুক্ত ফরমে স্বাক্ষরিত রসিদ ভূমি সহায়কের নিকট হইতে পাইবেন।

আব্ওয়াব্ বা যাহা আইনতঃ দেয় নহে এমন কোন টাকা দাবী অথবা গ্রহণ করা ভূমি সহায়কের পক্ষে বিশেষভাবে নিষিদ্ধ।

প্রজাদের অবগতির জন্য এই নোটিস রেভেনিউ বোর্ডের আদেশক্রমে টাঙ্গাইয়া দেওয়া হইল।"

APPENDIX III—*contd.*
Form D

Form of Receipt for rent and Miscellaneous demands (in Bengali)
[*See* Rule 299]

খাজনার দাখিলা এবং বিবিধ তলব

প্রজার অংশ

জেলার নাম ১	মহলের নাম ও তৌজি নম্বর ২	সার্কেলের নাম ৩	ভূমি সহায়কের রসিদের নম্বর ৪
গ্রামের নাম ৫	থানার/পরগণার নাম ও নম্বর ৬	জমাবন্দী নম্বর ৭	জমির পরিমাণ ৮

প্রজার নাম ও পিতার নাম ও সাকিন ৯	কাহার দ্বারা (খাজনা) দাখিল হইয়াছে ১০

প্রজার উপর সালিয়ানা তলব

নগদ খাজনা ১১	পথ ও পূর্ত কর ১২(ক)	শিক্ষা কর ১২(খ)	গ্রামীণ কর্মসংস্থান কর এবং সারচার্জ ১২(গ)	শস্যের পরিমাণ ও মূল্য ১৩	বিবিধ ১৪	মোট ১৫

ওয়াশীল

	বকেয়া ১৬	সুদ ১৭	হাল ১৮	অগ্রিম ১৯
রাজস্ব				
সেস্-পথ ও পূর্ত শিক্ষা গ্রামীণ কর্মসংস্থান (সারচার্জ সহ)				
বিবিধ				
মোট ওয়াশীল				

সর্বমোট (কথায়)ঃ

আদায়কারীর সহি ও তারিখ।

APPENDIX IV

1

Standard form of long-term lease of land for non-agricultural purpose

[*See* Rule 218]

LEASE granted by the Governor of the State of West Bengal to .... son of .... of .... in the police station .... in the district of ....

THIS INDENTURE OF LEASE made the .... day of .... 20 .... BETWEEN THE GOVERNOR OF THE STATE OF WEST BENGAL hereinafter called 'LESSOR' (which expression unless excluded by or repugnant to the context be deemed to include his successor in office and assigns) of the ONE PART AND ...., son of .... of .... hereinafter called the 'Lessee' (which term unless excluded by or repugnant to the context be deemed to include his heirs, executors, administrators, representatives, and assigns) of the OTHER PART.

WHEREAS the Lessee has applied for permission to occupy for the purpose of .... the land hereinafter mentioned and described in Part I of the Schedule hereunder written and WHEREAS such application has received the approval of the Board of Revenue, West Bengal.

NOW THIS INDENTURE WITNESSETH that in consideration of the payment to the Lessor by the Lessee of the sum of Rs. ..... on or before the execution of these presents and of the rent hereby reserved and fully mentioned in Part II of the Schedule hereunder written and of the covenants and conditions contained in Part II of the said Schedule hereunder written on the part of the Lessee to be paid observed and performed, the Lessor doth hereby demise unto the Lessee all that piece or parcel of land more particularly mentioned and described in Part I of the Schedule hereunder written TO HOLD the same unto the Lessee for the period of thirty years from the .... day of .... yielding and paying therefor the rents at the time and in the manner specified in Part II of the said Schedule hereunder written.

IN WITNESS WHEREOF the parties to these presents have hereunto set and subscribed their respective hands and seals the day, month and year first above written.

Signed sealed and delivered by the Collector/
District Land and Land Reforms Officer of
.... for and on behalf of the Governor of
the State of West Bengal in presence of—

First witness—
Second witness—

For and on behalf of the Governor of
the State of West Bengal

(Signature)
Collector/District Land and Land Reforms Officer
SEAL

The Schedule above referred to

PART I

Particulars of the Holding

1. Plot No. ....
2. Tauzi No. ....
3. Area of plot ....
4. Name of mouza ....
5. Name of Thana ....
6. Sub-Registration Office ....
7. District ....

Boundaries of the plot

North—

East—

South—

West—

PART II

1. The Lessee shall carry out the terms embodied in this lease and will continue to be bound thereby.

2. The Lessee shall pay the rent of the leasehold holding in the District L. & L.R. office of .... in equal half-yearly instalments as hereunder stated.

Instalment of rent

	Rs. P.	
First instalment		on
Second instalment		on

3. In default of payment of any instalment of rent within any Bengali year in which the rent falls due the Lessee shall be bound to pay in addition to the arrear of the rent interest at the rate of 6¼ per cent per annum on the amount of the rent in arrear from the end of the said Bengali year till the day of payment and the arrear with interest payable thereon shall be realisable as a public demand under the Bengal Public Demands Recovery Act.

4. In the event of the Lessee holding over after the expiration of the period of this demise the Lessee shall be held liable on account

of any year subsequent to the expiry of the period of this demise for the rent at such rate as may be assessed upon the demised land at the revision of settlement.

5. Should the Lessee duly and faithfully observe and fulfil the terms, conditions and covenants on the part of the Lessee herein contained, the Lessee shall on the expiration of the aforesaid period of thirty years be entitled to have a renewal of the lease for a like period of thirty years and thereafter to successive like period upon the same terms and conditions save as to rent which may be increased or otherwise varied in accordance with the provisions of the law as may be in force for the time being.

6. If the Lessee dies before the expiration of the period of this lease or assigns his leasehold interests in the land described in Part I of the Schedule hereunder written, the heirs, executors, administrators, representatives or assignees of the Lease shall duly get their names registered in the District L & L.R. Office within three calendar months after obtaining possession of the holding and will possess and use the land and be bound by all terms, covenants and conditions herein contained.

7. The Lessee shall not in any way diminish the value of or injure or make any permanent alterations in the said demised land without the previous written consent of the Collector/District L. and L.R. Officer and shall not sell or dispose of any earth, clay, gravel, sand or stone from the demised land nor excavate the same except so far as may be necessary for the execution of the works as stated in clause 16 of these presents. In the event of his making any ditch or excavation, which causes injury to the property without the consent of the Collector/District L. and L.R. Officer it shall be filled in after due notice to the Lessee by the Collector/District L. and L.R. Officer who shall recover from the Lessee the expenses incurred by him for the purpose as arrears of rent.

8. The Lessee shall keep the land free from jungle and all sorts of nuisance. On his failure to do so, after due notice to the Lessee the Collector/District L. and L.R. Officer may cause the same to be removed and the expenses incurred for such removal shall be recovered from the Lessee as arrears of rent.

9. The Lessee shall pay and discharge all existing and future rates, taxes and assessment, duties, impositions, outgoings and burdens whatever assessed, charged or imposed upon the demised premises or upon the owner or occupier thereof in respect thereof or payable by either in respect thereof.

10. The Lessee shall preserve intact the boundaries of the holding and will keep them well demarcated according to the requisition from time to time as may be made by the Collector/D.L.L.R.O. and shall point them out when required by the Lessor or the Collector/D.L.L.R.O. to do so to any officer duly authorised by him in writing to inspect them. Should any boundary mark be missing the Lessee shall report the fact to the Collector/D.L.L.R.O.

11. The Lessee shall not be entitled to convert the demised land or any part thereof into a place of religious worship without the previous consent of the Lessor obtained in writing or use or allow the demised premises or any part thereof to be used as place for cremation or burial.

12. The Lessee shall not use nor permit any other person to use the demised land or any part thereof for a purpose other than that for which it is leased or in a manner which renders it unfit for use for the purposes of the tenancy.

13. The Lessee shall not transfer part or whole of the demised land without prior permission in writing of the Collector/D.L.L.R.O.

14. Lessee shall not use nor permit any other person to use the demised land or any share or portion thereof for any immoral, illegal or unsocial purposes in any manner so as to become a source of grave danger to the public peace or public safety.

15. If the demised land or any part thereof shall, at any time, be required by Government for a public purpose the Lessee shall give up the same on demand without any claim to compensation in respect of the said demised land. If the land is required permanently the lease shall forthwith be determined and the Lessee shall be entitled to such fair and reasonable compensation for buildings and improvements effected by him as shall be decided by the Collector/D.L.L.R.O. If a part of the land is required, whether permanently or temporarily, or if the whole land is required temporarily the lease shall not determine, but in the former case the Lessee shall be entitled to proportionate reduction of rent and in the latter case to a total remission of rent, and to such compensation in either case as shall be decided by the Collector/D.L.L.R.O. which shall be final.

16. The Lessor reserves to himself the right to all minerals on the lands together with such rights of way and other reasonable facilities as may be requisite for working, gathering and carrying away such minerals.

17. The Lessee shall, before building any pucca house, privy or latrine or making any additions thereto or alterations therein, get the plan thereof approved by the appropriate agency such as Municipality, Development Authority, Gram Panchayat, etc. A breach of this condition will render the Lessee liable for ejectment.

18. *Applicable to lands in Darjeeling District.* The Lessee shall not make any revetment wall or pathways in the said demised land without the previous consent of the Collector/D.L.L.R.O. The Lessee shall also not cut down any tree without the previous consent of the Collector/D.L.L.R.O. in writing and he shall also from year to year or within date, as the Collector/D.L.L.R.O. may from time to time within the period of this demise by written notice fix, plant on the said demised land so many saplings and of such description as may be specified in the said notice or notices and replace any that may die or be destroyed to the satisfaction of the Collector/D.L.L.R.O. The Collector/ D.L.L.R.O. may ask the Lessee to do any work on the land to ensure its stability and in the event of the Lessee failing to carry it out, the Collector/D.L.L.R.O. may have the work done after due notice to the Lessee and the expenses incurred for the purpose may be recovered from the Lessee as arrears of rent.

The Lessee shall not without the previous consent of the Lessor in writing sublet' the whole or part of the demised land.

19. The Lessee shall permit the Lessor and his agents on 24 hours' notice at all reasonable time during the erection of the buildings and subsequent thereto to enter upon the demised premises to view the condition of the buildings for the time being erected or in course of erection thereon and for all other reasonable purposes.

20. On breach or non-observance of any of the foregoing covenants, terms or conditions rendering the demised land unfit for use for the purposes of the tenancy, the Lessee shall be liable to ejectment in accordance with the provisions of the law for the time being in force, but without prejudice to any other right or remedy of the Lessor that may have accrued hereunder.

The Lessor hereby covenants with the Lessee as follows:

Applicable only in areas to which Calcutta Thikka Tenancy (Acquisition & Regulation) Act 1981 applies. That the Lessee paying the rent hereby reserved and performing the several covenants and stipulations herein on his part contained shall peaceably hold and enjoy the demised premises during the said term without any interruption by the Lessor or any person rightfully claiming under or in trust for him

PROVIDED ALWAYS and it is expressly agreed that if the rent hereby reserved or any part thereof shall be unpaid for 21 days after becoming payable (Whether formally demanded or not) or if any covenant on the Lessee's part herein contained shall not be performed or observed then and in any of the said cases it shall be lawful for the Lessor at any time thereafter to re-enter upon the demised premises or any part thereof in the name of the whole and thereupon this demise shall absolutely determine but without prejudice to the right of action of the Lessor in respect of any breach of the Lessee's covenants herein contained provided that on any such determination the Lessee shall be entitled to compensation for building erected or other improvements made by him on the demised land with the written permission of the Collector/D.L.L.R.O. and the amount of such compensation shall be fixed by said Collector/D.LL.R.O. whose decision shall be final.

2

Standard form of short-term lease of land for non-agricultural use

[*See* Rules 218 and 228]

THIS INDENTURE made the .... day of .... 20 .... between THE GOVERNOR OF THE STATE OF WEST BENGAL hereinafter called the 'LESSOR' (which expression unless excluded by or repugnant to the context be deemed to include his successors in office and assigns) of the ONE PART AND ...., the son of .... of .... in the Police Station .... in the district of .... hereinafter called the Lessee (which expression unless excluded by or repugnant to the context be deemed to include his heirs, executors, administrators, representatives and assigns) of the OTHER PART.

1. In consideration of the rent and the Lessee's covenants hereinafter contained the Lessor hereby demises unto the Lessee all that piece of land situated and being more particularly described in the Schedule and plan attached hereto for the purpose of .... To hold to the Lessee from .... day of .... for the term of .... years paying therefor during the same term yearly rent of rupees .... by equal half-yearly payments on the .... day of .... and the .... day of .... every year.

2. The Lessee for himself and his assigns and to the intent that the obligations (save where they are satisfied earlier) may continue throughout the term has created covenants with the Lessor as follows:

(*a*) To pay the reserved rent on the days and in the manner aforesaid.

(*b*) In default of payment of any instalment of rent within any Bengali year in which the rent falls due, to pay in addition to the arrear of the rent interest at the rate of 6¼ per cent per annum on the amount of the rent in arrear from the end of the said Bengali year till the day of payment, which shall be realised as a public demand under the Bengal Public Demands Recovery Act.

(*c*) To pay on or before the execution of these presents an amount not more than 10 per cent of the market value of the holding which sum shall remain with the Lessor as a security deposit. The amount will be returned to the Lessee with interest at the Postal Savings Bank rate on the termination of the tenancy: Provided that the amount will be liable to immediate forfeiture without prejudice to the right of action of the Lessor for damages, upon the Lessee's attempting to construct any kind of pucca structure on the demised holding.

(*d*) To bear pay and discharge all existing and future rates, taxes and assessment duties, impositions, outgoings and burdens whatever assessed charged and imposed upon the demised premises or upon the owner or occupier in respect thereof or payable by either in respect thereof.

(*e*) Not to erect or build or permit to be erected or built on the demised premises of any pucca structure.

(*f*) Not to convert the demised land or any part thereof into a place of religious worship without the previous consent of the Lessor obtained in writing, nor to use or allow to be used the demised premises or any part thereof as a place of cremation or burial.

(*g*) Not to use or permit any other person to use the demised land or any part thereof for a purpose other than that for which it is leased or in any manner which renders it unfit for use for the purposes of the tenancy.

(*h*) Not to use or permit any other person to use the demised land or any share or portion thereof for any immoral, illegal or unsocial purposes or in any manner so as to become a source of grave danger to the public peace or public safety.

(*i*) Not to sell or dispose of any earth, clay, gravel or sand from the demised land nor to excavate the same nor to do anything else which will diminish the value of the land nor to cut down nor in any way injure any tree not planted by him on the land without the consent of the Lessor.

(*j*) To keep intact and well defined the boundaries of the demised land and to point them out when required by the Lessor to do so to any officer duly authorised by him in writing to inspect them.

(*k*) To permit the Lessor and his agents on giving 24 hours' notice at all reasonable times to enter upon the demised premises to view its condition or for any other reasonable purpose

(*l*) Not to transfer by sale, gift or mortgage or otherwise the demised premises or any building situated thereon or any portion of them nor to subdivide the demised premises with any other person or persons.

(*m*) Not to sublet the demised premises to any other person or persons.

(*n*) That on the death of the Lessee, the Lessee's heirs, executors, administrators, representatives or assignees shall duly get their names registered in the office of the D.L.L.R.O. within three calendar months after obtaining possession of the demised land.

(*o*) On the expiry of the period of the lease or on the earlier determination of the tenancy for breach of conditions on the part of the Lessee as provided in clause 3 herein, to yield up the demised premises to the Lessor without any claim for compensation for any structure erected thereon during the term of the lease and to remove it within the time specified by the Collector/D.L.L.R.O.

3. The Lessor hereby covenants with the Lessee as follows:

That the Lessee paying the rent hereby reserved and performing the several covenants and stipulations herein on his part contained shall peaceably hold and enjoy the demised premises during the said term without any interruption by the Lessor or any person rightfully claiming under or in trust for him:

PROVIDED ALWAYS and it is hereby expressly agreed that on breach or non-observance of any of the foregoing covenants, terms or conditions or on the Lessee rendering the demised land unfit for use for the purposes of the tenancy the Lessee shall be liable to ejectment in accordance with the provisions of the law for the time being in force, but without prejudice to the right of action of the Lessor in respect of any breach of the Lessee's covenants herein contained:

PROVIDED FURTHER that the Lessee or his heirs, executors, administrators, representatives or assignees shall have no right to a renewal of this lease.

3A. The Lessor hereby covenants with the Lessee as follows:

That the Lessee paying the rent hereby reserved and performing the several covenants and stipulations herein on his part contained shall peaceably hold and enjoy the demised premises during the said term without any interruption by the Lessor or any person rightfully claiming under or in trust for him:

PROVIDED ALWAYS and it is hereby expressly agreed that if the rent hereby reserved or any part thereof shall be unpaid for twenty-one days after becoming payable (whether formally demanded or not) or if any covenant on the Lessee's part herein contained shall not be performed or observed then and in any of the said cases it shall be lawful for the Lessor at any time thereafter to re-enter upon the demised premises or any part thereof in the name of the whole and thereupon this demise shall absolutely determine but without prejudice to the right of action of the Lessor in respect of any breach of the Lessee's covenants herein contained:

PROVIDED FURTHER and it is hereby agreed that if any covenant on the Lessee's part herein contained shall not be performed or observed then and in any of the said cases it shall be lawful for the Lessor at any time thereafter in addition to the remedies hereinbefore described to impose a fine representing liquidated damages which shall not exceed half the yearly rental and which shall be recoverable as a public demand:

PROVIDED FURTHER that it shall be lawful for the Lessor at any time during the period of the lease to determine the lease by two months' previous notice in writing and that at any time after two calendar months after the service of such notice on the Lessee it shall be lawful for the Lessor to re-enter upon the demised premises or any part thereof in the name of the whole and thereupon this demise shall absolutely determine:

PROVIDED FURTHER that the Lessee or his heir shall have no right to a renewal of this lease on the determination thereof.

4. The Schedule above referred to:

The plan of land above referred to.

IN WITNESS WHEREOF the Collector/D.L.L.R.O. of the district .... on behalf of the Lessor and ...., the Lessee have hereunto set their respective hands.

Signed by .... Collector/D.L.L.R.O. of the district of .... for the Governor of the State of West Bengal in the presence of ....

Signed by ...., the Lessee in the presence of ....

3

Standard form for renewal of long-term lease of land for non-agricultural use

[*See* Rule 226 (*iii*)]

LEASE granted by the Governor of the State of West Bengal to ...., son of .... of .... in the Police Station .... in the district of ....

THIS INDENTURE OF LEASE made this .... day of 20 .... between THE GOVERNOR OF THE STATE OF WEST BENGAL hereinafter called the 'LESSOR' (which expression unless excluded by or repugnant to the context be deemed to include his successor in office and assigns) of the ONE PART AND ...., son of .... of .... hereinafter called the 'LESSEE' (which expression shall unless excluded by or repugnant to the context be deemed to include his heirs, executors, administrators, representatives and assigns) of the OTHER PART.

WHEREAS the Lessee has applied for a renewal of the lease of the land hereinafter mentioned and described in Part I of the Schedule hereunder written;

AND WHEREAS such application has received the approval of the Board of Revenue, West Bengal;

NOW THIS INDENTURE WITNESSETH that in consideration of the rent hereby reserved and fully mentioned in Part II of the Schedule hereunder written and of the covenants and conditions contained in Part II of the said Schedule hereunder written on the part of the Lessee to be paid observed and performed the Lessor doth hereby demise unto the Lessee all that piece or parcel of land more particularly mentioned and described in Part I of the Schedule hereunder written TO HOLD the same unto the Lessee for the period of thirty years from the .... day of .... yielding and paying therefor the rents at the time and in the manner specified in Part II of the said Schedule hereunder written.

IN WITNESS WHEREOF the parties to these presents have hereunto set and subscribed their respective hands and seals the day month and year first above written.

SIGNED, SEALED AND DELIVERED by the Collector/D.L.L.R.O. for and on behalf of the Governor of the State of West Bengal in the presence of:

For and on behalf of the Governor of the State of West Bengal

(Signature)
Collector/D.L.L.R.O.

First Witness—

Second Witness—

SIGNED, SEALED AND DELIVERED by the Lessee in the presence of:

First Witness—

Second Witness—

The Schedule above referred to

PART I

Particulars of the Holding

1. Plot No. (of the map prepared under Notification No. .... dated)
2. Tauzi No. ....
3. Area of plot ....
4. Name of mouza ....
5. Name of Thana ....
6. Sub-Registration Office ....
7. District ....

Boundaries of the plot

North—

East—

South—

West—

PART II

1. The Lessee shall carry out the terms embodied in this lease and will continue to be bound thereby.

2. The Lessee shall pay the rent of the leasehold holding in the District L. & L.R. Office of .... in equal half-yearly instalments as hereunder stated.

Instalment of rent

	Rs. P.	
First instalment		on
Second instalment		on

3. In default of payment of any instalment of rent within any Bengali year in which the rent falls due the Lessee shall be bound to pay in addition to the arrear of the rent interest at the rate of 6¼ per cent per annum on the amount of the rent in arrear from the end of the said Bengali year till the day of payment and the arrear with interest payable thereon shall be realisable as a public demand under the Bengal Public Demands Recovery Act.

4. In the event of the Lessee holding over after the expiration of the period of this demise the Lessee shall be held liable on account of any year subsequent to the expiry of the period of this demise for the rent at such rate as may be assessed upon the demised land at the revision of settlement.

5. Should the Lessee duly and faithfully observe and fulfil the terms, conditions and covenants on the part of the Lessee herein contained, the Lessee shall on the expiration of the aforesaid period of thirty years be entitled to have a renewal of the lease for a like period of thirty years and thereafter to successive like period upon the same terms and conditions save as to rent which may be increased as otherwise varied in accordance with the provisions of the law as may be in force for the time being.

6. If the Lessee dies before the expiration of the period of this lease or assigns his leasehold interests in the land described in Part I of the Schedule hereunder written, the heirs, executors, administrators, representatives or assignees of the Lease shall duly get their names registered in the District L. & L.R. Office within three calendar months after obtaining possession of the holding and will posses and use the land and be bound by all terms, covenants and conditions herein contained.

7. The Lessee shall not in any way diminish the value of or injure or make any permanent alterations in the said demised land without the previous written consent of the Collector/District L. and L.R.

Officer and shall not sell or dispose of any earth, clay, gravel, sand or stone from the demised land nor excavate the same except so far as may be necessary for the execution of the works as stated in cl. 16 of these presents. In the event of his making any ditch or excavation, which causes injury to the property without the consent of the Collector/District L. and L.R. Officer it shall be filled in after due notice to the Lessee by the Collector/District L. and L.R. Officer who shall recover from the Lessee the expenses incurred by him for the purpose as arrears of rent.

8. The Lessee shall keep the land free from jungle and all sorts of nuisance. On his failure to do so, after due notice to the Lessee the Collector/District L. and L.R. Officer may cause the same to be removed and the expenses incurred for such removal shall be recovered from the Lessee as arrears of rent.

9. The Lessee shall pay and discharge all existing and future rates, taxes and assessment, duties, impositions, outgoings and burdens whatever assessed, charged or imposed upon the demised premises or upon the owner or occupier thereof in respect thereof or payable by either in respect thereof.

10. The Lessee shall preserve intact the boundaries of the holding and will keep them well demarcated according to the requisition from time to time as may be made by the Collector/D.L.L.R.O. and shall point them out when required by the Lessor or the Collector/ D.L.L.R.O. to do so to any officer duly authorised by him in writing to inspect them. Should any boundary mark be missing the Lessee shall report the fact to the Collector/D.L.L.R.O.

11. The Lessee shall not be entitled to convert the demised land or any part thereof into a place of religious worship without the previous consent of the Lessor obtained in writing or use or allow the demised premises or any part thereof to be used as a place for cremation or burial.

12. The Lessee shall not use nor permit any other person to use the demised land or any part thereof for a purpose other than that for which it is leased or in a manner which renders it unfit for use for the purposes of the tenancy.

13. The Lessee shall not use nor permit any other person to use the demised land or any share or portion thereof for any immoral, illegal or unsocial purposes in any manner so as to become a source of grave danger to the public peace or public safety.

14. If the demised land or any part thereof shall, at any time, be required by Government for a public purpose the Lessee shall give up the same on demand without any claim to compensation in respect of the said demised land. If the land is required permanently the lease shall forthwith be determined and the Lessee shall be entitled to such fair and reasonable compensation for buildings and improvements effected by him shall be decided by the Collector/D.L.L.R.O. If a part of the land is required, whether permanently or temporarily, or if the whole land is required temporarily the lease shall not determine, but in the former case the Lessee shall be entitled to proportionate reduction of rent and in the latter case to a total remission of rent, and to such compensation in either case as shall be decided by the Collector/D.L.L.R.O. which shall be final.

15. The Lessor reserves to himself the right to all minerals on the lands together with such rights of way and other reasonable facilities as may be required for working, gathering and carrying away such minerals.

16. The Lessee shall, before building any pucca house, privy or latrine or making any additions thereto or alterations therein, get the plan thereof approved by the appropriate agency such as Municipality, Development Authority, Gram Panchayat, etc. A breach of this condition will render the Lessee liable for ejectment.

17. *Applicable to lands in Darjeeling District.* The Lessee shall not make any revetment wall or pathways in the said demised land without the previous consent of the Collector/D.L.L.R.O. The Lessee shall also not cut down any tree without the previous consent of the Collector/D.L.L.R.O. in writing and he shall also from year to year or within date, as the Collector/D.L.L.R.O. may from time to time within the period of this demise by written notice fix, plant on the said demised land so many saplings and of such description as may be specified in the said notice or notices and replace any that may die or be destroyed to the satisfaction of the Collector/D.L.L.R.O. The Collector/ D.L.L.R.O. may ask the Lessee to do any work on the land to ensure its stability and in the event of the Lessee failing to carry it out, the Collector/D.L.L.R.O. may have the work done after due notice to the Lessee and the expenses incurred for the purpose may be recovered from the Lessee as arrears of rent.

18. The Lessee shall not sublet the whole or part of the demised land.

19. The Lessee shall not transfer the whole or any part of the demised land without prior permission of the Collector/D.L.L.R.O.

20. The Lessee shall permit the Lessor and his agents on 24 hours' notice at all reasonable times during the erection of the buildings and subsequent thereto to enter upon the demised premises to view the condition of the buildings for the time being erected or in course of erection thereon and for all other reasonable purposes.

21. On breach or non-observance of any of the foregoing covenants, terms or conditions rendering the demised land unfit for use for the purposes of the tenancy, the Lessee shall be liable to ejectment in accordance with the provisions of the law for the time being in force, but without prejudice to any other right or remedy of the Lessor that may have accrued hereunder.

The Lessor hereby covenants with the Lessee as follows:

Applicable only in areas to which Calcutta Thika Tenancy (Acquisition & Requisition) Act 1981 applies. That the Lessee paying the rent hereby reserved and performing the several covenants and stipulations herein on his part contained shall peaceably hold and enjoy the demised premises during the said term without any interruption by the Lessor or any person rightfully claiming under or in trust for him: provided always and it is expressly agreed that if the rent hereby reserved or any part thereof shall be unpaid for 21 days after becoming payable (whether formally demanded or not) or if any covenant on the Lessee's part herein contained shall not be performed or observed then and in any way of the said cases it shall be lawful for the Lessor at any time thereafter to re-enter upon the demised premises or any part thereof in the name of the whole and thereupon this demise shall absolutely determine but without prejudice to the right of action of the Lessor in respect of any breach of the Lessee's covenants herein contained provided that on any such determination the Lessee shall be entitled to compensation for buildings erected or other improvements made by him on the demised land with the written permission of the Collector/D.L.L.R.O. and the amount of such compensation shall be fixed by said Collector/D.L.L.R.O. whose decision shall be final.

4

Standard form of agreement for licence to shopkeepers in Government *hats*

[*See* Rule 253]

AN AGREEMENT made the .... day of .... between THE GOVERNOR OF THE STATE OF WEST BENGAL (hereinafter called the GOVERNOR which term unless repugnant to the context shall include his successors and assigns) of the One Part and .... (hereinafter called the "LICENSEE" which term unless repugnant to the context shall include his heirs, legal representatives and assigns) of the Other Part.

WHEREAS the Licensee has applied for leave to erect a building for a shop including his dwelling, if any, for the sale of .... upon the piece of land in the .... *hat* belonging to the Governor in the Schedule hereto described;

NOW IT IS HEREBY declared and agreed by and between the parties hereto as follows:

Firstly. The Governor hereby grants to the Licensee subject to the provisions hereinafter contained licence and liberty to erect a building (such building to be in all respects in accordance with plans, elevations and design or according to such general directions as may respectively be approved or given by the Collector/District Land and Land Reforms Officer of ....) for such shop as aforesaid including his dwelling if any on the said piece of land and for that purpose but for no other purpose whatsoever to enter upon the said land and to open and break up the soil thereof and to occupy the said building for the purpose aforesaid for the period of .... years from the date hereof paying during the said period for the rights and privileges hereby granted the monthly sum or fee of Rs. .... payable by Licensee to the said District Land and Land Reforms Officer by such instalments and at such times as such District Land and Land Reforms Officer may from time to time in writing direct.

Secondly. The Licensee shall construct and complete the building for the said shop in accordance with such plans, elevations and design or directions as aforesaid within .... months from the date hereof and shall from the date of such completion and throughout the remainder of the said period use the same continuously as and for a shop for the sale of ....

Thirdly. The Licensee shall not transfer or sublet his interest under this licence or the rights and privileges hereby granted or any part thereof or attempt so to do except with the previous sanction of the said Collector/District Land and Land Reforms Officer in writing.

Fourthly. The Licensee shall maintain the said building in proper repair and shall at all times during the said period without objections and with all due expedition make such repairs to the said building as the said Collector/District Land and Land Reforms Officer by letter under his signature may require.

Fifthly. The Licensee shall not without the previous permission in writing of the said District Land and Land Reforms Officer use the said building or the said land on which it is to be erected or any part thereof for other purpose than that for which this licence is granted, that is to say, as a shop for the sale of articles of the description aforesaid required by persons attending the said *hat*.

Sixthly. The Licensee shall pay without any objection all taxes, rates and assessments for the time being imposed or payable by law by or upon the owner or occupier on account of the said building or the land on which the same shall be erected as aforesaid.

Seventhly. The Licensee shall not participate in any movement calculated to bring into hatred or contempt and excite disaffection towards any Government established by law in India or in any offence against the State mentioned in Chapter VI of the Indian Penal Code or generally in any act of criminal conspiracy as defined in s. 120A of the Indian Penal Code or criminal intimidation as defined in s. 503, Indian Penal Code, including picketing and social boycott, closing of shops during *hartals*, or in any act inconsistent with the preservation of law and order.

Eighthly. Should it be considered necessary by Government to remove the building to be erected on the said land as aforesaid within the said period of years, the Licensee shall without any objection within one month of the receipt of a notice in writing from the District Land and Land Reforms Officer to that effect remove and take away the said building and clear the site of all materials, rubbish and debris and he will not be entitled to any compensation whatever except the value of the building to be fixed by the Collector/District Land and Land Reforms Officer.

Ninthly. The said sum or fee payable hereunder shall be liable to enhancement according to the Rules for the time being in force in the locality and the Licensee shall within one month from the notice of enhancement execute an agreement for payment of the enhanced rate or remove and take away the said building and clear the site as aforesaid unless prior to the expiration of that time he concluded an agreement with Government for the purchase by Government of the said building.

Tenthly. If any sum or fee due under this licence shall be in arrear or unpaid for .... days after the same shall have become due or if the Licensee shall for these months after receipt thereof fail to comply with a requisition to repair the said building made by the Collector/District Land and Land Reforms Officer in the manner aforesaid or if the Licensee shall without the aforesaid permission of the Collector/District Land and Land Reforms Officer use the said land or building or any part thereof for any other purpose than that for which this licence is granted or if, for the space of three months continuously, the said land and building shall not be used for the said purpose or if there shall be any other breach or non-observance of any of the agreements herein contained and on the part of the Licensee to be observed or performed or if the Licensee shall at any time be found in possession of false or defective scales, weights or measures or to be selling or to have sold by false or defective scales, weights or measures or shall be convicted of any cognizable or non-bailable offence then and in any such case the Collector shall, notwithstanding the waiver of any previous breach of any of the terms hereof, have power forthwith to determine this licence or to impose such fine as the Collector shall in the circumstances deem expedient or to exercise both such powers. In the event of such determination the Licensee shall be entitled to remove all buildings lawfully erected by him on the said piece of land, provided that such removal is effected within one calendar month from such determination and in the event of such removal not being effected within such period all buildings and erections that shall remain on the said piece of land shall become absolutely and entirely the property of Government and the Licensee shall not be entitled to any compensation in respect thereof. Arrear fee and any fine that may be imposed under the foregoing provision shall be recoverable under the certificate procedure.

Eleventhly. The Licensee shall not by reason of this licence or the rights and privileges hereby granted acquire or be entitled to any right or interest whatever in the soil of the land or ground upon which such building shall be erected.

Twelfthly. If the Licensee shall duly carry out, perform and observe all the terms and conditions of this agreement, then on the expiry of this licence he will be entitled to prior consideration for successive renewals thereof for further periods of .... years upon such terms as may be offered and on payment of such fee as may be assessed.

Schedule

Particulars of the Holdings

No. of Plot ....

Boundaries of plot ....

Area of plot ....

5

Standard form of lease for settlement of Jalkars in Navigable Rivers

[*See* Rule 271]

THIS INDENTURE, made this .... day of .... Two thousand and .... between THE GOVERNOR OF THE STATE OF WEST BENGAL, hereinafter called the 'LESSOR' (which expression where the context so admits or implies shall be deemed to include his successors in office and assigns) of the ONE PART and ...., son of .... of village .... in thana .... in the district of .... hereinafter called the 'LESSEE' (which expression shall where the context so admits or implies be deemed to include his executors, administrators and assigns) of the OTHER PART.

WHEREAS THE LESSOR is the proprietor of the Jalkar estate .... bearing Touzi No. .... of the Collectorate described more in detail in Schedule A;

AND WHEREAS THE LESSEE approached the District Land and Land Reforms Officer of .... with a proposal for settlement of the said Jalkar described in Schedule A hereto annexed;

AND WHEREAS the District Land and Land Reforms Officer of .... has agreed to the settlement of the said Jalkar with the said Lessee;

2. NOW THIS INDENTURE WITNESSETH that in consideration of the Lessee agreeing to observe and perform the terms and conditions of the covenants hereinafter contained and in consideration of the payment of salami stated in Schedule C and of the rent hereinafter reserved the Lessor hereby demises unto the Lessee all that portion of the said Jalkar described in Schedule A for a term of .... years from .... to .... paying therefor yearly rental of Rs. .... to

be paid to the District Land and Land Reforms Officer in instalments set forth in Schedule B hereto annexed.

THE LESSEE hereby covenants with the Lessor as follows:

(1) That the Lessee shall preserve the limits of the Jalkar hereby leased and protect the interests of the Lessor therein and shall not suffer any person to dispossess him or the Lessor therefrom or from any part thereof.

(2) Should the Jalkar silt up on the river changing its course in any manner adverse to the Lessee's rights and interests as aforesaid, the Lessee on his application shall be exempted either wholly or partly from the payment of further rent and profits for such time as the obstruction shall continue and in case of dispute the parties shall abide by the decision of the Board of Revenue.

(3) All arrears of rent shall carry interest at the rate of 6¼ per cent per annum and shall be realisable by the procedure under the law for the time being in force for the recovery of public demand.

(4) That the Lessee shall not catch or take or allow any person or persons to catch or take fish from any part of the said Jalkar during the closing season, viz., from .... to .... (to be fixed for each district by Collector).

(5) That the Lessee shall not employ or allow to be employed any means or methods of fishing which are or may be considered as objectionable by the Collector/District Land and Land Reforms Officer.

(6) That the Lessee shall not obstruct the free passage of boats or do any act detrimental to the interest of trade and commerce, or public health or pollute the water of the river or commit any act in connection therewith which shall, in the opinion of the Collector, amount to a nuisance.

(7) That the Lessee will give all facilities for inspection or survey of the Jalkar leased which may be ordered to be made by the District Land and Land Reforms Officer of ....

(8) That the Lessee shall have no right to ferries on the river nor shall he have any rights whatsoever to the subsoil of the Jalkar or any minerals therein.

(9) That in the event of failure on the part of the Lessee to pay rent or any instalment of salami for .... days after due date or of any breach by the Lessee of any of the covenants hereinbefore contained then and in any such case this Lease shall, at the option of

the Lessor, and notwithstanding the waiver of any previous breach, cease and determine.

3. And the Lessor covenants with the Lessee:

That the Lessee paying the rent hereby reserved and observing and performing the covenants and conditions herein contained and on his part to be observed and performed shall and may peaceably and quietly possess and enjoy the said Jalkar hereby demised during the said term without any interruption by the Lessor or any person claiming from or under him.

IN WITNESS WHEREOF the parties hereto have affixed their hands and seals the day, month and year above written.

Signed by .... District Land and Land Reforms Officer of the .... District for the Governor of the State of West Bengal.

(Signature and seal of the
District Land and Land Reforms Officer)

In the presence of—

Witness (1) ....

Witness (2) ....

Signed by .... the Lessee (Signature of the Lessee) in the presence of—

Witness (1) ....

Witness (2) ....

Schedules referred to

SCHEDULE A

A portion of the river .... locally known as .... appertaining to the Government Jalkar estate .... bearing Touzi No. .... of the .... Collectorate flowing through the mouzas .... in police station .... in the district of .... bounded as follows on the

North—

South—

East—

West—

SCHEDULE B

Schedule of Kists

	Rent		Cess (if any)	
	Rs.	P.	Rs.	P.
May	...		...	
December	...		...	
February	...		...	
Total	...		...	

SCHEDULE C

Schedule of payment of salami (if any)

6

Standard form of lease for settlement of Fishery in Khasmahal tanks and closed Khals or closed Channels

[*See* Rule 273]

THIS INDENTURE, made this .... day of .... Two thousand and .... between THE GOVERNOR OF THE STATE OF WEST BENGAL, hereinafter called the LESSOR which expression where the context so admits or implies shall be deemed to include his successors in office and assigns of the One Part and ...., son of .... of village .... in thana .... in the district of .... hereinafter called the LESSEE which expression where the context so admits or implies shall be deemed to include his heirs, executors, administrators and assigns of the Other Part.

WHEREAS THE LESSOR is seized and possessed of the Fishery bearing number .... of the Office of the District Land and Land Reforms Officer particularly described in the Schedule hereunder written;

AND WHEREAS THE LESSEE approached the Collector/District Land and Land Reforms Officer for obtaining a lease of the said Fishery particularly described in the Schedule.

NOW THIS INDENTURE WITNESSETH that in consideration of salami of Rs. .... and of the rent hereinafter reserved and conditions and covenants on the part of the LESSEE to be observed and performed the LESSOR hereby demises unto the LESSEE all that Fishery particularly described in the Schedule hereunder written TO HAVE AND TO HOLD the said Fishery hereby demised or expressed so to be to the LESSOR for a term of .... years from .... to .... yielding and paying therefor during the said term the rent of Rs. .... per annum.

2. THE LESSEE hereby covenants with the LESSOR as follows:

(1) That the LESSOR shall pay the annual rent for the first year of the lease before its execution and that for subsequent years in advance before the 31st day of March immediately preceding the year for which the rent is payable.

(2) All arrears of rent shall carry interest at the rate of 6¼ per cent per annum and shall be realisable by the procedure under the law for the time being in force for the recovery of public demand.

(3) That the LESSEE shall not catch or take or allow any person or persons to catch or take fish from any part of the said .... during the closing season, viz. from .... to .... to be fixed by the Collector/District Land and Land Reforms Officer.

(4) That the LESSEE shall not, or allow anyone to kill carps or pona, such as rohu, catla, mrigala, kalbous, etc. of less than 6 inches.

(5) That the LESSEE shall not employ or allow to be employed any means or methods of fishing which are or may be considered as objectionable by the Collector/District Land and Land Reforms Officer.

(6) That the LESSEE shall not, or allow anyone to, do any act in detriment to the interest of public health or pollute the water of the fishery or commit any act in ....

(7) That the LESSEE shall preserve the limits of the property hereby leased and protect the interest of the LESSOR therein and shall not suffer any person to dispossess him or the LESSOR therefrom or from any part thereof.

(8) That the LESSEE will give all facilities for inspection or survey of the property leased which may be ordered to be made by the Collector/District Land and Land Reforms Officer.

(9) That the LESSEE shall have no right to ferries on the Fishery nor shall he have any rights whatsoever to the subsoil of the property or any minerals therein.

(10) The LESSEE shall not be entitled to transfer such tank/water area except by way of a simple mortgage or a mortgage by a deposit of the title deeds in favour of Scheduled Bank or a Cooperative Society or a Corporation owned or controlled by the Central or State Government or both for the purpose of obtaining loan for the development of tank/water area or for the improvement of pisciculture.

(11) That in the event of any breach by the LESSEE of any of the covenants hereinbefore contained then and in any such case this lease shall at the option of the LESSOR and notwithstanding the waiver of any previous breach, cease and determine.

3. And the LESSOR covenants with the LESSEE:

That the LESSEE paying the salami hereinbefore mentioned and the rent hereby reserved and observing and performing the covenants and conditions herein contained and on his part to be observed and performed shall and may peaceably and quietly possess and enjoy the said Fishery hereby demised during the said term without any interruption by the LESSOR or any person claiming from or under him and that he shall have option to surrender the lease at the end of any year, provided he gives one month's notice and pays up all dues up to and including the said year.

IN WITNESS WHEREOF the parties hereto have affixed their hands and seals the day, month and year above written.

Signed by .... District Land and Land Reforms Officer of the .... district .... for the Governor of the State of West Bengal in the presence of—

Witness (1) ....

Witness (2) ....

(Signature and seal of the Collector)

Signed by .... Lessee in the presence of—

Witness (1) ....

Witness (2) ....

(Signature of the Lessee)

7

Schedule referred to

Standard form of lease for settlement of part-vested tank with the owner of the other portion (retained portion)

[*See* Rule 273]

THIS INDENTURE made this .... day of .... Two thousand and .... between the Governor of the State of West Bengal hereinafter called the Lessor (which expression where the context so admits or implies shall be deemed to include his successors in office and assigns) of the One Part and .... son of .... of village .... in thana .... in the district of .... by caste .... by occupation .... hereinafter called the lessee (which expression shall where the context so admits or implies be deemed to include his heirs, executors, administrators and assigns) of the Other Part.

WHEREAS the Lessor is the proprietor of .... acre being the minor/major portion of the tank as described hereunder vested in the State under the West Bengal Estates Acquisition Act 1953.

AND WHEREAS the Lessee is the owner retaining the remaining portion of the tank hereinafter mentioned and described in Part I of the Schedule hereunder has applied to Government/Collector for long-term lease of the said vested portion measuring .... acre(s) of the tank for the purpose of pisciculture under Rule 222(*c*) of the West Bengal Land Management Manual 1977;

AND WHEREAS the Lessor agrees to demise the said vested portion of the tank as described hereunder forming the said Lease for a period of 30 (thirty) years;

NOW THIS INDENTURE WITNESSETH that in consideration of the payment to the Lessor by the Lessee of a sum of Rs. .... (Rupees ....) on or before execution these presents and of the rent hereby reserved and fully mentioned in Part II of the said Schedule hereunder written and of the covenants and conditions contained in Part II of the said Schedule hereunder written on the part of the Lessee to be paid, observed and performed the Lessor doth hereby demise unto the Lessee the portion of the tank vested in the State more particularly mentioned and described in Part I of the Schedule hereunder written to Hold and to Have the same unto the Lessee for the period of thirty years from the .... day of .... yielding and paying therefor the rents at the time and in the manner specified in Part II of the said Scheme hereunder written to be paid to the Collector.

IN WITNESS WHEREOF the parties to these presents have hereunto set and subscribed their respective hands and seals the day, month and year first above written.

Signed, sealed and delivered by the District Land and Land Reforms Officer of .... for and on behalf of the Governor of the State of West Bengal in the presence of—

First witness:

Second witness:

For and on behalf of the Governor of State of West Bengal

(Signature)

District Land and Land Reforms Officer

Seal.

Signed, sealed and delivered by the Lessee in the presence of—

First witness:

Second witness:

(Signature of Lessee)

The Schedule above referred to

PART I

Particulars of the Plot/Tank:

Mouza .... Jurisdiction List No. .... District 24-Parganas (North) .... Police Station .... Sub-Registration Dist. .... District .... Khatian No. .... Plot No. .... Share .... Area ....

Boundaries of the plot/Tank

North—

East—

South—

West—

PART II

1. The Lessee shall carry out the terms embodied in this lease and will continue to be bound thereby.

2. The Lessee shall pay the annual rent of the leasehold portion of the tank in the Office of the District Land and Land Reforms Officer

for the first year of the lease before its execution and that for subsequent years in advance before the 31st day of March immediately preceding the year for which the rent is payable.

3. In default of payment of rent within the date fixed in the preceding clause the Lessee shall be bound to pay in addition to the arrear interest at the rate of 6¼ per cent per annum on the amount of arrears till the day of payment and the arrears when not paid within 21 days of the date on which they fall due, shall together with interest payable thereon, be realisable as a public demand under the Bengal Public Demands Recovery Act or under any other law for the time being in force.

4. The Lessee shall preserve the limits of the property hereby leased and protect the interest of the Lessor therein and shall not suffer any person to dispossess him or the Lessor therefrom or from any part thereof.

5. The Lessee shall not, or allow any one to, do any act detrimental to the interest of public health or pollute the water of the Fishery or commit any act in connection therewith which in the opinion of the Collector/District Land and Land Reforms Officer may seem undesirable.

6. The Lessee shall not use or permit any other person to use the demised property/tank or any part thereof for a purpose other than that for which it is leased or in a manner which renders it unfit for use for the purpose of pisciculture.

7. The Lessee will give all facilities for inspection or survey of the property leased which may be ordered to be made by the Collector.

8. Should the Lessee duly and faithfully observe and fulfil the terms, conditions and covenants on the part of the Lessee herein contained, the Lessee shall on the expiration of the aforesaid period of thirty years be entitled to have a renewal of the lease for a like period of thirty years and thereafter to successive like period upon the same terms and conditions save as to rent which may be increased or otherwise varied in accordance with the provisions of the law or rules as may be in force for the time being.

9. If the Lessee dies before the expiration of the period of this Lease or assigns his leasehold interests in the property/tank described in Part I of the Schedule hereunder written, the heirs, executors, administrators , representatives or assigns of the Lessee shall duly get their names registered in the Collectorate within three calendar months

after obtaining possession of the property/tank and will possess and use it and be bound by all terms covenants and conditions herein contained.

10. If the Lessee is found to possess land in excess of ceiling area applicable to him under the West Bengal Land Reforms Act and/or the Urban Land (Ceiling and Regulation) Act 1976 the Lessor shall have the option to determine the lease and resume possession of the property leased out under this indenture and the Lessee shall not be entitled to any compensation for such resumption.

11. In the event of any breach by the Lessee of any of the covenants hereinbefore contained then and in any such case this lease shall, at the option of the Lessor and notwithstanding the waiver of any previous breach, cease and determine.

8

Standard form of lease of ferries

[*See* Rule 281(*v*)]

THIS INDENTURE made this .... day of .... two thousand and .... between the Governor of the State of West Bengal hereinafter referred to as the "Governor" (which expression shall include his successor in office and assigns) of the One Part and ...., son of .... resident of Village .... Thana .... District .... hereinafter called the "Lessee" (which expression shall unless excluded by or repugnant to the context include his heirs, executors, administrators, representatives and assigns) of the Other Part.

WITNESSETH as follows:

(1) That the Governor doth hereby grant, demise and let out to the Lessee the ferry across the river .... and locally known as .... ferry and situated on the road from .... to .... at the annual rent of Rs. .... for the period of one year from the 1st day of Baisakhs 14 .... B.S. to the last day of Chaitra of 14 .... B.S. on the terms and conditions hereinafter mentioned.

(2) That the Lessee shall deposit and keep deposited with the Collector/District Land and Land Reforms Officer of .... (hereinafter referred to as the Collector) the sum of Rs. .... with the intent that the said Collector shall hold the same until the determination of this lease as security for the due performance by the Lessee of the terms, conditions, covenants, and stipulations herein on the part of the Lessee contained.

(3) That the tolls that shall be levied in respect of the said ferry by the Lessee shall be according to the schedule below and the Lessee shall not be entitled to levy any other toll at any other rate. The said Collector shall have the right and be entitled to vary or modify the rates of the tolls from time to time by notice in writing to the Lessee according to the procedure laid down in Cl. (7) following and the Lessee shall levy tolls according to the rates so varied or modified.

(4) That the Lessee shall be bound to ply the ferry as hereinafter provided during the period of the lease.

(5) That the Lessee shall—

(*a*) provide .... boats for the ferry and keep the boats in proper repair and take proper care thereof and shall provide all suitable accommodation in the ferry boats for passengers and goods traffic;

(*b*) employ a crew of .... men on each boat;

(*c*) arrange to make at least .... crossing everyday and make arrangements that the boats start at the hours .... from the landing places;

(*d*) provide and keep in order the landing stages and the travellers' sheds on either of the banks or both of the river and the slopes and approaches to the ferry and shall also provide a light in each boat which must be displayed in a conspicuous part of the boat at night;

(*e*) affix the table of tolls furnished by the Collector/District Land and Land Reforms Officer a per schedule of the agreement at some conspicuous place near the ferry on both the banks of the river.

(6) The Lessee shall not be entitled to charge, levy or demand tolls for ferrying:

(*a*) Mails, Mail-carts, Dak-runners and Government Telegraph messengers on duty;

(*b*) Government stores, animals and vehicles when accompanied by a challan from Government Officer,

(*c*) Persons or property mentioned in s. 3 of the Indian Tolls (Army) Act 1901.

(*d*) Police and other Public Officers and Process-serving Peons, Panchayat and Village Chowkidars when travelling on duty with their *bona fide* baggage, horses, Palkis or other conveyance.

(*e*) Executive Officers of the District Road Department when travelling on duty,

(*f*) Members of the Zilla Parishad and Panchayat Samitis travelling on duty connected with their office as such members,

(*g*) Coolies engaged in repairing roads with their tools and instruments,

(*h*) Persons carrying dead bodies or property sent by the Police,

(*i*) Government officers, Government servants, Tahsildars, Mohurrars and Peons etc., when travelling on official duty.

(7) The Lessee shall not be entitled to charge, levy or demand tolls from persons who move or swim across or take cattle or other animals or property across at their own cost and risk or from persons who cross themselves, or take other persons across without charge, in their own boats.

(8) The Lessee shall pay the annual rent in the following instalments into the District Treasury to the credit of the District Land and Land Reforms Officer of ....

	Rupees	Paise	Date
1st			
2nd			
3rd			
4th			

and shall file in the Office of the District Land and Land Reforms Officer within two days after due date of payment a duplicate challan or Treasury receipt in proof of such payment. But if at any time before the expiry of the period for which the ferry has been leased to the Lessee, this lease be determined for any breach of the terms and conditions of the lease or for any wilful breach of the covenants the Lessee shall be liable to pay rent up to and including the instalment due next after such determination of the lease, and any rent paid in advance, will not be refunded to the Lessee. Any dispute arising as to whether the Lessee has committed any breach of the terms of the lease shall be decided by the said Collector as an Arbitrator in accordance with the provisions of the Arbitration Act.

(9) The said Collector shall have the right and be entitled to vary the rates of tolls fixed and to modify the conditions regarding the exemption from the payment of tolls and the annual rent payable in consideration of the change in the rate of tolls and the exemption from payment of tolls but before any change or modification is made and enforced, an opportunity shall be afforded to the Lessee to make his representation of the proposed variation. If, on variation of the said terms, the Lessee be willing to determine this demise he shall be entitled to do so at fifteen days' notice and on the expiration of the period of the notice this Lease shall stand determined and be at an end.

(10) The Lessee shall not be entitled to claim any compensation if the roads leading to or from the said ferry be closed for repairs or on account of inundations or the breach in any bridges or on account of deficiency of water in the river on which the ferry is situated.

(11) All arrears due by the Lessee of the tolls of the said ferry on account of his lease, any pecuniary forfeiture for breach of the covenants inserted in this deed of indenture of lease or conditions of sale by public auction and all sums due from the Lessee on the surrender of this lease shall be recoverable from the Lessee from his security deposit (if any) and also as a demand under the Bengal Public Demands Recovery Act 1913 or any other Act for the time being in force for recovery of public demands besides other remedies available to the Governor.

(12) The lease shall be liable to be cancelled forthwith by the Collector if it shall appear to the Collector that the Lessee has failed to make due provision for the convenience and/or safety of the public within 15 days after being required to do so by notice in writing from the Collector.

(13) The Lessee may surrender his lease on the expiry of one month's notice in writing to the Collector of his intention to surrender such lease on payment of such reasonable compensation as the Collector may (with the approval of the Commissioner/Board) in each case direct.

(14) The Lessee shall affix and keep in good order and repair the table of tools mentioned in paragraph 5(*e*) of this Indenture and shall not remove, alter or deface such table or allow it to become illegible.

(15) The Lessee shall be bound to ferry over diligently with proper care and caution and with the least possible delay to all passengers, vehicles, animals and goods which may come to ferry ghat to be ferried

over and shall not without due cause delay or detain any person, animal, vehicle or other things in crossing over the ferry.

(16) If the Collector considers the construction of a temporary bridge across the waterway for any year during the period herein mentioned necessary in the interest of the public for communication, the Lessee shall construct the bridge at his own costs and expenses within the specified period and maintain it in good condition as may be approved by the Collector for the period. The Lessee shall be entitled to realise tolls for the use of the bridge at the rate prescribed for the ferry but he will not get any remission in respect of the ferry rent payable to Government. Such bridge shall, however, on no account obstruct the free passage of the water of the stream.

If the bridge is constructed by Government at its own costs, the Lessee shall not be entitled to realise any toll for the use of the bridge but will be entitled to such remission of a portion of the rent payable by him as may be decided by Government.

(17) The Collector may at any time require the Lessee to repair or replace any boat which he considers to be in a dangerous state of disrepair, and the Lessee shall thereupon be bound to repair or replace it as directed.

(18) The Lessee shall not ply the ferry boat or boats when the current, wind or state of the weather is such as to render the crossing unsafe, and endanger the lives of the passengers.

(19) The Lessee shall, when required by the Collector to do so, furnish all information in his power regarding suspicious persons or classes of persons who may have been, or may come to be, ferried over.

(20) The Lessee shall mark on each boat the number of passengers, animals and vehicles and the bulk and weight of the things it is authorised to carry on a single trip.

(21) If the Lessee makes any default in the payment of rent (licence fee) for the ferry or of any penalty which may be lawfully imposed or if the Lessee does not observe and perform the covenants herein contained it shall be lawful for the said Collector to remove the Lessee from the charge of the ferry and to settle the same with some other person or hold it khas. After such removal, the Lessee shall not be entitled to any part of the proceeds of the ferry or to levy any toll therefor. And if the rent in reletting the ferry falls short of the amount at which it was leased to the Lessee and the Government hereby incurs loss, the Lessee shall be responsible and liable for such difference or

loss, the amount of which may be realised from the Lessee. If the deposit be not sufficient for the purpose and/or for the rent due from the Lessee, it shall be recoverable from the Lessee and all sums which the Lessee shall become liable to pay under these presents shall be recoverable from him as public demand under the provisions of Bengal Public Demands Recovery Act 1913 or any statutory modification thereof for the time being in force.

(22) The Collector shall be entitled to deduct from the said security deposit the amount of rent that may be in arrear, if any, and the Lessee shall forthwith make deposit of the amount so deducted out of the security deposit and in default thereof the Lessee may be removed from the charge of the ferry.

(23) The Lessee shall not assign, sublet or part with the possession of the ferry without the previous consent in writing of the Collector.

The Schedule above referred to
(Please state here the rate of tolls)

IN WITNESS WHEREOF the parties hereto have set and subscribed their respective hands the day month and year first above written.

Signed and delivered for and on behalf of the

Governor of West Bengal by ....

In the presence of

(Signature, description and address of witnesses.)

Signed and delivered by the Lessee.............................

In the presence of

(Signature, description and address of witnesses.)

9

Standard form of licence to be executed by the Joint Steamer or other Companies in respect of Jetties, Flats, etc., belonging to them in the Navigable Rivers in West Bengal

AN AGREEMENT made this .... day of .... between the Governor of the State of West Bengal (hereinafter called the Governor which term unless repugnant to the context shall include his successors in office and assigns) of the One Part and .... (hereinafter called the "Licensee" which term unless repugnant to the context shall include its successors and assigns) of the Other Part.

WHEREAS the Licensee has applied for leave to erect/anchor permanent/temporary jetties/flats, etc., on the bed(s) or foreshore(s) of the river(s) belonging to the Governor in the Schedule hereto described.

NOW IT IS HEREBY declared and agreed by and between the parties hereto as follows:

(1) The Governor hereby grants to the Licensee subject to the provision herein contained licence and liberty for a period of .... years from the date hereof to erect/anchor jetties/flats, etc., for use by and in connection with steamers belonging to the Licensee or others plying on the said river(s) on the bed or foreshore of the said river(s) and for the purpose of erecting/anchoring such jetties/flats but for no other purpose whatsoever to enter into and upon, the said bed(s) or foreshore(s) of the said river(s) and to occupy the same the Licensee shall throughout the period of this licence pay to the Governor a fee of Rs. .... such fee being payable annually on the .... day of .... every year at the Local Treasury.

2. In default of payment of the licence fee aforesaid on the date fixed the Licensee shall also without prejudice to any other right or remedy of Government hereunder pay interest at the rate of 6¼ per cent per annum on the amount of arrears till the day of realisation.

3. The said fee and interest shall be recoverable as a public demand under the Public Demands Recovery Act.

4. The Licensee shall design, erect, arrange and keep the said jetties/flats in a sound and practical manner to the satisfaction of the Collector and shall from time to time make such alterations or arrangements for the satisfactory use of the said jetties/flats as the Collector may require, including proper arrangements for the sufficient lighting thereof, to ensure the safe embarkation and disembarkation of passengers and in accordance with and suitable to conditions of the traffic of each and every ghat where any such jetty/flat may be erected and maintained PROVIDED ALWAYS that it is hereby specifically agreed that the said jetties/flats shall be at all times available for use of Government launches, steamers and boats free of charge.

5. The Licensee shall not during the period of this licence do anything which in the opinion of the Collector may cause the bed of the said river(s) to deteriorate or interfere with or decrease the navigability of the said river(s) or cause the bed to silt up.

6. The Licensee undertakes to erect the structure in accordance with the plans and specifications approved by the Collector and further not to make himself any encroachment on the adjacent foreshore land.

7. Whenever in the opinion of the Collector any jetty/flat or structure erected by the Licensee or any part thereof should be removed he should give one month's notice to the Licensee calling upon the Licensee to effect such removal whereupon the Licensee shall take immediate steps to remove the structure or any part thereof in accordance with the terms of the said notice.

8. In case the arrangements made by the Licensee for the embarkation and disembarkation of passengers are not, in the opinion of the Collector, reasonably suited to the traffic of the particular ghat or if the jetties/flats are not made for Government launches as and when required, as provided in cl. 4, but the Licensee makes any encroachment on the adjacent foreshore land in contravention of the last part of cl. 6 the Governor shall be at liberty to cancel this licence forthwith.

9. The Licensee shall pay all rates and taxes and assessment whatsoever that are now or during the said period shall be imposed or assessed on the said premises on the authority of Government or any local body or otherwise.

10. The Licensee shall not without the previous permission of the Collector in writing use the said jetties, flats or any portion of the foreshore or river bed on which such jetties/flats have been or are to be erected or anchored or any part thereof for other purposes than those for which this licence is granted.

11. The Licensee shall not by reason of this licence or rights and privileges hereby granted acquire or be entitled to any right or interest whatever in the beds or foreshore of the said river upon which such jetties, etc., have been or shall be erected.

12. On the expiry of the term of this licence the Licensee shall have an option of renewal for such further period on such terms and conditions and on payment of such fee as may be fixed by Government, provided that the terms and conditions of this licence have been duly observed and performed to the satisfaction of the Collector.

APPENDIX V

1

Illustrative schedule of miscellaneous receipts from Government estates

[*See* Rule 311]

Group—I—*Sale proceeds*

1. Produce of demonstration farms and gardens
2. Forest produce, fruits, trees, leaves
3. Old materials
4. Fish

Group—II—*Fees*

1. Sporadic grazing fees
2. Fees in demarcation cases
3. Fees realised from dry fish yards
4. Fees for jetties, ghats, etc.
5. Aeroplane landing fees
6. Fees for stocking coal in *chars*
7. Fees for occasional use of land, *e.g.* by athletic clubs, jat a parties. etc.
8. Lease rent of fisheries.

Group—III—*Salami*

Salami on account of long-term lease of land

Group—IV—*Miscellaneous*

1. Collections from hats, markets and fairs
2. Other miscellaneous profits:
   (*a*) Receipts from ferries
   (*b*) Temporary leases of thatching grass
   (*c*) Occasional settlement of small fisheries otherwise than on lease

2

[*See* Rule 315]

Extract from Chapter XIV of the West Bengal Tauzi Manual, 1940 regarding suspension and remission of land revenue on account of agricultural calamities

168. *Introduction.* The Resolution of the Government of India No. 3-9-2, dated the 25th March 1905 (reproduced in Appendix E), lays down the principles to be followed in granting suspension and remission of land revenue during agricultural calamities. The main object in view is to give relief to the cultivating classes when they are unable to pay their rents on account of failure of crops. The following rules are based on these principles for the general guidance of Revenue Officers.

169. *Classification of calamities.* Agricultural calamities shall be classified as—

(*a*) "widespread", such as famine, drought, and general failure of crops over shore estates and over large areas; and

(*b*) "Local" or isolated, such as are occasioned by hail, floods, locusts and the like in which the failure of crops is not uniform and does not extend over large areas.

170. *Applicability of the rules.* The rules below apply, however, in the main to both classes of calamities: the only specific exceptions relating to "local" calamities are those contained in rules 175 and 180 which contemplate a field to field enquiry in such cases. In dealing with "widespread" calamities, on the other hand, relief, if it is to be as prompt as is essential, must be based on information relating to entire villages or homogeneous groups of villages.

171. *Effect of suspension or remission of land revenue on cess demand.* In deciding what proportion of the land revenue should be suspended or remitted, the Collector should take into account the fact that, in accordance with the principles laid down in the Government of India's Resolution No. 13-356-10, dated the 21st August, 1906 (*vide* Appendix F), where only a proportion of the land revenue of an estate is suspended or remitted, the cess will nevertheless continue to be collected as usual: but that where an instalment of land revenue is wholly suspended or remitted, the cess demand will be suspended and should be realised with the next instalment of land revenue which is collected. Estates directly managed by the State Government.

172. *Enquiry in the case of widespread calamity.* When the Collector has reason to believe that there has been, or will be, so great a failure of crops as to render it probable that suspension or remission of land revenue may be necessary, he shall at once either himself proceed, or shall depute an officer of as high a rank as may be available, but not below the rank of a kanungo, to make an enquiry into the extent of the failure in the estates affected by the calamity.

173. *Proportion of land revenue to be suspended or remitted.* On receipt of the officer's report, and after such test of the report as may be possible, the Collector shall decide whether the calamity is to be treated as belonging to class (*a*) or to class (*b*), and shall proceed to determine the amount of revenue which should be recommended for suspension or remission, as the case may be.

174. *Immediate relief.* In the case of a widespread calamity, the enquiry under r. 172 shall be made as promptly as possible, and, to obviate delay therein, the Collector may, in submitting his original proposal, base his report as to the degree of immediate relief necessary on the agricultural conditions of entire villages or homogeneous groups of villages.

If, after making such report, the Collector finds reason to believe that the agricultural conditions of any village have been incorrectly reported, he may submit a modification of his original proposal accordingly.

175. *Form of relief.* In the case of a widespread calamity, relief shall, where possible, be given in the first instance in the form of suspension of land revenue.

In cases of local calamities, where field-to-field inspections have been made and properly checked, remissions may be made without preliminary suspension when the circumstances, in the opinion of the authority competent to sanction remissions, justify it.

176. *Method of calculation of damage.* In submitting his proposals for suspension or remission the Collector shall have regard to r. 171 above, and shall take into consideration the relation while the crop which has failed bears to the sum, total of the crops of the year on the area affected, as well as the previous history of the tract affected.

Explanation. If the winter crop normally represents 60 per cent of the year's crops and the summer 20 per cent and the spring 20 per cent and if 50 per cent of the winter is lost and the summer has been an 80 per cent crop and a 75 per cent spring may be anticipated, the calculation is $^{60}/_{100} \times {}^{50}/_{100} + {}^{20}/_{100} \times + {}^{80}/_{100}$ or $30 + {}^{16}/_{100} = 46$ per cent for the crop already secured, and a probable $^{75}/_{100} \times {}^{20}/_{100}$ or 15 per cent on account of the spring crop expected. Such a loss of crops would not ordinarily by itself constitute a sufficient ground for recommending suspension of revenue, unless the previous history of the tract is unfavourable.

177. *Limitation on grant of relief.* The suspension or remission of revenue shall not ordinarily be granted except in the case of a failure which causes a loss of more than half the normal crops of the whole year. The case of every village or homogeneous group of villages shall be considered on its merits, and no relief shall be given, unless it is found necessary.

178. *Consideration of crops of previous years.* The Collector shall, however, take into consideration the crops of the two preceding years, and where the crops of these two years have been less than half the normal, or where any revenue is already under suspension, the provisions of rule 177 may be relaxed and a special recommendation for suspension or remission may be made. Similarly, if the result of such an examination is favourable to the area, the suspension or remission may be less than the scale.

179. *Scale of relief.* A scale of relief is laid down below for general adoption, which shall be taken as a maximum scale and should not be exceeded except in special cases for which there is a full and satisfactory explanation:

Actual out-turn of the year's crops (normal out-turn being 100)	Degree of relief (Per cent)
40 per cent and less than 50 per cent of the year's normal crops	25
25 per cent and less than 40 per cent of the year's normal crops	50
Less than 25 per cent of the year's normal crops	100

180. *Inquiry in the case of local calamity.* In dealing with local calamities falling under class (*b*), as field-to-field inquiry will have been made of the extent of the failure, consideration shall also be given to the loss suffered by such tenant in comparison with his total income, and no relief shall necessarily be given to a tenant whose crops or whose subtenant's crops have been destroyed upon fields forming only a small portion of his entire tenancy.

181. *Principles of remission.* It shall be the business of the Collector to make recommendations for the remission of revenue when he considers it necessary, and in doing so he shall be guided by the principles laid down in paragraph 12 of the Resolution of the Government of India (cited in rule 168), which are here reproduced:

"As soon as it becomes clear that it will be inadvisable to collect suspended revenue or any particular portion of it, it should be remitted at once. It is most undesirable to keep suspensions hanging for long over the heads of the revenue-payers; and the Government of India are of opinion that revenue which has been under suspension for three years should ordinarily be remitted as a matter of course. They are also prepared, in the case of fully assessed tracts with an out-turn which is fairly constant, to accept a rule which would limit the amount of revenue under suspension at any given time to the equivalent of the revenue demand of an ordinary year. In the latter case it would not follow that when suspension exceeded the limit, the whole amount suspended should be remitted, and logically speaking, only the balance by which they were in excess should be so dealt with. But in the case of calamities so severe as to call for heavy suspensions, greater liberality than this will no doubt be desirable. An absolute and general rule that the amount under suspension should never exceed a year's revenue would be open to objection, since there are many areas of fertile soil where there is no irrigation and the rainfall is uncertain in amount and where on account of this uncertainty revenue is pitched so low that in a really bumper year the people could pay very much more than the revenue assessed without the slightest inconvenience."

182. *Remission and collection of suspended revenue.* Where the damage caused to the crop is so severe that the Collector thinks that no portion of the suspended revenue should be collected afterwards, he shall, except in cases in which under the ordinary rules he has power to sanction remissions, at once report to the Commissioner the amount to be remitted. Where, however, he thinks that only a portion of the revenue should be remitted, he shall report to the Commissioner the percentage of revenue to be remitted. While the balance in such case and in cases in which no remission is granted the whole of the suspended revenue shall be recovered from the tenants in such instalments as may be fixed, with the approval of the Commissioner, with reference to the character of the succeeding harvests from which it is recovered and the condition of the tenants at the time.

183. *Intimation to tenants.* In every case full notice shall be given to the tenants concerned of the order of suspension or remission, if possible, one full month before the date when the instalment falls due, and in any case before collection of the instalment would ordinarily begin. The system of merely abstaining from collecting without any declaration as to the amount to be suspended shall be discarded.

184. *Postponement of collection until after one harvest.* As a general rule, no suspended revenue shall be collected until after one fair harvest subsequent to the failure has been reaped in the affected tract.

185. *Report to Commissioner before recovery of an instalment.* The Collector shall report to the Commissioner, at least two months before the first instalment for any harvest falls due, the amount which he proposes to recover out of the suspended demand from the proceeds of such harvest, in addition to the current demand payable for such harvest.

186. *Relief to extend to undertenants.* The grant of relief to rent-payers shall be made conditional on their giving relief to undertenants of all degrees.

187. *Power to sanction suspension.* The Collector has power to sanction the suspension of the collection of revenue or rent for the year in which suspension is granted but where the amount involved exceeds Rs. 5,000 in the aggregate, such suspension shall be provisional only and shall be subject to the confirmation of the Commissioner. When the Commissioner sanctions suspensions exceeding Rs. 10,000 in any one district in the aggregate, he shall at once report the fact for the information of the Board and of the Accountant General. All suspensions for a longer period than one year require the sanction of the Board.

188. *Power to sanction remission.* The power to sanction remissions of revenue or rent suspended on account of agricultural calamities shall rest with the authorities competent to sanction remission of unrealisable revenue or rent in estates managed direct. But where the amount exceeds the revenue or rent for a whole year, the sanction of the Board is necessary. Remissions should be granted as soon as it becomes clear, after proper inquiry, that it would be inadvisable to collect the revenue or rent or any portion of it.

189. *Instalments of realisation to be settled by Commissioner.* The Commissioner should settle the instalments in which suspended revenue, which is not remitted, should be collected.

*   *   *   *   *

196. *Collection of suspended revenue free of interest.* In all cases of suspension under these rules subsequent collection of such revenue or rent shall be made without interest.

N.B.—It is essential that if suspension is to have its full beneficial effect, the amount to be suspended should be settled, and that the decision to suspend should be communicated to those who would otherwise have to pay rent or revenue, before the day on which payment becomes due. In urgent cases, therefore, the Collector is authorised to pass immediate orders subject to the approval of higher authorities. In all cases the error should be so published as to reach the people concerned in proper time.

APPENDIX VI

[*See* Rule 474]

Rules relating to the cutting of trees in the Sadar, Kalimpong and Kurseong Sub-divisions of Darjeeling District

1. The raiyats of Kalimpong, Sadar and Kurseong Sub-divisions may be allowed to cut not more than one tree, whatever the size of the holding for their domestic use only with the prior permission in writing of the District Magistrate or officers authorised by the Government in this behalf.

2. Applications for permission shall be made to the Revenue Inspector concerned, who shall personally inspect the holding of the raiyat to ascertain whether cutting of the tree will adversely affect the soil conservation in the area. Attention should be paid specially to see whether any public easement rights such as Jorah, road, etc. will be adversely affected if the tree is cut and if it is necessary at all to cut the tree for domestic use by the raiyat. Cutting of trees for sale should not be allowed.

3. The Revenue Inspector shall send a report on his personal enquiry to the B.L.L.R.O. within a week from the receipt of the application by him.

4. The B.L.L.R.O. shall forward the application along with his remark to the S.D.L.L.R.O. concerned immediately after its receipt in his office.

5. The S.D.L.L.R.O. after convincing himself of the domestic need of the raiyat and if cutting of the tree does not adversely affect soil conservation and public easement rights in the area, shall seek the approval of the S.D.O.

6. The Sub-divisional Officer shall have the power to veto the cutting of trees in any individual case or in any particular area, for reasons to be recorded in writing.

7. Utmost endeavour should be made to see that applications for cutting of trees are disposed of within a month of their receipt. It shall be the duty of the Revenue Inspector to ensure that cutting of trees is not undertaken before disposal of the application for permission.

8. While granting permission the S.D.O. shall stipulate the number and the species of saplings suitable for the locality, to be planted by the raiyat within a month of cutting of the tree. The number of such saplings shall not ordinarily be less than ten. The saplings should be protected by strong cages by the raiyat for a sufficient length of period to avoid damage by animals. It shall be the duty of the Revenue Inspector to ensure compliance of such directions.

9. Any departure from these directions should be viewed seriously.

APPENDIX VII

Finance Department
Finance

Memo. No. 5T-F., dated the 25th April, 1935

Procedure to be followed in prosecutions for the embezzlement of Government money.

1. The following instructions are issued for the guidance of departmental officers, with special reference to cases in which prosecutions in the criminal courts are or are likely to be necessary.

2 *Reports to be submitted to the Accountant-General and Government.* (*a*) All losses of the kind referred to in Art. 29 of the Civil Account Code, Volume 1, must be reported forthwith by the officer concerned, not only to the Audit Officer, but also to his own immediate official superior. Reports must be submitted as soon as reasonable grounds exists for believing that a loss has occurred: they must not be delayed while detailed enquiries are made.

(*b*) Reports submitted under (a) above must be forwarded forthwith to Government through the usual channel with such comments as may be considered necessary.

3. *Criminal investigation and prosecution.* (A) In cases calling for prosecution on a criminal charge, it is important that a first information should be lodged with the police at the earliest possible moment. The

step should not be delayed for the mere sake of completing departmental proceedings; it should be taken as soon as it is decided that a criminal investigation, with a view to prosecution, ought to be instituted.

(B) The decision whether a first information is to be lodged or not will rest with the District Magistrate except in cases in which the alleged offender is subordinate to the District Judge when it will rest with the District Judge.

(C) First information should be lodged by the senior officer of the department concerned who is available in the district or sub-division. Where that officer is the District Magistrate, District Judge or District Superintendent of Police, he may, and ordinarily should direct an officer of suitable seniority subordinate to him to lodge the first information.

(D) Officers lodging first information will—

(*a*) request the Superintendent of Police to arrange for the investigation to proceed from day to day;

(*b*) arrange that all witnesses and documents are made available to the investigating officer; and

(*c*) associate with the investigating officer an officer of the department who is not personally concerned with the irregularity leading up to the alleged embezzlement, but who is fully cognisant of the rules and procedure of the office in which the loss has occurred.

(E) If, on completion of the police investigation, it is decided to prosecute, the departmental representative will ascertain from the prosecuting officer whether having regard to the engagements of the prosecuting staff, and the state of work in the court which would ordinarily hear the case, it is necessary to move the District Magistrate to make special arrangements for a speedy trial, and will request the prosecuting officer to make any application that he may think necessary.

4. *Sanction of Government under section 197, Criminal Procedure Code.* If this sanction is required by the circumstances of the case, it should be applied for after police investigation has been completed but before the investigation officer has taken action under s. 170, Criminal Procedure Code. The application should be made by the senior officer of the department stationed in the district.

5. *As regards prosecution in the courts.* When the case is put into court by the police, the officer who lodged the first information, or his successor present in the station will see that all witnesses serving in the department, and all documentary evidence in the control of the department, are punctually produced, and will also appoint an officer of the department (preferably the officer who attended the investigation) to attend the proceedings in the court and assist the prosecuting staff.

6. *As regards appeals.* If any prosecution results in the discharge or acquittal of any person, or in the imposition of sentences which appear to be inadequate, the senior officer of the department concerned present in the district will at once consult the District Magistrate as to the advisability of instituting further proceedings in revision or appeal, as the case may be, and if the District Magistrate is of opinion that further proceedings are necessary, will request him to proceed in the usual way.

Appeals against acquittals can be made only under the orders of Government.

7. *As regards further reports to Government.* The senior officer in the district of the department concerned will see that, in addition to the reports required under paragraph 2, prompt reports are submitted to Government through the usual channel regarding—

(*a*) the decision to lodge a first information or not;

(*b*) the decision to prosecute or not to prosecute in any particular case;

(*c*) the result of any prosecution;

(*d*) the decision to proceed further in revision or appeal in any case;

(e) the result of any proceedings in revision or appeal.

8. *Consultation with Government.* Notwithstanding anything in paragraphs 3 and 6, any matter may, if necessary, be referred to Government before action is taken and this should be done in all cases where the alleged offender is a member of a State or all-India Service. Such references must be made, and transmitted, with the greatest possible expedition.

APPENDIX VIII

[*See* Rule 295]

Government of West Bengal
Standing guidelines for settlement of disputes relating to cultivation and harvesting—protection to bargadars and assignees of vested lands

1. It is the intention of the Government to ensure peaceful cultivation and harvesting by maintaining order by effective implementation of the land reforms laws.

2. Bargadars whether recorded or unrecorded should be given full legal protection not only in cultivating the land and harvesting the crop but also in sharing the produce strictly according to law.

3. While it is neither possible nor desirable to list all possible types of cases of agrarian disputes relating to cultivation and harvesting a few major types of potential conflicts are being mentioned in the following paragraphs by way of illustrations. Solutions of the variety of disputes may have to be locally found with the good offices of Panchayat bodies.

4. Where the dispute is between the landowner and the recorded bargadar (including the bargadar who has got any document showing his *prima facie* right of cultivation issued by any public officer under any Act or Rules) the latter should receive full protection from the administration in cultivating the land and harvesting the crop and getting proper share of the produce.

5. Though legally there is no distinction between recorded and unrecorded bargadars, so far as the benefits of the land reforms laws are concerned, there might be difficulties in delivering the benefits to unrecorded bargadars. Attention is drawn to s. 21B of the West Bengal Land Reforms Act which reads as follows:

> **"21B. Person cultivating land of another person to be a bargadar in certain cases.** A person lawfully cultivating any land belonging to another person shall be presumed to be a bargadar in respect of such land if such person is not a member of the family of the other person whose land he cultivates and the burden of proving that such land is in his personal cultivation shall, notwithstanding anything to the contrary contained in any other law for the time being in force, lie on the person who alleges that the person cultivating the land is not a bargadar in respect of such land."

Therefore, under the law, if any person lawfully cultivates the land of another person he is presumed to be a bargadar. He should, therefore, get all protection under the law.

6. A problem may arise if two or more persons claiming as bargadars raise a dispute about cultivation and harvesting. In all probability one will be the genuine bargadar and the other a fake one. Local enquiries should be held to ascertain the fact and protection should be given to the genuine bargadar. Here again good offices of the Panchayat bodies may be sought.

7. The possibility of disputes between two genuine bargadars, one who had been illegally evicted earlier and the other who has been engaged in his place, cannot be ruled out. As contemplated under s. 19(1)(*b*) of the West Bengal Land Reforms Act, the newly engaged bargadar will cultivate the land, harvest the crop and share the produce with the old bargadar who had been illegally evicted. Landowners in such cases will not get any share of the produce. It is desirable to bring about a solution on this line through the good offices of the elected Panchayat bodies. Such disputes should not be allowed to develop into open confrontation. Every attempt should be made to prevent, as far as practicable, conflicts between and among the poor.

8. The problem may be slightly different regarding cultivation of vested land and harvesting of produce thereof. Where the patta-holder is an eligible person under s. 49 of the West Bengal Land Reforms Act, he should be given all protection to cultivate the land, harvest the crop and take the entire produce.

9. Where the patta-holder is *prima facie* a non-eligible person but his patta has not yet been annulled, he should be allowed to cultivate the land and harvest the crop, if there is evidence that he is in actual possession of the land and he raised the crop himself.

10. In case where the land reforms machinery has failed to hand over possession of the allotted land to the patta-holder who is an eligible person, all attempts should be made to put him in possession of the land immediately in accordance with the rules including rule 20A(3*b*) of the West Bengal Land Reforms Rules. Where, however, such allotted land has been cultivated illegally by a person other than the allottee, efforts should be made to sort out the problem by effecting amicable compromise through the good offices of the elected Panchayat bodies, wherever necessary.

11. Determined efforts should be made to prevent and eliminate possibilities of violence during cultivation and harvesting. Sensitive areas should be identified where serious breach of the peace is apprehended because of the threat of violence and precautionary measures should be taken to forestall any occurrence of breach of the peace. Help and good offices of the elected Panchayat bodies should be taken in this regard.

12. Government expects that the functionaries at all levels in the district administration should act impartially. They should always bear in mind that the weaker section of the community who have so far been deprived of and denied of their legitimate rights and privileges are given full benefits and protection that they are entitled to under various laws.

Notifications

NOTIFICATION

No. 4296-L.R./1A-05/07 GE(M), the 17th September, 2009. In exercise of the power conferred by clause (4) of section 2 of the West Bengal Land Reforms Act, 1955 (West Ben. Act X of 1956) and in supersession of all earlier notifications on the subject-matter, the Governor is pleased hereby to appoint, with immediate effect, the officers mentioned in column (2) of Table below to discharge the functions of a Collector in respect of the conversion cases *i.e.*, change of area, character or use of land under section 4C of the said Act, within the jurisdiction mentioned in column (3) of the said Table against each of such officers:

Table

Sl. No.	Officers	Jurisdiction
(1)	(2)	(3)
1.	Block Land and Land Reforms Officer	conversion of agricultural land, not exceeding 0.10 acre, for non-agricultural purpose including homestead as well as for commercial and industrial purpose and *vice versa*;
2.	Sub-divisional Land and Land Reforms Officer	conversion of agricultural land, exceeding 0.10 acre but not exceeding 1.00 acre, for non-agricultural purpose including homestead as well as for commercial and industrial purpose and *vice versa*;
3.	District Land and Land Reforms Officer	all other cases not shown in column (3) of serial Nos. 1 and 2 above.

By Order of the Governor,

DR. P.K. AGRAWAL,
Commissioner General, Land Reforms and
Additional Chief Secy. to the Govt. of West Bengal.

NOTIFICATION

No. 4297-L.R./1A-05/07 GE(M), the 17th September, 2009. WHEREAS the draft amendments was published as required by sub-section (1) of section 60 of the West Bengal Land Reforms Act, 1955 (West Ben. Act X of 1956) (hereinafter referred to as the said Act) vide notification No. 2969-LR/1A-05/07 GE(M), dated the 1st day of July, 2009, in the *Kolkata Gazette, Extraordinary,* dated the 1st day of July, 2009, inviting objections and suggestions from all persons likely to affected thereby, within fifteen dates (*sic*) from the date of its publication;

AND WHEREAS no objections or suggestions have been received by the State Government till date;

NOW, THEREFORE, in exercise of the power conferred by section 60 of the said Act, the Governor is pleased hereby to make, with immediate effect, the following amendments in the West Bengal Land Reforms Rules, 1965, as subsequently amended (hereinafter referred to as the said rules), namely;

Amendments

In the said rules,—

(1) for rule 5A, *substitute* the following rule:—

"**5A. Manner of change of character, conversion or alteration in mode of use of land held by *raiyat*.** (1) Any *raiyat* intending to change the character, convert or alter the mode of use of any land held by him, shall make an application to the officer concerned empowering, in writing, to discharge the function of the Collector of such change, conversion or alteration under section 4C, in Form 1A and shall be accompanied by such documents as mentioned in the said Form 1A.

(2) If the application as mentioned in sub-rule (1) relates to permission for change, conversion or alteration of any land having water body of any description or size, such application shall be accompanied by an affidavit in Form 1B for creation of compensatory water body of equal or larger size of such water body which is sought to be changed, converted or altered in the same *mouza* or in the adjoining *mouza*.

(3) The Block Land and Land Reforms Officer shall dispose of the application as mentioned in sub-rule (1) relating to

conversion of agricultural land not exceeding 0.10 acre, for non-agricultural purpose including homestead as well as for commercial and industrial purposes and *vice versa*.

(4) The Sub-divisional Land and Land Reforms Officer shall dispose of the application as mentioned in sub-rule (1) relating to conversion of agricultural land exceeding 0.10 acre but not exceeding 1.00 acre, for non-agricultural purpose including homestead as well as for commercial and industrial purpose and *vice versa*.

(5) The District Land and Land Reforms Officer shall dispose of the application as mentioned in sub-rule (1) for conversion of land for all other purposes including water bodies as specified above.

(6) After receiving the application as mentioned in sub-rule (1) the Block Land and Land Reforms Officer may himself conduct necessary inquiry or may cause it to be done by the Revenue Officer attached to his office to ascertain if the applicant is *bona fide* holder of the land sought to be changed, converted or altered and all the persons having interest in such land have joined in the application, and as well as in all cases, to ascertain the followings:

(*a*) if the proposed change of character, conversion or alteration in the mode of use of a land is likely to cause inconvenience to the residents of the surrounding area;

(*b*) if the proposed change of character, conversion or alteration in the mode of use of a land will interfere with the normal agricultural activities in the surrounding area;

(*c*) if the proposed change of character, conversion or alteration in the mode of use of a land will in any way hamper the public easement recorded in respect of such land;

(*d*) if there is any *bargadar* in respect of the land sought to be changed, converted or altered;

(*e*) if such permission is in any way prejudice the application of the provision of sub-section (3) of section 6 of the West Bengal Estates Acquisition Act, 1953 (West Ben. Act I of 1954) or the provisions of the Urban Land (Ceiling and Regulation) Act, 1976 (33 of 1976), or the provisions of the West Bengal Town and Country (Planning and Development) Act, 1979 (West Ben. Act XIII of 1979) or the provisions of the East Kolkata Wetland (Conservation and Management) Act, 2006 (West Ben. Act VII of 2006), applicable.

(7) No field enquiry shall be conducted without giving at least 7 days' notice to the applicant specifying the date and time of such enquiry.

(8) On receiving the application as mentioned in sub-rule (1), the Sub-divisional Land and Land Reforms Officer or the District Land and Land Reforms Officer, as the case may be, shall obtain necessary report from the Block Land and Land Reforms Officer who will conduct all such enquiry or enquiries as stated in sub-rule (7).

(9) Where the application as mentioned in sub-rule (1) relates to permission for conversion of any land having water body of any description or size, the Block Land and Land Reforms Officer shall also be asked to conduct necessary inquiry to ascertain if the person holding the land identified for creation of compensatory water body has permanent and transferable right, title and possession over such land and is agreeable for necessary transfer of such land for creation of compensatory water body therein. The District Land and Land Reforms Officer shall get the required report of the Block Land and Land Reforms Officer directly to save time.

(10) As soon as necessary inquiry is completed, notice shall be issued to the applicant concerned and *bargadar* if any and all other persons interested in such land or affected in any way for giving them an opportunity of being heard specifying the date and time when such hearing shall be taken, and the date so fixed shall not be extended except in the deserving cases duly recorded the reasons thereof in the relevant order sheet of the case record. If there is *bargadar* of the land, no permission for conversion of land may be granted save and except the cases where permission for conversion relates to such purposes as stated in the proviso to sub-section (5) of section 20B of the Act and written confirmation from the *bargadar* is submitted by the applicant concerned to the effect that he has been properly compensated in accordance with the said proviso to sub-section (5).

(11) The Block Land and Land Reforms Officer or the Sub-divisional Land and Land Reforms Officer or the District Land and Land Reforms Officer, as the case may be, shall after considering the facts and circumstances of the case and after giving the applicant and other concerned persons including *bargadar*, if any, an opportunity of being heard, by order in writing, either reject the application or direct change, conversion or alteration as sought for on the following terms and conditions and such other terms and conditions as he may think necessary:

(*a*) that the order directing change, conversion or alteration is without prejudice to any of the provisions of Chapter-IIB of the said Act.

(*b*) that the order directing change, conversion or alteration is without prejudice to the provision of sub-section (3) of section 6 of the West Bengal Estates Acquisition Act, 1953 (West Ben. Act I of 1954);

(*c*) that where the land is situated within any urban agglomeration within the meaning of the Urban Land (Ceiling and Regulation) Act, 1976 (33 of 1976), the order directing change, conversion or alteration is without prejudice to the provisions of the said Act;

(*d*) that where the land is situated within the jurisdiction of a Development Authority constituted under the West Bengal Town and Country (Planning and Development) Act, 1979 (West Ben. Act XIII of 1979), the order directing change, conversion or alteration is without prejudice to the provisions of the said Act;

(*e*) that where the land is situated within the areas of East Kolkata Wetlands as defined in the East Kolkata Wetlands (Conservation and Management) Act, 2006 (West Ben. Act VII of 2006), the order directing change, conversion or alteration is without prejudice to the provisions of the said Act;

(*f*) that where the object of change or conversion is to use the land for a purpose for which approval or permission or licence from an appropriate authority is necessary, the order directing change, conversion or alteration is subject to obtaining such approval or permission or licence from such authority as soon as the order granting change or conversion as sought for is made; and

(*g*) that where the application relates to permission for change, conversion or alteration of any land having water body, the order directing change, conversion or alteration is subject to creation of compensatory water body of equal or larger size of such water body within a period of 90 days from the date of issue of the order granting change, conversion or alteration as sought for is made.

(12) While directing change, conversion or alteration of any land having water body of any description or size the District Land and Land Reforms Officer shall also ask the applicant concerned in writing to produce documents showing that compensatory water body has been created within the stipulated period of time after having the identified land transferred formally from the person concerned holding such land and such document shall have to be submitted within a period of 15 days after expiry of the stipulated period of 90 days for creation of such compensatory water body failing which the order issued for change, conversion or alteration of the land having water body shall be cancelled by the District Land and Land Reforms Officer who may also make an order directing the applicant concerned for restoration of the water body if already changed or converted within a period of 90 days from the date of issuance of such direction at his own cost and report compliance thereof to the District Land and Land Reforms Officer.

Provided that the District Land and Land Reforms Officer shall not make any order directing change, conversion or alteration of any land having water body unless he has made a prior consultation in writing with the Fisheries Department and the Environment Department at the block or regional level for obtaining necessary clearance in this regard.

Provided further that it the applicant concerned produces necessary clearance certificate obtained from the aforesaid Departments of the State Government before the District Land and Land Reforms Officer, no such consultation is required for making necessary order directing change, conversion or alteration of land having water body for which permission is sought for.

(13) If the District Land and Land Reforms Officer on enquiry finds that the direction for restoration of the water body in question has not been complied with he shall take action for such restoration and realise the cost for restoration from the applicant concerned. In case of failure to pay the cost of restoration, the District Land and Land Reforms Officer may realise the cost as a public demand in accordance with the provisions of the Bengal Public Demands Recovery Act, 1913 (Ben. Act III of 1913).

(14) Every application relating to change, conversion or alteration in the mode of use of any land shall be disposed of by written order either rejecting such application or directing such change, conversion or alteration, as the case may be, within a period of not exceeding 90 days from the date of receiving such application and in case disposal of an application cannot be made within the said period of 90 days, reasons thereof shall be recorded in the relevant order sheet of the case record.

(15) Every application relating to change, conversion or alteration of any land having water body shall be disposed of by written order either rejecting such application or directing such change, conversion or alteration, as the case may be, within a period not exceeding 120 days from the date of receiving such application and in case disposal of such application cannot be made within the said period of 120 days, reasons thereof shall be recorded in the relevant order sheet of the case record.

(16) In respect of every order directing change, conversion or alteration of any land—

(*a*) in case of land without having any water body, it has to be specified that such change, conversion or alteration shall take effect from the date of issuance of such order; and

(*b*) in case of land having any water body, it has to be specified that such change, conversion or alteration shall take effect from the date of conversion of water body or from such date as may be stated in such order."

(2) alter Form 1, *insert* the following Forms:

FORM 1A

Application for change of character, conversion or alteration in the mode of use of land

[*See* sub-rule (1) of rule 5A]

FROM: ....

....

....

[State Name and Address of the applicant(s)]

To: The District Land and Land Reforms Officer/
Sub-divisional Land and Land Reforms Officer/
Block Land and Land Reforms Officer.

Sub: Application for permission for change of character, conversion or alteration in the mode of use of land.

Sir,

I/We have the honour to apply for permission for change of character, conversion or alteration in the mode of use of the land/land having water body for the purpose of ....

2. The particulars of the land/land having water body with respect to which such permission is required are furnished below:

(1) Name of the District :

(2) Name of the Block :

(3) Name of the police station :

(4) Name of the *mouza* :

(5) Jurisdiction List No. :

(6) *Khatian* No. (R.S. & L.R.) :

(7) Plot No. (R.S. & L.R.) :

(8) Area of the Plot (R.S. & L.R.) :

(9) Existing Classification of the Plot :

3. The following documents, in duplicate, are enclosed with this application:

(1) Copy of mutation certificate or copy of current record-of-rights.

(2) Copy of current rent receipt.

(3) Sketch map showing the plot in question with side measurement and its surroundings including approach road (may not be to the scale).

(4) Affidavit for creation of compensatory water body. (Applicable in cases where the application relates to change or conversion of the land having water body of any description or size).

(5) Copy of no objection certificate of the West Bengal Pollution Control Board.
(Applicable only in such cases wherever such certificate is required)

(6) Copy of the Detailed Project Report (DPR) duly vetted by the Competent Authority.
(Applicable only in cases where the application relates to change, conversion or alteration of land for industrial, commercial or housing complex).

4. I/We also declare and undertake—

(1) That the land, in question shall be used strictly for the purpose for which such permission shall be granted;

(2) That there is no *bargadar*, in the land, in question;

(3) That no work shall be done on the land, in question that may lead to conversion of the same unless permission as sought for is granted;

(4) that necessary approval or permission or licence shall be obtained from the appropriate authority as required for execution of the work on the land, in question as soon as permission for conversion as sought for is granted.

5. I/We further declare—

(1) That the land, in question is under peaceful possession of myself/ourselves and it is free from all encumbrances;

(2) That the land, in question is not involved in any proceeding for vesting under the provisions of any law;

(3) That the land, in question is not involved in any court case which prohibits such conversion, change or alteration in the mode of use of the land.

6. I/We also declare and undertake that in case it is proved at any point of time that the documents furnished and the statements made hereinabove are not true and correct. I/We am/are liable for any legal action which will be taken by the competent authority in this regard including cancellation of order granting change of character, conversion or alteration in the mode of use of land as sought for.

Enclo: As stated above:

Yours faithfully

(Full signature of the applicant(s) with seal, if any.)

Place:

Date:

FORM 1B

AFFIDAVIT

[*See* sub-rule (2) of rule 5A]

I/We do hereby solemnly affirm and declare as follows :

(1) That I/We undertake to create compensatory water body of equal or larger size of the water body which is sought to be changed, converted or altered.

(2) That I/We undertake to create such compensatory water body on the land details of which are furnished below :

(*a*) Name of the District :

(*b*) Name of the police station :

(*c*) Name of the *mouza* :

(*d*) Jurisdiction List No. :

(*e*) *Khatian* No. (R.S. & L.R.) :

(*f*) Plot No. (R.S. & L.R.) :

(*g*) Area of the Plot (R.S. & L.R.) :

[If part plot, specify the area and portion]

(*h*) Existing Classification of the plot :

(3) That I/We undertake to create such compensatory water body on the land, in question within a period of 90 days from the date of issue of the order granting change, conversion or alteration of the water body as sought for.

(4) That I/We undertake to maintain the water body as so created in proper and appropriate manner.

(5) That I/We undertake to submit before the District Land and Land Reforms Officer the documents showing creation of compensatory water body within a period of 15 days after expiry of the stipulated period of 90 days for creation of such compensatory water body.

(6) That I/We undertake that in case of failure to create such compensatory water body within the stipulated period of 90 days I/We shall not raise any objection for cancellation of the order granting change, conversion or alteration of the water body for which permission is sought for.

(7) I/We also undertake to restore the said water body at my/our own cost if already changed, converted or altered within a period of 90 days from the date of issue of direction by the District Land and Land Reforms Officer for such restoration.

(8) I/We further undertake to pay restoration cost as and when the same may be asked for to pay by the District Land and Land Reforms Officer.

(Full signature of the applicant(s)
with seal, if any.)

Date :

Identified by me.

(Advocate).

By Order of the Governor,

DR. P.K. AGRAWAL,
Commissioner General, Land Reforms and Additional Chief Secy. to the Govt. of West Bengal.

নির্দেশিকা (Index)